赓续亭林文脉　厚植报国情怀

——纪念顾炎武诞辰410周年活动暨报国寺论坛集萃

◎本书编委会　编

中国商业出版社

图书在版编目（CIP）数据

赓续亭林文脉　厚植报国情怀 : 纪念顾炎武诞辰 410 周年活动暨报国寺论坛集萃 / 纪念顾炎武诞辰 410 周年活动暨报国寺论坛集萃编委会编 . -- 北京 : 中国商业出版社 , 2024. 7. -- ISBN 978-7-5208-2986-1

Ⅰ . B249.1-53

中国国家版本馆 CIP 数据核字第 20242947VM 号

责任编辑：孔祥莉

中国商业出版社出版发行

（www.zgsycb.com 100053 北京广安门内报国寺 1 号）

总编室：010-63180647　编辑室：010-63180647

发行部：010-83120835/8286

新华书店经销

三河市天润建兴印务有限公司印刷

*

787 毫米 ×1092 毫米　16 开　24.75 印张　415 千字

2024 年 7 月第 1 版　2024 年 7 月第 1 次印刷

定价：68.00 元

* * * *

（如有印装质量问题可更换）

编 委 会

前言

在一个值得铭记的日子，为了一个共同的信念，来自江苏昆山、山西曲沃以及全国各地的同仁，不远千里，不顾天气炎热，怀着崇敬的心情步入顾亭林祠，共襄盛举，掀开北京报国寺历史新的一页。

六个甲子前，亭林先生寓居北京报国寺，成为其人生轨迹关键节点；三个甲子前，学人在报国寺创建顾亭林祠，奠定弘扬顾炎武思想重要基石。如此特殊的场合，举办“纪念顾炎武诞辰410周年活动暨‘爱国情强国志报国行 · 报国寺论坛’”，引发跨越时空的同频共振，谱写纪念顾炎武思想的新篇章。

于是，就有了这本《赓续亭林文脉 厚植报国情怀——纪念顾炎武诞辰410周年活动暨报国寺论坛集萃》，为这次隆重的聚会留下历史的印迹。

本书分三大部分——

第一部分是《纪念顾炎武诞辰410周年 · 北京报国寺活动集锦》。内容包括当日的活动信息、与会领导的主题演讲，还有北京报国寺顾亭林祠渊源探寻文稿等。中国商业联合会党委书记、会长姜明的主题演讲点明了本次活动的意义是“从顾炎武的学行和思想中汲取可贵的历史借鉴，弘扬中华民族的优秀文化，推动中华民族现代文明建设，实现中华民族的伟大复兴”。第十四届全国政协委员、中国经济社会理事会副主席郭军的主题演讲关注的是顾炎武经济思想“在经济发展的时候必须尊重自然规律”。中国财富传媒集团党委书记、董事长、总裁韩煦东的主题演讲称此次活动是“为了表达对顾亭林先生的敬仰之情，更是为了大力弘扬伟大爱国主义精神，全面推进中华民族伟大复兴”。中共北京市西城区委宣传部杜慧副部长的主题演讲表达了属地党委政府的期许，期望把报国寺顾亭林祠作为“激活宣南士乡的文化记忆”之“重要传播窗口”，并且“为西城文物活化利用和非遗传承、为北京文化之都建设起到不可替代的作用”，殷殷之情，可见一斑。中国商报社时任社长兼总编辑陈高宏发表了题为《厚植爱国情怀 砥砺强国之志》的主题演讲，作为东道主，思考最多的是充分发挥这块“顾炎武当年北游的寓居之地”的作用，他们决心“悉心守护、赓续传承”这块“文化宝地”。此外，第十届全国政协委员、原文化部副部长、国家博物馆首任馆长潘震宙，第十一届全国政协经济委员会副主任、商务部原副部长张志刚，还有广安门内街道工作委员会副书记白杨，中共昆山市委宣传部时任副部长栾根玉，中共曲沃县委宣传部常务副部长侯军，中国商业出版社副总编辑史兰菊，中国美术家协会会员、清华大学美术学院教授任景钦等领导嘉宾的致辞稿，以及京畿造（北京）科技有限公司总经理张磊的署名文稿。

第二部分为《首届报国寺论坛·2023（北京）顾炎武思想学术研讨会文汇》。围绕顾炎武天下观、富民观、治学研究、爱国思想等议题，众多学者侃侃而言，分享学术心得体会，从而有了这部分的丰富内容。阅读《中国商报》记者冉隆楠的综合报道，可以了解本次盛举的端倪。中国商业联合会党委常委、副会长傅龙成的主题演讲强调顾炎武的实践精神对“商贸服务业必须坚持问题导向，大兴调查研究”的意义。中国社会科学院学部委员、著名历史学家、中央文史研究馆馆员陈祖武先生因为身体原因未能参会，但我们可以通过专访《以文化人 任重道远》了却遗憾，聆听陈老的谆谆教诲：“站在新时代的高度来看待顾炎武精神。”苏州大学哲学系教授、博士生导师，苏州大学顾炎武研究中心主任周可真的《过而能改，善莫大焉》，为我们学习《日知录》指点迷津。北京师范大学乡土中国研究中心主任、教授林辉锋《顾炎武传校读》涉及《清国史》《清史列传》《清史稿》，史实清楚，材料充分。苏州市委宣传部原副部长、昆山市顾炎武研究会顾问高志罡认为：“我们要像顾炎武先生那样，敢于解放思想，赋能中国现代化建设。”苏州大学顾炎武研究中心副主任、教授朱光磊希望中小学生重走亭林之路，进行爱国主义教育。昆山市顾炎武研究会会长陈建林把学习顾炎武的精神与实现人生价值提升联系起来。顾炎武家族后裔、北京市西城区非物质文化遗产保护中心原副主任、西城区文物保护管理中心非遗保护科副科长蔺音从家门家风角度出发，谈了对顾炎武精神的感受。此外，还有陈建林《聚焦当代价值 深化顾炎武研究任重道远》，张程远《顾炎武在中国文化史上的特殊地位》，陈建林、郭志昌《历史视野下顾炎武富民观》，崔晋国《浅谈北游25年对顾炎武富民观思想的形成和影响》，马一平《试论顾炎武的金石书法学成就》，张银龙《朱柏庐〈顾亭林先生集序〉的历史价值和现实意义》，张晓彤《顾炎武廉政思想刍议》等文稿，见仁见智，各有千秋。

第三部分为《首届报国寺论坛·全国第二届日知青年论坛征文选刊》。本次征文由苏州大学顾炎武研究中心、昆山市顾炎武研究会联合举办，其宗旨为深入挖掘顾炎武思想特别是富民利民思想的当代价值，教育引导广大青年更好地肩负历史使命、勇担时代责任，促进全国青年顾炎武思想研究者相互学习交流。征文共收到应征稿件 39 篇，评选出优秀论文 22 篇，其中一等奖 3 篇、二等奖 5 篇、三等奖 14 篇。另有入选论文 8 篇，共 30篇汇编成《全国第二届日知青年论坛征文选刊》。本书选择刊载了部分征文，并进行了修改删节。这些征文表达了对顾炎武学术思想与爱国情怀的敬仰与传承，为本书增添了青春的色彩与活力。这些征文或追溯顾炎武富民思想的渊源，或阐释顾炎武富民观的思想内涵，或评价顾炎武富民思想的历史地位，等等，其选题视角的多样性，运用史料的丰富性，观点结论的辩证性，可圈可点。“他（顾炎武）是我们新时代人高山仰止的一个形象。”（贾辰阳）；“顾炎武深刻地认识到亲民、爱民、利民的重要性，这即构成了顾炎武富民观的基础。”（殷亭亭）；“顾炎武试图通过经世致用的儒学传统来调和道德与物利的关系。”（龚怿琦）；“顾氏的经济思想，以儒家传统的富国思想为核心。”（蒋名耀）……其思想之纯真、见解之深刻、格局之高远、逻辑之缜密、语言之犀利，俯拾即是。品读征文，我们可以感受新时代青年学子的风采与才华。

本书汇聚了众多专家学者的智慧与洞见，为我们呈现了一个更为立体、更为真实的顾炎武。愿它能够成为一盏明灯，照亮我们前行的道路；能够成为一股清泉，滋润我们心中的梦想与追求。

目录

首届报国寺论坛 · 2023（北京）顾炎武思想学术研讨会文汇

首届报国寺论坛·全国第二届日知青年论坛征文选刊

纪念顾炎武诞辰 410 周年

北京报国寺活动集锦

坚定文化自信　赓续亭林精神　激扬中国力量

——纪念顾炎武诞辰410周年活动7月18日在北京报国寺隆重举行

《中国商报》编辑部

2023年恰逢中华民族杰出的思想大家顾炎武诞辰410周年。

7月18日，中国商报社、中国商业出版社、中国财富传媒集团、全国商报联合会在北京报国寺顾亭林祠举办纪念顾炎武诞辰410周年活动暨“爱国情强国志报国行·报国寺论坛”，以表达对顾亭林先生的敬仰之情，大力弘扬伟大爱国主义精神，全面推进中华民族伟大复兴。

当今世界变乱交织，百年变局加速演进，中华民族伟大复兴进入关键时期。因此，在当下，新时代的中国更需要“天下兴亡，匹夫有责”的高度社会责任意识，以“空谈误国，实干兴邦”的决心和意志，主动担当文化使命，传承文化和思想伟力，让历史文化和爱国精神焕发新光彩。

天下兴亡　匹夫有责

顾炎武，江苏昆山人，原名绛，字宁人，被尊称为亭林先生。他是明末清初杰出的思想家、经学家、史学家和音韵学家，与黄宗羲、王夫之并称为明末清初“三大儒”。

作为一位伟大的爱国学者，顾炎武在立天下言中探索真理，以响亮的爱国主义语言，引导着中华民族的奋进之路。他的著作《日知录》《天下郡国利病书》等，数百年来脍炙人口，影响后世至深至远。

爱国主义是千百年来形成的对祖国故土山河与人民的深厚感情。它是一个民族赖以生存和独立的凝聚力，更是一个民族永恒而无价的精神财富。

顾炎武思想的灵魂就是爱国主义，是庄严而崇高的民族历史感、使命感和责任感。他的一生，是一个伟大爱国者的一生。其崇高的爱国情操、独立不苟的人格风范，至今仍是推进中华民族伟大复兴的精神力量。

中国近代思想家、政治家、教育家梁启超在《中国近三百年学术史》中写道："我生平最敬慕亭林先生为人，想用一篇短传传写他的面影，自愧才力薄弱，写不出来。但我深信他不但是经师，而是人师。"

空谈误国　实干兴邦

经世致用是儒家的价值指向和中华文化的优良传统。顾炎武是公认的倡导并践行经世致用的代表人物，他倡导实学的精神，并将其作为行事准则。今天的知识分子，有能力有实践条件的，要通过学习和实践形成科学理论，以济天下。这是顾炎武的实践精神对当代人最大的启示之一，也是今天举办顾炎武思想学术研讨会暨第二届日知青年论坛的初心。

顾炎武提倡"博学于文，行己有耻"。因为"辙环非是为身谋"，所以亭林先生不做欺世盗名、浅尝辄止、人云亦云的学问，而是做货真价实、入木三分、卓尔不群的学问。

"生无一锥土，常有四海心。"亭林先生的格局和视野在天下。读万卷书，行万里路，是亭林先生的标签。

清康熙六年（1667）的一场相遇，让亭林先生与北京报国寺结下了不解之缘。

这一年，报国寺内双松挺拔，登上毗卢阁，京师之景尽收眼底。顾炎武游学到京，首次寓居报国寺，此后又多次寓居于此。亭林先生爱书，而北京为历代古都，藏书坐拥百城，报国寺就是最著名的书市；先生好交友，当年的报国寺，人潮涌动，风云际会，文人墨客雅聚于此。先生爱国，清廷多次招揽，先生皆断然拒绝。在当时的北京城中，先生挚友、学生、后辈遍地开花，却多次下榻报国寺内，其报国之情尽在不言中。

在报国寺居住期间，顾炎武潜心著述，亦遍访京城及周边地区，留下《昌平山水记》《京东考古录》等著作，影响深远。而他最为著名的《日知录》，正是在这一时期不断修改于报国寺内。顾炎武用一生书写忧国忧民的爱国情怀，启迪后人挚爱家国，书写不朽的爱国篇章。

在亭林先生离世百余年后，由翰林院编修何绍基、贡生张穆等发起筹资，在报国寺西院修建了顾亭林祠，之后又开展了声势浩大的民间自发祭祀亭林先生活动，形成了中国文化史上罕见的现象。

遥隔410年，在报国寺的顾亭林祠内，一座顾炎武雕像即将揭幕，让亭林先生在报国寺的曾经，更加真切而亲近。

北京报国寺，既是顾炎武当年北游寓居之所，也是如今中国商报社守护的文化宝地。顾炎武25年北游生涯中在报国寺以文会友、著书立说，为报国寺成为北京宣南文化的核心起到了重要支撑作用。

智者不袭常　精神永流传

顾炎武在其所撰的《天下郡国利病书》一书中写道："智者不袭常。"或许在亭林先生心中，真正的智者，不会迷失于人云亦云之中；真知灼见之所以闪耀智慧的光芒，是因为它绝不随波逐流。

今天，为了更好地继承先贤思想、弘扬先贤精神，持续加强报国寺历史文化的挖掘、传承和创新，中国商报社携手各方，精心筹备了一系列精彩纷呈的文化活动：在顾亭林祠里，探寻文化根脉；

在报国寺中，传承爱国使命；在先贤与古寺的时空交会处，追本溯源、鉴往知来。

自古以来，中华文明就是在继承和创新中不断发展，在应时处变中不断升华。主题永久，文脉永恒。爱国、强国、报国是报国寺文化的关键词，是这座历史建筑自古以来的属性，并在今天日益鲜明地彰显着。传承爱国精神是时代和历史赋予报国寺的重大使命，举办报国寺论坛是作为媒体人的文化自觉和创新担当。

关上门是历史，走进来是文化，打开门是未来。当下，一幅穿梭古今、纤毫毕现的报国寺文化卷轴，正在新时代新征程中铺展开来。忆往昔，“爱国情、强国志、报国行”为一座古寺注入不竭动力；看今朝，新时代为历久弥新的报国寺文化提出更高的要求。举办报国寺论坛，是守护人和传承者的责任所在，更是大势所趋。

文脉绵延不绝，思想凝聚力量。报国寺，自古就是弘扬爱国精神的文化标志，也是近代中国变革图强的思想摇篮。报国寺论坛的成功举办，将为这座历史古迹再增添一张新名片。今后，中国商报社还将把报国寺论坛打造成全国增强爱国情怀、坚持守正创新的交流合作平台，弘扬爱国之情，砥砺强国之志，实践报国之行。

弘扬中华优秀传统文化
助力文化强国建设

中国商业联合会党委书记、会长　**姜　明**

习近平总书记2023年6月2日在北京出席文化传承发展座谈会并发表重要讲话，他强调，在新的起点上继续推动文化繁荣、建设文化强国、建设中华民族现代文明，是我们在新时代新的文化使命。习近平总书记2023年7月6日在江苏考察时指出，中华优秀传统文化代代相传，表现出的韧性、耐心、定力，是中华民族精神的一部分。我们要坚定文化自信、担当使命、奋发有为，共同努力创造属于我们这个时代的新文化，建设中华民族现代文明。

如今，我们昂扬奋进在中国式现代化新征程上。建设中华民族现代文明，是推进中国式现代化的必然要求，是社会主义精神文明建设的重要内容，也是我们的共同责任。

在中华民族几千年历史长河中，顾炎武等一大批思想大家，留下大量鸿篇巨制，包含着丰富的哲学社会科学内容、治国理政智慧，为今人认识世界、改造世界提供了重要参考依据，也为中华文明提供了重要内容，为人类文明进步作出了重大贡献。

习近平总书记曾多次引用“天下兴亡，匹夫有责”“空谈误国，实干兴邦”的警句，激励中华儿女以实干笃定前行，风雨无阻向着实现中华民族伟大复兴的光辉目标进发。

今年是旷世大儒、思想大家顾炎武诞辰410周年。今天，我们在北京报国寺顾亭林祠举办纪念顾炎武诞辰410周年活动暨“爱国情强国志报国行·报国寺论坛”，就是为了从顾炎武的学行和思想中汲取可贵的历史借鉴，弘扬中华民族的优秀文化，推动中华民族现代文明建设，实现中华民族的伟大复兴。因此，今天的活动可以说具有重大意义。

希望中国商报社、中国商业出版社和其他活动主办方一起，以此次活动为契机，大力弘扬中华优秀传统文化，加强社会主义精神文明建设，把顾炎武爱国思想的宝贵财富保护好、挖掘好、运用好、传承好，为推动文化繁荣、建设文化强国、建设中华民族现代文明作出积极贡献。

经济发展必须尊重自然规律

第十四届全国政协委员、中国经济社会理事会副主席　郭　军

“天下兴亡，匹夫有责”，顾炎武的天下观，突破了王道观，这是顾炎武作为启蒙者的观念，也是他以“知行合一”的观念与民主思想的完全统一，顾炎武思想对中国后世的发展起到了重要作用。

顾炎武以敏锐的目光，通观明代中叶以来中国社会商品经济发展的大势，在《天下郡国利病书》和《肇域志》两部巨著中，对各地商品经济发展的情况作了详细而生动的记述，也详细记叙了随着商品经济的日益发展所带来的社会风气的变化。因此，顾炎武反对以“道德”的名义阻碍和破坏商品经济发展。例如，杭州素以旅游业发达著称，市民们多赖此为生，可是当时的官府却经常以“整顿风俗”为

名，对市民们的商业活动予以取缔。在顾炎武看来，杭州旅游业的发展对于经济的繁荣和市民生计问题的解决具有重要作用。对于杭州市民来说，从事与旅游相关的商业活动就是他们的“本业”。

经过改革开放特别是新时代十年的伟大变革，民营企业、外资企业都已成为社会主义市场经济发展的重要组成部分，是推动我国经济发展不可或缺的力量。特别是民营经济作为我们党长期执政、团结带领全国人民推进强国建设、民族复兴的重要力量，贡献了50%以上的税收、60%以上的国内生产总值、70%以上的技术创新成果、80%以上的城镇劳动就业、90%以上的企业数量。可见，民营经济在实现中国式现代化进程中发挥着重要作用，民营经济的持续健康发展已成为助推中国经济高质量发展的重要力量。

“充分发挥市场在资源配置中的决定性作用，更好发挥政府作用”，是我们实现经济社会高质量发展的必然要求。它要求在构建高水平社会主义市场经济体制过程中，政府要不断优化营商环境，进而充分激发各类市场主体活力，促进国有企业、民营企业、外资企业的公平竞争和发展。

顾炎武认为，经济的发展必须以尊重自然规律、维护自然界的生态平衡为前提。他根据历史事实证明，黄河流域生态环境的破坏并不是由于自然的变迁，而是由于人为的因素造成的。

鉴于自然环境遭到破坏的既往教训，顾炎武力主在经济发展的时候必须尊重自然规律。他引证孔子的教诲告诫人们，要有长远的眼光，不可“一以急迫之心为之”，不可因一时之小利而忘万年之大计。顾炎武的这一观点，对于我们正确处理经济发展与保护自然生态环境的关系、探寻可持续发展的途径，仍具有重要的现实意义。

“绿水青山就是金山银山。”良好的生态环境既是自然财富，也是经济财富，关系到经济社会发展潜力和后劲。科学地加快形成绿色发展方式，促进经济发展和环境保护双赢，构建经济与环境协同共进的地球家园。

中国经济社会理事会是全国政协领导下的综合研究经济社会问题的全国性社团组织和高端智库，是经济社会理事会和类似组织国际协会正式成员，也是其领导机构管理委员会成员。

今后，中国经济社会理事会将持续研究顾炎武经济思想，结合新时代社会实践、服务时代需要，围绕经济社会领域重大理论和实践问题开展深入研究，为党和政府科学民主决策提供参考。

加强互联网内容建设
让正能量产生大流量

中国财富传媒集团党委书记、董事长、总裁 **韩煦东**

2023 年适逢顾炎武先生诞辰 410 周年。顾亭林先生是明清更迭的社会大动荡造就的时代巨人，是中国学术史上承先启后、继往开来的伟大宗师。习近平总书记 2016 年 5 月 17 日在哲学社会科学工作座谈会上的讲话称颂了 25 位中华民族杰出的思想大家，其中就有大儒顾炎武。

今天，我们和中国商报社等单位联合举办纪念顾炎武诞辰 410 周年活动暨“爱国情强国志报国行·报国寺论坛”特别有意义，是为了表达对顾亭林先生的敬仰之情，更是为了大力弘扬伟大爱国主义精神，全面推进中华民族伟大复兴，这是我们所有传媒人的职责所在。

中国财富传媒集团于 2017 年 1 月成立，隶属于新华通讯社。集团坚持以媒体为纽带，以数据交易为特色，以金融服务为支撑，形成“一体为主、多翼并举”的业务新格局，致力打造权威、专业的综合性、高技术、融媒体的现代财经传媒集团。

中国商报社和中国财富传媒集团是两家在中国媒体行业具有重要地位和影响力的机构，在新闻报道、行业洞察、数据分析等方面都拥有丰富的资源和专业知识。下一步，中国财富传媒集团将和中国商报社以今天的活动为基础，结成战略合作关系。

我们双方将持续深化媒体融合、加强全媒体传播体系建设，“使互联网这个最大变量变成事业发展的最大增量”。充分运用新技术新应用，强化互动化传播、沉浸式体验，加强互联网内容建设，健全网络综合治理体系，推动形成良好网络生态，让正能量产生大流量。

我们相信，通过战略合作，双方将共同致力加强在媒体行业的竞争力和影响力，进一步整合各自优势，实现互利共赢，加强市场竞争力，更好地发挥媒体的社会责任，为大力弘扬伟大爱国主义精神、实现中华民族伟大复兴而共同奋斗。

激活宣南文化记忆
助力北京文化之都建设

中共北京市西城区委宣传部副部长　**杜　慧**

西城区所辖宣南是北京建城和建都的肇始之地，宣南文化被誉为北京文化源头、缩影与精华。

今年的国际博物馆日当天，经过三年多的文物修缮和展陈提升，宣南文化博物馆重新向公众开放。今天，我们在报国寺顾亭林祠内举办纪念顾炎武诞辰 410 周年的系列活动，正是为了赓续宣南文化根脉、厚植爱国主义情怀，特别有意义。

今天举办此次活动，意义深远，我们相信，报国寺、顾亭林祠将激活宣南士乡的文化记忆，也将成为宣南文化的重要传播窗口，为西城文物活化利用和非遗传承、为北京文化之都建设起到不可替代的作用。

近年来，西城区委、区政府高度重视历史文化遗产的保护和利用，统筹兼顾历史文化遗产保护和经济社会的可持续发展，创新文物保护利用机制，一批文物得到活化利用，重燃人们对中华优秀传统文化的崇敬和自信，让文物“活”起来，让历史文化和现代生活融为一体，打造首都博物馆之城的“西城模式”。

今后，我们将以今天的活动为新起点，扩大宣传，让更多的人感受顾亭林精神和宣南文化的底蕴和魅力，展现士人心系家国命运、挺立时代潮头、勇于担当大任的人文精神，大力弘扬伟大爱国主义精神，全面推进中华民族伟大复兴。

厚植爱国情怀 砥砺强国之志

中国商报社社长兼总编辑 陈高宏

2023年是全面贯彻落实党的二十大精神的开局之年，是实施“十四五”规划承前启后的关键一年，也是全面建设社会主义现代化国家开局起步的重要一年。2023年也恰逢传世大儒顾炎武先生诞辰410周年。

习近平总书记2016年5月17日在哲学社会科学工作座谈会上的讲话称颂了25位中华民族杰出的思想大家，其中就有大儒顾炎武。习近平总书记曾多次引用“天下兴亡，匹夫有责”“空谈误国，实干兴邦”的警句。

当今世界变乱交织，百年变局加速演进，只要我们保持战略定力、坚定做好自己的事，就完全能够化险为夷、化危为机。因此，今天，我们更需要顾炎武“天下兴亡，匹夫有责”的高度社会责任意识。知行合一、笃行不怠，才能实现新征程的良好开局；真抓实干、埋头苦干，才能把宏伟目标变为美好现实。

今天我们活动的举办地报国寺、顾亭林祠，既是顾炎武当年北游的寓居之地，也是如今我们中国商报社、中国商业出版社有缘与承载亭林思想的物镜、情境、意境零距离交集、超时空对话，并悉心守护、赓续传承的文化宝地。顺治十五年（1658）顾炎武游学到京，康熙六年（1667）首次寓居北京宣南报国寺。顾炎武25年北游生涯中曾多次寓居报国寺内以文会友、著书立说，成为宣南文化的核心，起着支撑宣南文化的重要作用。

在京期间，顾炎武的足迹遍及京郊各地，通过大量实地考察，与原有资料比较，辨明了一些史书记载之误，写成了《昌平山水记》和《京东考古录》等著作。顾炎武去世后，友人常来报国寺祭祀。道光二十三年（1843）初春，由翰林院编修何绍基、贡生张穆等人筹划发起在顾炎武多年寓居的北京报国寺西小院集资兴建顾亭林祠。同年十一月十五日（1844年1月4日）顾亭林祠落成，道光二十四年二月十四日（1844年4月1日）举行第一次会祭。此后，报国寺顾亭林祠成为儒臣和学者们聚会、社交及学术讨论的地方。

时光交错，回望历史。我们有责任、有义务把顾亭林先生留下的宝贵的精神财富、北京宣南文化的根脉，赓续传承，发扬光大。

习近平总书记号召我们要厚植爱国主义情怀，把爱国情、强国志、报国行自觉融入坚持和发展中国特色社会主义、建设社会主义现代化强国、实现中华民族伟大复兴的奋斗之中。

报国寺自古就是弘扬爱国精神的文化标志，也是近代中国变革图强的思想摇篮，在培养爱国之情、砥砺强国之志、实践报国之行中肩负着重要使命。所以，在纪念顾炎武诞辰410周年之际，在中国商业联合会等社会各界的全力支持下，中国商报社、中国商业出版社、全国商报联合会携手新华社中国财富传媒集团，共同推出了我们共划已久的报国寺论坛——厚植爱国情怀、坚持守正创新的交流合作的平台。

报国寺论坛将以“爱国情、强国志、报国行”为永久主题，聚焦企业家爱国情怀、弘扬企业家精神和关注企业社会责任，每年设置不同议题，邀请政府部门、行业组织、研究机构、大专院校、企事业单位的领导、专家学者、领军企业家、新锐创业者等共同参与，交流分享，不断传播新思想、提炼新模式、引领新发展，为全面推进中华民族伟大复兴而团结奋斗。

北京顾亭林祠顾炎武铜像揭幕
亭林书堂在报国寺开馆

《中国商报》记者　贺　阳

顾炎武铜像揭幕

亭林书堂开馆

2023年7月18日，作为纪念顾炎武诞辰410周年系列活动之一，“赓续宣南文化根脉 厚植爱国主义情怀——北京顾亭林祠顾炎武铜像揭幕暨亭林书堂开馆仪式”在北京报国寺顾亭林祠举行。

顾炎武是中华民族杰出的思想大家，被尊称为亭林先生，在其25年的北游生涯中曾多次寓居报国寺，以文会友、著书立说。亭林先生去世后，友人常来报国寺祭祀。1843年也就是道光二十三年，何绍基、张穆等发起在此地修建顾亭林祠，第二年顾祠建成并举行了第一次会祭。在以后的很长时间里，顾祠成为儒士学子纪念亭林先生和聚会交流的场所，也是当时京城重要的文化地标，为北京宣南文化的形成发挥了重要作用。

新落成的亭林先生铜像和亭林书堂地处顾亭林祠第三进小院，院内翠竹海棠与高大的核桃树相映成趣，翠竹四季常青，海棠瘦硬虬劲，在紧凑庄重中有着浓浓的江南韵味。小院通过一个月亮门与报国寺相连，月亮门外侧有“天下兴亡，匹夫有责”石刻。小院往南是顾亭林祠的游廊，游廊墙壁镶嵌有亭林经典名言的书法作品石刻。

在嘉宾致辞环节，报国寺顾亭林祠所在地、中共北京市西城区委广安门内街道工作委员会副书记白杨表示，本次活动既是赓续宣南文化根脉，厚植爱国主义情怀，也是与北京西城区“十四五”时期加强全国文化中心建设规划结合，为文化事业发展助力赋能。在今后的工作中，广内街道将加大对亭林书堂的支持力度，让这个开放、包容的学习交流场所成为全国文化中心建设的重要平台。

亭林先生是江苏昆山千灯镇人。在活动中，中共昆山市委宣传部副部长栾根玉表示，不忘初心才能开创未来，善于继承才能更好地发展。希望能借助各界的力量，系统梳理钩沉顾炎武思想脉络，进一步发掘弘扬顾炎武实学思想时代价值，携手打造亭林品牌，共同推动优秀传统文化创造性转化、创新性发展，使其更好地与当代文化相适应、与现代社会相协调、与城市发展相融合，为文化强国建设注入强大精神力量。

亭林先生晚年客居山西曲沃，在曲沃留下了丰厚的精神财富。中共曲沃县委宣传部常务副部长侯军表示：“曲沃是顾炎武寓居和终老之地，是‘天下兴亡，匹夫有责’的发声之地。站在第二个百年奋斗目标和开启中国式现代化建设新征程的坐标点上，更加需要‘天下兴亡，匹夫有责’的责任和担当，更加需要坚持‘两个结合’，传承和弘扬中华优秀传统文化，更加需要用初心使命凝聚起全国人民为美好理想而奋斗的磅礴力量，这就是我们纪念顾炎武的时代意义。”

活动期间，还举行了亭林书堂顾炎武文献赠受仪式。昆山市顾炎武研究会会长陈建林，代表昆山市顾炎武研究会向亭林书堂捐赠

《顾炎武全集》《原抄本顾亭林日知录》等珍贵文献。

文明弦歌不辍，文脉绵延不绝。活动主办方表示，守住文化的根和魂，需要物质上的继承保护，更需要精神上的积淀与升华，亭林书堂将成为赓续亭林精神、推动亭林思想研究和创新性传承的一个新平台，通过交流交融为建设中华民族现代文明注入更多的创新元素。

昆山市顾炎武研究会向亭林书堂赠书

赓续宣南文化根脉
推动全国文化中心建设

中共北京市西城区委广安门内街道工作委员会副书记　**白　杨**

广内地区境域是北京建置最早的地区，有三千多年的建置史，今天的活动举办地报国寺位于辖区西南部，是保存完整的明清皇家寺庙。广内辖区内现有建筑规制基本保存完整的明清时期同乡会馆35处，是“宣南世乡”的聚居之地。古往今来，一大批仁人志士怀揣着“修身齐家治国平天下”的理想，在宣南筹变法、兴报业、办教育，为民族兴亡奔波。

今天，我们在此举办纪念顾炎武诞辰410周年活动，举行北京顾亭林祠顾炎武铜像揭幕和亭林书堂开馆仪式，既是赓续宣南文化根脉、厚植爱国主义情怀，也是与北京市西城区“十四五”时期加强全国文化中心建设规划结合，为文化事业发展助力赋能。在今后的工作中，我们将加大对亭林书堂的支持力度，让这个开放、包容的学习交流场所成为全国文化中心建设的重要平台。通过举办各类讲座、研讨会、展览等活动，激励广大人民群众继承创新、热爱中华文化、弘扬爱国主义情怀，促进文化创新资源的集聚与输出，推动人文交流与合作，为全国文化中心建设注入更多活力和创造力。

有朋自远方来，不亦乐乎。在此，我要向所有参与此次活动的工作人员以及各界朋友们表示诚挚的感谢和衷心的祝福。让我们共同努力，紧密结合北京市西城区“十四五”时期加强全国文化中心建设规划，为加强全国文化中心建设贡献一份力量。让我们携手共进，传承顾炎武先生“天下兴亡，匹夫有责”的爱国情怀，为推动中国文化事业蓬勃发展不懈奋斗!

弘扬顾炎武实学思想　助力昆山高质量发展

中共昆山市委宣传部副部长　栾根玉

顾炎武是中国文化史上伟大的思想家、爱国学者，习近平总书记在全国哲学社会科学工作座谈会上称颂了25位中华民族杰出的思想大家，其中就有大儒顾炎武。他是江苏昆山人，但又和北京有着不解之缘，在他25年的北游生涯中，曾多次寓居北京报国寺，以文会友、著书立说。在京期间，他的足迹遍及京郊各地，所撰写的《昌平山水记》和《京东考古录》等著作，具有很高的历史和文化价值，为研究北京历史地理提供了宝贵的文献史料。

他以心当墨、以行作笔，践行着“天下兴亡，匹夫有责”的家国情怀，他的思想精神是昆山最具辨识度的文化金名片之一，也是昆山人文化自信的一面旗帜，更是昆山“打造中国式现代化县域示范城市”的不竭动力。长期以来，昆山坚定扛起“亭林故里”使命与担当，持之以恒研究和弘扬顾炎武思想精神。2018 年，昆山将顾炎武的诞辰日7月15日确定为“昆山市顾炎武日”，多年来，立足新时代思想文化传播特点，不断丰富和拓展“顾炎武日”活动的形式和内容，营造弘扬传统国学文化、敬仰先贤精神的社会氛围。匠心打造品牌活动：举办顾炎武《日知录》原钞本首发仪式暨学术研讨会、中央党校“实学思想家故里行”、纪念《日知录》面世350周年、日知青年论坛等系列活动，从历史沉淀中阐发当代价值。精心做好研究阐释：成立顾炎武研究会，开发顾炎武民本、实学思想课程，先后出版发布《顾炎武信札释读（选编）》《漫话顾炎武北游》《顾炎武研究文献集成·清代卷》等书籍，助力丰富顾炎武思想文学库。用心开展科普传承：打造顾炎武公园、修复顾炎武故居，将顾炎武思想课程列入全市公务员、机关党员干部培训的必修课、中小学生“立德树人”优秀传统文化教育的首选课。通过评弹、现代诗、情景剧、故事、宣卷、昆剧等多种载体，提升影响力、传播力，不断推动顾炎武思想融入城市建设、滋养人民群众。

江南片玉，灵秀昆山。作为一座历史悠久、人文荟萃的文化名城，昆山有着 6000 多年的文明史和 2000 多年的建城史，至今仍保存着完好的江南水乡风貌，是“百戏之祖”昆曲发源地，科技县令祖冲之在昆山推算出了圆周率。同时，昆山也是一座引领风气之先、创造无限荣光的城市。习近平总书记对昆山“勾画现代化目标”寄予殷切期望。昆山牢记嘱托敢闯敢试、唯实唯干、奋斗奋进、创新争优，坚决扛起“争当表率、争做示范、走在前列”光荣使命，连续 19 年位居全国百强县市之首。获评全国文明城市、国家生态文明建设示范市、平安中国建设示范县等荣誉。2022 年，全市完成地区生产总值 5006.7 亿元，成为全国首个 GDP 突破 5000 亿元县级市。

不忘初心才能开创未来，善于继承才能更好地发展。希望能借助各界的力量，系统梳理钩沉顾炎武思想脉络，进一步发掘弘扬顾炎武实学思想时代价值，携手打造亭林品牌，共同推动优秀传统文化创造性转化、创新性发展，使其更好地与当代文化相适应、与现代社会相协调、与城市发展相融合，为文化强国建设注入强大精神力量。

最后，衷心感谢活动主办方为我们搭建了这样一个文化交流、文化传承的平台，也诚挚邀请各位来昆山指导工作、传经送宝。

以初心使命凝聚奋进的磅礴力量

中共曲沃县委宣传部常务副部长　**侯　军**

顾炎武先生生于江苏昆山，殁于我的家乡山西曲沃。他在游历和寓居曲沃期间，完成了皇皇巨著《日知录》，发出了“天下兴亡，匹夫有责”的惊天呐喊。他的呐喊鞭策激励了一代又一代中华儿女为了国家解放、人民幸福和民族复兴而前赴后继、浴血奋斗。

习近平总书记指出，历史深刻表明，爱国主义自古以来就流淌在中华民族血脉之中，去不掉，打不破，灭不了，是中国人民和中华民族维护民族独立和民族尊严的强大精神动力。今天，我们站在第二个百年奋斗目标和开启中国式现代化建设新征程的坐标点上，更加需要“天下兴亡，匹夫有责”的责任和担当，更加需要坚持“两个结合”，传承和弘扬中华优秀传统文化，更加需要用初心使命凝聚起全国人民为美好理想而奋斗的磅礴力量，这就是我们纪念顾炎武的时代意义。

曲沃是顾炎武寓居和终老之地，是“天下兴亡，匹夫有责”的发声之地。为纪念亭林先生，县委、县政府专门辟地 40 亩建设顾园，供后人游览瞻仰、驻足凭吊。现在，顾园已经成为临汾市闻名遐迩的爱国主义教育基地。2022 年 2 月 15 日，我县在顾园举办了纪念顾炎武逝世 350 周年活动。全县各单位、中小学校通过经典诵读、诗歌朗诵、歌舞演出、书法展示等多种形式纪念先生，讲述先生的故事，传承先生的思想。如今，先生昔日寓居的东韩村已经建成了富裕文明的小康村；先生与傅山纵论天下的白石楼，已经发展成为远近闻名的风景旅游区；先生曾经考证过的晋国始封之地，已经建成了著名的 4A 级旅游区晋国博物馆。今日之曲沃，山川秀丽，人民幸福，实乃先生之荫庇，实乃先生之德功！

因亭林先生之渊源，曲沃和昆山结缘，两地顾炎武研究会多次互访，建立了深厚友谊。如今，在北京报国寺，北京—苏州一昆山一曲沃，我们再度结缘。我想，今天，我们四方牵手共同缅怀纪念亭林先生，就是要继承和弘扬他的“天下”情怀、“求实”精神、“责任”意识，胸怀“国之大者”，为实现中华民族伟大复兴的中国梦而不懈奋斗！

钟灵毓秀，哲出鹿城；京畿沃土，共拱北斗。新时代、新征程、新伟业，让我们以强烈的使命担当去创造民族复兴的伟大荣光，并以此告慰亭林先生。

——让我们一起向未来！

亭林书堂　纳彩携珍

《中国商报》编辑部

为了纪念顾炎武诞辰410周年，表达对亭林先生的敬仰之情，在社会各界的支持下，在顾亭林祠内建立了亭林书堂，打造一个传承和弘扬亭林精神的新平台。通过展示研究成果，交流创新思想，推动文化产业、精神文明建设的高质量发展，让历史文化焕发新的生命力。

《原钞本顾亭林〈日知录〉》：最接近原貌的《日知录》

《日知录》是顾炎武本着“明道、救世”宗旨，经年累月撰成的大型学术札记。成书于清初，虽然历时未久，但是版本流传十分复杂。在各种版本中，由顾炎武本人定稿的三十二卷本的原本清初抄写本，未经潘耒和四库馆臣删改，具有特殊重要意义。

据了解，《日知录》传世较广的三种版本，即潘耒刻本、《四库全书》本及黄汝成《集释》本，均因清廷文字狱的高压而存在不同程度的删改。

《原钞本顾亭林〈日知录〉》是目前存世《日知录》版本中最接近顾炎武原稿的版本，学术价值极高。该原钞本由收藏家、澜起科技董事长杨崇和于2015年高价竞拍所得，由江苏省昆山市人民政府、华东师范大学出版社、华东师范大学江南文化研究院高清原色影印出版，为世人完整准确研究理解顾炎武思想提供了珍贵资料。

2023年7月15日，在顾炎武诞辰410周年当天，该书在昆山千灯镇举行了首发仪式。此次，昆山市顾炎武研究会将一套影印版《原钞本顾亭林〈日知录〉》赠送给亭林书堂，以飨观者。

《日知录集释 卷十二》：传古人遗风 展当代风尚

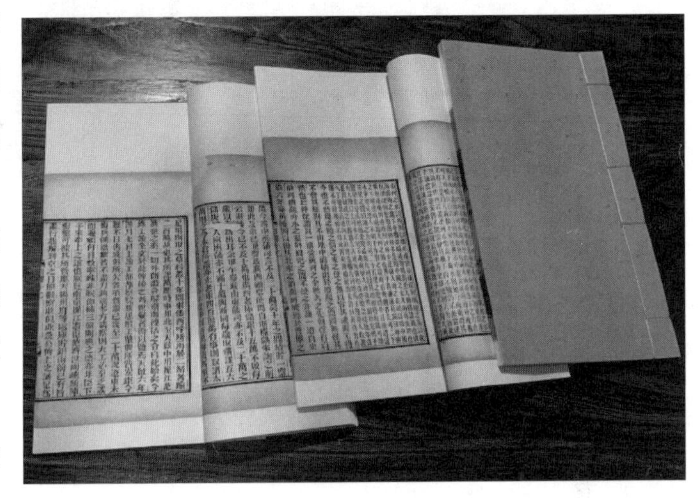

此书由安徽华冶律师事务所律师、高级合伙人，刑事法律研究中心主任王熙城捐赠。

2023年3月，王熙城来到北京，参观了报国寺，并瞻仰了寺内的顾亭林祠。通过对顾亭林祠的进一步了解，更加激发了王熙城研究顾炎武先生思想的好奇心。

在一场中国古文献专场拍卖会上，王熙城花高价拍得清刻本《日知录集释·卷十二》。为了让更多的国人了解《日知录》，让顾炎武的思想精神在当下更加发扬光大，王熙城遂将拍得的《日知录集释·卷十二》捐赠给亭林书堂，希望它能相伴于顾亭林祠，传古人遗风、展当代风尚。

《天下郡国利病书》：筚路蓝缕 力学笃行

顾炎武自1639年开始搜集史籍、实录、方志及奏疏、文集中有关国计民生的资料，并对其中所载山川要塞、风土民情作实地考察，以正得失。他的《天下郡国利病书》是记载中国明代各地区社会政治经济状况的历史地理著作。亭林书堂收藏了《天下郡国利病书》全书6册120卷。

《顾炎武信札释读（选编）》：书信描绘报国人生

“天下兴亡，匹夫有责”是顾炎武的传世精神，更是中华民族的精神写照。为传承优秀传统文化，昆山市档案馆（地方志办公室）、昆山市顾炎武研究会拓宽与深化顾炎武思想研究新的题材领域，策划推出《顾炎武信札释读（选编）》。

信札，又称“手札”“书札”“笔札”“尺牍”，是古人进行远距离通信的主要载体。信礼作为原始凭证，可以反映顾炎武所处时代的时事、政治、人情世风以及他本人重要的人生轨迹、学问发轫与交友等多方面情况。昆山市档案馆（地方志办公室）和昆山市顾炎武研究会从顾炎武存世的信札中选取了50封思想意义和学术价值较高的信札，对其进行注释、简析，汇集为《顾炎武信札释读（选编）》，为日后释读顾炎武信札全集积累经验、打好基础。

百余幅书法以笔墨写风骨

——“顾炎武经典名言书法作品展”在北京报国寺开幕

《中国商报》记者　丁　晨

“天下兴亡，匹夫有责”“苍龙日暮还行雨，老树春深更著花”“人生富贵驹过隙，唯有荣名寿金石”……这些出自顾炎武的名言诗词，以书法形式呈现眼前，让人感受到了410年传承至今的思想之光。这就是2023年7月18日在北京报国寺开幕的“笔墨写风骨——顾炎武经典名言书法作品展”的独特魅力。

此次展览汇集了全国100余位书画家的作品，创作者多为中国书法家协会会员、中国美术家协会会员。参展作品涵盖篆书、隶书、楷书、行书、草书等多种书体，紧紧围绕顾炎武名言诗词、生平事迹和思想成就，以及他的著作《日知录》文字节选等内容展开。现场不少观众纷纷表示，这一幅幅书法作品让他们加深了对顾炎武精神的理解，也深切体会到一代大儒浓厚的爱国情怀。

“笔墨写风骨——顾炎武经典名言书法作品展”展览开幕式高

朋满座，书法、艺术、商业领域的诸多重量级人物相聚一堂。他们以笔墨论道，共话顾炎武的思想精神。第十届全国政协委员、原文化部副部长、国家博物馆首任馆长潘震宙在致辞中指出：“举办顾炎武经典名言书法作品展，就是要传承、发扬顾炎武先生的精神，激励每一个中国人贡献自己的力量，把我们的祖国建设得更强大、更美好，这也是对顾炎武先生最好的纪念。”

在本次展览中，第十一届全国政协经济委员会副主任、商务部原副部长张志刚有四幅作品展出。他告诉《中国商报》记者：“所谓书为心画，我在创作过程中是以规整、严肃的风格，来表达对顾炎武先生思想的崇敬。”他还表示，以书法形式展现顾炎武名言警句具有现实意义，可以引领广大青年正确学习、体会顾炎武精神，牢记“空谈误国，实干兴邦”，积极弘扬中国优秀的传统文化。

中国美术家协会理事、北京市美术家协会理事、清华美院原副院长、教授、吴冠中艺术研究中心主任刘巨德也感同身受，他在接受《中国商报》记者采访时说：“从古至今涌现出诸多如顾炎武先生一般伟大的思想家、艺术家等，他们的付出与贡献指引着我们在艰难中不断向前。”中国美术家协会会员、吴冠中亲传大弟子、清华大学美术学院教授任景钦也认为，身为教育工作者，要在教学中指引年青一代向杰出学者学习，这一点在弘扬传统文化方面具有举足轻重的作用。

值得一说的是，中央文史研究馆副馆长、中国美术家协会名誉主席冯远特意为此次活动挥毫题词“天下兴亡　匹夫有责”。八个大字笔墨酣畅、力透纸背，彰显百年风骨。

此外，此次展览还展出了来自清华大学吴冠中艺术研究中心的师生佳作，它们以笔墨语言勾勒出一幅幅壮美的山河画卷。

以文会友　大力弘扬爱国精神

中国商业出版社副总编辑　**史兰菊**

自古以来，报国寺就是文人汇集之地。明末清初，报国寺就是京城最著名的书市，比琉璃厂书市还早。这里还是文人墨客的雅聚之地，清代著名文人高衍、王士祯、孔尚任等都是报国寺的常客，留下了许多传奇佳话。

在25年的北游生涯中，顾炎武曾多次寓居北京报国寺内，以文会友、著书立说。此后，报国寺顾亭林祠成为儒臣和学者们聚会、社交及学术讨论的地方。

顾炎武精神是我们宝贵的精神财富。今天，各位领导、各位书画艺术家满怀激情，挥毫泼墨，通过书写顾炎武名言警句、《日知录》节选文字，以及后人对顾炎武生平事迹和思想成就评价等，创作出一幅幅精美的书法作品，大力传承弘扬顾炎武精神。顾炎武精神必将激励一代代的中国人为实现中华民族伟大复兴的中国梦而不懈奋斗。

顾炎武思想为中华民族点起一盏智慧明灯

第十届全国政协委员、原文化部副部长、国家博物馆首任馆长　**潘震宙**

死而不亡，谓之不朽！

顾炎武就是中国历史上不朽的伟大人物之一，是“侠之大者，朴学宗师”。习近平总书记称他为“旷世大儒”。

顾炎武的治学方法主要有三点：第一，贵创；第二，博证；第三，致用。他说，写书，一定要写有价值的书，写前人没有写过而且必须有益于后代的书；要注重证据，实事求是；绝不空谈，以实用为目的。

习近平总书记多次强调“空谈误国，实干兴邦”，这个说法就是来源于顾炎武的思想。

梁启超说，侠之大者，为国为民。

1934年，在田汉作词、聂耳作曲的《毕业歌》中，其歌词是："同学们，大家起来，担负起天下的兴亡。"这首歌号召同学们，以豪迈的气概，担负起天下兴亡的责任，挽救民族于危亡之际。

"天下兴亡，匹夫有责"，是顾炎武在《日知录》中所说的话。田汉先生写《毕业歌》的时候，顾炎武已经去世250多年了。但是他"天下兴亡，匹夫有责"的精神，仍然在中华民族的血脉里传承、发扬着。

中国人，无论南北，无论文化高低，都知道"天下兴亡，匹夫有责"这句话。在这句话精神的激励下，从鸦片战争开始，一个多世纪的时间，无数的仁人志士，为了国家和民族，抛头颅、洒热血，前赴后继、九死不悔。他们用满腔的热血，成为"天下兴亡，匹夫有责"精神最彻底的践行者。

"莫谓书生空议论，头颅掷处血斑斑。"

经历了无数的曲折和艰苦奋斗，中国人民掀翻了三座大山，赢得了胜利，建立了伟大的新中国，创造了今天的灿烂辉煌。

伟大的人物，重大的历史事件，一旦产生，影响就永远不会过去。"天下兴亡，匹夫有责"不是凭空而来的，在顾炎武之前，有张载的"为天地立心，为生民立命，为往圣继绝学，为万世开太平"；在顾炎武之后，有林则徐的"苟利国家生死以，岂因祸福避趋之。"

没有凭空产生的事物，每个民族都是从历史中走来，中国的现实和未来，必须要和中国的历史相结合，和中国优秀的传统文化相结合，事事相袭，代代相传，才会有光明的未来以及更美好的未来之未来。

天下虽安，仍需居安思危。忘记危险，危险就会到来。曾有人建议，把国歌中"中华民族到了最危险的时候"这句歌词改掉，我认为，这句歌词恰恰应该永远保留，永远唱下去，警醒我们的民族，只有不忘记危险，才能有安全。

顾炎武的思想，为中华民族点起了一盏智慧的明灯，光芒四射，照耀古今。今天，我们在这里举办顾炎武经典名言书法作品展，就是要传承、发扬顾先生的精神，激励每一个中国人，贡献自己的力量，把我们的国家建设得更强大、更美好。我想，这也是对顾炎武先生最好的纪念。

继承传统文化　开创美好未来

第十一届全国政协经济委员会副主任、商务部原副部长　**张志刚**

弘扬顾炎武“天下兴亡，匹夫有责”的思想，有着继承传统、开启未来的现实意义。我曾经有机会两次到过顾炎武故居，看到里面有很有意思的对联，这些对联反映了顾炎武先生潜心修学、淡泊名利、心忧天下的高尚情操。

顾炎武先生，一生求真务实，在他25年的北游生涯中，曾多次寓居北京报国寺，以文会友、著书立说，给我们留下了许多宝贵的思想。继顾炎武先生之后，有很多爱国者和名人支持他的思想。例如，孙中山先生就曾写过顾炎武先生提出的“天下兴亡，匹夫有责”书法作品，林则徐也写出了“苟利国家生死以，岂因祸福避趋之”的名句，都体现了强烈的爱国主义情怀。

要加强年轻人爱国主义思想教育

中国美术家协会会员、清华大学美术学院教授　**任景钦**

在教育中，老师们要严谨治学，对于当代的年轻人，要引导他们加强爱国主义思想教育，通过对国家优秀传统文化的学习了解，获得真知。顾炎武“天下兴亡，匹夫有责”的爱国精神深深影响着大家，在报国寺举办这种爱国主义教育活动非常有意义。

中华民族有很多传统文化领域都可以宣扬爱国精神。比如，中国画，通过描绘祖国的大好河山，宣扬我们美丽的山水文化。社会写实的画作，也是社会教育的一个窗口。

另外，在这个过程中还要发挥主观能动性去进行大胆的创新。在中国画方面，要创造出自己的艺术语言，一定要有自己的看法、有自己的语言、有自己的方法，你画出来的东西才不会形成自己的标签。我的老师、美术教育家吴冠中在教学中就非常严谨，经常带着学生深入基层，让大家到现场去感受体会。

社会应该多举办爱国主义教育活动，多邀请青年学生和老师参加，让学生们更多地感受、沐浴爱国文化，同时也要求教师严谨治学，为国家培养更多的优秀人才。

赓续亭林精神血脉　厚植爱国主义情怀

——纪念顾炎武诞辰 410 周年系列活动在北京报国寺成功举办

中国商报网

弘扬爱国主义精神既要一脉相承、赓续传统，又要与时俱进、融入时代。在全党全国深入学习贯彻习近平总书记在文化传承发展座谈会上的重要讲话精神之际，由中国商报社、中国商业出版社、中国财富传媒集团、全国商报联合会联合主办的纪念顾炎武诞辰410周年活动暨“爱国情强国志报国行·报国寺论坛”于2023年7月18日在北京报国寺顾亭林祠成功举办，来自社会各界的近400位嘉宾参加了活动。

深挖历史文化内涵

“天下兴亡，匹夫有责……”伴随着顾炎武经典名言集体诵读之声在报国寺大殿前响起，一代大儒、一座古刹、一盏明灯在一阵琅琅诵读声中穿越百年，在北京重逢。

2023年恰逢顾炎武诞辰410周年。为了更好地传承先贤思想、弘扬先贤精神，持续加强报国寺历史文化挖掘、传承和建设，一系列精彩纷呈的文化盛宴在盛夏的北京报国寺徐徐开启。

作为中华民族杰出的思想大家，顾炎武在立天下言中探索真理，以响亮的语言和深邃的思想引导着中华民族的奋进之路。在开幕式上，中国商业联合会党委书记、会长姜明在致辞中表示，此次纪念活动具有特别的意义，希望主办方能以此为契机，加大传承弘扬中华优秀传统文化、加强社会主义精神文明建设，把顾炎武爱国思想的宝贵财富保护好、挖掘好、运用好、传承好。

顾炎武的经济思想博大精深，他始终抱定经世致用的宗旨，真正做到了“为往圣继绝学，为万世开太平”。第十四届全国政协委员、中国经济社会理事会副主席郭军在讲话时强调，进行顾炎武思想学术研究务必结合我国经济社会实际，他的经济思想直到今天仍能找到现实的投射。

中国财富传媒集团党委书记、董事长、总裁韩煦东表示，亭林先生是明清更迭、社会大动荡造就的时代巨人，是中国学术史上承先启后、继往开来的一代宗师。中共北京市西城区委宣传部分管日常工作的副部长杜慧说，顾炎武也是北京宣南文化的代表和缩影。顾炎武北游途中曾多次寓居北京宣南报国寺内，写成了《昌平山水记》和《京东考古录》等著作，为研究北京历史提供了具有重要学术价值的文献史料。

中国商报社社长兼总编辑、（北京）报国寺顾亭林祠管委会主任陈高宏表示：“当今世界变乱交织，百年变局加速演进，中华民族伟大复兴进入关键时期，我们更需要顾炎武‘天下兴亡，匹夫有责’的高度社会责任意识。知行合一、笃行不怠，才能实现新征程的良好开局；真抓实干、埋头苦干，才能把宏伟目标变为美好现实。”

中国商报社中国商业出版社党委书记、中国商业出版社社长魏稳虎主持开幕式。中国商业联合会党委常委、副会长傅龙成与中国商报社社长兼总编辑陈高宏，共同为“爱国情强国志报国行·报国寺论坛”开坛。

携手传承亭林精神

遥隔顾炎武首次寓居报国寺356年，在北京报国寺顾亭林祠内，一座顾炎武铜像正式揭幕，让亭林先生在报国寺的过往更加真实而亲近。而亭林书堂的开馆，则让古今交融的报国寺释放出新时代的文化活力。

在“赓续宣南文化根脉 厚植爱国主义情怀——北京顾亭林祠顾炎武铜像揭幕暨亭林书堂开馆”仪式上，中国商报社副总编辑赵钢表示：“在各方支持下，竖立亭林先生铜像、建立亭林书堂，我们赓续亭林精神、推动亭林思想研究和创新性传承的阶段性成果，也将成为弘扬和建设中华民族现代文明的一次积极探索。”

中共北京市西城区委广安门内街道工作委员会副书记白杨在致辞中表示，本次活动既是赓续宣南文化根脉，厚植爱国主义情怀，也是与北京市西城区“十四五”时期加强全国文化中心建设规划结合，为文化事业发展助力赋能。

长期以来，昆山坚定扛起“亭林故里”的使命与担当，持之以恒研究和弘扬顾炎武思想精神。中共昆山市委宣传部副部长栾根玉表示，希望能以此次活动为契机，凝聚各界的力量，系统梳理钩沉顾炎武思想脉络，进一步发掘弘扬顾炎武实学思想时代价值，携手打造亭林品牌。

“曲沃是顾炎武寓居和终老之地，是‘天下兴亡，匹夫有责’的发声之地。”中共曲沃县委宣传部常务副部长侯军表示，在北京报国寺，北京—苏州—昆山—曲沃，四方牵手共同纪念亭林先生，就是要继承和弘扬他的天下情怀、求实精神、责任意识，胸怀“国之大者”，为实现中华民族伟大复兴的中国梦而不懈奋斗。

在亭林书堂开馆仪式上，昆山市顾炎武研究会会长陈建林代表昆山市顾炎武研究会向亭林书堂捐赠了《顾炎武全集》《原钞本顾亭林〈日知录〉》等珍贵文献。

在“笔墨写风骨——顾炎武经典名言书法作品展”活动现场，第十届全国政协委员、原文化部副部长、国家博物馆首任馆长潘震宙在致辞中强调，顾炎武的思想为中华民族点起了一盏智慧的明灯，光芒四射，照耀古今。第十一届全国政协经济委员会副主任、商务部原副部长张志刚表示，此次活动是一个良好的开端，希望该活动能够很好地办下去，每年办下去，传承优秀历史文化。

据中国商报社副总编辑陈念介绍，该书法展由中国书法家协会会员、中国美术家协会会员等书画界名流撰写顾炎武名言警句、《日知录》文字节选等，以此表达对一代大儒的纪念之情。中国商业出版社副总编辑史兰菊出席活动并致辞。

坚定自信守正创新

历史悠久的北京报国寺，注定饱含深邃而厚重的文化。

在首届报国寺论坛·2023（北京）顾炎武思想学术研讨会暨第二届日知青年论坛上，来自各地的专家学者以及投身顾炎武思想研究的青年学子，紧紧围绕顾炎武思想、报国寺历史、宣南文化等主题各抒己见、交流思想。

中国商业联合会党委常委、副会长傅龙成在致辞中强调，顾炎武的思想和精神在今天仍然具有时代价值。顾炎武的知识体系非常完备，既有高文典册的基础，又有田野采风的实地考察。他一生读万卷书，行万里路，是其实践精神的最佳写照。我国商贸服务业必须坚持问题导向，大兴调查研究，着力破解矛盾问题，消除各类堵点难点痛点，助力提高国民经济运行质量和效益。

据了解，首届报国寺论坛以“爱国情强国志报国行”为主题，纵论爱国之情、强国之志、报国之行。中国商报社副社长、全国商报联合会会长胡斌表示，首届报国寺论坛为推动报国寺历史文化发展带来强大动力，中国商报社将努力把报国寺论坛打造成为全国增强爱国情怀、坚持守正创新的交流合作平台，也使报国寺这座历史古迹成为新时代的文化名片。

据中国商业出版社总编辑张新壮介绍，第二届日知青年论坛主要是青年学子围绕顾炎武天下观、富民观、治学研究、爱国思想等议题进行研讨，缅怀亭林先生的报国情怀和严谨求学精神。活动之后，中国商业出版社将出版《首届报国寺论坛·2023（北京）顾炎武思想学术研讨会暨第二届日知青年论坛论文集》。

另外，在此次活动中，多个签约揭牌仪式成功举行，一系列深度合作将逐步展开。据悉，中国财富传媒集团与中国商报社达成战略合作协议；中国流通行业管理与思想政治工作研究会北京报国寺党建与思政教育基地揭牌、北京师范大学乡土中国研究中心北京顾亭林祠研学实践基地、苏州大学顾炎武研究中心北京顾亭林祠研学实践基地、中国商业股份制企业经济联合会艺术投资专业委员会亭林书堂优秀艺术品制作示范基地、常州大学数字媒体艺术系北京报国寺大学生党建教育与志愿服务基地、北京科技大学计算机与通信工程学院北京报国寺大学生党建教育与志愿服务基地正式揭牌；中国商报社、中国商业出版社、（北京）报国寺顾亭林祠管理委员会与昆山市顾炎武研究会、曲沃县顾炎武研究会“赓续亭林志 共筑同心圆”，达成友好共建合作。

一代鸿儒顾炎武

昆山市顾炎武研究会

顾炎武（1613—1682），明末清初思想家、学者，江苏昆山千灯镇人。原名绛，字忠清。明朝灭亡后，因仰慕文天祥学生王炎午的爱国激情和悲壮气节，改名炎武，字宁人，曾化名蒋山佣，被尊称为亭林先生。他一生著述丰富，涉猎甚广，著有《日知录》《天下郡国利病书》《肇域志》《亭林诗文集》《音学五书》等书，经史百家、天文地理、国家典制、郡邑掌故等无不研究，并皆有所得。

顾炎武是明末清初三大思想家之一，“天下兴亡，匹夫有责”这句妇孺皆知的名言，即源自他的著作《日知录》。原文为“保天下者，匹夫之贱与有责焉耳矣”，经梁启超先生提炼概括，从此脍炙人口。

明道救世

在明朝末年，顾炎武曾参加过反对宦官权贵斗争的复社组织。清兵入关后，又先后参加过南明的反清斗争和家乡昆山人民自发的武装自卫斗争。

顾炎武一生治学，勤奋专注，被称为“通儒”、清代经学之祖。孔子的学生子夏曾经勉励人们要“日知其所亡”，就是说，每天都要掌握一些过去没有掌握的知识。顾炎武正是这样做的。他每天都会把自己治学的心得体会写成札记，这样整整积累了30多年，然后再加以整理，这就是传之后世的巨著《日知录》。

顾炎武治学，以“明学术，正人心，拨乱世，以兴太平之事”为宗旨。他一生激烈批评空谈心性、剿说玄理的虚无之论，坚决反对雕琢辞章、缀辑故实的无用之学，极力倡导“博学于文”“行己有耻”的学术理念。在他看来，学问之道，贵在明道淑人，抚世宰物。

顾炎武为学以经世致用的鲜明旨趣，朴实归纳的考据方法，创辟路径的探索精神，以及他在众多学术领域的成就，终结了晚明空疏的学风，开启了一代朴实学风的先路，给清代学者带来极大的影响。

心系天下

顾炎武坚守民族气节，绝不仕清，所以终其一生只是一介布衣。然而他的胸怀廓大，心系天下，“拯斯人于涂炭，为万世开太平，此吾辈之任也”。

顾炎武在他的代表作《日知录》中，提出了“天下兴亡，匹夫有责”的观点：“有亡国，有亡天下。亡国与亡天下奚辨？曰：易姓改号，谓之亡国；仁义充塞，而至于率兽食人，人将相食，谓之亡天下……是故知保天下，然后知保其国，保国者其君其臣，肉食者谋之；保天下者，匹夫之贱，与有责焉耳矣。”

他认为，亡国和亡天下，属于两个并不相同的范畴。易姓改号，改朝换代，即亡国，这类事只需由君臣和肉食者们去关心；败义伤教，无君无父，即封建伦理道德的沦丧，才是亡天下，这类事远远高于亡国，比亡国更加危险，所以必须动员普通民众，与知识分子共同参与，一起来保天下。

250年后，梁启超先生读到此，心潮澎湃，便将其归纳为八个字——天下兴亡，匹夫有责！从此，这八个字便烙印在每一个中国人的精神世界里，汇入中华民族思想长河之中。

顾炎武的“天下”观，克服了“华夷之辨”理论的消极性，催发中华民族共同体意识的萌生与化育，把中华文化推崇到至高的精神境界，为增强中华民族认同感起到积极的推动作用。

经世济民

与传统的文人不同，顾炎武是一个具有商业头脑且能力颇强的经营之才。他认为读书人应该有“救民于水火之心”。

顾炎武50岁以后长期寓居山西、陕西地区，对西北地区的贫困情况进行了详细考察，除了建议政府在西北招抚流亡百姓开辟旷土发展生产外，还提出在西北种棉花、搞纺织，以缓解当地的贫困。

顾炎武在山西的时候，与朋友李因笃等二十余人一起，筹措资金，招募农工，在雁北垦荒。他采取的是“股份制”方式，行之有效地管理和分配。他从南方聘来了能工巧匠，引来水车水磨，教会了农民水利灌溉。他将江南的丝织设备和技术引进西北，在开矿以及发展畜牧业、工商业等方面都提出了自己的主张。

顾炎武思想的核心观点是“经世致用”，他一生致力于对天下苍生有用的学问，其著作《天下郡国利病书》《日知录》《军制论》《田功论》《钱法论》等，研究的都是“当世之务”，凡赋税田亩、钱币权量、河漕水运、盐铁地理等，无不是最切实际、最接地气的论说。

顾炎武的经济思想主要可以概括为几个方面：他认为农业生产是社会稳定和发展的基础。因此，他强调要加强土地管理和水利工程建设，提高农业生产效率和质量，以保障国家的粮食安全和经济发展。他提倡发展手工业，提高手工业的技术水平和产品质量，增加财富积累和国家税收。此外，他还主张通过改革税收制度、减少赋税负担等方式减轻农民的负担，促进社会安定和经济繁荣。

京城名刹报国寺

《中国商报》编辑部

北京，西南二环内，穿过广宁公园的繁花和丛树，即可望见一处檐牙高啄、古色古香的庙宇，这就是报国寺。

报国寺始建于辽代，但规模不大，“有寺无额”，世称小报国寺。元忽必烈入主大都，为彰显功勋，依照旧寺的规格建了新寺，称其为报国寺。至明代初期，寺庙逐渐颓落。明成化二年（1466），明宪宗遵母后之命于报国寺原基址上敕建新庙，扩建后的新寺改名为慈仁寺，寺庙规模宏大，后院建有毗卢阁，可登临远眺，“望卢沟桥行骑，历历可数”，京师之景尽收眼底。因寺内有双松，也称为“双松寺”。清康熙十八年（1679）京师大地震，慈仁寺建筑大部分坍塌。乾隆十九年

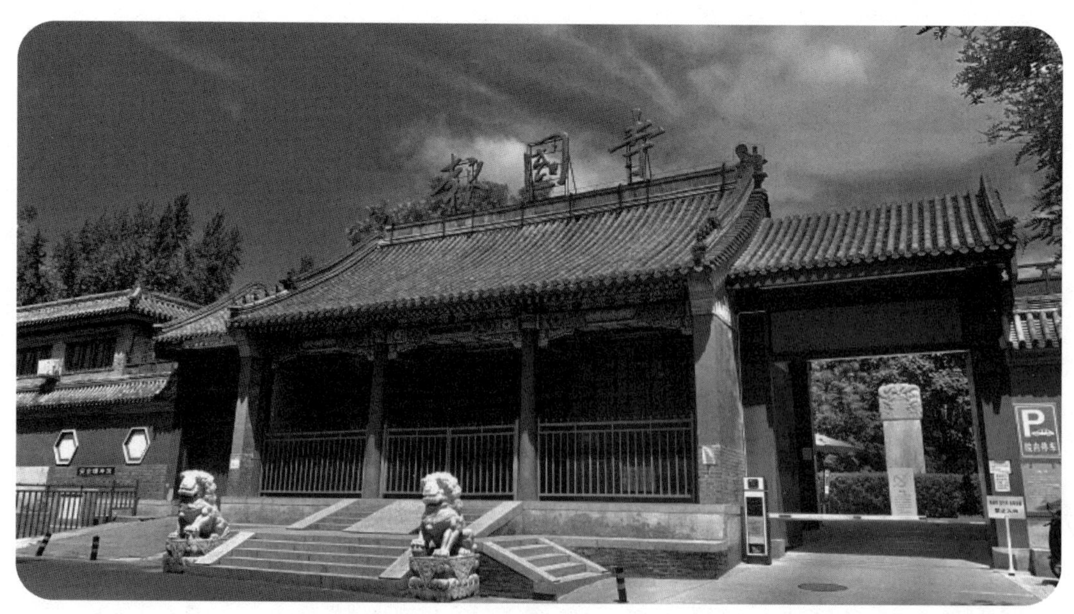

（1754）得以重修，改名大报国慈仁寺。尽管经历了名称的变化，但这座庄严的寺庙在历代皆可通称“报国寺”。

历史上的报国寺曾有“三绝”，前有双松，后有毗卢阁，毗卢阁内供奉着一尊镇寺之宝，名为窑变观音，此“三绝”远近闻名，并形成报国寺特殊的文化格局，吸引了众多的文人墨客驻足于此。

报国寺坐北朝南，现存中、西两路建筑群，单体建筑总计34栋，总建筑面积约3000平方米。

走进山门，第一进院大殿面阔五间，院中东西两侧各有龟趺石碑一通。东边是明成化年间的“御制大慈仁寺碑”，记载了明代在报国寺旧址修建慈仁寺的经过。西边是清乾隆年间的“御制重修报国寺诗碑”。

明末清初，报国寺是京城最著名的书市，比琉璃厂书市还早。这里曾经是文人墨客的雅聚之地，清代著名文人高衎、王士祯、孔尚任等都是报国寺的常客，留下许多佳话。

清代诗人王士祯嗜好古籍，常到报国寺书摊购买古籍善本。据说许多想见他的人，每次到府上拜访，总是找不到他，反而是到报国寺能碰到他。《桃花扇》的作者孔尚任是王士祯的好友，他曾赋诗记录此事：“弹铗归来抱膝吟，侯门今似海门深。御车扫径皆多事，只向慈仁寺里寻。”孔尚任还特意注明：“渔洋龙门高峻，人不易见，每于慈仁庙市购书，乃得一瞻颜色。”

寺庙的西侧有顾亭林祠。清康熙年间，顾炎武曾多次寓居报国寺内。顾炎武去世后，友人常来报国寺祭祀。道光二十三年（1843）由翰林院编修何绍基、贡生张穆等人发起，众多儒臣学士捐资，在顾炎武居住过的报国寺西小院修建了顾亭林祠。

顾亭林祠坐北朝南，位于寺院西侧，现为四进院落，院落东南隅设砖门楼，门上石匾刻有篆书“顾亭林祠”。

清康熙年间，报国寺曾为京城最大的庙市和花市，寺内景观精致典雅，引得文人雅士流连忘返。北京百科全书《宣武卷》载：“每月的初五、十五、二十五为庙会期。”庙会时，商贩在这里摆上摊位，出售图书、文物、古玩等。

清光绪二十六年（1900），报国寺被德军的炮火炸毁，至光绪三十年（1904）修复。光绪三十三年（1907），报国寺第一进院改建为昭忠祠。抗日战争时期，日寇在报国寺设立军需库。1945年日寇投降后，报国寺作为国民党政府河北田赋粮食管理处所属粮库之用。

中华人民共和国成立后，报国寺划归原粮食部和原商业部使用，之后也曾归属原粮食部管理。1969年，北京金属熔炼厂在报国寺内建厂，寺内庙宇等建筑一度成为该厂的生产车间、仓库等。1982年，报国寺交付给原商业部修复使用。使用单位筹资将工厂搬出，又投资修复报国寺。修复工程从1989年秋持续到1997年，共历时八年。修复后，为保护文物和传承文化，中国商报社和中国商业出版社开办“报国寺文化市场”。自1997年6月起向社会开放后，“报国寺文化市场”开展了一系列收藏艺术品交流、展示、讲座等活动，社会影响力不断提升，成为收藏文化的交会地和收藏市场的风向标。2020年，开设“报国寺文化园”，全力打造充满文化活力、民众喜闻乐见的文化休闲场所，让千年古寺成为展示地域文化的一座活态博物馆，在尽显古风中激活更多时尚元素。

1984年5月24日，报国寺及顾亭林祠被北京市人民政府公布为北京市第三批市级文物保护单位。2006年5月25日，报国寺被国务院公布为第六批全国重点文物保护单位。

如今的报国寺和顾亭林祠修葺一新，寺中仍存明成化和清雍正、乾隆、光绪时期的石碑，前中后三排大殿气势仍可见当年辉煌。寺中树木以松柏、银杏、古槐见长，浓荫蔽日。每年春季，寺中玉兰吐蕊，丁香绽放，桃杏烂漫，海棠争春。一年四季景致不断，恰是“春有百花秋有月，夏有凉风冬有雪”，吸引了无数游人流连忘返；于经历300多年岁月的古树下饮一杯清茶，正是人间好时节。

顾亭林与报国寺的不解之缘

昆山市顾炎武研究会

北京报国寺西南隅，翠竹掩映着一座红墙灰瓦的狭长院落，就是鼎鼎大名的顾亭林祠。

顾亭林与报国寺渊源

报国寺，始建于辽，世称小报国寺，明成化年间重修，更名为慈仁寺，仍俗称报国寺。寺内双松苍郁挺拔，毗卢阁香烟缭绕，环境清雅，香火旺盛。尤其值得一提的是，报国寺当时是北京最大的旧书市场，孔尚任、王渔阳、朱彝尊、翁方纲等著名文人都曾在诗文中提及赴慈仁寺买书的经历。从地理位置上，报国寺处于皇城外知识分子聚居的核心区域；从文化传承上，报国寺的精神内核也是博大精深的宣南文化的重要组成部分，不仅承载着北京文化的起源和传承，更见证了中国近代历史的风云际会。

清顺治十五年（1658），45岁的顾炎武第一次入京，此后，在他北游的25年中，多次往返京都，在京期间，多次寓居报国寺。在这里，文化大儒顾炎武可以淘到他感兴趣的古籍，同时也结交到来此淘书的文化

清同治七年（1868）秦炳文创作的《顾祠雅集图》是当时顾祠的实景图

何绍基所作《顾祠春禊图（局部）》

名人。顾炎武在报国寺以文会友，著书立说，创作出《昌平山水记》《京东考古录》等著作。

顾炎武与报国寺的不解之缘，为后世顾亭林祠选址于此埋下伏笔。也有专家考证，顾祠选址在报国寺，还另有寓意。顾炎武从祖籍江苏昆山出发去北方游学，徒步三万

（《顾祠春禊图》一角）何绍基在创作，执笔姿势为其独创的回腕法

（《顾祠春禊图》一角）张穆手持祭器，走在前面，前往祭祀顾亭林

余里，著作千余万字，都为推广实践他的天下观，围绕建立稳定的、老百姓安居乐业的国家而探索，一生均为“报国”奔走。因为顾炎武是报国志士，因此在报国寺建造顾亭林祠是对他最好的纪念。

报国情怀接续传承

1840 年鸦片战争爆发，中国被迫进入半封建半殖民地社会。面对清政府的无能，中国迫切需要有一个精神偶像来唤醒千百万民众，重振大国雄风。顾亭林祠就是在这样的时代背景下诞生的。

1843 年，翰林院编修何绍基、贡生张穆等发起筹资，建造顾亭林祠，随后在此进行了长达 80 年的声势浩大的民间祭祀亭林先生活动，形成了中国文化史上罕见的现象：没有政府组织，民众皆是自发自愿前往。每次祭祀活动，均有参与者签名，其中最多的一次，签名留念的社会名流达 500 余人，堪称奇事。

在京城的著名人士以及一些达官显要，每年三次参与祭祀活动，分别是春、秋祭和生日祭。“春祭”，农历三月三上巳节；“秋祭”，农历九月九重阳节；“生日祭”，顾炎武生日是农历五月廿八。每次祭祀，参与者都要签写《题名录（签名）》及赋诗作文等，还有重要人士撰写的祭祀体会以及祭祀者现场作诗唱和及绘画等文化雅集活动，主办者将这些活动内容及题名、诗画等内容保存归档。若干年后，再把前些年的祭祀内容汇编成一辑《顾先生祠会祭题名卷子》，共汇编了 4 辑。卷首还请人画一幅顾炎武肖像，然后影印出版，分发给参与祭祀者，也使得《顾先生祠会祭题名卷子》等得以传世。

顾祠是当时京城文人雅集的场所。他们在此交流信息，积累资料，有多人编写《顾炎武年谱》，不断补充完善。当时形成了编写《顾氏年谱》热。仅嘉庆到道光年间有六种顾炎武年谱问世。另外，点校、注释顾炎武著作也是一大热点。顾祠建成前后到光绪年间有 94 位国内名家撰写了百余种释读顾炎武著作的书籍。这些年谱、释读书籍借助顾祠等渠道广泛传播开来。

顾亭林祠见证了中国近代史一幕又一幕的国难民恨，一场又一场的政治风云。来此祭拜的学者官绅，通过祭祀活动汲取精神力量，而后作用于国家与民族的复兴。

据历史记载，北京顾祠建成后，全国先后在昆山、常熟、苏州相城和南京朝天宫等地建起另外四处顾祠。在一定程度上，顾炎武的爱国精神和学术思想，通过顾祠流传后世、发扬光大。

宣南重要文化地标

顾祠在一定时期内，成了上至儒臣名士、下至普通百姓对顾炎武表达崇高敬仰的重要场所，是那时京城的重要文化地标，也为北京宣南文化的形成发挥了重要作用。

但是到了清末民初，随着外敌入侵、民生凋敝、人员流散，顾亭林祠和报国寺也经历了数次战火和翻修。1900 年，报国寺毁于德军炮火；1904 年曾经修复；1907 年，在张之洞主导下，把报国寺第一进院正殿改建为昭忠祠。

十几年后，顾亭林祠再度濒临坍塌，人们只好把顾炎武像转移到北京范仲淹祠的一间偏房临时寄存。

1921 年，时任北京女子师范学校校长的方还见此焦急万分，到处化缘筹款，意图修缮顾亭林祠。无奈当时社会混乱，无人关注。后来他去找了昔日同事黄炎培。黄说，你手里的《顾先生祠会祭题名卷子》里有很多名人手迹，这些名流的墨宝会有很多人收藏，何不印出来换钱？方还恍然大悟，把藏书印了 1000 册，卖得不少银钱。同时，再动员一些有识之士进行捐款，也吸引了当时的大总统徐世昌的关注。经多方努力，终于筹集到款项，修缮了顾祠，恢复了当初模样。徐世昌还亲笔撰写了《重建顾亭林先生祠记》一文，被刻成石碑。方还亲笔撰写的重印《顾先生祠会祭题名卷子》序言，清楚还原了此事经过。

方还撰《顾先生祠会祭题名卷子》序言

时光荏苒，数百年转瞬即逝。2023 年 7 月 18 日，在古朴而完整的顾亭林祠内，再度聚焦了南北鸿儒、各界名流，纪念 410 年前诞生的旷世大儒顾炎武，重温北京宣南文化，探讨如何以“匹夫之责”来实现“实干兴邦”的崇高理想，大力弘扬伟大爱国主义精神，全面推进中华民族伟大复兴。

（原载《中国商报》2023 年 7 月 18 日，纪念顾炎武诞辰 410 周年特刊，第 3 版，责编陈文丽）

徐世昌撰写的《重建顾亭林先生祠记》，其石刻现嵌于顾祠游廊墙壁

追忆报国往事 品味宣南文化

《中国商报》编辑部

北京宣武门以南至广安门以东的地区，具有独特的文化生态，史称“宣南文化”。作家肖复兴在《宣南文化三论》一文中曾说：“谈北京的文化，绕不开宣南文化，它是北京文化的根。”

人杰地灵

历史学家认为，于1153年建成的金中都城，是北京建都之始。金中都的南北轴线就在今天的广安门以东，而广安门内大街正是当年繁华的商业区。

明清是北京文化形成与发展的重要时期，当以皇城为中心的内城成为宫廷文化集中区时，处于外城的宣南日益成为士大夫文化与市井文化的展示地。清初的王渔洋、吴梅村、朱彝尊、孙承泽等大家均流连于此，人杰地灵，极一代之盛。

“宣南这一带有三多：寺庙多、会馆多、名人多。档案馆编《清代宣南人物事略》时，本来想做400多人，结果一下子就列出千人左右的名单”，宣南文史专家孙兴亚感慨道，“宣南的历史文化名人实在是太多了，每条胡同都有一两个”。

而众多寺庙中，报国寺无疑可圈可点，尤其是报国寺西院的顾亭林祠，因大儒顾炎武曾寓居于此，留下“天下兴亡，匹夫有责”的经世名言，使昭忠报国、实干兴邦的精神得以传承，并发扬光大。

文士之风

科举时代的“士”，其具体身份延及官僚、学术、文学、艺术等群体。宣南文化以士文化为核心，涵盖城建、民俗、商业、戏曲、会馆等诸多方面。

清代的宣南士乡，人数众多、活动空间紧凑、延续时间长久，特别是地处京师，士乡所形成的文化学术平台，是北京作为国家文化中心地位的体现，并向全国辐射其巨大影响力。

关注家国命运、兼济天下苍生是士人内在价值追求与担当的体现。为官为学、论人论事无不植根于此。宣南士人生活在国家的政治中心，彼此间的交流沟通又有空间的便利。因此，士人们在共同的价值理念支配下，在事关国家命运的紧要关头，特别是晚清以来内忧外患的形势下，直言敢谏。他们倡经世之学，奏时代先声，发起维新与改革，探索强国御侮、社会转型的近代化之路。

精神传承

宣南文化中最辉煌的一章，应该是士人为了自己的理想，为了国家的兴亡，为了民族的昌盛所表现出来的报国情怀、变革精神和牺牲勇气。

报国平天下，是中国传统知识分子崇高的追求、可贵的品质。顾炎武在他的《日知录》里也表明了这种态度：“保天下者，匹夫之贱，与有责焉耳矣。”梁启超将其概括为“天下兴亡，匹夫有责”。他努力探求“国家治乱之源，生民根本之计”的志向，一直绵延在有志报国的知识分子的心中。在报国精神的感召下，一代又一代知识分子把情怀化为行动，针砭时弊、变法图强，以一己之身推动时代进步，为了实现民族复兴的理想，不惜付出生命的代价。宣南这片并不大的地方，与整个中国命运相通，迸发出强悍的力量，推动了国家的变革图强。

一腔热血勤珍重，洒去犹能化碧涛。这是他们付出的勇气，也是留给今人的财富。

宣南虽然是地理概念，但围绕这一区域所形成的各种文化现象却超越了时空的限制，演变为一个具有独特意蕴的地域文化概念。20世纪90年代以来，宣南文化重新被提及，发展为新时代的课题。

昔人虽已没，千载有余情。在四季的循环中，人们穿梭在宣南的大街小巷，寻觅着一处处充满传奇与掌故的人文景观，感受着传统与现代的交融，也憧憬着宣南文化在新时代续写出更精彩的华章。

在保护中传承　让古建修缮绽放时代新韵

京畿造（北京）科技有限公司总经理　**张　磊**

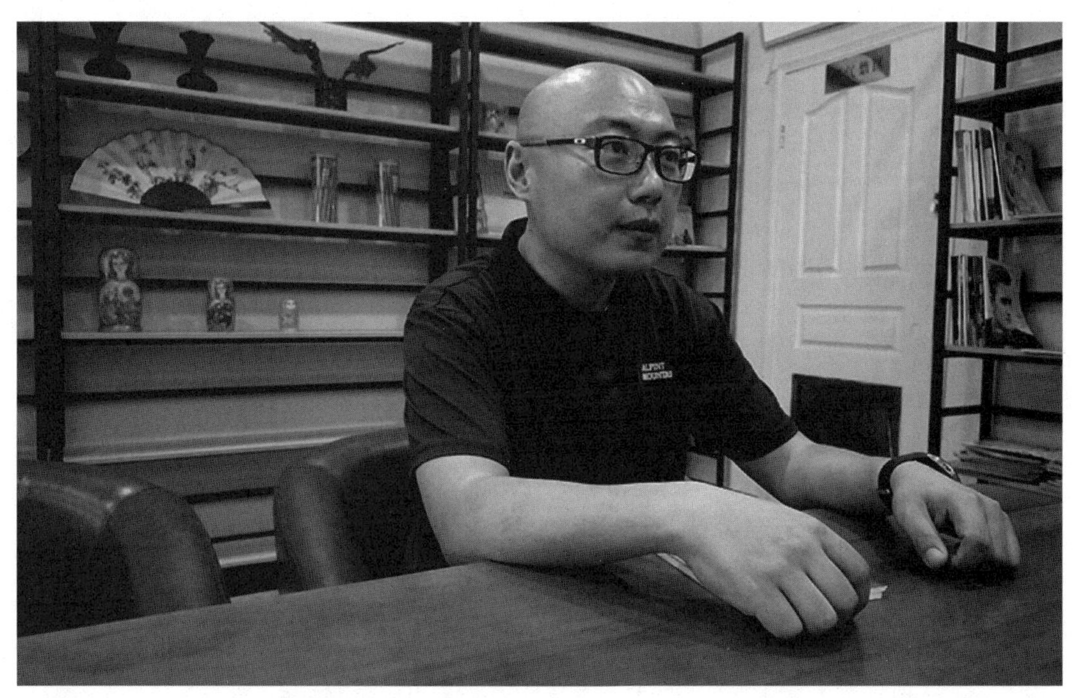

今天看到这么多人来参加顾炎武诞辰410周年活动，让我更坚定了做好古建修缮和文化传承的决心。古建修缮的意义不仅在于保护文物本身，更在于传承文化、弘扬民族精神、促进文化交流。我对这份工作颇为满足，对于古建筑修缮，一直坚持以保护的手段、研究的态度对待，使工程在保证质量的同时，最大限度还原和展现历史信息。

在我看来，做好修缮工作之余，也要进一步提升文物研究阐释和展示传播水平，让文物资源和文化遗产具有长长久久的价值，让其“活起来”，成功走进人们的心里。

传统木作课程——京畿造·木工坊，从木材本身出发，让青少年近距离参与大师课堂，了解体验木作学习。带着大家由浅入深地体悟木作之美，透过木材看到所承载的衍生而来的智慧发展。同时，工作室还与博物馆等平台联手，通过知识科普等形式将传统枯燥的古建知识更好地传播出去。

传统文化课程不仅提高了青少年对中华优秀传统文化的认同感和参与感，也让孩子们成为非遗传承的强大“后备军”。

古建文化传承的重要性不言而喻，它不再是一个简单的工艺，而是融入了我们中华民族优秀的文化和历史。

护文明之火种，传永续之文脉。展望未来，我将继续扎实开展古建修缮的各项工作，着力构建文物保护管理，利用全链条闭环全面提升文物保护利用和文化遗产保护传承水平。

文化传承赋予的责任，也是一场意义深远的人生修行。

我与顾炎武、报国寺

司马南

说起来，我跟顾炎武和报国寺有点渊源。

顾炎武，明末清初的大儒，出类拔萃的思想家，与黄宗羲、王夫之合称“清初三先生”。清康熙六年（1667），55岁的顾炎武入驻报国寺。顾炎武北游25年中，多次往返京城，在京期间，寓居报国寺，在报国寺以文会友，著书立说，创作出《昌平山水记》《京东考古录》。

顾炎武有学问，他是从研究问题出发而获得大学问的，明末清初那个陈腐的学术氛围中，循规蹈矩，按部就班，钻故纸堆，断没有出息。他留心经世之务，27岁时秋试被黜，退而读书，遍阅各地郡县志书及章奏文册资料，研究疆域、形势、水利、兵防、物产、赋税等社会实际问题。

弘光元年（1645），清兵陷南京，他变身革命党，参加抗清活动。失败后，离乡北游，往来鲁、燕、晋、陕、豫诸省。遍历关塞，实地考察，搜集资料，访学问友。康熙时举博学鸿儒、荐修《明史》，均不就，后卜居山西曲沃以终。

顾炎武论学主张博学于文，行己有耻，天下兴亡，匹夫有责，反对明末空谈心性，治学方法主张博瞻贯通，“每事必详其始末，参以佐证”，辨别源流，审核名实，注重实证。研究经学、文字音韵学、历史地理学，为清代乾嘉汉学开启先河。著书撰文注重独创，反对因袭、盲从和依傍。一生著述丰富，著有《日知录》《音学五书》《天下郡国利病书》《肇域志》《亭林诗文集》等书。

众人仰慕顾炎武人格、品格、学格。鸦片战争之后中国的日子一天不如一天，顾炎武成了民族救亡的精神偶像。1843年，翰林院编修何绍基等人发起筹资，建造顾亭林祠，随后在此进行了长达80年的声势浩大的民间祭祀亭林先生活动，形成了中国文化史上罕见的现象，没有政府组织，民众皆是自发自愿前往。每次祭祀活动，均有参与者签名，其中最多的一次，签名留念的社会名流达500余人，堪称奇事。

我曾在《中国商报》工作，就在报国寺这个院子里办公多年，多少还是受到他的一些影响。自知匹夫之贱，与有责焉耳矣。我愿平东海，身沉心不改；大海无平期，我心无绝时。总之，为天下兴亡计，小人物也可以！

天下兴亡，匹夫有责，中国共产党领导全国人民为天下兴亡计，把“顾炎武们”的道德理想变成了政治现实与社会现实。

首届报国寺论坛·2023（北京）

顾炎武思想学术研讨会文汇

首届报国寺论坛·2023（北京）顾炎武思想学术研讨会召开

《中国商报》记者　冉隆楠

2023年7月18日，首届报国寺论坛·2023（北京）顾炎武思想学术研讨会暨第二届日知青年论坛在北京市西城区报国寺隆重召开。

本次活动由中国商报社、中国商业出版社、中国财富传媒集团、全国商报联合会、昆山市顾炎武研究会、曲沃县顾炎武研究会、苏州大学顾炎武研究中心、北京师范大学乡土中国研究中心共同主办，围绕顾炎武天下观、富民观、治学研究、爱国思想等议题进行研讨，缅怀亭林先生的报国情怀和严谨求学精神。

中国商业联合会党委常委、副会长傅龙成表示，尽管亭林先生去世341年了，但顾炎武的思想和精神在今天仍然具有时代价值。顾炎武“以民为本”的思想，认为国家的财富取之于民还必须用之于民，“必以厚民生为本”；“天下兴亡，匹夫有责”的天下观，是一种社会责任、民族精神，也是一种格局与胸怀；一生读万卷书，行万里路的实践精神，也值得大家学习。

“我国商贸服务业必须坚持人民至上，自觉践行以人民为中心的宗旨，不断增强服务民生能力。商贸服务业行业组织因服务人民而设，因服务人民而兴，随着市场化改革不断调整变化，但为消费者服务、以人民为中心的初心没有变。我国商贸服务业必须始终坚持以人民为中心的价值取向，在党的领导下通过社会化、市场化的方式履行好‘四个服务’职责，促进商贸服务业繁荣发展，更好满足人民群众多层次、多元化需求。”傅龙成认为，我国商贸服务业还要充分运用国际国内两个市场、两种资源，深入了解、有效整合国际国内市场资源，依托我国超大规模市场优势，促进国际合作，实现互利共赢，推动共建“一带一路”行稳致远。

在首届报国寺论坛·2023（北京）顾炎武思想学术研讨会上，众多学者侃侃而言，围绕顾炎武天下观、富民观、治学研究、爱国思想等议题进行研讨，分享学术心得体会。

著名历史学家、中国社会科学院学部委员、顾炎武思想研究权威专家陈祖武尽管未能到场，但通过文章表达了自己的观点。在他看来，今天要站在新时代的高度来看待顾炎武精神。“我们面临百年未有之大变局，历史传承更不能断绝。中国特色社会主义不是从天而降的，中国式现代化也不是从天而降的，而是中华文明发展5000多年历史的必然结果，我们走的是历史的必由之路。”

北京师范大学乡土中国研究中心主任、教授林辉锋表示，顾炎武在中国思想文化史上的地位可见一斑，纪念这样一位伟大的思想家和学者，具有重要的意义。

苏州市委宣传部原副部长、昆山市顾炎武研究会顾问高志罡则认为，站在新时代新征程，缅怀顾炎武先生，不仅要学习顾炎武的著作，还要与中国当前的实际结合起来，形成中国重要的精神力量。“我们要像顾炎武先生那样，敢于解放思想，赋能中国现代化建设，让顾炎武思想不仅成为学者素材，也成为学生素材。”

苏州大学顾炎武研究中心副主任、教授朱光磊则建议中小学生可以重走亭林之路，进行爱国主义教育。建议学术界每年举办顾炎武研究会议，每年出一本亭林期刊，发表学者对顾炎武思想的学术见解。

昆山市顾炎武研究会会长陈建林则表示，顾炎武的精神就是实现人生价值提升的过程，是实现治国安邦完善的过程，他的很多想法，成为他学术道路上永远不熄的动力，他日积月累，所写著作也只能到盖棺才能定论。“顾炎武是集大成者，不局限于著作，著作以外的人格品格精神、对过往的批判性思考等，都是一笔宝贵的精神财富。”

中国矿业大学马克思主义学院副教授贾辰阳则认为，君子不能走别人的路让别人无路可走，君子应该教化人、引导人，而顾炎武的一生很好地诠释了君子的定义。“他是我们新时代人高山仰止的一个形象。”

山西省作家协会会员、中国成语典故传承基地常务副主任、曲沃县顾炎武研究会会长崔晋国则重点阐释了顾炎武富民观的思想内涵。在他看来，顾炎武富民观思想的主要内容是藏富于民、均富之道和富民强国这三个方面。“特别是他提出了富民强国的思想，认为只有让人民富裕起来，才能实现国家的强盛，也就是‘小河有水大河满’，而不是‘大河有水小河满’，这是新的逻辑观念对传统逻辑观念的否定。”

昆山市第一中学顾炎武思想课程基地负责人、昆山市顾炎武研究会副会长张程远则表示，顾炎武既是启蒙者，又是建设者和参与者。顾炎武是贯穿古今的集大成者。回顾历史，顾炎武，是绕不过的文化存在。

顾炎武家族后裔、北京西城区非物质文化遗产保护中心原副主任、西城区文物保护管理中心非遗保护科副科长蔺音从家门家风角度出发，谈了对顾炎武精神的感受。在她看来，爱国和报国是以丰厚的学识为基础的，不是空谈的。“爱国主义，是为人之前提。先人已逝，吾辈当自强。”

张穆后裔、山西省阳泉张穆研究会副会长张满堂表示，1843年，人们在北京报国寺旁边建立顾亭林祠，就是想把顾炎武的精神传承下去。随后，报国寺顾亭林祠成为儒臣和学者们聚会、社交及学术讨论的地方。“顾亭林祠汇集了中华民族文化历史上的历史呼吁。我们有幸能继承先辈的优秀思想，为中华民族的伟大努力奋斗，大放异彩。”

顾炎武精神是一笔宝贵的财富，众多学者的思想也碰撞出新的火花。在论坛上，中国商业出版社总编辑张新壮透露，中国商业出版社以及中国商报社将与昆山市顾炎武研究会、曲沃县顾炎武研究会结成“赓续亭林志 共筑同心圆”友好共建单位。

传承“以民为本”思想
增强商贸服务业服务民生能力

中国商业联合会党委常委、副会长　**傅龙成**

首先是顾炎武“以民为本”的思想。顾炎武认为，国家的财富取之于民还必须用之于民，“必以厚民生为本”。习近平总书记指出，江山就是人民、人民就是江山，打江山、守江山，守的是人民的心。中国共产党根基在人民、血脉在人民、力量在人民。

我国商贸服务业必须坚持人民至上，自觉践行以人民为中心的宗旨，不断增强服务民生能力。商贸服务业行业组织因服务人民而设，因服务人民而兴，随着市场化改革不断调整变化，但为消费者服务、以人民为中心的初心没有变。我国商贸服务业必须始终坚持以人民为中心的价值取向，在党的领导下通过社会化、市场化的方式履行好“四个服务”职责，促进商贸服务业繁荣发展，更好地满足人民群众多层次、多元化需求。

其次是顾炎武的天下观。“天下兴亡，匹夫有责”是一种社会责任、民族精神，也是一种格局与胸怀。我国商贸服务业必须坚持胸怀天下，具备世界眼光、国际思维，促进高水平对外开放，更好地服务于构建新发展格局。我国商贸服务业要充分运用国际国内两个市场、两种资源，深入了解、有效整合国际国内市场资源，依托我国超大规模市场优势，促进国际合作，实现互利共赢，推动共建“一带一路”行稳致远。

最后是顾炎武的实践精神。顾炎武一生读万卷书，行万里路。他的诗作“我愿平东海，身沉心不改。大海无平期，我心无绝时”是其实践精神的最佳写照。

目前，全党正在大兴调查研究之风。我国商贸服务业必须坚持问题导向，大兴调查研究，着力破解矛盾问题，消除各类堵点难点痛点，助力提高国民经济运行质量和效益。我国商贸服务业要紧盯制约企业高质量发展的矛盾和问题，强化责任担当，积极主动作为，充分发挥举旗定向和引领发展作用。目前，中国商业联合会已经深入十几个革命老区进行调研，带着行业情怀直奔问题而去，发挥行业组织开展调查研究的优势，及时发现问题并进行分析研判，形成政策建议和解决方案，为政府部门科学决策提供有力支撑。

本次报国寺论坛以“爱国情强国志报国行”为主题，中国商业联合会给予大力支持，希望中国商报社、中国商业出版社、全国商报联合会携手中国财富传媒集团，发挥各方的资源优势，共同把报国寺论坛办成传播新思想、提炼新模式、引领新发展的高水平品牌论坛，并越办越好，为全面推进中华民族伟大复兴而团结奋斗。

赓续亭林志　共筑同心圆

中国商业出版社总编辑　**张新壮**

首届报国寺论坛以“爱国情强国志报国行”为主题，邀请了政府部门、行业组织、研究机构、大专院校、企事业单位的领导、专家学者们等共同参与，纵论爱国之情、强国之志、报国之行，为全面推进中华民族伟大复兴而团结奋斗。第二届日知青年论坛主要是“全国大学生第二届日知青年论坛主题征文”的部分获奖者围绕“历史视野下的顾炎武富民观”议题进行研讨，专家现场点评，缅怀亭林先生的报国情怀和严谨求学精神。

今天，中国商业出版社以及中国商报社将与昆山市顾炎武研究会、曲沃县顾炎武研究会结成“赓续亭林志 共筑同心圆”友好共建单位，我们携手为传承中华优秀传统文化、弘扬伟大爱国主义精神而不懈奋斗。

活动之后，中国商业出版社将编辑出版《首届报国寺论坛 ·2023（北京）顾炎武思想学术研讨会暨第二届日知青年论坛论文集》，内容为今天与会专家学者、大学生代表发言文稿及部分未到会专家学者书面文稿。对此，我们非常期待。

以文化人　任重道远

——访中国社会科学院学部委员、著名历史学家、中央文史研究馆馆员陈祖武

《中国商报》记者　冉隆楠

陈祖武，1943 年 10 月出生于贵州贵阳，1965 年毕业于贵州大学历史系，1981 年毕业于中国社会科学院研究生院，获历史学硕士学位，随后在中国社会科学院历史研究所工作。曾任中国社会科学院历史研究所所长，现为中国社会科学院学部委员、中央文史研究馆馆员。

陈祖武是我国著名历史学家。他在中国古代学术史，特别是在清代学术史的研究领域造诣精深、贡献良多，代表作有《清初学术思辨录》《清儒学术拾零》《中国学案史》《乾嘉学术编年》《乾嘉学派研究》《清代学术源流》《清代学者象传校补》《清代学林举隅》等。

谈起研究顾炎武思想的大家，不得不提及一位初心不改、德高望重的老人，他就是中国社会科学院学部委员、著名历史学家、中央文史研究馆馆员陈祖武。

陈祖武住在北京潘家园附近的一个普通社区里，家中布置简单，正如他对待名利那样，淡泊、宁静，精益求精、孜孜不倦是他不变的治学态度。

陈祖武告诉记者，410年过去了，纪念顾炎武不仅是为了传承顾炎武思想的文

化精髓，更是为了探寻顾炎武思想的现实意义。习近平总书记多次提出“以文化人”，这是关乎国家文化建设根基的重要问题，也是媒体工作者和史学工作者的重任。

“天下兴亡，匹夫有责”最能代表顾炎武爱国思想的核心。爱国主义精神是中国人主流和核心的价值观，在中国文化中源远流长。但在明末清初，顾炎武把古老的爱国思想又向前推进了一大步。

1657年，顾炎武变卖了自己的全部祖产，离开家乡去北方游学，尽其余生对当时中国的90余县进行了实地考察、调查研究。“主要研究什么呢？研究实学。什么叫实学？那就是经世济民之学，农田、水利、矿产、交通、军事等，所有这些关系国计民生的重大问题的学问。”陈祖武认为，顾炎武的这种治学方式与传统不同。因此，顾炎武被后世尊为清代朴学的开山鼻祖，并最终被清王朝请入孔庙享受祭祀。

“顾炎武对中华文化的另外一个大贡献就是‘博学于文，行己有耻’。在中国历史上，顾炎武首次提出了这一概念。他把为人和为学合为一体，以此作为立身之道，开创了一个好传统。”在陈祖武看来，“博学于文”中的“文”并非指的是诗文、文章，而是指关乎天下的人文。

于是，胸怀天下的顾炎武发出了“亡国与亡天下奚辨”的时代之问，并得出他的结论：“是故知保天下，然后知保其国。保国者，其君其臣肉食者谋之。保天下者，匹夫之贱与有责焉耳矣。”这就是说，与维护一家一姓的封建帝王专制政权相比，“保天下”关乎一个国家、一个民族的精神和思想，是文化根脉之所在。

晚清时期，西方殖民主义列强的侵略使中华民族饱受欺凌和屈辱。为救亡图存，从龚自珍、魏源到康有为、梁启超，一代又一代的学者和思想家接过顾炎武留下的思想遗产，使之与时代的使命相结合，将顾炎武“保天下者，匹夫之贱与有责焉”的呐喊提炼为八个字：“天下兴亡，匹夫有责。”

陈祖武认为，这八个字的历史箴言，既准确地把握住顾炎武思想的文化精髓，又从历史和现实的结合上昭示了中华文化维护国家、民族根本利益，讲责任、重担当，以天下为己任的基本品格。从此，“天下兴亡，匹夫有责”的价值追求便融入中华民族的爱国主义传统，成为中华优秀传统文化的一个精神标识。

时间是历史的见证，历史是时间的承载。陈祖武认为，今天我们要站在新时代的高度来看待顾炎武精神。习近平新时代中国特色社会主义思想坚持把马克思主义基本原理同中国具体实际相结合、同中华优秀传统文化相结合，实现了马克思主义中国化时代化新的飞跃。

陈祖武告诉记者，任何国家、任何民族如果不珍惜自己的思想文化，丢掉了思想文化这个灵魂，这个国家、这个民族是立不起来的。坚定道路自信、理论自信、制度自信，最根本的是文化自信。只有坚持从历史走向未来，从延续民族文化血脉中开拓前进，才能做好今天的事业，也才有资格走向未来。

在陈祖武看来，如今，我们面临百年未有之大变局，历史传承更不能断绝。中国特色社会主义不是从天而降的，中国式现代化也不是从天而降的，而是中华文明发展5000多年历史的必然结果，我们走的是历史的必由之路。“因此，顾炎武不仅是中华优秀传统文化的传承者、捍卫者，更是一位值得我们永远纪念的开风气者。”

过而能改　善莫大焉

——《日知录 · 成有渝无咎》解读

苏州大学哲学系教授、博士生导师，苏州大学顾炎武研究中心主任　**周可真**

《日知录》是顾炎武最重要的著作，他曾自称“平生之志与业皆在其中”。全书共32卷1019条，前7卷是其经学成就的集中体现，其中论《周易》53条被置于全书之首［按：康熙九年（1670）所刻《日知录（八卷本）》，系炎武手定，共140条，其中论《易》7条亦置于卷首］，足见《易》学在顾氏经学中占有特殊重要地位。这些条目，突出反映了其“考据”与“义理”相结合的经学研究方法，其中《鸿渐于陆》与《成有渝无咎》二条最具代表性：前者是从音韵学角度对朱熹对《周易 · 渐

卦》上九爻辞“鸿渐于陆”的注解进行纠谬，是典型的考据之文；后者是阐释《易经·豫卦》上六爻辞“成有渝无咎”的意蕴，是典型的义理之文。限于篇幅，兹仅举后者为例予以解读。

成有渝无咎

“昔穆王欲肆其心，周行天下，将皆必有车辙马迹焉。祭公谋父作《祈招》之诗，以止王心，王是以获殁于祗宫。”《传》曰：“人谁无过，过而能改，善莫大焉。”圣人虑人之有过不能改之于初，且将遂其非而不反也，教之以“成有渝无咎”，虽其渐染之深，放肆之久，而惕然自省，犹可以不至于败亡。以视夫“迷复之凶”，不可同年而论矣。故曰：“惟狂克念作圣。”

“成有渝”之“成”，通“诚”，作连词用，表示假设关系。“成有渝，无咎”即“只有改了，才能消灾”之意。以之作为本条标题，是要说明本条内容在于阐发《豫卦》爻辞“成有渝无咎”的义理。

本条起首引文出自《左传·昭公十二年》，是子革对楚灵王所说的话。楚灵王熊虔（？—前529）是楚康王之弟。康王死后，其幼子即位，熊虔任令尹（最高执政官），其趁国君生病而杀之，自立为王。灵王上位后，多次同吴国交战，并先后灭陈、蔡，使楚国一跃成为诸侯盟会的霸主。嗣后，灵王又出兵与吴争夺徐国（今徐州一带）。子革与灵王的对话即发生在离徐国不远的干溪之地。子革原名郑丹，字子革，郑国人，因避难入楚而仕于楚，与灵王对话时任右尹（令尹副手）。顾炎武在此引用的是子革与楚灵王对谈中最紧要的一段话，这段话与本条主题有何关系呢？

胡应麟（1551—1602）《少室山房笔丛·三坟补逸下》说：“〔穆王〕又作《甫刑》之书以恤民，听《祁招》之诗而返国，可谓改过不吝，冥豫有渝矣，亦贤矣哉。”顾炎武引述子革之言的用意与胡氏有相似处，是要将穆王改过迁善当作《豫卦》上六爻辞所说“冥豫，成有渝，无咎”在历史上的一个典型事例来加以宣扬。

周穆王姬满（约前1026—约前922）是西周第五位君主，在位五十五年，是西周在位时间最长的君主。从《国语中·周语上·祭公谏征犬戎》的记述大略可知，穆王“周行天下”多半是为了征伐，并非只为天下到处留有自己活动的印记。《祭公谏征犬戎》主要是记述了周穆王的卿士祭（zhài）公谋父（fǔ）规劝穆王不要去攻打犬戎（生活在今陕西泾渭流域一带的一个游牧部落，为西戎的一个分支）的谏辞，祭公希望穆王继承“先王耀德不观兵”的优良传统，遵守先王的“五服”制度，对无有违制之过的犬戎，即使其某些做法有错，也不可轻加武力，而应“勤恤民隐”，“增修于德”，使之“能帅旧德”，“有以御我”。但穆王并未采纳祭公谏言，而是一意孤行，率兵攻打犬戎，结果虽“得四白狼、四白鹿”，但边远部族却从此不再向周室称臣纳贡。后来祭公为“止王心”（使穆王不再有征服心），又特意创作了《祈招》之诗：“祈招之愔愔，式昭德音。思我王度，式如玉，式如金。形民之力，而无醉饱之心。”（意为：司马招称颂先王有如玉似金的美德，其使用民力有限度，而没有酒足饭饱之心。）穆王终于为诗中所赞用民有度的先王之德所感动，停止远征，班师回国。

上述史事说明，虽然穆王曾连年长期征战，劳民伤财，还失去边远部落的称臣纳贡，在政治上犯了大错，但终究他还是采纳了大臣的谏言，知错而改，其人生以此而有完美的结局。子革在与楚灵王的对话中，借机提及穆王之事并背诵这首诗，是为了规劝楚灵王效法周穆王，赶紧收兵，打道回府。灵王听了子革的话，有所触动，一连几天都寝食不安。但就在其犹豫要不要班师时，从伐徐前线传来了捷报，这使灵王的灭徐信心大增，班师之事遂告作罢。岂料未久，楚国发生内乱，灵王之子被杀，灵王回不了国了，最后自缢而亡。顾炎武引用子革之言，是要从正反两方面来说明，是否“过而能改”，会有周穆王和楚灵王那样的两种不同结局：过而不能改的灵王是在干溪（临近徐国的楚国东境）死于非命，不得善终；过而能改的穆王则老死于祇宫（穆王元年筑于王畿南郑的宫殿），可谓寿终正寝。

接下来又引述《左传·宣公二年》所载晋国太傅范武子（约前660—前583）规劝晋灵公的谏语“人谁无过，过而能改，善莫大焉”，其背景是公元前607年晋灵公只因熊掌煮得不熟就杀了厨子。当时听了范武子的劝谏，晋灵公口头上倒是答应要改正，可事后非但没有兑现其承诺，还派人暗杀了屡次向其进谏的卿大夫赵盾，由此招来赵氏家族的报复，晋灵公落得被赵盾堂弟（一说堂侄）赵穿杀死的下场。顾炎武引述范武子的谏言，不只是要表达其字面上的意思，更有其言外之意：过而不能改，是不会有好下场的，晋灵公的结局即是其例。

接着范武子的话，顾炎武又发了一通议论，翻译成白话就是："圣人考虑到人们犯了错误，开始时不能改正错误，反而会顺着错误的道路走下去而不知回头，于是用'只有改了，才能消灾'的爻辞来教导人们：不管在错误的道路上走得多远，放任错误的时间多长，只要最后警觉省悟，就不至于会有败亡的结局。"紧接着这段话，顾炎武又引述《易传·象传》"迷复之凶"一语来同"成有渝，无咎"之语进行比较，指出二者不能相提并论，因为按《象传》的原话"迷复之凶，反君道也"，"迷复"（大军出征，迷路而返）之所以会招大败是由于国君违反了君道，这与"成有渝，无咎"（只有改了，才能消灾）压根儿不是一个意思。

本条最后以"惟狂克念作圣"之句作结，此句引自《尚书·多方》："惟圣罔念作狂，惟狂克念作圣。"（意为：哪怕是圣人，只要放纵情欲，他也会变成狂人；哪怕是狂人，如果能克制情欲，他也可以修成圣人。）顾炎武引述《多方》之言，意在说明：过而能改与过而不能改的关键在于能否克制自己的情欲，倘能克制情欲，使情欲合理、恰当，则能知错而改；反之，放纵情欲，就难以知错而改了。

《清国史》《清史列传》《清史稿》顾炎武传校读

北京师范大学历史学院教授、博士生导师，
北京师范大学乡土中国研究中心主任　**林辉锋**

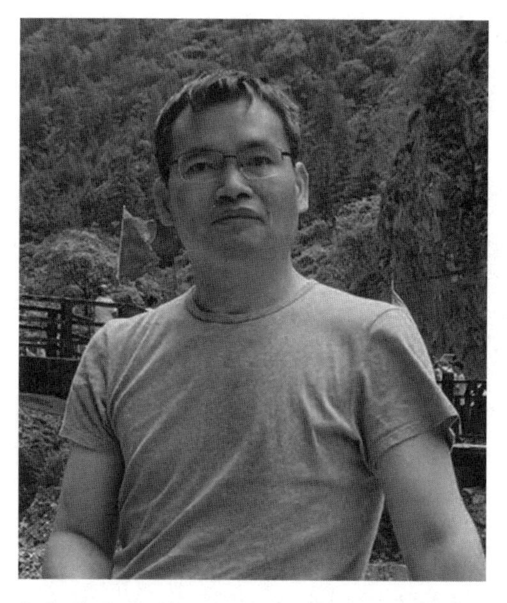

顾炎武（1613—1682），明末清初著名思想家、学者，今江苏昆山人。初名绛，后改名炎武，字宁人，学者尊称为亭林先生，与黄宗羲、王夫之并称明末清初三大思想家。顾炎武对清代乃至近现代思想学术产生了重大而深远的影响，正如梁启超在《中国近三百年学术史》所称："论清学开山之祖，舍亭林没有第二人。"

对于顾炎武这样一位著名学者，《清国史》《清史列传》《清史稿》中均有专传。《清国史》抄自清代国史馆所编纂之本朝史书底稿，目前已经影印出版的《清国史》是刘氏嘉业堂钞本，完成于1924年至1928年。其中，列传部分共14934人，占全部钞本四分之三左右的篇幅。《清史列传》共80卷，收传记2894篇，编纂人不详，1928年由中华书局刊行。据王钟翰先生考证，其中不少来自原国史馆纂修的大臣列传稿本，也有不少源于《满汉名臣传》《国朝耆献类征初编》等书。《清史稿》则为民国初年特设的清史馆所纂修，主要资料来源于原国史馆编纂的本朝史书，1928年刊印问世。通过校读这几篇顾炎武传，梳理其中的文字异同，既有助于厘清顾炎武的生平情况，又可以明晰这几篇传记之间的关系及各自的史料价值。

传统正史的列传篇幅多短小精悍。胡适曾在1914年9月23日《日记》中，专门比较“东方短传”与“西方长传”的优缺点。具体到儒林传，篇幅大多仅寥寥数百字。《清国史》《清史列传》《清史稿》顾炎武传的篇幅均相对较长，字数多达一千余字，可见不同时期的作者对顾炎武都较为重视。此外，这几篇顾炎武传，在记述传主的学术贡献的同时，均兼及其生平活动情况。然而细读起来，这几篇顾炎武传的叙述次第和内容侧重方面也存在着明显的差异。

嘉业堂《清国史》顾炎武传，开篇只用一两句话简述顾炎武的生平情况，称：“顾炎武初名绛，昆山人。年十四，为诸生，耿介绝俗，不与人苟同。惟与同里归庄相善。”随后即转入对其学术思想的长篇评述。在传记的末尾，又回到其生平活动情况，但同样写得十分简略，称：“生平精力绝人，自少至老，无一刻离书。所至之地，以二骡二马载书。遇边塞亭障，呼老卒询曲折，有与平日所闻不合，即发书对勘；或平原大野，则于鞍上默诵诸经注疏。康熙十六年，诏举博学鸿儒科，又修《明史》，大臣争荐之，并辞未赴。二十一年卒，年六十九。无子，吴江潘耒叙其遗书行世。”从全传内容看，绝大部分篇幅都落在其学术思想之上，关于其生平活动情况的内容仅寥寥数语。

中国文联出版社2002年出版的顾炎武《山东考古录》译注（附《谲觚十事》译注）一书，附录部分收入了《清国史儒林传顾炎武传》。这篇《清国史儒林传顾炎武传》与嘉业堂《清国史》顾炎武传的叙述框架基本一致，但前后均增补了不少内容。关于顾炎武生平情况，在“昆山人”后，增加了“明赞善绍芳孙”一句。在“惟与同里归庄相善”后，补入“相传有‘归奇顾怪’之目”等语。在“生平精力绝人，自少至老，无一刻离书”一句之后，增补了“国朝称学有根柢者，以炎武为最”往下一大段关于其一生著述总体情况的介绍。最后，关于其活动情况，也有不少增补，具体如下：“初，炎武嗣母王氏，未嫁守节，尝断指疗姑，于崇祯十年被旌。及闻明亡，不食卒。诫炎武不出仕。福王时，昆山令杨永言荐炎武为兵部司务，旋以职方郎召，皆未赴。既葬母，遂出游历，遭艰险，所至之地以二骡二马载书。遇边塞亭障，呼老卒询曲折，有与平日所闻不合，即于坊肆中发书对勘；或平原大野，则于鞍上默诵诸经注疏。在华阴与王宏撰等于云台观侧建朱子祠。康熙间，昭举博学鸿儒科，又修《明史》，大臣争荐之，并辞未赴。康熙二十一年，卒于华阴，年六十九。无子，门人以其丧归葬昆山。吴江潘耒叙其遗书行世。”补入这些内容之后，这篇《清国史儒林传顾炎武传》的总字数达到了1700余字，较嘉业堂《清国史》顾炎武传增加了近三分之一的篇幅。同样出自清国史儒林传，而篇幅有如此明显的差异，估计是二者所依据的版本不同的缘故。从补入“国朝称学有根柢者，以炎武为最”一句看，《清国史儒林传顾炎武传》应该出自清后期国史馆史官的增补稿，而嘉业堂《清国史》顾炎武传所传抄的估计是国史馆更为早期的稿本。

《清史列传》顾炎武传，全文也是1700余字，篇幅与前述《清国史儒林传顾炎武传》相当，但二者叙述次第有着很大的不同。这篇顾炎武传的开头部分，对其生平活动情况有了更详细的介绍，称：“顾炎武，初名绛，字宁人；江南昆山人。生而双瞳子，中白边黑；读书一目十行。年十四，为诸生。耿介绝俗，与同里归庄善，时有‘归奇顾怪’之目。见明季多故，弃举业，讲求经世之学。”接着又写道：“炎武三世俱为显宦。母王氏，守节，孝于姑；明亡，不食卒。叛仆陆恩见炎武家中落，欲告炎武通海；炎武沉之水。仆婿投里豪复诉之，系奴家，危甚。会曲周路泽农救之，得免。遂去之山东，垦田长白山下；复北历关塞，垦田于雁门之北、五台之东。后客淮安，莱州黄氏有狱词连炎武，乃赴山东听勘。富平李因笃营救之，狱始白。自是，往还河北；最后至华阴，置田五十亩，因定居焉。”

介绍完这些情况后，转入评述顾炎武的治学，称：“生平精力绝人，自少至老无一刻离书。所至之地，以二骡、二马载书。遇边塞亭障，呼老兵卒询曲折；有与平日所闻不合，即发书对勘。或平原大野，则于鞍上默诵诸经注疏。尝谓‘经学即理学；自有舍经学以言理学者，而邪说以起。不知舍经学，则其所谓理学者，禅学也’。于同时诸人，虽以苦节推孙奇逢、李容，以经世之学推黄宗羲，而论学则皆不合。”其后关于顾炎武治学的具体情况，除个别顺序有所调整外，基本与《清国史儒林传顾炎武传》雷同。文末，对于顾炎武晚年及身后情况，则仅以一语带过，称：“康熙十七年，诏举博学鸿儒科；次年，修‘明史’，大臣争荐之。并力辞不赴。二十一年，卒。年七十。”

《清史列传》顾炎武传的具体出处不详，从前面的对比可以看出，它与《清国史儒林传顾炎武传》既有较大的差异，又存在明显的内在关联，估计它是在前者的基础上改写而来。

《清史稿》顾炎武传全文1600余字，篇幅比《清史列传》顾炎武传稍短，二者叙述次第相近，但关于顾炎武生平活动具体情况的记述上，又存在较大差异。《清史稿》顾炎武传的开题部分，对其生平情况写道："顾炎武，字宁人，原名绛，昆山人。明诸生。生而双瞳，中白边黑。读书目十行下。见明季多故，讲求经世之学。"略去了对顾炎武性格及其与归庄关系的介绍。接着写道："明南都亡，奉嗣母王氏避兵常熟。昆山令杨永言起义师，炎武及归庄从之。鲁王授为兵部司务，事不克，幸而得脱，母遂不食卒，诫炎武弗事二姓。唐王以兵部职方郎召，母丧未赴，遂去家不返。炎武自负用世之略，不得一遂，所至辄小试之。垦田于山东长白山下，畜牧于山西雁门之北、五台之东，累致千金。遍历关塞，四谒孝陵，六谒思陵，始卜居陕之华阴。谓'秦人慕经学，重处士，持清议，实他邦所少；而华阴绾毂关河之口，虽足不出户，亦能见天下之人、闻天下之事。一旦有警，入山守险，不过十里之遥；若有志四方，则一出关门，亦有建瓴之便'。乃定居焉。"同样是对生平活动的记述，显然，《清史列传》侧重写顾炎武与叛奴的恩怨，以及早年经历过的冤狱，而《清史稿》则更加突出顾炎武早年参加过的抗清活动及其作为明遗民的政治态度。

关于顾炎武治学的情况，《清史稿》的记载与《清史列传》基本相同，但删去了"尝谓'经学即理学；自有舍经学以言理学者，而邪说以起。不知舍经学，则其所谓理学者，禅学也'。于同时诸人，虽以苦节推孙奇逢、李容，以经世之学推黄宗羲，而论学则皆不合"等句。对顾炎武在清学史上的地位，从"国朝称学有根柢者，以炎武为最"改写为"清初称学有根柢者，以炎武为最，学者称为亭林先生"。文末，对于顾炎武晚年及身后情况，《清史稿》较《清国史》和《清史列传》增补了一些关键信息，称："康熙十七年，诏举博学鸿儒科，又修明史，大臣争荐之，以死自誓。二十一年，卒，年七十。无子，吴江潘耒叙其遗书行世。宣统元年，从祀文庙。"不仅如此，从"并辞未赴""力辞不赴"到"以死自誓"，措词方面也有大不相同。限于资料，现在很难断定《清史列传》与《清史稿》这两篇顾炎武传之间的准确关系；但综合种种迹象，大体可以推测后者是在前者的基础上增补改写而来的。

从前述比较可知，《清国史》《清史列传》《清史稿》同有的传记，彼此之间，不仅叙述次第有所差异，记述的具体内容也各有侧重，三者不可偏废。《清史稿》向以取舍不当、疏失较多而饱受诟病。通过校读顾炎武传可以看出，《清史稿》编纂者并非简单袭用原清国史馆的稿件，而是根据民国初年的现实情况进行了相当幅度的增补改写。因此，该书仍有一定价值，值得研究相关问题时参考。

顾炎武研究的学术意义

——顾炎武诞辰410周年感言

台州学院特聘教授　**张京华**

顾炎武诞辰410周年快要到了，昆山市顾炎武研究会陈建林会长代《中国商报》约稿，并且谬赞“你对顾炎武是有感情的”，其实我不研究顾炎武，只局限于研究顾炎武的代表作《日知录》，最近十余年出版了《日知录校释》《抄本日知录校注》《顾炎武与〈日知录〉研究》《原钞本顾亭林〈日知录〉》《〈日知录〉版本研究》，《黄侃日知录校记汇本》《〈日知录〉版本发现记》也交稿了，共计7本。已经完成的国社项目有2个，正在申报的国社项目，有“《日知录》稿本研究”“《日知录》三部清抄本综合整理与研究”，以后还准备陆续申报“《日知录》清人批注本研究”“《日知录集释》的史源学研究”，共计6个。

不久前我向学校领导汇报说，我觉得一个地方高校的文科，人人踊跃重视科研，每年拿若干国家项目，隔年获若干政府奖项，有自己的标志性成果，固然很好；但是如果能在国内学科领域占有一席之地，具有主打特色，拥有团队和梯队，具备学科竞争力，未来领先十年，执牛耳，做盟主，无疑更胜一筹。在此层面上，建立一个顾炎武《日知录》研究中心，可能是一个不坏的选择。

国内研究《日知录》最好的学者是栾保群先生，已经出版了6种《日知录集释》的校注本。栾先生一直是我心中的传奇。我跟栾先生说，研究顾炎武《日知录》，我一个人不管怎么弄都是边缘，如果有您支持就秒变最佳团队。

我有幸，每过若干年都会遇到一位贵人相助。什么叫贵人？彼此非亲非故，本不相识，却认识了；资源本来是对方的，却拿给了我；本来这路是没法走的，却借助一臂之力的援手走过去了。这就叫作贵人。栾保群先生就是我的一位贵人。

顾炎武《日知录》是中华思想文化的标志性符号之一。《日知录》32卷1020条60万字，是顾炎武的代表作，凝聚其一生三十年学术精诣。就内容而言，《日知录》一书涵括经学、史学、文学、边疆、地理、小学、校勘诸多领域，荟萃顾炎武一生著作的精华，“尤为先生终身精诣之书，凡经史之粹言具在焉”。

顾炎武及其《日知录》是数百年以来中国学术思想史中一个不可或缺的存在。

在明末，顾炎武亲身参加南明的抗清活动，《日知录》反映了顾炎武作为亡明遗臣的政治立场和文化心态。顾炎武与黄宗羲、王夫之并称“明末清初三大思想家”，与黄宗羲、王夫之、孙奇逢、李颙并称“明末清初五大思想家”。《日知录》反映着明末清初鼎革的政治背景和夷夏文化之争的语境。

在清代，前期推崇《日知录》的考据方法，后期推崇《日知录》的经世致用。前者反映了乾嘉时期对顾炎武考据学方法的接受和认同，后者反映了嘉道时期稳定的政治局面与深度汉化的文化政策。《日知录》被收入《四库全书》和《皇清经解》，在阮元《国史儒林传》（两卷本）中列居首位，顾炎武成为乾嘉考据学的不祧之祖，也被追认为清代儒林的不祧之祖。曾国藩说：“我朝学者以顾亭林为宗，国史《儒林传》褎然冠首。”章太炎说：“亭林研治经史最深，又讲音韵、地理之学，清人推为汉学之祖。”梁启超说：“论清学开山之祖，舍亭林没有第二人。”

在民国时期，顾炎武的考据学方法继续受到推崇，胡适站在新文化的立场上推崇西方科学主义，同时也在中国古代学术中挖掘“科学方法”，最为推崇的是顾炎武、戴震、崔述，称“顾炎武是一个开山的大师”。顾炎武提出的“经学即理学”命题，则在经学史和思想史上发挥巨大影响。梁启超说，“‘经学即理学’一语则炎武所创学派之新旗帜也”“有清一代学术，确在此旗帜之下，而获一新生命”“大抵清代经学之祖推顾炎武”。顾炎武与《日知录》常见于章太炎、黄侃、张继、梁启超、胡适、钱穆、顾颉刚、金性尧等人的著作。特别是自发现清抄本和黄侃《日知录校记》出版以后，删削避讳问题成为清算清廷钳制民族思想的突出案例。到抗日战争时期，从《日知录》"有亡国，有亡天下"中化用出来的"天下兴亡，匹夫有责"一语起到了重要的精神作用，更加成为家喻户晓的民族革命口号。

中华人民共和国成立后，顾炎武即作为反清斗争的爱国学者、爱国主义思想家、爱国诗人、明末清初进步思想家、反道学思想家，得到学术界的推崇和纪念，迄今顾炎武、《日知录》的研究始终是学术界的显学。

在今天，顾炎武、《日知录》的研究还有什么余地？还有什么学术价值？窃以为，顾炎武、《日知录》的研究可以分出六个层次。

第一层《日知录集释》。黄汝成集释后出转精，是《日知录》研究的核心。顾炎武的史源学、语源学研究，清人的集注、集释、批校研究，构成了专门之学"日知录学史"或"日知录学案"的基础。

第二层《日知录》的其他版本。顾炎武稿本、符山堂八卷刻本、清初三十二卷旧抄本、遂初堂三十二卷刻本、《四库全书》本、黄汝成《集释》本，总共六种形态，构成了《日知录》的版本学系统。

第三层《亭林集》。潘耒遂初堂刊本至少有康熙初刻本、康熙挖改重印本、嘉庆挖改重印三种，其复杂程度与《日知录》一样出人预料。

第四层考据学。作为清学之开山，顾炎武与考据学的关系及其利弊是清代断代学术史的一大重点。

第五层"五大家"。民国以后学术思想史上有明末清初"三大家""四大家""五大家"之说，几乎形成专门话题。"五大家"是一个代表性的研究对象，而孙奇逢、黄宗羲、李颙、顾炎武、王夫之分处于河北、浙江、陕西、江苏、湖南五省，不仅在当时形成一种地理空间的照应，而且在现代也足以促成学术研究的联合。五大家中，王夫之最静，顾炎武最动，顾炎武北游成为串联五大家的一条丝线。由于顾炎武的串联，实现了五大家的同框合谱。

第六层"明末清初"。不同于以往的王朝鼎革，"明末清初"是一个特别的时间状态。明末为生员身份、参与结社反抗阉党、入清起兵抗清、明亡隐居著述的一批儒家群体，在明清两朝立场上形成张力，在旧学与新学上取舍分明，儒学与儒家政治学在此构成一个专门的时态。

顾炎武曾说，“古之君子，所以著书待后，有王者起，得而师之”。以上六个层次，由内而外，由里及表，如能加以次第研究，庶几可以展现出顾炎武、《日知录》研究的全部意义。

经世致用：顾炎武的人生历程与学术宗旨

苏州大学哲学系教授、博士生导师，
苏州大学顾炎武研究中心副主任　**朱光磊**

顾炎武，名绛，字宁人，自署蒋山佣，号亭林，江苏苏州昆山人，明末清初爱国主义思想家。顾炎武在经学、史学、文学、音韵学、地理学等领域有很深的造诣，与黄宗羲、王夫之并称为“明清之际三大儒”。

一

顾炎武出生在明万历四十一年（1613），卒于清康熙二十一年（1682），其一生经历颇为坎坷。顾炎武出生后不久就过继给嗣祖父顾绍芾。其嗣父顾同吉与王氏立有婚约，未娶而逝。嗣母王氏未嫁守节、断指疗姑。顾炎武就在嗣祖父、嗣母的教诲下成长起来。顾炎武人生大致可以分为三个阶段。其一，求学期（1613—1644）。顾炎武接受了良好的家庭教育，14岁即考中秀才。除了准备举业之外，顾炎武还学习了很多史学著作与兵法经典，同时深受嗣祖父影响，喜欢阅读邸报来了解国政时事。在这一时期，顾炎武还热衷社会活动，广泛交友。他参加了复社，与归庄结交，由于两人秉性耿介，不拘礼法，故被称为“归奇顾怪”。其二，抗清期（1645—1656）。1645年5月，清兵渡江南下，嗣母王氏绝食身亡，临殁时留下遗训“勿为异国臣子”。顾炎武毅然参加了轰轰烈烈的抗清斗争，服务于南明政权，以商人身份为掩护，四处奔走，联络各地抗清力量。无奈弘光及闽浙沿海的隆武等南明政权先后瓦解，各地的抗清活动也一再受挫。同时，顾氏家族内部的矛盾以及田产之争也让顾炎武深受族人、恶仆之害。在国仇家难的双重压力下，顾炎武不得不四处流浪。其三，北游期（1657—1682）。顾炎武以遗民身份弃家北游，放弃武力对抗清廷，而以存续华夏文化为使命进行学术研究，他的足迹遍布齐、鲁、燕、赵、秦、晋等地，遍访古迹、体察民风，留下了许多宝贵的学术著作。

二

顾炎武的学术上宗于程朱理学，他甚至在晚年所作的《华阴县朱子祠堂上梁文》中写道：“惟绝学首明于伊洛，而微言大阐于考亭，不徒羽翼圣功，亦乃发挥王道，启百世之先觉，集诸儒之大成。”顾炎武对于朱子学的继承，集中体现在“格物致知”的理解上。

格物致知的理论架构出现在朱子解读的《大学》之中。朱子认为，天理会通过具体的事件呈现出来。人需要通过持敬自己的心灵，从而无私心地去觉察事件，就能获得该事件的应然之理。人的心意再承接应然之理的方向来促成事件的完善。格物就是要详察具体的事件，而致知就是觉知事件的应然之理。顾炎武对于“格物致知”的继承主要表现在“博学于文，行己有耻”上，他说：“自一身以至于天下国家，皆学之事也；自子臣弟友以至出入、往来、辞受、取与之间，皆有耻之事也。”“学之事”就是格物，指向事物的存在状态；而“有耻之事”就是致知，指向事物的价值方向。顾炎武一生的学问，就是以“博学于文，行己有耻”为其主心骨。

不过，顾炎武并不满足于理学的形式化论述。他认为，丧失耻的价值追求，就是无本之人；没有学的具体内容，就是空虚之学。顾炎武坚持反对徒有形式的天道性理，认为天道性理的价值方向必须在具体事物的开展过程中得以呈现。

顾炎武并不认同理学家将理气二分、道器二分的做法，而是坚持“盈天地之间者，气也”“非器则道无所寓”的观点，认为经验世界的存在具有优先性，价值之理必须依靠经验世界而得以展现。

三

正是在“道寓于器”的哲学观念下，顾炎武提出了“理学即经学”的口号。他认为经世济民才是治学的目的，学者要“明学术，正人心，拨乱世，以兴太平之事”，六经之学有利于“当世之务”，而空谈心性则无补于世道人心。故而顾炎武的研究都有扎实的材料支撑，并直接或间接地指向了经世致用的方向。

目前存世的顾炎武著作有34种，包含经部9种、史部17种、子部5种、集部3种。在这些作品中，《天下郡国利病书》《音学五书》《日知录》可谓顾炎武的三大代表性著作。

《天下郡国利病书》是一部历史地理著作。顾炎武读万卷书，行万里路，将书本记载与田野调查相结合，通读二十一史和天下郡县志书、名人文集、奏章文册，将其中有关国计民生的资料分类辑录，又亲自走南闯北，进行实地印证与考察勘误。该书首叙舆地山川总论，继而分叙南北直隶、十三布政使司、边疆地理、海外诸国，记载了全国各地经济、政治、军事等情况，并评述其利弊得失。

《音学五书》是音韵学著作合集。《音论》3卷，考察字音的源流和变化；《诗本音》10卷，考订《诗经》的用韵；《易音》3卷，考订《易经》的用韵；《唐韵正》20卷，以先秦古音来纠正《唐韵》，指出上古音与中古音的变化；《古音表》2卷，将古韵分为10部，以图表形式列出。顾炎武对于古音的考察，并不仅仅停留于历史文献的整理，他认为“读九经自考文始，考文自知音始”，音韵的研究有助于准确把握经文字义，进而可以深入理解与阐发经义，发挥经学的致用功效。

《日知录》是一部意义非凡的学术札记。顾炎武以“采铜于山”的精神，萃取前贤之言，略加自己评论，分经术、治道、博闻三大类进行稽古考订，裒集成书。这些札记材料表面上看似乎零散无序，实则含有内在脉络，为顾炎武一生为学心得的记录。顾炎武自己十分看重这部著作，认为：“平生之志与业皆在其中……而有王者起，得以酌取焉。”

顾炎武的著作始终贯彻着“文须有益于天下”的经世旨向，既具有“博学于文”的知识考订，又蕴含着“行己有耻”的价值追求。顾炎武的学术实践转变了明季以来的清谈之弊，开启了清代乾嘉的实学之风。

聚焦当代价值 深化顾炎武研究任重道远

——写在顾炎武诞辰410周年之际

昆山市顾炎武研究会会长 **陈建林**

文化自信是一个国家、一个民族发展中最基本、最深沉、最持久的力量，文化自信与中华优秀传统文化密切关联。思想家顾炎武是中国古代优秀历史人物中的杰出代表，其留下的著作是中华优秀传统文化中的瑰宝，常常为习近平总书记的讲话和文章所引用。习近平总书记在2016年5月17日召开的全国哲学社会科学工作座谈会的讲话中，提到了在五千年中华文明“浩如烟海的文化遗产”中，涌现出25位杰出思想大家，其中就有顾炎武。这是我们昆山的骄傲。作为顾炎武的后人，我们应认真学习深刻理解习近平总书记引用顾炎武华章佳句及其用意，在研究、传承、弘扬顾炎武思想和精神方面走在全国的前头。

以《日知录》为杰出代表的顾炎武思想，是一个完整的思想体系。以“天下兴亡，匹夫有责”为精髓的“天下观”“实学观”“民本观”“富民观”“廉耻观”“治学观”等内容可谓博大精深，可从八个方面加以概括。

1. 在政治思想方面。顾炎武突破了儒家修齐治平思想的局限，从人的“私”和“欲”的思想现实存在出发，提出了“合天下之私以成天下之公”的思想，强调“大臣家事之丰约，关于政化之隆污”。他提倡贵廉、除贪和激浊扬清，还紧紧抓住选举与舆论这两个确保政治体制健全运作的关键因素，“天下之才皆可由天下之人举而荐之”的选举，被他看作人才兴国的一大要务；而“政教风俗苟非尽善即许庶人之议”的舆论监督，则被他看作弥补体制内权力制衡之不足的又一种权利。他提倡“民主政治”，主张官员要善听民意、要允许“清议”，君民“共同治理”。

2. 在经济思想方面。顾炎武突破了自然经济观念的局限，为近代商品经济发展奠定了学理基础，他认识到“民享其利，将自为之，而不烦程督”的经济规律，鲜明地提出了“为天子为百姓之心，必不如其自为”的近代经济学命题，提出了保障私有财产、取消横征暴敛的税收政策、行政权力退出商品经济等主张。他提出了“重商富民”“厚生利众”等民本思想，他倡导利国利民，认为“财足而化成”“仓廪实而知礼节，衣食足而知荣辱”“有恒产者有恒心”，只有在老百姓丰衣足食的情况下，才能向他们进行道德礼仪方面的教育，才能激发起他们积极向上的决心，在战争到来的时候，才能动员起他们保家卫国的爱国热情和勇于参战的积极性。顾炎武曾满怀自信地宣称“用吾之法，五年小康，十年大富”！

3. 在哲学思想方面。顾炎武提出了对程朱理学和陆王心学的双向扬弃。他改造程朱理学，吸取其“道问学”的合理因素而拒斥其先验本体；扬弃陆王心学，吸取其“致良知”这一“圣学千古之谜”而排斥其末流之空疏放纵；以“博学于文，行己有耻”为学术宗旨，形成了“明体适用”的哲学观，并发挥出一整套“唯物”“唯变”的哲学观点。在对客观形势进行了具体而深刻的分析之后，他的世界观有了转变，在去世前的几年里，他捐款资助了华阴朱子祠堂的建设，并和外甥徐元文一起，为祠堂写了纪念和祝贺文章。他不相信、不迷信通过“闭门修行”“一日三省吾身”的唯心方式就可以达到自身道德水平的提高，而是对自己提出了“博学于文”的最高要求，并画出了“行己有耻”的最低的道德底线。

4. 在道德伦理思想方面。顾炎武突破了传统儒家道德理想主义的局限，不是从至善的道德伦理出发，而是从现实的人性和社会生活的实际出发，来探讨切实可行的道德伦理规范。他不讲“存天理、灭人欲”，而是肯定人们的“私”和“欲”的存在都有其一定程度的合理性。他坚决反对空谈理论，唱高调，不切实际的道学说教。他崇敬嗣母的孝行，终生恪守母训。嗣母殉国，他毅然移孝作忠，墨经从戎，将对嗣母的敬重升华到对祖国母亲的忠诚。死后，被人推至“忠孝醇儒”的高度，长时间里不容于他的清朝政府终于承认了他的超人智慧，将他请入文庙加以供奉，让世代瞻仰。他是中华民族“三立”的典范。

5. 在教育思想方面。顾炎武提出为人师表者，要以益友为师，严谨治学，学以致用。一个人要主动地接受教育，同时必须求友、交友，要以人之长，补己之短。在教学上，师生应当平等相待。老师教育学生，应当是启发式的而不是灌输式的，是讨论式的而不是训斥式的。师生间应当有一种教学相长的气氛。教师要以著书传后学，以勤俭率子弟，以礼俗化乡人。他希望“正人心、厚风俗”要先从“为人师表者”做起， 他指斥“士大夫之耻是为国耻”。他认为“传业授道解惑”固然重要，但是，应该把“育人”摆在第一位。教育的最终目的就是横渠先生所说的“为天地立心，为生民立命，为往圣继绝学，为万世开天平。”

6. 在史学思想方面。顾炎武突破了神化“六经”传统观念，通过以历史学家的态度来研究“六经”，对“六经皆史”的命题做了具体的史事论证，他以历史主义的眼光来考察经学的源流，使中国经学史的发展脉络得到了梳理。他把经学纳入历史学研究的范畴，作出了建立以史学统摄经学、经史合一的历史科学的宝贵尝试。他不欣赏“死读书”，强调要走出书本，走出课堂，到现实社会中去，多作实地考察，“采铜于山”，获取第一手资料。在考据方面，他还提出了许多与众不同的观点，纠正了许多前人的论述，订正了许多历史事实，表现出了他一丝不苟的严谨近乎苛刻的治学精神和态度，给后来的考古学带来了很多的方便。

7. 在文学思想方面。顾炎武继承中国古代文学的现实主义传统 ，强调“士当以器识为先”“文须有益于天下”“有益于将来”，高扬“《十月之交》国风之义”，提倡文学的社会批判精神，提出“立言不为一时”，是近世学者大力提倡的“独立之人格，自由之思想”的先声。他继承了晚明“性灵派”关于诗歌要表现真性情的观点，批评宋明理学家“以理为宗，不得诗人之趣”，强调“诗本乎情”“诗主乎情”。他坚决反对写谀墓之文，表示“不属于经国济世之文，一概不写”，甚至因此而得罪了最要好的朋友，他也不后悔。

8. 在法律思想方面。通过对中国历代兴亡治乱的经验教训的总结，顾炎武认为“刑不上大夫”的儒家思想是导致法制废弛的主要因素，而足以导致亡国。因而要彻底改变特权人治的立法精神，确立以防范政府官员犯罪为重点的立法原则，还要将法治建设与道德教化结合起来，“以名为治”，还要充分发挥道德舆论对于官员的监督作用。他主张公布官员财产，让官员置于民众的监督之下。

顾炎武，作为“明末清初”发出“亡国与亡天下奚辨”时代之问的第一人，其思想本源来自孔孟儒家学说，但在许多方面又超越了他的先辈，将中国先进古代思想和传统文化推向了一个新的高度。毫不夸张地说，这亦是一种理论创新。正是这种理论创新，推动中华优秀传统文化传承与发展。顾炎武是一个标杆性的历史人物。他经历了“反清复明”，最终认识到明朝末期“独治”“清谈”“贪腐”等导致亡国的必然性，并从“反清复明”那种狭隘的“忠君爱国”，逐渐走向以传承中华优秀传统文化为己任的民族大爱之路，这正是一种历史自信和文化自信；经历了“国仇家恨”，他依旧初心不改，开始历时25年的“文化苦旅”，“九州历其七，五岳登其四”，以“日有所学 日有所思 日有所成”的治学方式不间断地著书立说，这正是他“明学术、正人心、拨乱世、以兴太平之事”的真实写照；经历了天崩地坼的社会大动荡，他深深地了解老百姓的苦难，发出了“今天下之大患，莫大乎贫”的切肤之痛，而又由衷地呐喊“拯斯民于涂炭，开万世太平，此吾辈之任也”，这又正是其“生无一锥土，常有四海心”的胸襟的集中体现。因此，我们有理由说，顾炎武是中国古代先进思想的集大成者、现代文明思想的启蒙学者之一。

顾炎武一辈子著书立说，仅现存就达600余卷，累计1000余万字，留下了《日知录》《肇域志》《天下郡国利病书》《书学五音》等不朽著作，可谓“著作等身”。他的思想不仅为整个民族所接受，而且随着时间推移，有许多论点和主张依旧闪烁光芒。顾炎武独特的批判性思维和考据式的治学方式，具有可资借鉴的当代价值。“不可一日无书”，读遍家里六七千卷书，又读遍昆山城里的书，就萌发读遍天下的书，并付诸“北游万里”的实际行动，“老祖宗”的优秀遗产成了他著书立说的基石；“采铜于山”，以一种近乎苛刻的态度对待日复一日的著书，发出了“昔人所言，兴亡祸福之故，不必尽信”和“著述之家，最不利乎以未定之书，传之于人”的警示，而他自己忠于“经世致用”，“别来一载，早夜诵读，反复寻究，仅得十余条”，坚守“文须有益于天下、有益于将来”的操守；“独学无友，则孤陋而难成”，在顾炎武那里，“三人行必有我师”成为治学的经典故事，著书立说过程就是与人切磋交流的过程，就是不断汲取他人研究成果营养的过程，就是不断修正自我提高认知水平的过程，其《广师》所言的“十不如”，就是在谦逊之中不断奋进的激励号角。

中华优秀传统文化有很多重要元素，共同塑造出中华文明的突出特性。聚焦当代价值，不断深化顾炎武思想的研究，是弘扬中华优秀传统文化的重要组成部分，是涵养社会主义核心价值观的重要源泉之一。成立于1991年的昆山市顾炎武研究会，30余年来不遗余力地高举研究与传播两面旗帜，紧紧围绕昆山市委“打造顾炎武金名片”的工作要求，努力做好创造性转化、创新性发展两篇文章，取得了积极的成效。每年汇集全国顾炎武研究的最新成果，出版会刊让更多的读者了解顾炎武；通过寻访顾炎武足迹，出版大型画册《旷世大儒顾炎武》，让更多的读者在图文中读懂顾炎武；通过与大专院校及其专家的深度合作，出版《顾炎武研究文献集成》（清代卷与民国卷），并以电子书的形式鼓励在公共服务场所使用，让古籍里的文字“活”起来，惠及更多的专家学者的研究；通过筹划，每两年举办一次大型的学术交流会，从历史视野下的顾炎武“天下观”，再到“实学观”“民本观”“富民观”等，持续推进。研究会深化与各区镇、部门的合作，充分利用顾炎武纪念馆（故居）全国爱国主义教育示范基地，有计划地组织中小学校在校学生“沉浸式”地参观学习；充分利用市人大设立“昆山市顾炎武日”每年开展系列活动，形成“顾炎武书籍大家学”“顾炎武故事大家讲”“顾炎武诗文大家诵”“顾炎武形象大家画”等浓烈氛围；充分利用下设的五个研究分会、七所日知学堂，编写《〈日知录〉30句释读》等乡土读本，组建有20余名“五老”参加的宣讲团，深入学校、机关、企业、社区进行普及性宣讲。在昆山，这几年以顾炎武名字号命名的建筑、道路、桥梁、社区、学校等层出不穷，以顾炎武为主题元素的文化艺术创作如火如荼，昆曲、评弹、歌曲、书法、诗歌、动漫、专题片等方兴未艾。最近，研究会针对城市“新昆山人”进一步增多的现状，编辑出版彩色连环画《顾炎武》《昆山三贤故事》《漫话顾炎武北游》《顾炎武信札释读》等系列丛书，探索本土文化传播与城市文化融合发展的新途径。

顾炎武思想是优秀传统文化的“富矿”，研究和传播工作绝不能因为有所成效戛然而止。聚焦当代价值，是必须把握的方向。努力把握精髓，是“两个结合”的根本要求。深化研究顾炎武，昆山应走在前列，进一步做好传承弘扬工作，更应成为昆山人的文化自信和自觉。当年，一个以“敢于创业，勇于创新，争先创优”精神走出“昆山之路”的城市，十八年蝉联全国百强县之首，其最强大的精神力量就是“天下兴亡，匹夫有责”的家国情怀和使命担当。如今进入第二个百年，要将昆山建成中国式现代化的县域示范，必须始终坚持新发展理念，注重培育高质量发展的韧性，关键的一招就是要厚植现代城市文化，创造现代文明。300多年前，顾炎武发出的“天生豪杰，必有所任”的政治感召，“为天子为百姓之心，必不如其自为之”现代经济命题，“生无一锥土，常有四海心”的人格誓言，在当下依旧熠熠生辉，成了涵养昆山这座城市现代文化不可多得的精神财富。一座以“开放、融合、创新、卓越”为城市精神的现代城市，根植于中华优秀传统文化的沃土之中，以期赋予更生态、更精细、更包容、更韧性、更文明等中国元素而更精彩。

顾炎武在中国文化史上的特殊地位

——纪念顾炎武诞辰410周年

昆山市第一中学历史教研组组长、高级教师，
昆山市顾炎武研究会副会长　张程远

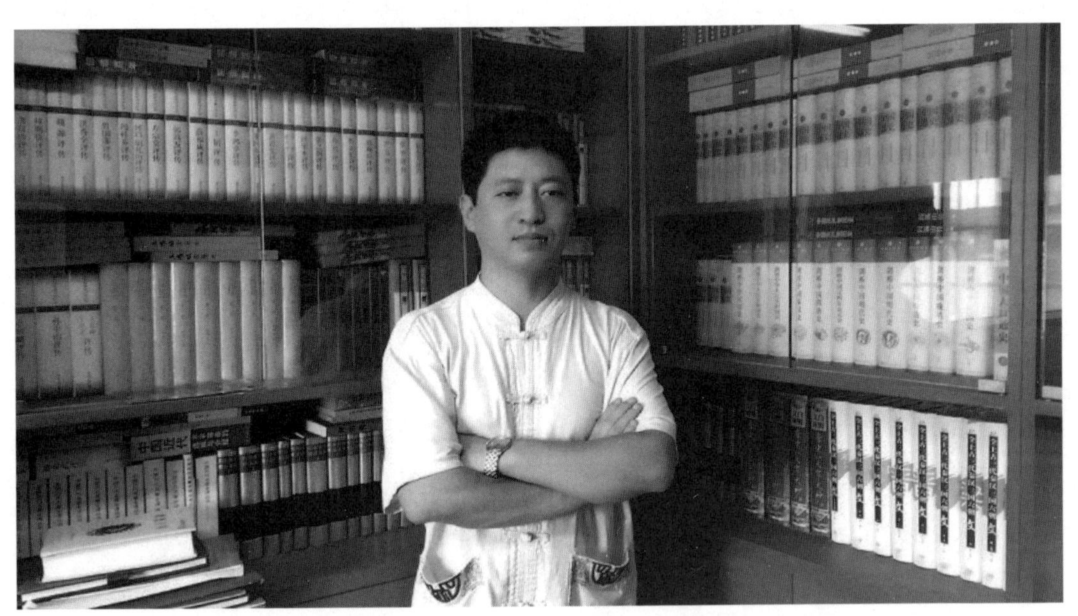

1941年，瞿宣颖在《道光学术》一文中说："呜呼！此世运之关键，君子所以俯仰百年而有此深忧者，有以夫。"他所言世运之关键，指的是1843年张穆、何绍基等人在北京慈仁寺筹建的顾亭林祠。在民族孱弱的年代，顾祠会祭长达八十年之久，成为中国文化史上一道独特风景。在西方强盗横行、中华民族因统治者腐朽无能而遭遇劫难之际，士大夫们把符号化的顾炎武（学者尊称亭林先生）作为精神寄托以排解忧郁，彰显出他在中国知识界举足轻重的特殊地位。

今年是顾炎武诞辰410周年，社会各界和家乡江苏昆山一如从前，以多种形式纪

念他，传承他的思想和精神。如何使纪念活动更有意义？我想，只有充分认识并理解顾炎武在中国文化史上的特殊性，才能一树百获。需要强调的是，顾炎武是知识分子的典范，他名闻生前殁后，泮林革音终究主要在知识界。

顾炎武是中华优秀传统文化的典型代表。中国文化的底色是儒学，两千多年来，历代大思想家多为儒家，顾炎武是其中之一。有别于其他大儒，顾炎武既是传统文化的总结者，也是新思想的启蒙者，更是中国文化从古代转向近代的见证者和参与者。他坐拥孔孟到朱王等古圣先贤所不具备的时间优势。17世纪，中国传统文化进入总结阶段，顾炎武身处不幸的时代，却有幸全面审视17世纪以前的历史，其代表作《日知录》即是对传统文化的总结与升华。而其中的新思想、新认识，则是那个灰暗时代的一缕启蒙微光，并在两百年后的近代中国发挥了巨大作用，鼓舞、支援了资产阶级革命运动。1613年顾炎武出生在江南的昆山，是典型的江南人，45岁之前始终生活在江南。但他人生的后25年，为救国救天下，弃家游学北中国。这使得他的思想和学术融合了南北精华，既能把“小学问”做得精致入微，又能把“大学问”做得高屋建瓴。由此，顾炎武成为时贯古今、地跨南北的特殊文化存在。忽视这种特殊性，我们就很难读懂顾炎武和他的著作。人们常说顾炎武的学问博大精深，深意正在于此。

顾炎武是知识分子践行爱国主义的典范。出于对顾炎武的景仰和爱戴，时人和后世给予他诸多“身份”。但他首先是一位坚定的爱国者，没有这个前提，其他身份则毫无意义。顾炎武以其坚贞不渝的爱国实践，赢得广泛尊重；也以“保天下者，匹夫之贱与有责焉耳矣”的号召而泽被后世，经梁启超定音的“天下兴亡，匹夫有责”成为近代仁人志士爱国救亡的响亮口号。这一切，使顾炎武成为知识分子践行爱国主义的典范。近代上海格致公学把学校分为四院，其中之一是炎武院。《格致公学炎武院院刊》中说：“虽那时天下已亡，士心已散，独力无可挽回；然炎武矢志复国，不计成败，令人十分佩服。所以我们拿‘炎武’两字做院名，拿顾炎武给我们做榜样，刻苦自励，希望将来成为有用的青年。”在他们心目中，顾炎武做的是有用的学问，其思想是有益世用的思想，学习顾炎武，可以成就有用的青年，以挽救国家。卢沟桥事变后，身处危境的辅仁大学校长、著名历史学家陈垣，以顾炎武的《日知录》为讲义，勉励学生爱国……人们对顾炎武的纪念活动从未中断过，这是中华文明生生不息的注脚。顾炎武还深爱人民。他从不嘲弄苍生，矛头所向，始终是侵略者的暴行、统治者的无能和学术界的歪风。“爱国主义是我们民族精神的核心，是中华民族团结奋斗、自强不息的精神纽带。”顾炎武正是爱国主义精神最坚定的弘扬者和实践者，值得我们永远学习。

顾炎武是知识分子坚守文化自信的旗帜。文化自信与爱国主义互为表里，一存俱存，一损俱损。文化自信与否，关乎天下兴亡和国家安危。历史虚无主义的最根本特征，正是站在爱国主义的对立面歪曲中国历史、亵渎中国文化，通过消解文化自信达到不可告人的目的。爱国主义和文化自信是传统知识分子的主题，今天却成了某些知识分子的问题，这很讽刺、很尴尬，必须警惕。从操作层面看，树立文化自信更有利于抵制历史虚无主义，增强爱国主义情感。由此，作为坚守文化自信的一面历史旗帜，顾炎武的价值也就更有时代性和紧迫性。文化自信是顾炎武的爱国基因，“反清复明”在顾炎武那里，终究是一种文化情结。在天崩地坼、民族遭遇劫难的特殊历史时期，他以文化自信为精神支柱，“汇集三千年中国历史上志士仁人论道经邦的优秀智慧”，义无反顾地开展了一番轰轰烈烈的挽救“亡天下”的文化实践，“古学之兴也，顾氏始开其端”。文化自信之于顾炎武，不是文化自大，更不是文化自恋，而是文化自觉、文化坚守、文化自省和文化创新，他的文化自信是冷静的、理性的。对传统文化，他既“无不穷极根柢”，又秉持“行道不系古今”的强烈创新意识，要求学者“以研究古经为根柢，而不必到宋明理学家的语录中去讨生活”。20世纪以来，企图对中华文化釜底抽薪、全盘西化的大有人在，至今仍阴魂不散。在这样的背景下，我们纪念顾炎武，从顾炎武那里找到文化自信和实现文化自信的方法，其意义不言而喻。

顾炎武是知识分子遵守学术道德的楷模。顾炎武是有远见卓识的顶流学术大师。抛开学术成就，在治学方法和学术道德层面，顾炎武是独树一帜的，迥异于多数学者。他主张并身体力行，在实践中做学问。在学理上，极少有人否定实践对学术的意义，但能持之以恒躬行者寥寥。顾炎武则身自为之，以艰苦卓绝之精神为学人树立了一代楷模。他“九州历其七，五岳登其四”，考察名山大川、关隘府县，在实践中检验、检讨、检视学问，不断对前人和自己的学术纠偏改错。更难能可贵的是，他的这些探索和实践，是为救国救天下，不是为一己之名标新立异，所以他坚决不作无益于天下的文章和学问。在那个非常的年代，他筚路蓝缕的力学笃行实在是一个传奇。他的形象被永久定格在“读万卷书，行万里路”的儒家最高文化境界，成为经世济民的象征性人物。顾炎武特别注重创新，有开创意识，被誉为“清学之祖”。他开创了诸多学术门类和途径，为清学指明了出路，“清代学术之光明，顾炎武与有功焉”。他真正做到了“守正不守旧、尊古不复古”。“孤莫孤于自恃”，顾炎武的学术体系是开放的，他海纳百川的为学精神，引领学界几百年，至今仍熠熠生辉。他那种“海不辞东流”的学术气象和思想格局，实在是宝贵的精神财富。此外，顾炎武近于苛刻的严谨治学精神也令人肃然起敬。他治学求真求实，从不妄下雌黄。他“采铜于山”“自少读书，有所得，辄记之。其有不合，时复改定。或古人先我而有者，则遂削之”（顾炎武初刻《日知录》自序）。在学术界被人诟病不断的今天，作为知识分子坚守学术道德的楷模，顾炎武的意义是切实的。

顾炎武的思想、人格、经历、学术都跨越时空而旷世，梁启超给予他“既是经师也是人师”的桂冠，这无疑是中国古代知识分子所能获得的最高赞誉。试想，如果知识分子走向上述顾炎武优秀品质的反面，后果会怎样？在这个意义上，把纪念顾炎武、传承亭林精神视为当务之急，又何尝不可？“中华文明具有突出的连续性，从根本上决定了中华民族必然走自己的路”，走自己的路，就必须回顾历史，汲取先贤智慧，而顾炎武是我们绕不过去的那座文化丰碑。

报国爱国要以丰厚的学识作为基础

西城区文物保护管理中心非遗保护科副科长　蔺　音

作为顾炎武先生家族的后人，我从我的家庭出发，谈谈个人对顾炎武以及顾炎武精神的认知。

我的外婆叫顾兆兰，他的父亲叫顾伯叙，也就是我的曾外祖父。顾伯叙（1889—1973），名畴，字伯叙，法名净缘，江苏淮安人，生于1889年。顾伯叙的父亲叫顾圣符，是顾炎武家族的后裔。曾外祖父我并没有见过，但是曾外祖父的事迹确实从小就听外公外婆和妈妈聊天时说起过，同时说起的还有顾炎武的名字，以至于后来外公做了一名学者，当时兼任湖南省船山学社社长时，家里经常有学者来访，谈论着顾炎武、王船山（王夫之）等人的名字，当时我虽不懂，但是这些名字我都牢牢记住了。

后来上了中学，学到顾炎武的《日知录》和“天下兴亡，匹夫有责”的名言，才真正与顾炎武联系上。如果要谈顾炎武精神，我想各位学者、专家了解和研究得比我多，史料看得比我翔实，从各个角度都有论证，今天我想从家门家风这个角度谈谈自己的两点感受：

首先，报国爱国要以丰厚的学识作为基础。报国爱国情怀，也是需要丰厚的学识作为基础的，历史上有名的爱国者个个都是大学问家，所以才能成为思想家，才能将一腔报国热情不至于化为清谈。曾外祖父有丰富的学识，精通儒释道文化。外祖父得益于曾外祖父的从小教育，著作等身。

其次，爱国报国要抱有牺牲精神。我认为，但凡有牺牲精神的人都不在乎名利钱财。顾炎武坚守民族气节，绝不仕清，没有任何房产、钱财传世，后人几乎找不到有价值的物品。他以信仰为依托，他的牺牲精神造成了心系天下的胸怀，“拯斯人于涂炭，为万世开太平，此吾辈之任也”。曾外祖父也是学者，虽然家庭富裕，但是一生坚持学术研究，淡泊名利，后期在上海文史馆工作。他在湖南东安县办有兴隆寺、耀祥中学、耀祥书院、耀祥农场，解决了当时当地老百姓上学、教育和吃饭问题。

上辈老人们都已纷纷离世，但留下来的书籍和精神不可小觑。目前，耀祥中学、唐生智纪念馆、报国寺顾亭林祠等都已经成为文物保护单位，只要那个地理的空间还在，走到那里，我们依然可以感受到他们思想和感情的呼吸与脉动，我们依然可以想象那时的情景和他们的情怀，与我们是那样贴近和亲切，传承下来的精神也早已融入后代的基因和血脉里。

恰逢“纪念顾炎武诞辰 410 周年”活动在京举行，纪念先贤与爱国思想交织，其核心就是爱国主义，这是中国文化的根本特点，也是后人为人治学的根本前提。

今日再次来到报国寺，让人心潮澎湃、感慨万千，先人已逝，吾辈当自强。

历史视野下顾炎武的“富民观”

昆山市顾炎武研究会会长　**陈建林**
昆山市顾炎武研究会顾问　**郭志昌**

中国两千多年的封建社会，发展至顾炎武所处的时代，正发生着深刻的变化，资本主义的逐渐萌芽，给了顾炎武以不同于前人的观察世界的环境。而顾炎武终其一生，将“拯斯民于涂炭，开万世太平”为己任，他日知日行日成，深刻洞察经济社会发展趋势，敢于揭示规律性问题，善于有针对性地提出创新性见解。

顾炎武在其早年就涉足对民生与经济的研究。在北游之前，他就撰写了《乙酉四论》（《军制论》《形势论》《田功论》《钱法论》），针砭时弊，大胆提出经世致用的主张。不久，又在他系列论文《郡县论》的第六篇中痛心地指出：“今天下之患，莫大乎贫。”这实际上是顾炎武研究富民问题的逻辑起点。

随着“读万卷书，行万里路”的深入，顾炎武的著书立说更具深刻且呈现自己独有的特色，绝大多数的见解汇入其人生巨著《日知录》中。他的许多观点是极具穿透力和震撼力的，尤其是他突破儒家修齐治平思想的局限，从人的“私”和“欲”的思想现实存在出发，提出了“合天下之私以成天下之公”的思想。他肯定每一个人追求私人利益的动机本身就是经济发展的动力，主张行政权力应退出社会经济竞争。

顾炎武同时还提出“民享其利，将自为之，而不烦程督”的经济主张，指出“为天子为百姓之心，必不如其自为”，主张要保障私有财产、取消横征暴敛的税收政策、行政权力退出商品经济等。他认识到，如果没有政府的干预，经济也许会发展得更好。每一个人对其私人利益的追求会促进社会公共利益而不是破坏这一利益。政府不用投资，完全由老百姓自己自觉去做，“不烦程督”，岂非好事？他还总结历史经验，通过阐发“重商富民”“厚生利众”等民本理念，强调“财足而化成”“仓廪实而知礼节，衣食足而知荣辱”“有恒产者有恒心”等一系列富民主张。

顾炎武的系列论述，在“普天之下，莫非王土；率土之滨，莫非王臣”的封建思想主导一切的环境下，是振聋发聩的。它不仅突破了自然经济观念的局限，提出中国近代经济学命题，而且为中国古代社会向近代经济社会转型提供了不可多得的思想启蒙，为中国近代商品经济发展奠定了学理基础。顾炎武并不是在中国古代历史上第一个提出“富民强国”理念和见解的人，但其系统性、深刻性，可以说是一座丰碑，不仅大大超越了前人，而且为近现代经济学人的继续探索，提供了可资借鉴的学术财富。

顾炎武“富民观”是一个完整的体系，其主要观点有以下六个方面。

一、南北沟通，东西交流，全面发展手工业、农业和林牧副渔，振兴全国经济

顾炎武看到，贫穷是中国社会最大的忧患。“人穷志短，国家亦然。”他认为“人富而重生”，人富了，有家有业，生活过得有意义，积极性、创造性就强，也就是说想获得更好生活的愿望更强；反之，便是“人贫则轻生”，连起码的物质生活也不能满足，人活着还有什么意义，社会不安定也由此而生。他认为“生财之方，乃立国之本”，一切社会问题的解决，最终必须通过发展经济的途径才能解决。他说：“古之人君未尝讳言财也，所恶于兴利者，其必至于害民也。”谁如果不重视发展经济，不能为国生财，到后来必然使老百姓没有好日子过。他还说：

“国犹水也，民犹鱼也。”国家与民众是鱼水关系，池满鱼肥，国富民强。

昆山西北部的巴城，位于阳澄（也作“阳城”）湖的东岸。阳澄湖湖面四分之一的面积属于昆山，盛产大闸蟹，附近的人们经常捕食。但这种野生动物却对稻田造成很大的危害，造成粮食减产，被当地农民称为一害。万历四十七年（1619）的昆山县令苏寅宾组织农民捉蟹捕蟹，消灭害虫，提高了亩产量，百姓感激不尽，为他建立了生祠“苏公祠”。然而，事情总有两面性。顾炎武《日知录·海运》中却有从江南人贩蟹北上的记载。他写道：“江南海船，名曰沙船，以其船底平阔，沙面可行可泊，稍搁无碍，常由沙港以至淮安贩蟹为业。”从淮安入海到达山东胶州和天津。沙港是现在的张家港和太仓的浏河港。这时，螃蟹已经成了昆山能够运输到外地的重要水产品之一，在京师朝中工作的一些南方的汉族官员，在郊区设有叫作“退谷”的会馆，相当于今天的会所，每到从冬至日开始的“消寒节”，都要举行几次同乡聚会，品蟹饮酒，顾炎武也曾被邀去几次。这样一来，化害为利，变废为宝，既保护了生态，又为农民增加了收入，两全其美，实现了“共赢”。以至于到了今天，中秋过后，遍布北京大街小巷的销售“阳澄湖大闸蟹”个个都是生意兴隆，顾客盈门。“溢出效应”，显而易见。

二、开放“海禁”“盐禁”，发展对外贸易，让民生财，“合私成公”，搞活经济

清代实行的是“海禁”，不准与洋人贸易，这对发展经济极为不利。顾炎武在《钱粮论》中，痛陈了“海禁”政策的危害。他指出“海舶（注：洋船）既已撤矣，中国之银在民间者已日销月耗”，点明海禁政策不利于国计民生。顾炎武详细考察了明代中叶以来东南沿海对外贸易的情况，在《天下郡国利病书》中抄录了隆庆初年福建巡抚徐泽民“请开海禁，准贩东西二洋”的奏疏、万历六年（1578）兵部请福建漳、泉二州设市舶司的奏疏和崇祯十二年（1639）给事中傅元初《请开洋禁疏》等重要文献。这些奏疏都陈述了海禁政策对东南沿海民众的危害和开放海禁于国于民有利的道理。他认为，只有开放海禁，允许民间开展对外自由贸易，民生得惠，军饷得保，吏治得清，最终是经济兴旺，全国人民受益。

顾炎武还极力主张开放“盐禁”。许苏民教授在《顾炎武评传》中，根据顾炎

武的观点，归纳国家禁止买卖私盐有三弊：一是盐吏多则州县扰，盐官得利，民众遭难；二是禁令愈严而盐价愈涌；三是盗贼多而刑狱滋。顾炎武痛斥盐禁危害，主张自由贸易，不仅是食盐，而且包括粮食、棉麻、茶叶及其他生活必需品，都要不受地域限制，允许自由贸易，把全国的经济搞活。

顾炎武的这些开禁主张，是非常实在的。历史告诉我们，搞经济，常常是禁则死，放则活。可惜清代当政者当时鼠目寸光，看不到这一点，而顾炎武有“体国经野之心”“济世安民之识”，在300多年前就能够敏锐地看到，尽管其观点有某些局限，但已是难能可贵。

三、因地制宜，开展多种经营，适当地发展旅游经济，扩大就业门路

顾炎武对旧式的生产方式嗤之以鼻，他在《日知录·纺织之利》一文中写道：“今边郡之民，既不知耕，又不知织，虽有材力，而安于游惰。华阴王弘撰《著议》以为延安一府，布帛之价贵于西安数倍，既不获纺织之利，而又岁有买布之费，生计日蹙，国税日逋，非尽其民之惰，以无教之者耳。”针对这种状况，顾炎武提出了自己的主张。他说：“今当每州县发纺织之具一副，令有司依式造成，散给里下，募外郡能织者为师，即以民之勤惰工拙为有司之殿最。一二年间，民享其利，将自为之，而不烦程督矣。计延安一府四万五千余户，户不下三女子，固已十三万余人其为利益，岂不甚多？按《盐铁论》曰：边民无桑麻之利，仰中国丝絮而后衣之，夏不释复，冬不离窟，父子夫妇，内藏于砖室土圜之中。崔《政论》曰：仆前为五原太守，土俗不知缉绩，冬积草伏卧其中，若见吏，以草缠身，令人酸鼻。吾乃卖储峙得二十余万，诣雁门、广武迎织师，使巧手作机，乃纺以教民织。是则古人有行之者矣。《汉志》有云：冬民既入，妇人同巷相从夜绩，女工一月得四十五日。八月载绩，为公子裳，豳之旧俗也。率而行之，富强之效，惇庞之化，岂难致哉！”

顾炎武认为，全国各地都可以因地制宜发展经济。他说，山西北部的雁门关一带，也可参照这种办法，提高农民的收入。顾炎武到晋北以后，相邀二十多位朋友一起应募垦荒，甚至到南方请来制造水磨、水碾、水车的工匠，改善当地的生产条件，既解决了生计问题，又在资金上有了一定的积累和储备。

顾炎武在300多年前，对发展旅游业就极其推崇，这是常人难以想象的。他在《肇域志·浙江·二》中曾经写下过这样一段话："游观虽非朴俗，然西湖业以为游地，则细民所藉为利，日不止千金。有司时禁之，固以易俗，但渔者、舟者、戏者、市者、酤者，咸失业本业，反不便于此辈也。"

他已经注意到了南宋以来旅游业在西湖周边的兴起和发展，如果官方以"易俗"的理由来限制或禁止它，则会使许多人失去生活的来源，是不得人心的。倒不如顺应和鼓励自由经济的发展，将市场向人民开放，同时因势利导地加以管理，国家和百姓都可以因此获利，两全其美。时至今日，西湖这个世界上少有的"城中之湖"的旅游业带给杭州和浙江的经济效益都是世界上其他许多旅游、休闲城市望尘莫及的。

有人流、物流、资金流，就会产生新的社会分工和就业岗位。这样的超前意识，是许多古代思想家所不具备的，可以说是旷世之识，对现代经济发展仍然具有很强的指导意义。

四、尊重自然规律，保护生态环境，维护自然生态平衡

孟子《梁惠王章句上》云："不违农时，谷不可胜食也；数罟不入池，鱼鳖不可胜食也；斧斤以时入山林，材木不可胜用也。谷与鱼鳖不可胜食，材木不可胜用，是使民养生丧死无憾也。养生丧死无憾，王道之始也。"孟子规劝梁惠王，政府征用民力不能乱来，要考虑到时节，不能耽误百姓耕种。只有这样才能使百姓吃饱穿暖，为"王道"奠定物质基础。这是中国早期的思想家关于不违农时、适时耕作、涵养地力、保护环境的有关论述。

顾炎武是一位具有远大眼光的学者和思想家，他继承和发扬了先贤的进步思想。他绝不是那种只讲经济而不顾及生态环境的人，他对于中国社会经济史的考察，对于历史地理的研究，以及长期奔走南北的实地调查，使他能够正视中国大地上生态环境已经遭到破坏的严峻现实，从而深刻总结历史的经验教训，并由此得出了经济的发展必须以尊重自然规律、维护自然生态平衡为前提的提示，要求后人警醒关注。任何人都不能以牺牲自然环境为代价来发展经济，要为后代着想，不能贻害子孙。

他在《日知录·河渠》中，以黄河为例，由于生态环境的破坏，造成“横决为害”，他沉痛地说：“以此观之，非河犯人，人自犯之。”生态环境的横遭破坏，反过来就必然要害及人类自己，这是非常忠恳的警告。他忠告人们，在发展经济的时候不可急功近利。他引证孔子关于“无欲速”“无见小利”的教诲来告诫人们，要有长远的眼光，不可“一以急迫之心为之”“不可因一时之小利而忘万年之大计”，不可干“杀鸡取卵”和“竭泽而渔”的蠢事。顾炎武的这一观点，对于我们今天正确处理发展经济与保护自然生态环境的关系、探索可持续发展的途径、实现经济发展和环境保护互促共赢仍然具有重要的现实意义。

顾炎武的富民主张，寓遵循自然规律于其论述之中。他在去世的前一年，居留在陕西关中。当地人把关中西部叫“西府”，自然环境和生产条件都远不能和“东府”（西安以东直到函谷关）相比，每年春荒时节，总会出现囤聚居奇的无良商人高价售粮的情况，闹得人心惶惶，以致出现民不聊生、饿殍遍地，甚至是出卖妻子儿女的惨景。当时已在山西曲沃的顾炎武大病初愈，想到此，他立刻写信给被称为“天下第一廉吏”的直隶巡抚于成龙，提出一条“可以活千百万人之命”的建议，请将“秦民之夏麦秋米及豆草一切征其本色，贮之官仓，至来年青黄不接之时而卖之，则司农之金固在也，而民间省倍蓰之出。且一岁计之不足，十岁计之有余，始行之于秦中，继可推之天下”。

这件事，带有普遍性，但相比之下，“秦人尤急”。因此，等不得了，必须立即实施。顾炎武谦虚地说，这其实并不是我的主意，“正统中，尝遣右通政李畛等官粜米得银若干万，则昔人有行之者矣！”两百多年前就有人这样做过了，实践证明是行之有效的。

五、顾炎武十分赞成孟子提出的“取民有制”的观点，并加以实证与发展

他认为，国家向老百姓征税要有定制，不能够不间断地一味加税，增加老百姓的负担，以保证百姓的基本生存和国家财政收入，两者必须保持均衡。他对孟子所说的“什一而税”的所谓“理想税率”提出质疑。他认为，凡事要因地制宜，税率过高，势必损害老百姓的利益，而税率过低，则无法维系一个国家的必要开支。在生产力特别落后、生产条件十分恶劣的地方采取“二十取一”的税率，而在江南一带就必须高于“什一而税”的税率，税率最重的时候，正如顾炎武在《日知录·苏松二府田赋之重》中指出：“丘濬《大学衍义补》曰：韩愈谓赋出天下，而江南居十九。以今观之，浙东西又居江南十九，而苏、松、常、嘉、湖五府又居两浙十九也。”“苏州一府七县，其垦田九万六千五百六顷，居天下八百四十九万六千余顷田数之中，而出二百八十万九千石税粮于天下二千九百四十余万石岁额之内，其科征之重，民力之竭，可知也已。”顾炎武为民请命、为家乡父老“鼓与呼”的精神，感动着一代又一代的家乡人，在他身后，又有许多著名学者和当地耆老呼吁减轻百姓的负担。康熙后期“盛世滋丁，永不加赋”的承诺就是在这种情况下提出的。

六、寓封建之义于郡县中，重视发挥地方官吏的作用

“治国就是治吏。”顾炎武认为，中国社会进入“封建之失，其专在下；郡县之失，其专在上”的历史悖论。而他看到的明末清初“方今郡县已极”，已到了“人人疑之，事事而制之，科条文簿日多于一日”的地步。因此，他认定这是“中国之所以日弱而益趋于乱也”的根源之一。于是他极力主张，改“独治”为“分治”，“以公心得天下之人”，也就是说，必须“寓封建之意于郡国之中”。这样才能“厚民生、强国势”“而天下治矣”。

顾炎武在对封建制、郡县制的得失作了透彻分析后，将发挥各级地方官吏的

作用放在了“分治”的突出位置上加以论述，并对“荐官”“选官”“励官”“督官”等一系列问题，提出了自己的主张。

“荐官”的首要任务是要发现好官。顾炎武认为，“铨选”不失为一条途径。他主张，可以采用“取士”的办法：“取士之制，其荐之也，略用古人乡举里选之意;其试之也，略用唐人身言书判之法。县举贤能之士，间岁一人试于部。上者为郎，无定员，郎之高第得出而补令；次者为丞，于其近郡用之；又次者归其本县，署为簿尉之属。”至于“一把手”的选拔，顾炎武主张要坚持“当地不用当地官”的原则。这样做，可避免“裙带风”的出现。于是，后来这就有了“千里做官”的说法，山西的于成龙到广西做县官，陕西的寇慎到苏州去做巡抚，福建的林则徐派去当两江总督，等等。

“选官”的关键任务是要制定“好官的标准”，并让百姓了解掌握。顾炎武认为，可以采用实地考察的办法对官吏定期评估，要善于发现那些切实做到了“土地辟，田野治，树木蕃，沟洫修，城郭固，仓廪实，学校兴，盗贼屏，戎器完，而其大者则人民乐业”的各级官吏，大胆地让他们继续干下去，再干一届或者两届。苏州的况钟不就是这样的吗?

“励官”的根本作用是培育好的社会风气。对好官，在给予精神激励的同时，又如何让他们得到实际利益呢?顾炎武尤其重视对县令的激励，他说：“（县令）必用千里以内习其风土之人。其初曰试令，三年，称职，为真；又三年，称职，封父母；又三年，称职，玺书劳问；又三年，称职，进阶益禄，任之终身。”在他看来，如果将官员比作“土岸”，那么民就是“水泽”，而县令就处于岸与泽“密近相临”的位置上。其位虽仅居七品卑秩，却关系民生疾苦、政权安危，是国家的“吏治之基”（中国历史上一直强调“政权不下县”）。国家对其“寄以地方、寄以百姓、寄以城池府库、寄以钱粮征收，责任尤重”。明中期时昆山就有一位叫芮翀的知县，因为当得好，深受百姓拥戴，一直干了十八年。清康熙初年又有一位只做了半年知县就劳累致死的郭文雄，由于政绩突出，百姓拥戴，其下葬时百姓倾城而出，哭声震地。百姓为他在马鞍山下建起了一座牌坊，永世纪念。

“督官”的本质要求是要让官员倡廉知耻。顾炎武认为，礼义廉耻是治国的大纲，关系到国家的生死存亡。他对“行己有耻”的廉耻观有独到的解释，认为做人首先要知廉耻，“耻”就是不以自己破衣粗饭为“耻”，而是以别人不能受己恩惠为“耻”。顾炎武把“德”的核心看作耻，“知耻”，是立人起码的“根基”。作为国家大臣，当以身许国才能为天下百姓谋利益，如果不知廉俭羞耻而为所欲为、无所不为、无所不取，怎能不导致国家大乱呢？顾炎武对于那些损公肥私和损人利己之人，都是严词谴责的。他还对选官制度提出了革新的想法，主张采取“辟举”之法，注重在实践中使用和选用官吏，特别强调选用人才不应该只针对不懂时政只会读书的人。这样的用人导向，对世官起到一定的监督作用。

顾炎武一系列的富民主张一经推出，就得到他众多朋友的激赏，也得到有关朝臣的认同。他的外甥徐乾学曾把他的《钱粮论》一文推荐给了康熙皇帝，得到了皇帝的关注和赞许，有的甚至被采纳。这对清初的国家、社会治理和经济发展，起到了一定的促进作用。《三国志·魏书·赵俨传》中曾讲过一句话：“善为国者，藏之于民。”这是说善于治理国家的人，总是把财物储藏在人民手里。欲强国者先富民，把财富藏于民间，就会实现“民富国强”。顾炎武当年提出的一系列富民主张，即使是沧海一粟，但也依旧光彩照人，有着其永恒的价值，它使“异日天下生民之福，其必由之”的17世纪中国的著名预言得到了有力的验证。

浅谈北游25年对顾炎武富民观思想的形成和影响

山西省曲沃县文联原主席、曲沃县顾炎武研究会会长　崔晋国

顾炎武，江苏昆山人，生于1613年，卒于1682年，他一生学术著作颇丰，是我国明末清初著名的思想家和爱国主义学者。

顾炎武青少年时期主要是学习，他博览群书、广交朋友，学习百科全书的知识，尤其喜欢阅读各地的志书。

中青年时期清兵入侵江南后，他在家乡昆山从事反清复明活动。反清复明活

动失败以后，他开始探索救国救民可以行之有效的方法，并身体力行。他的“富民观”思想一直被后世所推崇，对我们今天的治国理政和经济建设也有很重要的现实意义。

一、顾炎武富民观思想形成的背景

为了躲避清政府和仇人对他的迫害，顾炎武在45岁以后开始游历北方。他从江苏一路向北，在过苏北的时候遇到了接连数十天的阴雨，导致道路泥泞，他不得不在苏北驻足停留。因此，他看到了苏北人民的贫困，更激起了他探索救国、救民富民的想法。

经徐州进入山东地界后，他有较长时间的停留。在山东，他的足迹几乎遍布鲁南、鲁中、鲁东、鲁北。

山东的经济虽然不如江南，但远胜于河北、河南。山东交通便利，京杭大运河纵贯南北，东临大海。多次农民起义也导致流民较多，穷人较多，劳动力充沛，从事农业生产的条件很好。

清初清兵多次入侵山东、河北等地，烧杀抢掠，掳走了大量民众和数量众多的牲口、猪羊家禽，毁坏了房屋，当地民众生活贫困，大量田地荒芜。因为粮食供应紧张，顾炎武产生了自己种粮的想法，为此他在山东章丘购入了大量田地，雇人参与粮食生产。在耕种期间，他多次在田地里从事农业劳作。

在山东从事农业生产和经商期间，他积累了较多资金，史书记载获得千金，这为他以后的研究提供了物质和经济方面的有力保障。

顾炎武在山东期间，还因文字狱受到了迫害而入狱一次。离开山东后，他在北京有过一段时间的停留。在此期间，他了解到各地的商业和手工业发展情况，看到了民间的创造力。他通过走访各地，了解到许多地方的民众通过辛勤劳动和经商手工业等模式促进了当地经济的发展，这使他从此坚信群众也就是人民是财富创造的主体，政府应该鼓励和支持民间经济的发展，让人民有更多的财富和自由。

离开北京后，顾炎武游历了山西。他从山西的北部进入山西，一路向南，经过晋北、晋中到晋南。山西当时可以说是全国经济的一个缩影，晋北经济比较差，晋中经济稍好，晋南经济富裕。

顾炎武在雁北（晋北）也从事过粮食种植。他在晋南临汾盆地的南端曲沃停留时间最久，他前后七次到曲沃，每次停留三个月左右，最长一次达半年之久。在这一时期，他与当地的士绅学者韩宣、卫蒿以及山西志同道合的朋友、著名医学家、书法家也是爱国主义学者傅山，还有黄河对岸的教育家李二曲经常探讨救国救民的思想，也就是富民思想，初步形成了藏富于民、以民为本的富民观思想。

二、顾炎武富民观思想的主要内容

顾炎武富民观思想主要体现在藏富于民、均富之道和富民强国这三个方面。他认为，国家的真正财富不在于国库的充实，而在于人民的富裕，因此主张藏富于民，让百姓拥有更多的钱粮，让百姓拥有更多的时间从事生产、经商。他还认为社会贫富不均，主要是因为社会动荡和地方官吏腐败造成的。

顾炎武主张的均富之道也就是富民之道，主要是通过调节财富的分配来缩小百姓和官员、富商之间的贫富差距，实现社会的公平和稳定。

顾炎武提出了富民强国的思想，认为只有让人民富裕起来，才能实现国家的强盛，也就是“小河有水大河满”，而不是“大河有水小河满”，这种新的逻辑观念是对传统逻辑观念的否定。

三、顾炎武游历山西对富民观思想形成的影响

明朝时因为战乱，广大华北地区包括中原地区和江南地区民不聊生、人口锐减。山西因其表里山河的地理优势，受战争影响较小，属于当时人口较多的地区，生产力充沛，土地承载能力较大。而且山西处于北温带，气候适宜，四季分明，物产丰富。由此山西在明朝中期包括清朝初期，都是我国的富裕省份。

当地群众农业生产技术先进，随着洪洞大槐树的移民活动，把先进的农业技术带到了全国各地。

位于晋南的曲沃在明朝万历年间引进了烟叶，烟叶生产迅速发展，生产的烟叶经由晋中、晋北远销到了俄罗斯，从西边经西安、兰州进入新疆后也销售到了中亚地区，商业活动十分繁荣。

通过在山西的游历，顾炎武深入了解了山西各地的风土人情和经济状况，看到了百姓生产的艰辛，深刻认识到了富民的重要性，这与他之前所经过的苏北、山东、河北、河南以及北京所了解到的人民群众困苦情况形成了强烈对比，使他更加坚定了藏富于民、发展生产的想法，对日后形成一套完整的富民观思想起到了重要作用。

顾炎武寓居曲沃东韩村韩宣宜园后，生活舒适，心情愉悦，他在此完成了鸿篇巨著《日志录》。顾炎武还经常和傅山先生以及宜园主人韩宣一起研究、商讨经商之道。他为了收回在山东的田产收入，想出了票号的雏形，经过与几位同仁的交流，想法得到了进一步完善，这为山西晋商票号最后的诞生提供了蓝本。

山西金融在中国盛行了数百年，山西太谷也有“中国华尔街”之称。票号的出现有力促进了全国金融业的发展，也间接促进了全国经济的发展，在富民方面起到了重要作用。

四、顾炎武富民观思想对后世的影响

随着时间的推移，顾炎武富民观思想在全国产生了一定的影响，一些官员在各自分管的地方践行这种思想，从而影响了清政府。这一时期，清政府也开始缓解社会矛盾、解决土地矛盾，政府出资购买乡绅闲置的大宗土地，分给没有土地的农民，同时鼓励没有土地的农民到边疆去开荒，甚至把他们所谓的龙兴之地东北也开放给没有土地的农民去耕种，这就是著名的“闯关东”，大批山东人在这一时期进入东北地区，开发东北。经过一段时间，边疆和内地的经济活动全面启动。

清政府鼓励更多的移民到人口少的省份，如出现了湖广填四川、江西填湖广，让没有土地的农民尽可能都拥有耕地。同时，全国分成了十个大的经济区，鼓励经商，这样解决了全国大量无业游民的就业问题，清朝入关时人口不到8000万，到太平天国期间人口已经达到4亿。从这个角度讲，富民观对清朝政府产生了重大影响。

此后顾炎武的富民观思想也一直在学界、民间有着重大影响，也值得我们学习和借鉴。

试论顾炎武的金石书法学成就

苏州城市学院特聘研究员，昆山市顾炎武研究会副会长　**马一平**

顾炎武，字宁人，号亭林，学识广博，尤注重“经世致用”，对国家典制、郡邑掌故、天文地理、河漕兵农、经史百家、音韵训诂和金石考古之学均有深湛的研究，并在经学、史学、地理学、音韵学、金石学、文学等众多学术领域取得了极高的成就。治学侧重考证，辨察源流，审核名实，力戒空谈，被誉为清代朴学（又称汉学，即考据学）的开山祖，开三百年学术风气，对后世具有深远的影响。亭林先生著作闳富，有《日知录》《天下郡国利病书 》《肇域志》《音学五书》《亭林诗文集》等50多种，其中《日知录》和《天下郡国利病书》是我国历史上流传极广、影响极大的名著。清末梁启超从他名著中提炼出的名言“天下兴亡，匹夫有责”，不知激励了多少中华民族的志士仁人拍案而起，为祖国而献身。

2023年是亭林先生诞辰410周年，为在更多学术方面研究这位鸿儒，笔者不揣浅薄，试从金石书法学角度敬撰斯文，以纪念这位伟大的乡贤。

一、顾炎武的金石书法学著作

（一）金石学著作

1.《金石文字记》

《金石文字记》是亭林先生最重要的金石学著作，全书共六卷，前五卷收录自商朝至五代的金石碑刻338种，以朝代先后为序，每种下缀以考证性跋文；第六卷识余、补遗，识余部分收录唐、宋、元题名碑刻19种，另收录诸碑别体字；补遗系亭林门生潘耒所辑录其师编外碑刻24种。该书乃亭林先生20年间周游天下，实地考察所得，并且是不见于宋人金石书者才予以收录。其在每种金石碑刻名目下皆注明撰、书写人、字体、年代与所在地，部分注其原石残泐状况，如未见原石而据拓本研究，必加以注明。于每一石刻所立缘由，必广搜博辑以叙之，非仅叙其存目而已。该书证据今古，辨正伪误，考索之精，甄采之富，自清以来一向被学坛奉为圭臬。

2.《求古录》

《求古录》是亭林先生一部辑录石刻文献并题跋考证的专著，全书一卷，不足3万字。自汉《曹全碑》至明《霍山碑》，共55篇，亦亭林先生20年间周游天下，实地考察所得。每篇均录全文，并记其藏地、现存状况，考证立碑缘由，注释篆隶古字。该书着意于阐幽表微，备史乘之遗，凡见于方志者不录，有拓本者不录，近代文集收入者不录。入录者都是重要而稀见的宝贵文献，赖入书而传世。

3.《石经考》

《石经考》是亭林先生一部专门研究历代石经的专著，全书一卷，共16篇。亭林先生从历代史书和前人的各种学术著作中搜集了大量有关石经的资料，博列众说，相互参校，辨证伪误，对汉、魏、晋、唐、蜀、宋六种石经的作者、刊刻、存亡源流和后人研究、争议情况作了全面介绍。亭林先生在《金石文字记》中对汉唐石经已有详考，但没能阐及历代，故著此书作专门考论。

4. 其他著作中的金石学论述

除了上述三部金石学专著外，亭林先生在其名著《日知录》及《山东考古录》中也有论述金石学的条目，兹简述于下。

（1）《日知录》中有关金石学论述

① 卷八《掾属》条，亭林先生通过对多种汉碑进行考证，得知汉代官署掾属均任用本郡人。② 卷二十二《生碑》条，记述从汉代起立生碑的历史沿革。③ 卷三十一《泰山立石》条，用《史记》的记述考证泰山无字碑为汉武帝所立，纠正了世传秦始皇所立的说法。

（2）《山东考古录》中有关金石学论述

《山东考古录》是亭林先生一部记述山东地理掌故的著作，在其47篇文章中，有6篇为金石学内容。《录白龙池题名》《录元圣旨》《录宋牒》《辨景相公墓》等文都是将一些石刻碑刻上的文字实录，有的间有议论。《录唐敕》除实录碑刻外，还记录了武则天所造之字；《辨无字碑为汉立》与《日知录》卷三十一《泰山立石》条相同。

5. 散佚的金石学著作

已经散佚但能确认为亭林先生著作的有20余种，其中《考订西安府儒学碑目》为金石学著作。

（二）著作中的书法学论述

1.《日知录》中有关书法文字学论述

（1）卷二十一《书法诗格》条，亭林将书法与诗的格律合在一起议论，说汉魏时金石之文以“八分”（篆八隶二体）为上品，楷书不为人所重，而今人学书法从楷书入手以至“八分”，犹如由七律入手以学古体诗，真是走错路了。

（2）卷二十一《字》条，亭林引经据典说明我国春秋以前言文不言字，字之名自秦代开始，叙述了文字名称的变迁。

（3）卷二十一《古文》条，论述古时同一文字书写不一。

（4）卷二十一《说文》条，亭林指出了古文字经典著作许慎的《说文》中数处可商榷之处。

（5）卷二十一《说文长笺》条，指正了明万历赵宧光所著的《说文长笺》中10余条谬误。

（6）卷二十一《五经古文》条，根据史书典籍记载，阐述由于战乱五经古体文字，除《尚书》仍传世外，其余久已亡佚。

（7）卷二十一《急就篇》条，讲述汉、魏以后，童子皆读《急就篇》，书法家亦多写《急就篇》，自唐人以后，其学渐微。

（8）卷二十一《千字文》条，叙述史书记载《千字文》有二种版本，又记载有选用王羲之书法的，又有选用钟繇书法的，各种史书记述不一。

（9）卷二十一《草书》条，讲述草书演变过程和形成的原因，还记载了古代重要文献不用草书的几则逸事。

2.《日知录之馀》中有关书法学论述

（1）卷一《书法》篇，摘录了西晋书法家卫恒《四体书势》中的大部分内容，叙述了汉字的起源、构成、字形演变，古文、篆书、隶书、草书四种书体各自起源发展、代表书法家评论与书法名作分析，总结出字体在古文、篆书、隶书、楷书、行书、草书的发展过程中，汉字字形由繁到简、由难到易不断简化的规律，以及这种变化发展的社会原因。还对篆、隶、行、草等各体书法家的书法艺术作了比较，真正把书法提高到艺术上来。亭林先生认识到《四体书势》是我国存世最早的重要书法理论著作，是书学史上并不多见的一部专门论述、品析各种书体的著作，对西晋以前的书法史进行了全面总结，故予以几乎全文录入《日知录》。

（2）卷一《隶书》篇，亭林先生从汉至元的史书、文人著作、金石文字书法著作等文献中摘录汇集了有关隶书的论述，裒为一编。涉及隶书源流、古今隶书所指书体异同、秦隶、八分与汉隶之别和隶法要略。

二、顾炎武对金石书法学的贡献

（一）对金石学的贡献

1.开创了清代金石学研究盛况

奠基于宋代的金石之学，经历了元明两朝的衰竭，到了清代，蔚然复兴，彬彬大盛，成为专门之学。创首功者亭林先生也，其名著《金石文字记》和《石经考》影响巨大，其后的金石学研究多受到他的沾溉而蔚为大观。继起专门研究石经较有影响的著作有万斯同的《石经考》和杭世骏的《石经考异》，厥后，清代一共产生了30多部石经学著作。而有成就的吉金学著作也不胜枚举。与此同时带动了一大批学者从事金石文字学研究，故亭林先生是清代金石学名副其实的开山祖师。清代金石学之大兴，对文字源流的研究、书法的渗透、碑学的勃兴、篆刻学的发展和书法艺术的鉴赏等，都起到了很大的促进作用。

2. 保存了大量珍贵金石文献

亭林“自少时即好访求古人金石之文。比二十年间，周游天下，所至名山巨镇、祠庙伽蓝之迹，无不寻求。登危峰、探窈壑、扪落石、履荒榛、伐颓垣、畚朽壤，其可读者，必手自抄录”（《金石文字记序》）。由于他20多年的勤奋搜录，不见于宋人金石书籍的珍贵而稀见的300多种金石碑刻文献，得以传世。虽其收录数量少于宋代著名金石学著作《集古录》（欧阳修编著）和《金石录》（赵明诚编著），但考论详核，辨正讹误，不啻过之。

3. 提高了石刻研究水平

顾氏搜罗石刻文字，旨在用以辅证经史，“阐幽表微，补阙正误”（《金石文字记序》）。他善于利用经学、史学、文字学、音韵学、地理学等多种学科知识对石刻进行考证，或征用经史资料，对石刻内容进行解读；或撷取石刻文字，对经、史、音韵学传世文献内容进行校正补缺。他运用“书石互证” 研究方法将石刻研究水平推上了一个新台阶，对后世影响深远。

（二）对书法学的贡献

亭林的嗣祖顾绍芾是位有名的书法家，其书艺曾受到著名书画家董其昌的盛赞。故亭林家学渊源，自幼就在其嗣祖的督促下，刻苦地临帖习字，以王献之外拓笔法为基础，吸取宋人风骨、元人妩媚，尤得力于黄山谷翰墨之神韵，打下了坚实的书法根基。又嗜好金石文字，故其书作充满金石气。亭林翰墨结体严谨高古，用笔遒劲雄浑，字形方正端庄，铁骨铮铮，整体浑厚凝重中又透露出飘逸典雅之美，姿态渊懿，气度非凡，一如其人，实为“唯有人品高，方能书品高”之典型代表，因而一般书法家难望其项背，再一次印证了充满书卷气之学者书法的高迈。包世慎在《艺舟双辑》中将亭林书法评为“逸品”，确是十分精辟之论。

三、顾炎武在金石书法学上的地位

（一）金石学上的地位

由于顾炎武开清代金石学之先河，为其发展做出了巨大贡献，对后世影响深远，是清代金石学当之无愧的先导大师。近代国学泰斗梁启超先生在名著《中国近三百年学术史》中指出："清代金石学大昌，亦亭林为嚆矢。"又在《清代学术概论》中提纲挈领地说："金石之学在清代又彪然成一科学也。自顾炎武著《金石文字记》，实为斯学滥觞。"这是对亭林先生在金石学上地位的恰如其分的评介。

（二）书法学上的地位

亭林先生的才华是多方面的，他虽毕生忙于研究国计民生的重大课题，无暇专门研究书学，但因为精心研究金石学，对他的书法理论与实践还是产生了巨大影响，成为一位颇有成就的书法家。然而一直以来因文名太大，书名被掩，素为人忽视。其实，亭林先生的翰墨书艺亦堪称佳绝，《中国文艺辞典》（孙俍工编，民智书店1931年版）"清代书法"条目中，就对他极为推崇，指出"清代书法底最著名的作家从顾炎武始"。

朱柏庐《〈顾亭林先生集〉序》的历史价值和现实意义

昆山市顾炎武研究会副会长 **张银龙**

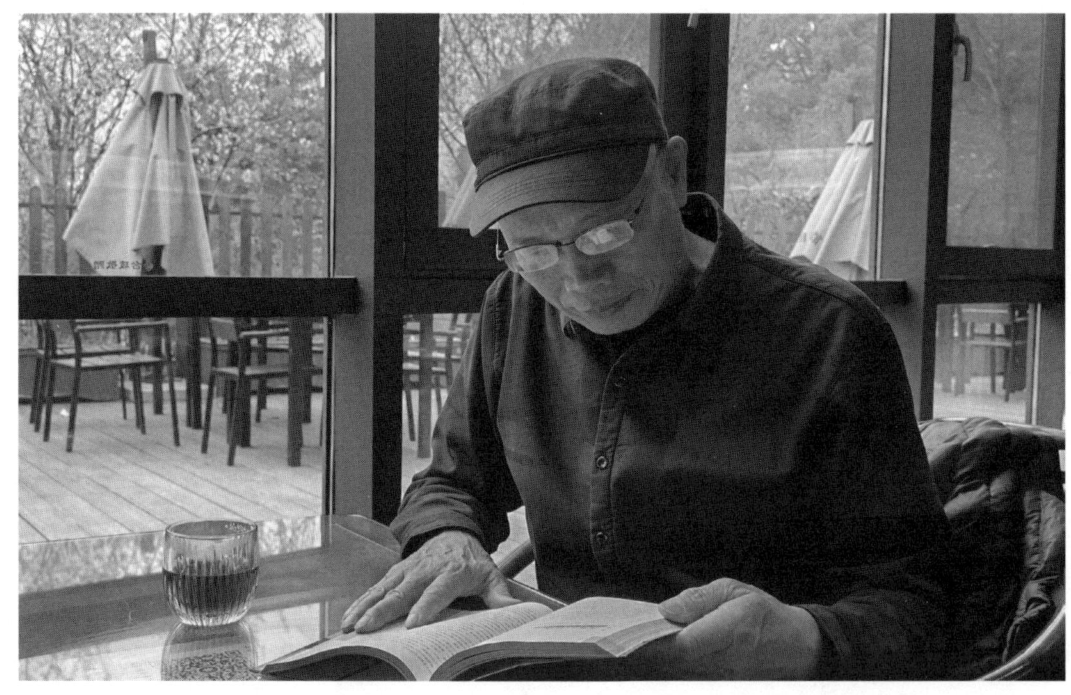

《〈顾亭林先生集〉序》一文，见之于《朱柏庐全集·愧讷集·卷三·序》，为亭林先生同时代昆山人朱柏庐先生所写。文中交代，作者受亭林先生之堂弟顾岩、侄子顾洪慎的托请而撰写该序。尽管是应景之作，却有着特殊的历史价值。第一，为顾炎武“盖棺定论”。该文写于顾炎武去世两年后，是至今发现最早的有关顾炎武思想的全面评价。第二，确立了顾炎武思想的历史地位。朱柏庐先生写作该序时已近花甲之年，无论是人品还是文品，在学界具有一定的知名度和美誉度。请这样一位作者为《顾炎武先生集》作序，把后世评价顾炎武提高到了一定的历史高度。

一、为亭林作序的不二人选

亭林先生亲属在确定为《顾炎武先生集》写序的人选时，无疑是经过深思熟虑的。除了考虑到朱柏庐先生的名誉地位，还考虑到了顾、朱两家的世谊，并且顾洪慎还是朱柏庐的学生。而柏庐先生写得如此到位，一方面是受人重托，给予了高度的重视；另一方面，在于他与亭林先生之间有着极高的契合度——

第一，顾、朱两家都是昆山的望族。第二，两个家庭均遭受了大起大落的变化，两位至亲长辈殉国而死，其壮烈程度可谓刻骨铭心。第三，顾炎武与朱柏庐的个人命运都跌宕起伏，从熟读“四书”“五经”走科举之路，转而关注生活现实，担当中华传统文化的宣传传播的责任。第四，也是最为关键的一点，在民族存亡的重要时刻保持应有的气节。两人都被推举应试博学鸿儒科，两人都坚辞不赴，保持了自古以来华夏士人应有的气节。第五，尽管朱柏庐比亭林先生小14岁，但两人所思所想所恨所爱，感同身受，可以说是“神交”。

二、《顾亭林先生集》的两个疑点

亭林先生客死山西曲沃，属于突发事件，当时身边只有16岁的嗣子顾衍生一个亲人。曲沃与昆山和亭林先生外甥寓居的北京都是远隔千山万水，所以，等到家乡和外地的亲人赶过去扶柩南归，最后安葬于千灯祖茔之侧，已经数月。作为顾氏一属，出了这样一位大家，理应得到充分的重视。但是，在审阅有关资料时，我们还遇到两个疑点。

疑点之一：《顾亭林先生集》究竟有没有出版？根据现有史料，当年的这本集子并没有出版；其中的原因折射当年的社会现状。清朝政府对臣服的采取招抚办法；对不服统治的则采取了严厉的镇压手段，大兴文字狱。顾炎武历来站在坚定的反清立场；而外甥一门三甲，跻身显赫贵族阶层。伴君如伴虎，达摩克利斯之剑随时都可能从天而降。在这样的时局下，《顾亭林先生集》最终胎死腹中，情有可原。

疑点之二：顾炎武一生著作1300多万字，朱柏庐读到了多少？可以肯定一点，朱柏庐当时看到的顾炎武著作远没有我们今天这么多，但朱柏庐读到了其中的重要作品并把握住了顾炎武思想的精髓。

三、如何解读序文

柏庐先生为我们奉献了一篇重要的作品。他本着对顾炎武思想的深刻理解，无论在逻辑脉络、章法布局、遣词达意、引经据典诸方面都有自己的独特一面，在此，不妨作一次有意义的解读——

文章一开始先宕开一笔，从“五行”入文，进而“五岳”，再扩大为“五教”，既显示了儒学的博大精深，又切合了亭林先生作为一代大儒的特殊身份，进而对亭林先生的著作进行了评述。

顾炎武一生为学“好古敏求”，于《周易》最为用力。他9岁起读《周易》，并非一读了之，而是熟读、熟记——我们可以从顾炎武日后的著作中得到这样的认识。

顾炎武12岁时开始科举学习，家学帮他选定了学宗《六经》的读书思路，让他终身受用。此外，顾炎武还阅读了《左传》《国语》《战国策》《史记》《资治通鉴》等史籍，也读过《孙子》《吴子》等兵书。阅读经典，这为他打下了扎实的根底。厚积薄发，他撰写的著作分量特别厚重。

亭林先生不但读书万卷，而且能够深刻领会并应用自如。从而体现亭林先生所特有的现实意义：“秦汉以来，如先生之文者有矣，未有能如先生之学者也。”

接着，作者并不就此收笔，而是继续追究亭林先生文章的深刻意义。明清之际，出现了新的学术思潮，主张学问有益于国家。顾炎武用自己的实际行动诠释什么才是真正的经世致用，那就是：关注社会现实，面对社会矛盾，并用所学解决社会问题，以求达到国治民安的实效。这一思想体现了顾炎武讲求功利、求实、务实的思想特点以及“以天下为己任”的情怀。

“读万卷书，行万里路”，北游的顾炎武，更是开启了一条行路如何与读书结盟的做学问新模式。亭林先生45岁以后25年北游，“以其岁月驰驱齐、鲁、燕、赵、秦、晋之邦”，颠沛流离，风餐露宿，“江山云物，陶冶胸襟”。在旅途中通过实际见闻验证自己的学问、与同道中人切磋琢磨。他遍历华北各地，结交豪杰义士，观察山川形势，了解民生疾苦。一方面继续著书立说，完成了人生中最具代表性的几部著作；另一方面也结交天下名师，不断地访问遗老、搜寻古碑，印证自己的学问。读书、上路、求学、交友，在这个过程中也传播自己的知识、学问与人品。这二十多年间完成了其最具代表性的学术著作，访名山大川、名人名书，并圆满了自身的学术系统。

艰难困苦，玉汝于成。顾炎武的经历，朱柏庐太理解了。为了增加说服力，作者列举柳宗元、司马迁的文章成就作类比，进一步肯定亭林先生文章的“纵横出没，万变无穷”，值得后人关注、学习。在充分肯定的前提下，作者期望大家努力学习亭林先生的著作，并把他灵活运用于国计民生，运用于个人的宏大志向，运用于社会治理。

朱柏庐一生主要从事塾师职业，受中国传统教育影响根深蒂固，所以在本序的语言风格上也体现了其这方面的特长。例如，第一段后半部分“或得其‘温柔敦厚’，或得其‘疏通知远’，或得其‘洁净精微’，或得其‘恭俭庄敬’，或得其‘属辞比事’”一句。类似的语言还有“其砥砺末俗之浇讹，则得之《诗》者多……”一组，排叠的形式后面，更有“四六文”的痕迹，读来朗朗上口，把“圣人之道大而博”的道理表达得淋漓尽致。

排叠、互文的娴熟运用，使得语言摇曳生姿，给翻译增加了难度。唯有反复品读，深刻理解问题的实质，才能在翻译时把握文意，取其精华，把握作者意图，尽可能“真、达、雅”彰显文章的主题。

四、序文的现实意义

朱柏庐撰写本序的时间是在顾炎武去世两年以后，可见是经过了一番考量。即使经过反复考量，最后出版计划还是半途而废，说明当年对顾炎武思想的争议之大。

如今，“天下兴亡，匹夫有责”成为举国公认的民族精神的最佳诠释，顾炎武思想成为中华优秀传统文化的杰出代表。围绕顾炎武，打造“昆山三贤”文化。今年以来，借助党的二十大的强劲东风，昆山全市上下汇聚起打造中国式现代化的县域示范的强大力量。昆山人围绕大局，顺势而为，勇于担当，努力作为；努力提升“昆山三贤”文化，让中华名贤“走进”千家万户。

这样一篇具有特殊意义的“序”，此前的介绍甚少。与轰轰烈烈的顾炎武思想研究和“昆山三贤”文化打造，显得很不对称。

联想起堪称中国古代历史语音学的“扛鼎之作”——《音学五书》。这部书的撰修，顾炎武经历了长时间的反复雕琢，倾注了毕生的心血和学力。为了完成这部著作，他广搜材料、考求古音。行走成为顾炎武生命价值的体现方式，没有诗意的浪漫，只有感时忧世的情怀和民族复兴的使命感随之前行。如果说他留给后人最宝贵的精神财富是他高度的社会责任意识的话，那这种行走实践，则是其宝贵精神财富的灵魂。

中华优秀传统文化之所以赓续数千年而越发璀璨，就在于不断研究、充实、传承，使其不断地弘扬发展。尤其在今天，加强顾炎武思想和“昆山三贤”的宣传普及，意义非同寻常。

顾炎武廉政思想刍议

中共昆山市委党校讲师，昆山市顾炎武研究会副会长　**张晓彤**

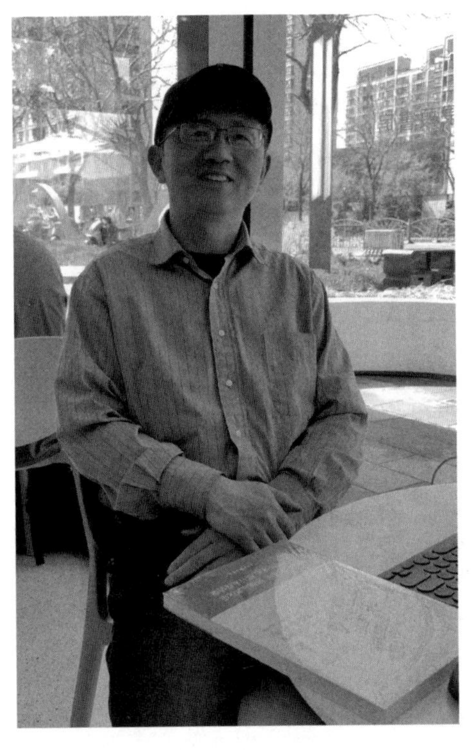

顾炎武的廉政思想主要涵盖在《日知录》卷七至卷十九，其核心观点是《与公肃甥书》说：“诚欲正朝廷以正百官，当以激浊扬清为第一义，而其本在于养廉。”他孜孜以求地探寻廉政建设规律，是为了实现“意在拨乱涤污，法古用夏，启多闻于来学，待一治于后王”人生志向。顾炎武尽管没有从政经历，但不能认为他对治国理政的认识是肤浅的。他广交益友，不少是前朝当朝官员，他的三个外甥均是清朝的达官显贵，通过与这些官场中人的频繁交往，游学四方的耳闻目睹，以及熟稔经史典故、舆情实务的学术功底，顾炎武对一个政权为什么会发生兴衰治乱，如何培养崇廉拒腐良好品格，怎样涵养风清气正的社会风气等政治问题作了深邃思考，为后世开出怎样实现政治清明、政府清廉、官员清正的治国良方。

一、君臣来自百姓

创建一个清廉的政府关键在于培养从政者有坚定信仰信念；一个官员要始终保持廉洁从政的初心，首先要确立正确的世界观、人生观、价值观，弄清楚“从哪里来、到哪里去”的根本问题。顾炎武通过考察上古时代君臣产生的历史渊源，提出“为民而立之君，班爵之意，天子与公侯伯子男一也，而非绝世之贵”观点，这是对“三纲五常”等级制度观念的辩证否定；“是故知天子一位之义，则不敢肆于民上以自尊”，认为君主也是一个普通的职位，不是能够骑在人民头上为所欲为的“天之骄子”，要厘清君民官民之间的关系。认为建立一个清廉政府，统治者要确立“救人以事，此达而在上位者之责也”的权力观，为百姓分忧解难是自己应尽职责的坚定信仰，筑牢不想腐的心理堤坝。

二、廉耻关乎国运

评判一个时代是进步还是退步，不仅要看经济指标，也要看社会风气。道德礼仪的信奉和法律规范的遵守是要花气力抓好的事务。士大夫要以身作则，引导百姓形成正确的道德观，促进社会风气向上向善才是国运长久的基础。顾炎武目睹明末士大夫道德沦丧、寡廉鲜耻导致政权崩溃的惨痛教训，得出“四者之中，耻尤为要”。知耻是修身立德最重要的事。他赞扬北宋名臣欧阳修、范仲淹等知耻守节的高尚品格，鞭挞冯道这个历经五代四朝十位君主，靠变节投降来换取高官厚禄“长乐老”的可耻行径，强调“不廉则无所不取，不耻则无所不为”。他告诫读书人在日常生活中要慎言慎行，始终做到廉隅方正，守住不与流俗同化的底线；士大夫不应该为自己吃得不好，穿得普通而感到羞愧，应该为自己为官一任而没有给百姓带来“甘其食，美其服”恩泽而感到羞愧！只有做到君主讲仁义、重诚信，士大夫讲廉耻、敢担当，以此教化百姓，净化风气，才能夯实一个国家强盛不衰的基础。

三、取士先看品行

人才的选拔是关乎政权巩固的国之大事，历代统治者都重视改革人才选拔制度。顾炎武生于明末，曾经多次参加科举考试而失败，指出：“八股之害，等于焚书，而败坏人才有甚于咸阳之郊所坑者。”认为八股取士危害远远大于秦始皇焚书坑儒。他深刻揭露科举制度诱导读书人为追求高官厚禄而苦读，一旦中举为官往往形成大肆贪污受贿的补偿心理。顾炎武认为要选拔真正的人才，必须综合察举制和科举制的优点，实行以考察品行和民间声誉为主，同时考核个人处理实务能力为补充的选拔制度。强调只有罢黜不择手段搜刮百姓钱财的小人，选拔心忧天下、执政为民的君子，才能促使官场风气清正。只有制定德才兼备、以德为先选人标准，公开公正公平录用程序，才能真正做到聚天下英才而用之，为推行廉政善政夯实人才基础。

四、升迁要有规矩

官员职务的升迁制度关系到官场风气是否廉洁务实。顾炎武主张要“削考功之繁科，循久任之成效，必得其人，而与之以权，庶乎守令贤而民事理，此今日之急务也”。当务之急是简化官员烦琐的考核科目，突出考核利国利民长远的政绩，将重点放在“何谓称职？曰：土地辟，田野治，树木蕃，沟洫修，城郭固，仓廪实，学校兴，盗贼屏，戎器完，而其大者则人民乐业而已”，即放在经济稳定繁荣、百姓安居乐业的实绩上面。只有建立从治理有方、政绩突出、任期长久的一线官员升迁重用规矩，才能构建不能腐的制度基础。

五、为官崇尚俭约

成于俭，败于奢，一个政权的崩溃往往是从统治者追求奢靡生活开始，一个官员的贪腐也是从滑入过度享受起步。要保证政权稳定社会安宁，朝廷大臣必须率先垂范，崇尚俭约。蜀汉丞相诸葛亮向后主上疏说自己在成都有桑树八百株，田地十五顷，足够家人正常生活开销，自己平时带兵在外，所需生活用品都是官府提供，不再需要谋取钱财。希望自己死后，不要给家庭积攒多余财富而辜负陛下的期望。顾炎武认为任用俭约的重臣能够净化官场不良风气，告诫后世统治者要重视涵养官员节俭朴素的生活作风，这样才能达到“修之身，行之家，示之乡党而已，道岂远乎哉”善治境界。

六、用权必受监督

顾炎武列举贞观二十年（646），唐太宗派遣大理卿孙伏伽、黄门侍郎褚遂良等二十二人，以汉武帝制定的六条巡察要目来巡视四方，黜陟官吏，唐太宗根据巡察结果将二十名优秀牧守提拔奖励，判决七个犯严重罪行官员死刑，罢黜流放数百名不合格官员，以后多年坚持巡察，让权力在规则下运行，造就了路不拾遗、夜不闭户的贞观盛世。元代实行风宪之制，建立中央各部不法官员由监察御史弹劾，地方官员违法由邢台御史弹劾的分级监察制度，规定每年的八月到次年的四月，由朝廷统一任命官员进行巡察。明太祖明确监察人员只对官员贪腐枉法事项进行问责惩处，不得干涉地方具体事务。通过巡察，带来的是“郡县吏皆奉法，百姓滋殖，号为小康”的清明政治。顾炎武以翔实的史论阐释信任不能代替监督，用权必受巡察的治吏之道。

七、“清议”制约腐败

所谓“清议”就是民间对政府政策和官员声誉议论评判的舆论力量。顾炎武认为要确保权力不变质、不变味，除了要有严密的内部巡察之外，外部广泛的舆论监督也是不可或缺。他说“天下有道，则庶人不议”。只要政府有治理不到位的地方，就要允许百姓对国家大政方针提出批评意见。顾炎武赞赏汉代实行乡举里选的评议制度，一个人在被推举做官之前，必须充分征询民意，考察他的生平事迹，如果发现有道德上的污点，立刻遭到唾弃，不得为官。顾炎武深刻总结惨痛的历史教训，发出“天下风俗最坏之地，清议尚存，犹足以维持一二。至于清议亡，而干戈至矣”。警世恒言，告诫后世统治者民意不可废的治国之道。

八、奖廉涵养清正

顾炎武认为要让官员养成廉洁从政的行为习惯，除了要不断进行礼仪规范的道德教育，筑牢拒腐的防线，也要关注普通官员的收入能否正常养家糊口。他说：“今日贪取之风，所以胶固于人心而不可去者，以俸给之薄而无以赡其家也。”主张对那些笃志学问，品行端正的君子可以授予翰林、国子监的职位，而不必去专营官位；对一生勤勤恳恳为民谋利而一贫如洗的清廉官员在告老还乡时，朝廷要赐给他们五顷十顷的田产，国家免其租赋，让他们用这些收入来养老，规定这些田产可以传给子孙后代，让天下人都知道这是清廉为官得到的奖励。

九、除贪须用重典

如果一个官员既无视朝廷的教育提醒，也不怕社会舆论的道德谴责，在获得体面的收入后，仍然怙恶不悛、贪腐不止，对这种触犯法律丧失廉耻的官员应该怎么办呢？那只好用重典来惩治。顾炎武详细考察吏治史，得出凡是用重典惩治贪腐的时期，政治普遍较为清明，百姓安居乐业；对惩治贪腐失之于宽、失之于软，政治普遍黑暗，民不聊生。

顾炎武提出有效根治贪腐的三条举措。第一不徇私。君王带头贯彻“王子犯法与庶民同罪”的公正原则，不能护私偏袒。第二不赎罪。凡是犯了贪赃枉法罪，绝不赦免，绝对不能用功劳钱财来赎罪。顾炎武认为赎罪不仅纵恶，而且败俗。第三罪及子孙。为了打破贪腐官员“牺牲一人，幸福全家”的侥幸心理，必须增加贪腐者的违法成本。对于贪官污吏，不仅对本人处以重刑，抄没财产，还要罪及子孙。

十、家事岂能放任

教育子孙要勤俭持家、耕读传家，为乡里百姓树立良好的道德榜样。顾炎武认为，为官之人只有教育子女勤于耕织、尊老爱幼、遵纪守法、节俭谦逊，才能确保家族富贵平安。为官之人进德修业是一辈子的大事，为官一天就要把精力放在治国安民上。

顾炎武对廉政思想有自己的系统阐释，他认为，必须标本兼治、系统治理。这些经世致用的思想对于今天仍具有借鉴价值。

首届报国寺论坛

全国第二届日知青年论坛征文选刊

首届报国寺论坛 · 全国第二届日知青年论坛在京成功举办

《中国商报》记者　马文博

优秀论文一等奖获得者与颁奖嘉宾合影

2023 年是顾炎武诞辰 410 周年。7 月 18 日下午，首届报国寺论坛·第二届日知青年论坛在北京市西城区报国寺举办。论坛揭晓了“历史视野下的顾炎武富民观——全国大学生第二届日知青年论坛主题征文”评比结果，部分获奖者与有关学者在论坛上对顾炎武思想进行了深度研究探讨。

据了解，为深入挖掘顾炎武思想特别是富民利民思想的当代价值，教育引导广大青年更好地肩负历史使命、勇担时代责任，促进全国青年顾炎武思想研究者相互学习交流，苏州大学顾炎武研究中心、昆山市顾炎武研究会联合开展全国大学生第二届“日知青年论坛”征文，截至6月20日，共收到应征稿件39篇。

7月初，活动组委会评选出优秀论文22篇，其中一等奖3篇、二等奖5篇、三等奖14篇，另有入选论文8篇，最终30篇汇编成《全国大学生第二届“日知青年论坛”征文选刊》。

作为论坛主持人，清华大学历史系直博在读生贝承熙和北京大学中国语言文学系本科生李泽廷表示，“富民观”在顾炎武的思想中占有重要地位。

13位征文获奖者代表介绍了自己的文章以及对顾炎武思想的理解。其中，四川大学哲学系博士研究生殷亭亭认为，顾炎武的富民观以厚生为本，带有经世致用的时代特色与对社会现实进行深入考察的实践特点；北京大学中国语言文学系本科生李泽廷表示，“富民观”是顾炎武思想的重要组成部分，在作为一种社会治理理论的同时也具有深厚的政治哲学内涵，体现了“公”与“私”之间深刻的辩证法逻辑；苏州科技大学文学院学生殷欣妍认为，顾炎武讲求经世致用，想要在实际中改善民生，使民富裕，造福社会。顾炎武对正当的商业贸易持肯定态度，其义利观更加注重“救世”的积极作用。

在专家点评阶段，北京师范大学历史学院副教授、硕士研究生导师项旋表示，此次论坛具有极为重要的意义，论坛参加者有不同的学科背景，使得本次论坛真正成为跨学科的文化交流盛会。本次参会论文突出特点有三：一是选题视角的多样性；二是运用史料的丰富性；三是观点结论的辩证性。

苏州大学社会学院历史学系副教授、硕士生导师侯德仁表示，顾炎武是一位学识渊博、思想深邃的先贤，其格言现在读来依然心潮澎湃，这教导新时代青年要脚踏实地，认真读书、踏实工作，为社会主义现代化贡献青年力量。

征文评选结果：

一等奖（3 篇）

1. 顾炎武富民思想的人性论基础与制度保障

    中国矿业大学马克思主义学院　贾辰阳

2. 厚生为本：顾炎武富民观的建构

    四川大学哲学系　殷亭亭

3. 浅谈顾炎武“富民观”及其当代价值

    苏州大学社会学院　金怡雯

二等奖（5 篇）

1. “公”与“私”的辩证法——顾炎武“富民观”的历史语境与当代价值

    北京大学中国语言文学系　李泽廷

2. 顾炎武《日知录》富民观初探——以卷十至卷十二为中心

    河北师范大学文学院　冯春桐

3. 顾炎武的“天下观”及其现代性反思

    苏州大学政治与公共管理学院哲学系　刘志超

4. 哀诸夏与斥夷狄——论《公羊》《穀梁》夷夏观之分殊

    清华大学历史系、清华大学中国经学研究院　贝承熙

5. 顾炎武的富民策略初探

    昆山市第一中学　余东坡

三等奖（14 篇）

1. 顾炎武新“仁道”观下的经济管理思想研究

    苏州大学政治与公共管理学院哲学系　吕晨

2. 顾炎武的义利观探微

    昆山市亭林初级中学　周玉洁

3. 因时而变与济世利民——论顾炎武的富民观

    苏州科技大学文学院　殷欣妍

4. 顾炎武“富民观”及其当代价值

　　中国矿业大学马克思主义学院　李晨颖

5. 治道之术：顾炎武富民观研析

　　西南政法大学政治与公共管理学院　龚怿琦

6. 均策之道——试论顾炎武多策结合的富民探索

　　江南大学人文学院　蒋名耀

7. 脱贫攻坚、全面小康与共同富裕——兼论顾炎武的富民思想

　　南京大学马克思主义学院　徐琪瑶

8. 顾炎武经济思想探微——以《日知录》为中心

　　苏州大学社会学院　翟文青

9. 对顾炎武“富民观”的当代阐述

　　广东省东莞市战国策国际战略研究院　陈永佳

10. 顾炎武民本思想与其当代价值

　　江苏省委党校昆山分校　杨峰

11. 富民、富天下、永续发展——论顾炎武“富民”思想在新时代的应用价值

　　富士康科技集团知识产权部　姚锦程

12. “为天子为百姓之心，必不如其自为”——浅谈顾炎武的自由经济思想

　　昆山市第一中学　崔佳璟

13. 顾炎武的民本思想

　　昆山市委党校　杨丽君

14. 顾炎武的富民观与时代意义

　　昆山市千灯镇亭林文化研究会　计苏敏

顾炎武富民思想的人性论基础与制度保障

中国矿业大学马克思主义学院副教授，北京大学哲学博士　**贾辰阳**

一、人性论基础探析

（一）合天下之私以成天下之公

与先世诸儒喜谈身心性命相比，亭林先生十分关注经济民生，他谈论人性并非抽象地论证人性善恶，而是明确了道德现象不可或缺的物质基础。他说："今天下之患，莫大于贫。""欲使民兴孝、兴弟，莫急于生财。以好仁之君，用不畜聚敛之臣，则财足而化行。"亭林先生并没有悬空谈性命、兀坐讲道德，而是将人们生存的基本物质条件看作践行道德的现实基础，所谓"财足而化行"。

除了强调提倡道德教化的物质基础外，亭林先生明确反对"以公灭私"，指出这种说法"并非先王之至训"。"自天下为家，各亲其亲，各子其子，而人之有私，固情之所不能免矣。故先王弗为之禁；非惟弗禁，且从而恤之。建国亲侯，胙土命氏，画井分田，合天下之私以成天下之公，此所以为王政也。至于当官之训则曰'以公灭私'，然而禄足以代其耕，田足以供其祭，使之无将母之嗟，室人之谪，又所以恤其私也。此义不明久矣。世之君子必曰：有公而无私，此后代之美言，非先王之至训也。"

其实，亭林先生认为，个人的私利与社会的公利并非处于水火不容的状态之中，恰好相反，一个治理良好的社会能够将个人利益扬弃在社会公利之中；正是因为每个人正当的利益诉求得到了充分的满足，社会的公利才得以实现。亲亲有杀、尊贤有等，就是根据人情人性之自然而制定的原则。《礼记·礼运》中讲："人情者，圣王之田也，修礼以耕之，陈义以种之，讲学以耨之，本仁以聚之，播乐以安之。”礼法是为了满足人情人性的自然欲望，而不是要消灭人的性情。荀子在《礼论》中说：“故制礼义以分之，以养人之欲，给人之求，使欲必不穷于物，物必不屈于欲，两者相持而长，是礼之所起也。故礼者，养也。”亭林先生对于人性的看法与先秦儒家合若符节，视礼仪道德为手段，而人是目的；并不是相反，将抽象的道德教条作为目的，而人的生命则成了维护教条的牺牲品。

亭林先生所赞许的社会是将个人劳动作为社会劳动的一部分，个人利益在社会利益中得到实现。那些从事公职的人员，虽然是为国家服务，却因为得到俸禄而“无将母之嗟，室人之谪”，在服务于社会的同时，也赡养了父母、养活了家小，小家庭的私人利益从而得以实现。这种将个人利益与国家利益结合起来的人，被称为“公民”。

“公民”一词在中国文献中第一次出现，应该是“公民少而私人众”这句话。韩非子还讲了一个姜太公杀死“华士”兄弟的故事。说姜子牙被封王的齐国东海之滨有贤人华士兄弟两人，凿井而饮、耕田而食、日出而作、日入而息，巍巍然挺立于天地之间，声名播于四方，被时人尊奉为贤士。但姜子牙却把这两个人抓起来杀了，并向周公解释了理由：这种人赏之不劝、罚之不禁、驱之不前、却之不止，虽然贤良，却不为我所用，所以杀掉。

黑格尔明确指出：“国家是机体……这正与胃和其他器官的寓言相合。机体的本性是这样的：如果所有部分不趋于同一，如果其中一部分闹独立，全部必致崩溃。用各种谓语和基本原理等等来评断国家，那是无法做好工作的，国家必须被理解为机体。同样，关于神的本性也无法用谓语来表白，我们毋宁在它的生活本身中默察它的生活。”黑格尔说，不能通过“谓语”来理解国家，意思是说国家必须被视为主词，即subject，也就是主体的意思。在个人和国家的关系上，黑格尔认为国家是主词，人是谓语；国家是主体，人是偶性。因为国家是有机体，而个人、家庭、市民社会都是有机体的环节和组成部分，脱离主体，也就失去了现实性。从时间在先看，先有个人，后有城邦；而从逻辑在先看，城邦先于个人。黑格尔说砍掉的手就不成其为手，这种观点来自亚里士多德的《政治学》，脱离了城邦的人，要么是禽兽，要么是神。黑格尔说，“人们必须崇敬国家，把它看作地上的神物”，“精神具有现实性，现实性的偶性是个人”，因此，国家的存续远远大于个人自然生命的意义。

亭林先生在论及公与私的关系时，不像先秦法家那样，否定个人私利存在的合理性；也不像黑格尔的国家崇拜理论一样，将个人视为是伦理共同体的偶性，而是通过“合天下之私以成天下之公”，继承了原始儒家浓厚的民本主义色彩，远离了极权和专制的牢笼。

（二）寓封建之意于郡县之中

亭林先生洞悉政治之弊在于极权和专制，他说：“方今郡县之敝已极，而无圣人出焉，尚一一仍其故事，此民生之所以日贫，中国之所以日弱而益趋于乱也。何则？封建之失，其专在下；郡县之失，其专在上。古之圣人，以公心待天下之人，胙之土而分之国；今之君人者，尽四海之内为我郡县犹不足也。”统治者将“四海之内”视为自己的私产，犹且贪心不足，这是郡县的弊病达到极致的表现。

在传统儒家的政治理解中，统治者将天下当作自己的私有物，也就失去了执政的合法性，成了万民所指的独夫。我们现代人视为“个体”存在的王侯将相，在古代的政治思想中，恰好是“公”的代表。董仲舒解释说：“受命之君，天意之所予也。故号为天子者，宜视天如父，事天以孝道也；号为诸侯者，宜谨视所候奉之天子也。号为大夫者，宜厚其忠信，敦其礼义，使善大于匹夫之义，足以化也。士者，事也。民者，瞑也。士不及化，可使守事从上而已。”天子、诸侯、大夫，都是可以“化民”的，能够教化民众，使得他们的“善”得到提升。比如“大夫”，本意为“善大于匹夫”。依照儒家的传统理解，无论是天子还是君子，都必须将个体的生命投入为人民的公共福利服务的事业，否则，就名不副实。

统治者治理国家，在任用各级官员的同时又极其不信任政府官员，于是不得不层层设防、处处掣肘。亭林先生指出；“人人而疑之，事事而制之，科条文簿日多于一日，而又设之监司，设之督抚，以为如此，守令不得以残害其民矣。不知有司之官，凛凛焉救过之不给，以得代为幸，而无肯为其民兴一日之利者，民乌得而不穷，国乌得而不弱？率此不变，虽千百年，而吾知其与乱同事，日甚一日者矣。”在专制体制下，官员不求有功，但求无过；不思为民兴利，但求应付监司、督抚之巡查，日费廪粟、无所用心。这种现象如果不改变，这在亭林先生看来，纵然是持续千百年，也始终是乱天下的制度。

梁启超在《论公德》一文中讲过一个笑话：一个官员死后被冥司判罪，抗议说自己是个廉洁的官员，但冥司判官反驳说：“如果竖一木偶在朝堂之上，连水都不喝一口，岂不比你更廉洁？”于是拉下去炮烙。官员必须关心公益，不能将“束身自好”作为称职的标准。梁启超指出：“我国民所最缺者，公德其一端也……无公德则不能团；虽有无量数束身自好、廉谨良愿之人，仍无以为国也。吾中国道德之发达，不可谓不早。虽然，偏于私德，而公德殆阙如。”

如何让官员的私德转化为公德，亭林先生提出了振聋发聩的观点，他说：“知封建之所以变而为郡县，则知郡县之敝而将复变。然则将复变而为封建乎？曰，不能，有圣人起，寓封建之意于郡县之中，而天下治矣。”在亭林先生的理解中，封建制下的封建主将自己分封的土地和人民视为私产，有其有利的一面，即封建主倾向于将个人利益与封地人民的利益视为一而二、二而一的关系；其缺点在于封建主统治的地域也容易陷入自成一体的状态，乃至脱离国家而走向分裂。汉代七国之乱、晋代八王之乱，无不如此。而郡县制通过科举选拔官员，中央政府任用的官员在各地职位上流动，仅仅获取俸禄而已，无法与地方势力勾结而成为威胁中央统治的割据势力；但其缺陷在于官员容易陷入前文已述的尸位素餐的状态。用现代的政治哲学术语来说，封建制相当于地方自治，而郡县制则相当于中央集权。纯粹的封建制，容易导致分裂；而纯粹的郡县制，则容易导致极权。亭林先生经过长期的思考，提出了“寓封建之意于郡县之中”的命题。亭林先生所谓的“封建”主要是指“县令”世袭化，而县级以上单位依然保持郡县制。对于这种制度的可行性，亭林先生从以下三点进行了阐释：

第一，郡县制下掣肘多，封建制下自主性强。亭林先生以养马为例说，如果一人专职负责提供草料，又派一人负责监督，一升一斗的饲料权都要上报，由主人决定。那样的话，马必然要瘦弱不堪。如果选择一个勤快的牧人，给他放牧之地，放权任由他去自行管理，主人只负责最后检验成果，马肥则赏，马瘦则罚。养马本是简单自然的事情，以简单自然的方式处理也就会成功。“故天下之患，一圉人之足办，而为是纷纷者也。不信其圉人，而用其监仆，甚者并监仆又不信焉，而主人之耳目乱矣。于是爱马牛之心，常不胜其吝刍粟之计，而畜产耗矣。故马以一圉人而肥，民以一令而乐。”统治者不信任自己委任的官员，又派专人去监督官员，进而对监督者也不放心，导致统治者耳目混乱、不知所从，当然也无法有效治理国家。所以，就像马托付给一个人喂养就能养肥，人民得到一个县令而不是一个官僚体系，就会安居乐业。

第二，个人利益与人民和国家的利益相一致。在郡县制下，官员仅仅将奉公守职看作义务，由于在职时间短暂，随时可能转调他处，他真正负责的对象就不是人民，而是上司；所关心的主要是职务的升迁，而不是为人民谋利除害的实功。如果县令具有封建的性质，也就是县令职务终身制、世袭制，“天下之人各怀其家，各私其子，其常情也。为天子为百姓之心，必不如其自为，此在三代以上已然矣。圣人者因而用之，用天下之私，以成一人之公而天下治。夫使县令得私其百里之地，则县之人民皆其子姓，县之土地皆其田畴，县之城郭皆其藩垣，县之仓廪皆其囷窌。为子姓，则必爱之而勿伤；为田畴，则必治之而勿弃；为藩垣囷窌，则必缮之而勿损。自令言之，私也，自天子言之，所求乎治天下者，如是焉止矣。一旦有不虞之变，必不如刘渊、石勒、王仙芝、黄巢之辈，横行千里，如入无人之境也。于是有效死勿去之守，于是有合从缔交之拒，非为天子也，为其私也。为其私，所以为天子也。故天下之私，天子之公也。公则说，信则人任焉。此三代之治可以庶几，而况乎汉、唐之盛，不难致也。”

当然，县令的选拔和罢免依然掌握在国家手中，亭林先生说：“其初曰试令，三年，称职，为真；又三年，称职，封父母；又三年，称职，玺书劳问；又三年，称职，进阶益禄，任之终身。其老疾乞休者，举子若弟代；不举子若弟，举他人者听；既代去，处其县为祭酒，禄之终身。”一方面，县令在获得终身制之前，必须经过长达12年的累进考核；另一方面，世袭制可以保障县令家族对名誉的重视。重视自身的声誉，便是在保护自己的利益，保护世袭的权益。县令将所治之地管理得越发成功，个人和家族的利益就越发巩固。

亭林先生也考虑到，世袭家族长期经营一方土地，是否会形成割据势力。他认为，一县非一州一府，辖地有限、人口物资有限，即便举兵动乱，也很容易被镇压下去，根本不必担忧。县令通过反叛获得成功的可能性几乎为零，他们更倾向于为国家出力，去镇压反叛。

第三，郡县制下官员是流动的，但胥吏却是世袭的。流动的官员由于缺乏对于当地风土人情的了解，尤其是缺乏推行政策的各级助手，必然要从当地招募胥吏，结果就出现了一种现象：县级的胥吏是铁打的营盘，而县令反倒成了流水的兵。郡县制结束了县令的世袭制，反倒催生了胥吏的隐性世袭制，父死子继、兄终弟及。县令受到上级政府的规章制度约束，行事有底线；而胥吏则唯利是图、鱼肉百姓，这等于在百姓中豢养了成群的虎狼。亭林先生指出："使官皆千里以内之人，习其民事，而又终其身任之，则上下辨而民志定矣，文法除而吏事简矣。官之力足以御吏而有余，吏无所以把持其官而自循其法。昔人所谓养百万虎狼于民间者，将一旦而尽去，治天下之愉快，孰过于此！"

亭林先生接受人性本身的自然需求，而不是抽象地进行道德批判。他没有将治理的成败推诿到百姓道德水准的高下问题上，而是将道德建立在现实的物质利益的诉求之上。无论是对于个人，还是对于社会和国家，亭林先生坚持特殊利益与普遍利益相一致的原则，将普遍利益的实现建立在特殊利益受到保障的前提之下。因此，社会治理的成败在于制度的优劣，在于制度是否符合人性，符合人性的制度事半功倍；而悖逆人性的制度，无论如何以强权推行，最终必然是失败和祸乱。据此，亭林先生对当时的赋税、海运、金融等问题都做出了深入的分析和评价。

二、制度保障探析

（一）赋税制度

亭林先生直言赋税制度的不均衡现象过于严重，"韩愈谓赋出天下，而江南居十九。以今观之，浙东西又居江南十九，而苏、松、常、嘉、湖五府又居两浙十九也"。天下赋税90%出自江南，其中90%出自浙东，又其中90%出自"苏、松、常、嘉、湖五府"，也就是说，明朝全国赋税有70%出自"五府"。

亭林先生继续举例说："天下赋税，有土地肥瘠不甚相远，而征科乃至悬绝者。当是国初草草，未定画一之制，而其后相沿不敢议耳。如真定之辖五州二十七县，苏州之辖一州七县，无论所辖，即其广轮之数，真定已当苏之五，而苏州粮二百三万八千石，真定止一十万六千石。然犹南北异也，若同一北方也，河间之繁富，二州十六县；登州之贫寡，一州七县，相去殆若莛楹，而河间粮止六万一千，登州乃二十三万六千。"至于出现赋税不平衡现象的原因，主要是制度的僵化和改革的困难。"天下初定，日不暇给，沿元之非，遂至二三百年。然则后之王者，审形势以制统辖，度辐员以界郡县，则土田以起征科，乃平天下之先务，不可以虑始之艰而废万年之利者矣。"

明朝初年，因元末大乱，山东、河南多是无人之地。洪武中，朱元璋下诏，有能开垦者，即为己业，永不起科。这种不收取任何赋税的现象一直沿袭到了景泰六年（1455），有些需要承担赋税的农民就感到不公平，因此而投诉“不起科”的农户，从而导致了很多纷争。亭林先生说：“然自古无永不起科之地。国初但以招徕垦民，立法之过，反以启后日之争端，而彼此告讦……无怪乎经界之不正，赋税之不均也。”

制度应该因时因地因人而适度调整变化，僵化的体制成为富民之路的一大障碍。亭林先生收录了洪武年间杭州知府虞谦的建议，他认为，僧道过多，是国民之蛀虫，尤其是寺院占有大量田产，却不负担徭役，因此应该规定僧道占有土地的上限，即不要超过十亩，剩余的土地分给贫民。这项有利于国计民生的建议，并没有被采纳，原因居然是“非旧制”。判断方针制度的好坏，不是看其是否有利于富民，而把是不是“旧制”作为标准，其僵化守旧的特征昭然若揭。

与保守僵化的思路相反，亭林先生颇有现代所谓“自由贸易”的思想。比如就盐政而言，亭林先生并不赞成政府专卖一刀切的办法，而是认为应该以自由贸易为主，符合人民的利益，也符合人性的政策才是可行的政策。他引用杜甫的诗证明，唐代的食盐贩卖已经可以从沿海通达蜀地，因此，“‘盐之产于场，犹五谷之生于地，宜就场定额，一税之后，不问其所之，则国与民两利……天下皆私盐，则天下皆官盐也。’此论凿凿可行。”亭林先生完全认可“天下皆私盐，则天下皆官盐”的主张，说明他有着明确的自由贸易思想。自由贸易可以避免一刀切的政策的不足，做到因地制宜，如若强行禁止一切私盐买卖，禁而不绝、犹且禁之，这样的政策就是掩耳盗铃、自欺欺人了。亭林先生指出：“元末之张士诚，以盐徒而盗据吴会。其小小兴贩，虽太平之世，未尝绝也。余少居昆山、常熟之间，为两浙行盐地，而民间多贩淮盐，自通州渡江，其色青黑，视官盐为善。及游大同，所食皆蕃盐，坚致精好。此地利之便，非国法之所能禁也。明知其不能禁，而设为巡捕之格，课以私盐之获，每季若干，为一定之额，此掩耳盗钟之政也。”

（二）海运物流

公元1572年，王宗沐撰《海运详考》，开篇讲述海运的12点优势。亭林先生显然非常赞成开海运的主张，在《天下郡国利病书》引述了王宗沐的观点：第一，漕运和海运互补，此不至则彼至；第二，漕船相互竞争，帮派林立，若开海运，则不必立帮；第三，海运既通，虽有漂流，实无挂欠；第四，不需要扣除过江米，省下巨额盘剥费；第五，漕运归程空仓，需要牵挽而归，船夫常常凿沉船只，若开海运则无此等浪费；第六，各军有行粮，有赏钱，有安家，今行海运，舟大人多，许其稍带南货，渐减行粮；第七，漕运行粮，有在水次随支者，每每征收不齐，若海运则须尽给；第八，漕运日久耗米多，海运行程迅疾，耗米大为节约；第九，海运既行，百货凑合，物价既轻，行户富裕；第十，海运可达孤悬的辽东，使其不乏饷馈；第十一，历代漕运劳师动众，往返疲劳，海运朝发夕至，疲困自苏；第十二，漕运盗卖侵克，甚至官军俱逃，但海运无所盗、也无处逃。

明代朱元璋为打击张士诚、方国珍等余党，阻断其与倭寇的联系，自洪武四年（1371）开始实施海禁，要求濒海居民不得私自出海。到了嘉靖二十六年（1547），明廷规定“片帆”“寸板”不得入海，断绝了一切海上活动。“中日朝贡贸易规模有限，不能满足日本各诸侯的物资需求，这本来就是倭患持续不断的一个重要原因，现朝贡完全中止，遂使倭患更为严重。另外，当时南方商品经济已有很大发展，很多人靠商业为生，沿海地主、富民往往从海外贸易中获利。厉行海禁同样损害了这些人的利益，中国的海上走私集团因而发展起来。他们亦商亦盗，多以日本为根据地，在日本支持下袭用倭人的服饰旗号从事劫掠，大大加剧了倭患的声势。见于史载的嘉靖倭寇重要首领，也是以华人为主，如徽州人许栋、王直、徐海，福建人李光头，广东人张琏等。嘉靖倭寇‘虽曰倭，然中国之人居三之二’，这是其有别于嘉靖以前倭寇的重要特点。”

开海之利至明、禁海之弊至剧，由于既得利益集团的盘结和制度的僵化，有利于国计民生的方针不得实行，祸害在眼前且流弊无穷的政策却被固守和坚持。漕运对纳漕地区的经济造成严重迫害，并且代价极高、效率极低。一旦以漕运为生的官僚体系如网络般密布于社会之中，就很难予以纠正。明朝的禁海制度沿用到清朝，道光年间因天气问题导致京城缺粮，不得已采取漕粮海运的途径，结果运行有条不紊，效率高、速度快。然而，全面实施海运，仍有各方面力量的阻隔，直到同治十一年（1872）漕运方才正式废除。

在人类社会发展过程中，交往是与生产力的发展相伴随的，社会生产力的发展水平直接制约着交往的水平。孤立、封闭、隔绝总是与落后的社会生产力水平相联系，而交流、交往、开放则往往与先进的社会生产力水平相联系。马克思、恩格斯指出，大工业“首次开创了世界历史，因为它使每个文明国家以及这些国家中的每一个人的需要的满足都依赖于整个世界，因为它消灭了各国以往自然形成的闭关自守的状态”。世界各个国家在经济上、政治上、文化上才真正有了密切的联系，人类历史才真正成为世界历史。可以说，明清厉行海禁是典型的闭关锁国的行为，在西方世界快速进入现代化的时候，中华民族因此而错失了发展的机遇。

（三）货币金融

亭林先生指出，在唐宋之前，政府和民间商贸往来，一律皆是用钱，而没有使用银子，并引《旧唐书·食货志》说，唐宪宗元和三年（808）六月下诏，天下既有银矿山，也必有铜矿山，采铜可以铸钱，而银子则全无用处，因此自五岭以北，禁止开采银坑。据韩愈的奏状可知，唐代五岭一带买卖均用银子。元稹的奏状则说，岭南用银子做货币，巴蜀以盐帛做交易，贵州等地用朱砂、缯彩、巾帽做货币。可知唐代的货币，并不统一。宋代曾经制造宝泉币，并用绫印制“元光珍货”，但民间并不接受官方铸造或印制的货币，交易基本上是以银子进行的。亭林先生说：“此今日上下用银之始”。

明朝洪武八年（1375），朱元璋曾经试图禁止民间以金银为货币进行交易，目的是推行官方的钞票，但并不成功。“后又禁行钱，凡军民商贾所有铜钱，悉送赴官，敢有私自行使，及埋藏弃毁者罪之，然其法皆不行。天下税粮，仍以钱钞钱绢代输，民间交易，率用金银布帛。成祖及仁、宣诸帝，数立严法，命钞通行，而卒不得。英宗时严申法令，对宝钞怀疑不用者，罚万贯，全家充军，屡申法令，终鲜实效。”经济发展有其自身规律，钞票的印制和发行不是随意而为的，需要与经济的实际发展相符合。但明朝统治者似乎没有这样的见识，试图以皇家权力、刑罚来强制推行，但均告失败。

钞票的出现，最早是唐宪宗时期的“飞钱”，因为用钱币交易，人们感到过于沉重，携带不方便，从宋代开始出现了“交子”。亭林先生说：“然宋人已尝论之，谓无钱为本，亦不能以空文行。今日上下皆银，轻装易致，而楮币自无所用。故洪武初欲行钞法，至禁民间行使金银以奸恶论，而卒不能行。及乎后代，银日盛而钞日微，势不两行，灼然易见。”对于明代银子成为通用货币的原因，彭信威分析说：“白银的使用实由于纸币的贬值和铜钱的减少，纸币贬值使人民需要一种稳定的货币。在正常状态下，人民就会使用铜钱，以求自卫。可是明初铸钱很少，洪武、永乐、宣德年间虽曾铸钱，但铸得不多；而且当局为了推行纸币，把这些钱财存国库，不发行出来，或则袛颁赐给外国的使节。宣德以后，五十年间完全没有铸钱，因此民间的铜钱不够用。所以白银的通行，原是补充货币数量的不足。后来恢复鼓铸，但由于私铸猖獗，钱分等级，不是适当的价值尺度，这更促进了白银的使用。”

自万历九年（1581）张居正实行“一条鞭法”以来，一切赋税均折算为银两上缴。亭林先生说：“自折银之后……相传至今，而国家所收之银不复知其为米矣。”中国银矿存储量有限，流通中国的白银大量来自美洲和欧洲。由于明代有当铺而无银行，人们会将储藏银子作为积聚财富的手段，这就更会导致市场上流通的货币不足，也就出现了严重的通货紧缩现象。明朝初期，所收赋税并不全是银两，洪武二十四年（1391）所得田赋中只有银24740两，但到了宣德五年（1430），则为320297两，且以后年年以此为率。在英文中，货币是currency，其本义是“流水”。亭林先生认识到货币的本质在于流通，储藏起来处于静止态的金银只是金属而已。因此，他指出：“钱者，币之一也，将以导利而布之上下，非以为人主之私藏也……自古以来，有民穷财尽而人主独拥多藏于上者乎？此无他，不知钱币之本为上下通共之财，而以为一家之物也。”

由于银子的严重短缺，导致了农民丰收却依然要“相率卖其妻子”的奇怪现象。之前是征收粮食，而今是征收银子。农民有谷物，却无银子，不得已而逃亡者、自尽者皆有。原因何在呢？因为农民“有谷而无银也。所获非所输也，所求非所出也。夫银非从天降也，矿人则既停矣，海舶则既撤矣。中国之银在民间者已日消日耗，而况山僻之邦，商贾之所绝迹，虽尽鞭挞之力以求之，亦安所得哉！故谷日贱而民日穷，民日穷而赋日诎”。在《钱粮论》中亭林先生沉痛指出：“夫树谷而征银，是畜羊而求马也；倚银而富国，是恃酒而充饥也。以此自愚，而其敝至于国与民交尽，是其计出唐、宋之季诸臣之下也。”

（四）旅游环保

亭林先生不是古板的道学家，他甚至提出了以旅游振兴经济的思想。他说：“游观虽非朴俗，然西湖业已为游地，则细民所藉为利，日不止千金。有司时禁之，固以易俗，但渔者、舟者、戏者、市者、酣者，咸失其本业，反不便于此辈也。”这样的见解十分令人感动，与其说他有现代经济头脑，不如说他坚持儒家以民为本的思想。凡是真正有利于民生的事业，就是亭林先生支持的事业。

亭林先生重视经济，自然也支持开垦土地，以实现其富民理想。非常难得的是，亭林先生能够提出颇具现代思想的环保理念，要求尊重自然规律，否则会适得其反。他认为开垦土地应该做到“不尽地”之妙用。土地荒芜而不开垦不利于民生，土地开垦过度而没有预留排水的渠道，在雨水多的年份会出现洪涝灾害。所谓的“不尽地”之妙用，就是要突破急功近利的思想，为经济发展做长远的打算。用现代的话来讲，就是要把环保的账也算进去。

亭林先生说：“古先王之治地也，无弃也，而亦不尽地。田间之涂九轨，有余道矣。遗山泽之分，秋水多得有所休息，有余法水矣。是以功易立而难坏，年计不足而世计有余。后之人一以急迫之心为之，商鞅决裂阡陌，而中原之疆理荡然。宋政和以后，围湖占江，而东南之水利亦塞。于是十年之中荒恒六七，而较其所得反不及于前人。”

自然生态平衡对社会生活起着重要作用。合理地利用自然资源，保护生态平衡，是社会得以正常发展的必要条件。亭林先生对于环保的重视，是极其富有远见且符合人与自然和谐相处的辩证思想的。

厚生为本：顾炎武富民观的建构

四川大学哲学系 2022 级博士研究生　**殷亭亭**

顾炎武生于万历四十一年（1613）的昆山千灯镇，逝于康熙二十一年（1682），身处明末清初这一天崩地裂的时代。明朝后期的专制政治日益加强，但又日益腐败，顾炎武亲历了清军入关、明王朝覆灭的历史时刻，面对此社会政治大变局，深受儒家文化影响的顾炎武不得不开始了对君主专制政权的反思，并提出了基于前人政治思考的具有启蒙意义的思想和观念。顾炎武作为“明末清初三大启蒙思想家”之一，其政治思想的基础观点便在于他的民本思想，他对民生问题的关切，对君主专制的反思与批判，离不开他对社会生活的深入观察与体验。顾氏门人潘耒称赞顾炎武为“通儒”，认为他“其术足以匡时，其言足以救世”，乃是一位经世致用的儒者，他在《日知录》的序言中称：

昆山顾宁人先生，生长世族，少负绝异之资，潜心古学，九经诸史，略能背诵，尤留心当世之故，实录、奏报，手自抄节，经世要务，一一讲求。当明末年，奋欲有所自树，而迄不得试，穷约以老。然忧天闵人之志，未尝少衰，事关民生国命者，必穷源溯本，讨论其所以然。足迹半天下，所以至交其贤豪长者，考其山川风俗，疾苦利病，如指诸掌。

顾炎武的民本思想正愈被后世学者重视，自然离不开其对历史现状的精准分析，更在于其对社会现实的考察与研究。在对政治问题的思考中，顾炎武深刻地认识到亲民、爱民、利民的重要性，这即构成了顾炎武富民观的基础。

一、“民之质矣明饮食”——顾氏对民本的解读

顾炎武针对明朝末年的知识分子“置四海之穷困不言，而终日讲危微精一之学”的腐朽学风进行了强烈的批评，他将治学与治道结合起来，致力于将学问与社会现实结合起来，并提出了“自身以至于天下国家，皆学之事也”的经世致用之学。顾炎武学问较之前人的变化不是一时之间形成的，而是有着较长时间的社会历史发展背景。明代中叶以后，随着商品经济的发展，明朝社会旧有的政治体制发生了明显的变化，先是科举制度的腐败，使一众文人“排斥于科场仕途之外”；又随着资本主义萌芽，礼法的影响力逐渐下降，不仅对于官员的约束力难比以往，使得官员受贿、重税成为潜规则，还使得早期市民阶层与专制制度的矛盾暴露出来。明代中叶社会风气的变化直接影响到社会意识形态，这一变化“造成了传统学术的蜕变与挣脱囚缚的早期启蒙思潮的兴起”。但随着时代的巨轮滚滚前进，明朝末年的社会矛盾空前强化，农民的土地被大量兼并，使得农民无立锥之地，生活难以为继，由此导致了如火如荼的农民起义，加速了明王朝的覆灭。商品经济方面，层层盘剥的商税与矿监税亦阻碍其发展，民众苦不堪言。加之明朝中后期自然灾害频发，民众生活更是举步维艰，统治者贪图享乐、不理政事，卖官鬻爵现象亦已成为常态，《国榷》中记载：“一督抚也，非五六千金不得；道府之美阙，非二三千金不得；以至州县并佐二之求阙，各有定价。举监及吏承之优选，俱以贿成。而吏部之始进可知也，至科道亦半以此得之，馆选亦然。”

一边是生活难以为继的广大民众，一边是坐拥巨大财富的封建统治阶层，社会矛盾空前激化，而随着天崩地裂的社会巨变，以顾炎武、黄宗羲、王夫之、方以智、唐甄等为首的儒生痛定思痛，对明朝的政治体制进行了深刻的反思。顾炎武在针砭时弊的过程中提出了一系列以民为本的主张，旨在善政养民，使国家和平昌盛。

顾炎武首先借《诗经·小雅·鹿鸣之什·天保》中“民之质矣，日用饮食”为其富民观的主要论点。此篇在于为周宣王祈福：“言王已致神之来至矣，遗汝王之多福。又使民之事平矣，日用相与饮食为乐。其群众百姓之臣，徧皆为汝之德，言法效之。汝既人定事治，群下乐德，是为天安定王业，使君圣臣贤，上下皆善

也”。但《天保》又不仅限于为刚登基的周宣王祈福，还在于诗中所蕴含的民本思想。如其“神之吊矣，诒尔多福。民之质矣，日用饮食。群黎百姓，遍为尔德”一句，便暗含着君主与臣民之间和睦相处的愿景。顾炎武将“民之质矣，日用饮食”作为王业稳固的重点，若民不聊生，则君王难以继续统治地位，神明的保佑自是无从谈起。顾炎武将传统的天佑王权之福的被动承受转为社会现实中百姓安居乐业之德的主动行为而上感于神明，从由天降神权的神圣性转化为统治者爱民、护民的积极行动所产生的政权之稳定性。神圣性的缥缈已被证实并不存在长久性，相反，君圣臣贤而百姓能够安居乐业的社会状态才能维持政权的长久稳固。因此，顾炎武在《日知录》中讲道：

“民之质矣，日用饮食。”夫使机智日生，而奸伪萌起，上下且不相安，神奚自而降福乎？有“起信险虑”之族，则“高后崇降弗祥”；有“诪张为幻”之民，则嗣王“罔或克寿”。是故有道之士，人醇工庞，商朴女童，上下皆有嘉德，而至治馨香感于神明矣。然则祈天永命之实，必在于观民。而斫雕为朴，其道何由？则必以厚生为本。

“起信险虑”与“高后崇降弗祥”两句语出《尚书·盘庚》，“高后崇降弗祥”句疑为《尚书·盘庚》中的“高后丕乃崇降弗祥”。“‘起信险虑’一族”特指在其位不谋其政的官员，不仅不能庇护民众，反而加重百姓生活的负担；“高后崇降弗祥”原是指这些官员的祖先也在让上天降罚于这些官员。顾炎武此处引《尚书》中的语句明显是在对贪官污吏进行批判，但其批判的目的在于提出政治清明、官吏清廉的愿景，以保民众生活安顺。“诪张为幻”与“罔或克寿”两句出自《尚书·无逸》篇，“‘诪张为幻’之民”指狡诈之人，“罔或克寿”则原旨在劝诫上位者体恤小民生活之艰难，不可贪图享乐。顾炎武将这两句放在一句，意在指出上位者需担负教化下民之责，使民风回归淳朴，如此方能上下皆有嘉德。“厚生”即是使人民的生活能够获得充足的保证。人民作为政权稳固的根本并不是顾炎武最先提出的，早在先秦时的思想家们就意识到人民力量的重要性。但顾炎武反观明朝末年的黑暗现状，明朝覆灭后又身处颠沛流离之中，深感民生之多艰，以君为天的神话彻底被打破。

顾炎武对民本的解读重点在于民生，官员与上位者均需围绕厚民进行政策的抉择。而反思明朝覆灭的原因，顾炎武亦批判皓首穷经的腐朽学风，总结黑暗专制君主政权的弊端，将民生问题置于首位，主张研究经世致用之学。面对复杂的历史巨变，顾炎武发出“明学术，正人心，拨乱世以兴太平之事”的呼声。同样，太平之世的检验标准即在于民富与否，一个利民、惠民、爱民、富民的社会，即是有道的社会，政治稳定与否的前提亦在于民众生活是否富足，日用饮食即是民众的基本需要。

二、“庶民安故财用足”——顾氏对政治的反思

为追求王朝稳固，明朝统治者不断强化中央集权，并放任藩王占田，土地兼并严重到大量耕农被迫沦为佃户和奴仆。而清朝统治者在王朝建立初期亦是通过圈地来完成土地兼并，并且对百姓征收名目繁多的杂税，民众可谓受尽统治者的盘削。顾炎武身处此动乱变局之中，加之早年屡试不第之经历，已放弃事功一途，反而对疆域、水利、赋税等问题进行了深入的研究，并留下《天下郡国利病书》《肇域志》等书。顾炎武深感君主专权对治理国家的危害，特别是明朝冗官现象之严重，导致各部门形成的推诿问题也越发严重，百姓不仅没有生活的便利，反而饱受各部门残害。针对此现象顾炎武写道：

今之君人者，尽以四海之内为我郡县犹不足也，人人而疑之，事事而制之，科条文簿，日多于一日，而又设之监司，设之督抚，以为如此，守令不得以残害其民矣，不知有司之官凛凛焉救过之不给，以得代为幸，而无肯为其民兴一日之利者，民乌得而不穷，国乌得而不弱？

各部门之间相互牵制的后果便是置百姓利益而不顾，君主的权力却日益集中。爱民、养民本是统治者的责任与政治目的，君臣之间本该为此目的而协作进行良好的社会管理，但社会现实却与繁荣昌盛的理想状态背道而驰。为搜刮民财所进行的土地兼并、杂税征收、官府苛政等成为一道道枷锁搅扰民安。正是统治阶层自上而下没有将维持庶民生活的安定放在政治政策的首位，反而以强化统治阶层的目的增加科文条目、增设部门互相掣肘，最终导致民众与统治者之间的阶级矛盾日益激化，致使明末清初的社会动荡。顾炎武有感于人民反抗力量的强大，痛惜于明王朝不过三百年的统治，并反思整个君主专制政治，提出了“天生豪杰，必有所任，如人主之于其臣，授之官而与以职。今日者拯人与涂炭，为万世开太平，此吾辈之任

也。仁以为己任，死而后已，固一病垂危，神思不乱”的责任担当意识。顾炎武亦对明末清初的社会风气进行思考，剖析阶级矛盾产生的根本原因在于贫富差距，富者对资源进行垄断，还不断剥削百姓，导致贫者愈贫而富者愈富：

民之所以不安，以其有贫有富。贫者至于不能自存，而富者常恐人之有求，而多为吝啬之计，于是乎有争心矣。夫子有言："不患贫而患不均。"夫惟收族之法行，而岁时有合食之恩，吉凶有财通之义。本俗六安万民，三曰联兄弟，而乡三物之所兴者，六行之条曰睦、曰恤。不待王政之施，而矜寡孤独废疾者，皆有所养矣。此所谓均无贫者，而财用有不足乎？至于葛藟之刺兴，角弓之赋作，九族乃离，一方相怨，而瓶罍交耻，泉池并竭。然后知先王宗法之立，其所以养人之欲，而给人之求，为周且豫矣。

此段文字为顾炎武所撰《庶民安固财用足》一篇，"庶民安故财用足"出自《礼记·大传》，此文"以其记祖宗人亲之大义"，上下有序，百姓和睦，礼节风俗不废，自然而天下太平。《诗经·王风·葛藟》以周室王族口吻讽周平王致使"周室道衰，弃其九族焉"；《诗经·小雅·角弓》中以周幽王父兄的口吻讽刺周幽王"不亲九族，而好谗佞，骨肉相怨"；《诗经·小雅·蓼莪》旨在描述人民劳苦而社会冷酷无情，讽刺周幽王时"民劳苦，孝子不得终养尔"。昔时先秦之人所面临的社会问题，到了千年后的顾炎武所处的明朝依旧存在，百姓贫弱，社会风气不佳，富者不须贫者，导致社会动荡。因此，顾炎武见此社会现实，提出了经世致用的学风，并呼吁学者能够有救民水火的责任担当。

顾炎武对君主专制的批判在于他对民生问题的重视，在此基础上体现了顾炎武对民众权利的重视，他深知人民生活之不易：

吴中之民，有田者什一，为人佃作者十九。其亩甚窄，而凡沟渠道路，皆并其税于田之中。岁仅秋禾一熟，一亩之收，不能至三石，少则不过一石有余。而私租之重者，至一石二三斗，少亦八九斗。

永乐以来，漕运愈远，加耗滋多，乃至三百万石。宣庙深悯斯民之困，特下诏捐减官田重额。知府况钟又累疏奏减七十余万，吴民赖以稍甦。然民间重额，今犹未尽除，岂当时有司不能奉行诏旨之过邪？

顾炎武认可"庶民安故财用足"，将富民放在富国之前，建议统治者爱民、利民，以厚生为本。生民动乱，则国家难以维持长久的统治，君主若想在君主之位上得到富足的享受，亦必须先使民众富足，一味盘剥百姓，终将导致积贫积弱的局面。顾炎武深受传统儒家民本观念的影响，以民为邦本，但因其对社会现实的考察，其学说又不流于空疏，而是针对社会现实，直指专制政权的弊端在于取天下以为己用，颠倒了政治的本末，顾炎武为民生而忧心。当然，顾炎武的富民观并没有停留在对专制政治的反思与批判上，而是更进一步对专制君主政权进行抨击，也即顾炎武思想体系中的公私之辨。这一辩论表面上是在讲人君不可将天下之财划为己用，不顾民生之艰难，实质上则对君主专制政权的合理性提出疑问，具有思想启蒙的色彩：

为民而立之君，故班爵之意，天子与公侯伯子男一也，而非绝世之贵。代耕而赋之禄，故班禄之意，君卿大夫与庶民在官一也，而非无事之食。是故知天子一位之义，则不敢肆于民上以自尊。知禄以代耕之义，则不敢厚取于民以自奉。不明乎此，而侮夺人之君，常多于三代以下矣。

顾炎武推翻君权神授的神话，倡导为民立君，统治者为民服务，而非位于民之上。君、官与民并无不同，只是处在这样一个地位上，将自己分内之事做好，不能以权谋私、自任自专。顾炎武这一观点是对传统君权的瓦解，而其目的在于将民众的福祉作为政治之本，以达到伸张民众需求的目的。

三、公私之辨——顾氏富国之策的关键

顾炎武的公私观打破了宋明以来围绕道德主体进行讨论的窠臼，而是在肯定人之私欲的基础上，为民众的生活权利作出辩护，顾炎武的公私之辨是资本主义萌芽的时代产物，亦是其富民观的关键。顾炎武的公私之辨有其自然人性论的基础，他讲道：

“天下之人各怀其家，各私其子，其常情也。为天子为百姓之心，必不如其自为，此在三代以上已然矣。”

顾炎武认为人之私情既符合人性论，又有历史与现实基础，承认私的合理性，以此作为天下之公的基础。顾炎武的公私之辨还与国家治理相关，否定了将天下归为一家的传统观点，并且将公私之辨进行了辩证的展开，顾炎武说道：“雨我公田，遂及我私”，先公而后私也。“言私其豵，献豜于公”，先私而后公也。自天

下为家，各亲其亲，各子其子，而人之有私，固情之所不能免矣。固先王弗为之禁，且从而恤之。建国亲侯，胙土命民，画井分田，合天下之私，以成天下之公，此所以为王政也。至于当官之训，则曰以公灭私。然而禄足以代其耕，田足以供其祭，使之无将母之嗟，室人之谪，又所以恤其私也。此义不明久矣，世之君子，必曰有公而无私，此后代之美言，非先王之至训矣。

“雨我公田，遂及我私”语出《诗经·小雅·大田》，此诗旨在讽刺周幽王的暴政，令矜寡孤独生活难以为继，周幽王统治时“政烦赋重，而不务农事，虫灾害谷，风雨不时，万民饥馑，矜寡无所取活，故时臣思古以刺之”，因此人民希望天降时雨，既能润泽公田，也能让自己的私田得以灌溉。“言私其豵，献豜于公”语出《诗经·国风·七月》，此句前文为“一之日于貉，取彼狐狸，为子裘。二至日其同，载缵武功”。意为“一之日往捕貉取皮，庶人自以为裘。又取狐与狸之皮，为公子之裘……至二之日之时，君臣及其民俱出田猎，则继续武事，年常习之，使不忘战也。我在军之士，私取小豵，献大豜于公……美先公礼教备矣”。顾炎武认为前者讲先公后私，后者讲先私后公，二者无有优劣、同样重要，并且统治者若能够保全民众的私利，反而是值得赞赏的美德。当然，民众亦不能妨害公利。民之私利与公利同等重要，然而将天下人之公利据为己有，将“公天下”变质为“家天下”的独夫专制统治既不被先王认可，也不被民众接受。但君主取天下之公利以满足自己之私欲的行为由来已久，但还以“以公灭私”为借口，实则本末倒置，公私之本义已被统治阶层粉饰模糊。顾炎武以其富民观为起点，将公私之辨的本义重新挖掘出来，在被中央高度集权的封建社会无疑具有振聋发聩的作用。围绕其富民观，并以其公私之辨为契机，顾炎武还提出了分权众治的理念，这一理念的提出在于顾炎武对君主权力及权力如何正确实施的思考：

所谓天子者，执天下之大权者也。其执大权奈何？以天下之权寄天下之人，而权乃归之天子，自公卿大夫至于百里之宰，一命之官，莫不分天子之权以各治其事，而天子之权乃益尊。后世有不善者出焉，尽天下一切之权而收之在上，而万几之广，固非一人之所能操也。而权乃移于法，于是多为之法以禁之。虽大奸有所不能逾，而贤智之臣，亦无能效尺寸于法之外，相与竞兢奉法，以求无过而已。

天子为执天下之大权者，非天下之共主，天子的本来任务在于协调各方治理天下事务，但后世不善治理天下的人将原本属于天下之人的权力收归于一人之身，但天下之大实非一人所能掌控，因此便设立法律来协管天下之事，使奸诈的人不能逾越法律，相反，贤臣也不能施展才华于法之外。受缚于君主权力与法律，也只能战战兢兢做事但求无过而已。顾炎武深刻地认识到中央集权与君主专制的弊端，提出与一人“独治”相对比的“众治”理念，这又将公私之辨由维护民众的基本生活需求，抨击君主专制的自专行为上升到了民众能以天下为己任的公共高度，公私之辨的界限亦被打破。

人君之于天下，不能以独治也。独治之而刑繁矣，众治之而刑措矣。古之王者，不忍以刑穷天下之民也，是故一家之中，父兄治之；一族之中，宗子治之。其有不善之萌，莫不自化于闺门之内，而犹有不帅教者，然后归之士师。然则人君之所治者约矣。然后原父子之亲，立君臣之义以权之；意论轻重之序，慎测深浅之量以别之；悉其聪明，致其忠爱以尽之。夫然刑法焉得而不中乎？是故宗法立而刑清。天下之宗子各治其族，以辅人君之治，“罔攸兼于庶狱”，而民自不犯于有司。风俗之醇，科条之简，有自来矣。《诗》曰：“君之宗之。”吾是以知宗子之次于君道也。

君主专制下的社会状态便是刑罚烦冗，而民众参与治理的理想社会则是刑罚得当。顾炎武认为民众参与治理的关键并不是民众直接参与政治，而是通过宗族之间的管理达到一家、一族之和睦，来作为君主协调治理天下的辅助，并引用《诗经·大雅·公刘》中的“君之宗之”一句来为此理念进行支撑。《公刘》其诗“与《泂酌》《卷阿》俱是召公所作，而为此次者，厚民之事，人君之急务，故先做《公刘》；非有道德，则不能爱民，故又作《泂酌》，言皇天亲有德，乡有道，欲王之修德行道也。君有有德，不能独治，又作《卷阿》，戒王使求贤用士也”。顾炎武特引《公刘》篇，恰是其富民观与公私之辨的最佳体现。

但我们也要清楚地看到顾炎武富民观的不足，受限于顾炎武所生活的时代，他未能彻底否定君主专制，其所提建议依旧是为封建王朝服务的，因此，他未能彻底地否定君主的权威。但顾炎武的富民观所呈现的民本思想、平等思想、公私之辨等对我们当今仍有积极的启发意义，不可因噎废食，而是需要深度挖掘顾炎武富民观的深刻内涵。

浅谈顾炎武“富民观”及其当代价值

苏州大学社会学院 2019 级本科生　**金怡雯**

以史为鉴，开创未来。习近平总书记指出：“历史的启迪和教训是人类的共同精神财富。”2023年是顾炎武诞辰410周年，这是一个值得研究者系统研究顾炎武思想和深入挖掘其当代价值的机会。身处明末清初这一中国封建社会危机全面爆发时期，顾炎武始终怀抱“明道”与“救世”情怀，坚持“明学术，正人心，拨乱世，以兴太平之事”的宗旨，撰有《日知录》《天下郡国利病书》等诸多经世之作，在为当时之世提供治世之理的同时，也为后人留下宝贵的治世思想。

在新时代背景下，重新理解和认识顾炎武“富民观”的思想及其发展，有利于我们认真看待和分析当代中国的现实与未来发展的走向。本文拟就其经济思想中的富民观，做浅近分析。

一、顾炎武“富民观”的源流

顾炎武“富民观”的形成既受到中国长久以来富民思想发展的影响，也根植于他所处的时代背景。

富民思想是中国传统经济思想的一个分支，早在《尚书》中就有“惟天惠民”（《尚书·泰誓》）、“汝亦罔不克敬典，乃由裕民；惟文王之敬忌，乃裕民”（《尚书·康诰》）之说。至春秋战国时期，各家学说对该思想都进行了发展——儒家将民富视为国家实施政治礼乐教化的基础，“富民”逐渐变成儒家德治政治、经济的重要内容，儒家代表人物孔子多次提到“足食”“富而后教”“因民之所利而利之”等富民思想；墨家反对统治者“厚作敛于百姓，暴夺民衣食之财”（《辞过》），要求厉行节约，减轻人民负担；法家虽素以富国强兵为目的，早期也曾注重富民，如管仲言：“凡治国之道，必先富民。民富则易治也，民贫则难治也……

是以善为国者，必先富民，然后治之。”（《管子·治国》）又称：“仓廪实则知礼节，衣食足则知荣辱。”（《管子·牧民》）演至后代，如汉、晋、唐、宋、明，时有文人政治家、思想家如贾谊、司马迁、王符、傅玄、司马光等人，对富民思想进行补充改良，使其内涵更为丰富深刻。

明清易代之际，社会政治经济局势风云变幻。政治上，封建地主阶级的统治遭遇前所未有的挑战，弊政丛生，社会极度动荡；经济上，新的生产关系与新兴社会阶层相继出现，初具近代性质的商品经济发展，在给社会带来活力的同时，也伴随着无法避免的弊病。顾炎武在《天下郡国利病书》中详细记叙了自明朝开国起至万历年间，随着商品经济的日益发展而带来的社会风气的变化。从明代开国到弘治年间，整个社会还呈现出祥和美好的氛围，“妇人纺绩，男子桑蓬，臧获服劳，比邻敦睦”；而到了正德末、嘉靖初“则稍异矣”，出现了“出贾既多，土田不重，操赀交捷，起落不常”的情形；至嘉靖末、隆庆间，已是“末富居多，本富益少”“奸豪变乱，巨猾侵牟”的状况；到了万历年间，“金令司天，钱神卓地”这一社会关系变化的本质特征进一步呈现，乃至出现了“贪婪罔极，骨肉相残”的局面。在这一发展过程中，“诈伪萌矣，讦争起矣，芬华染矣，靡汰臻矣”“富者愈富，贫者愈贫”……这是处于资本原始积累时期的中国社会的风土写照。

正是在这种历史背景之下，顾炎武敏锐捕捉社会贫富的异化发展，从“民生”着手，以“察民隐”而“救世”。他写道：“今日之民，吾与达而在上位者之所共也。救民以事，此达而在上位者之责也；救民以言，此亦穷而在下位者之责也。”在“明道救世”这一经世思想的指导下，他萌生出“利民富民”思想，并将其逐渐细化落实。

二、“必以厚生为本”

（一）富民——“民富即国富”

顾炎武认为：“民之质矣，日用饮食”“有道之世”“必以厚生为本。”又说：“今天下之患，莫大乎贫。”其既提及“贫”与“富”，故必然要讲到“财”与“利”。然在当时的理学家看来，谈“财”与“利”是大忌讳。他们认为，用之于治国，就是反对王道的霸道；用之于教民，就会导致人欲横流而伤害天理。而在顾炎武看来，“财”“利”二字不必讳言。他说：“古之人君，未尝讳言财也，所恶于兴利者，为其必至于害民也。……利不在官则在民。民得其利，则财源通，而有益于官；官专其利，则财源塞，而必损于民。”意思是说，问题的关键不在于是否言“财”、言“利”，而在于是“利民”“益民”还是“害民”“损民”，在于“民得其利”还是“官专其利”。这是财源“通”与“塞”的关键所在。顾炎武对万历中期以后数十年，“为人上者”只徒“求利”，而“民生愈贫，国计亦愈窘”的状况进行了揭露。他肯定历史上“藏富于民”的政策，认为“善为国者，藏之于民”，而否定那种“欲求国富而先困转运”的“不知本末”的做法。显而易见，他已将“富民”与“富国”紧密联系起来，形成“民富即国富”的思想。

顾炎武提出“天下之人各怀其家，各私其子，其常情也”的观点，认为人有私心乃人之常情，国家的财政经济政策要顺应此之常情。他认为“圣人者因而用之，用天下之私以成一人之公，而天下之治”，圣人应尊重每个人为私的本性，并利用这一本性为公共利益服务，如此公私利益得以统一，天下也得以实现大治。从中可以看到，他一反传统，将公私观重新解读，把民富作为衡量国富的标准，坚持应当藏富于民、存富于民、还富于民。

（二）除贪——“苛使之惕于法”

“以今观之，则无官不赂遗，而人人皆吏士之为矣，无守不盗窃，而人人皆僮竖之为矣。”这是顾炎武对历代王朝封建统治本质的揭露，更是他对明末清初政治形势的遗恨和对当时社会风气的抨击。在那个时代，“何以孝弟为，财多而光荣，何以礼义为，史书而仕官。”所谓“礼义廉耻，国之四维”，在利益面前都已不复存在。“黥劓面髡钳者，犹复攘臂为政于世，行虽犬彘，家富势足，目指气使，是为贤耳。”官场贪风大行，颠倒了人性，扰乱了人的道德心理，“居官而置富者为雄，处奸而得利者为壮士”，“有庸吏之贪，有才吏之贪……今之贪纵者，大抵皆才吏也”。贪取已成官场常态，贪员比比皆是，当时“俗之败坏，乃至于是”。

官场贪风盛行意味着民众的困苦与贫穷。贫者愈贫，富者愈富，底层民众遭受着最严重的剥削。顾炎武身处其中，面临着身在与心在的矛盾。一方面，他痛批贪风盛行，同时不忘告诫大富大贵者“及身殁后，皆为无赖子弟，作酒色之资……人情弥险，有以富厚之名，而反使其后人无立锥之地者，亦不可不虑也。”另一方面，他于《日知录》中专辟《除贪》一札，列举历朝历代除贪之案例，总结中国历史上治贪之法，以期统治者能够得鉴于史，除贪富民，并提出“苛使之惕于法，而以正用其才，未必非治世之能臣也”的主张。足见其对贪污腐败之厌恶，与对除贪富民、还富于民的坚守。

（三）俭约——“以俭示人”

顾炎武在《日知录》卷十二《人聚》中说：“今将尽百姓之心而改其行，必在治民之产，使之甘其食，美其服，而后教化可行，风俗可善乎!”在顾炎武看来，私有财产、美食、服饰都是人本身存在的欲望，应顺遂之，而非压抑之。然而人欲无穷，若持续以有限的物产填补无穷的欲望，则国家的财用必竭，导致上下国民交困。因此顾炎武认为，提倡节俭、节制欲望乃消除此弊端的良策。“恣民五鱼，惟所服月，但禁绮绣无益之饰……以充府藏之急乎？此救乏之上务，富国之本业，使管晏复生，无以易此方。今纂组日新，侈薄弥甚，斫雕为朴，意亦可行之会乎?”由此可见，“抑浮止竞”才是“人君御物之方”。要实现俭约之目的，顾炎武提出“国奢示之以俭，君子之行，宰相之事也。……以俭示人，天下之士莫不以廉节自励”，强调君主应去奢从俭，以帝王之言行树立良好风气，使国家涌现出更多的廉吏好官，还富于民，促进人民富裕。

就“俭约”中控制支出一项而言，顾炎武以官府用马和用纸的浪费为例进行阐释。“以马言之：天下驿递往来，以及州县上计京师、白事司府、迎候上官、递送事书，及庶人在官所用之马，一岁无虑百万匹，其行无虑万万里。今则十减六七，而西北之马不可胜用矣。”实行他所提出的“寓林之意于郡县之中”制度后，马匹可以节省十分之六七。“以文册言之，一事必报数衙门，往复驳勘必数次，以及迎候、生辰、拜贺之用，其纸料之费率诸民者，岁不下巨万。今则十减七八，而东南之竹箭不可胜用矣。”去掉官场的繁文缛节，则可以大大节约纸张，从而使造纸的原材料——东南竹箭不可胜用。暂不论顾炎武所言策略之可行度，其上述“俭约”思想确能在一定程度上控制财政支出，从而缓解民众负担，使更多财富留于百姓之手。

三、农工商并重——“利尽山泽而不取诸于民”

基于对“今天下之大患，莫大乎贫”的认识，顾炎武主张以“生财之方”为立国之本，通过发展农业、手工业与商业并重的方式实现富民理想。

（一）“百姓自为”

顾炎武鲜明地提出了“为天子为百姓之心，必不如其自为”的具有近代性因素的经济学命题。从顺治五年（1648）游走于大江南北开始，顾炎武以社会考察的方式“察民隐”。通过社会考察，他发现对天下的百姓而言，贫困是最大的疾苦。而要解决这一疾苦，无非是要在农业、手工业、商业领域获取更多的“私利”，最终“合天下之私以成天下之公”。“天下之人各怀其家，各私其子，其常情也。为天子为百姓之心，必不如其自为。”“有公而无私，此后代之美言，非先王之至训。”他借以上言论，清晰传达其主张：只有让人民“自为”，才能最大限度地激发人们的生产积极性，从而促进经济的繁荣发展。这一思想于今日中国、今日世界亦有很大现实意义。

（二）以农为本

顾炎武认为国家富强要以农业发展为基础，他说：“天下之大富有二：上曰耕，次曰牧。国亦然……事有策之甚迂，为之甚难，而卒可以并天下之国、臣天下之人者，莫耕若。”从这种思想认识出发，他把发展农业作为富国富民的重要内容。

首先，他主张充分利用土地，即“古先王之治地也，无弃地而亦不尽地”。在《田功论》中，顾炎武就提出“诸路闲田当广行招诱，令人开垦”，并建议推行出钱募人垦荒的政策。他此举旨在扩大国家的耕地面积，并通过“寓兵于农”实现农业生产对军事的支撑。在《郡县论三》中他将“土地辟”，即开辟土地作为判断县令称职与否的首要标准，而其他八个标准中，有“田野治”“树木蕃”“沟洫修”“仓廪实”等四个与农业生产直接相关，可见其对于农业之重视。

其次，顾炎武主张改革农业经营。明清时期的“耕地”分为官田和民田。他写道：“官之田也，国家之所有，而耕者犹人家之佃户也。民田，民自有之田也，各为一册而征之。”顾炎武承认一切土地都是君主所有。基于此，顾炎武主张开辟官田，以助于实施“寓兵于农”，本质上是为了减轻百姓的负担，即“不费民间一粒”。更为重要的是，顾炎武主张将民田进一步流通。“贫民种田，生力粪草不时，有塘池不能濬而深，堤坝不能筑而固，一遇水旱则付之天而已。今富室于此等则力能豫为，故非大水旱未有不收成者。况富室不能自种，必业与贫民，贫民虽充产卖千富室共其利。”顾炎武经过社会考察，基于农业、工商业的通盘考虑，认为无以为继的农民将民田出售给“富室”之后，既可以做“富室”的佃户，保证生计的来源；也可以成为城镇手工业、商业的雇员，弥补资本主义萌芽出现之后逐渐扩大的劳动力需求。顾炎武从相对宏观的“公利”视角将农业、手工业、商业统筹起来考虑，各得其“私利”，从而实现“共其利”。

顾炎武对田赋问题关注较多。他以苏州、松江等地为分析对象，批评这些地区田赋严重不均，以致“国家失累代之公田，而小民乃代官田纳无涯之租赋，事之不平，莫甚于此”。就如何制定和实施合理的租税政策问题，顾炎武从两方面作了阐述：其一，关于国家赋税额，他认为“犹执官租之税以求之固已不可行，而欲一切改从民田以复五升之额，又骇于众而损于国”，较好的办法是重新丈量苏州各县土地，按土地肥瘠分三等定赋，上田二斗，中田一斗五升，下田一斗，这样能使“民乐业而赋易完，视之绍熙以前犹五六倍”“去累代之横征而立万年之永利”。其二，关于地主所收地租，他也要求给予减轻，他对苏州一带的重租状况进行了揭露，指出：“吴中之民有田者什一，为人佃作者十九。其亩甚窄，而凡沟渠道路皆并其税于田之中。岁仅秋禾一熟，一亩之收不能至三石，少者不过一石有余。而私租之重者至一石二三斗，少亦八九斗。佃人竭一岁之力，粪壅工作一亩之费可一缗，而收成之日所得不过数斗，至有今日完租而明日乞贷者。”因此，顾炎武明确主张“当禁限私租”，其具体标准是上等田的地租每亩不得超过八斗，即以收成量的三分之一为限，这样才可使“贫者渐富，而富者亦不至于贫”。

（三）“纺织之利”

顾炎武将手工业亦视为“富国之本业”，指出：“今吏士之家，少无子女，多者三四，少者一二。通令户有一女，十万家则十万人。人人织绩，一岁一束，则一万束矣。使四疆之内，同心戮力，数年之间，布帛必积……此救乏之上务，富国之本业。使管晏复生，无以易此方。”他主张充分调动起民间生产力，以家庭女子为主力发展手工业，则国民贫困境况可有所改善。他以陕西延安府为例，指出：“今边郡之民，既不知耕，又不知织，虽有材力而安于游惰。华阴王宏撰著议，以为延安一府布帛之价，贵于西安数倍，既不获纺织之利，而又岁有买布之费，生计日蹙，国税日逋。非尽其民之惰，以无以教之者耳。今当每州县发纺织之具一副，令有司依式造成，散给里下，募外郡能织者为师。即以民之勤惰工拙，为有司之殿最。一二年间，民享其利，将自为之，而不烦程督矣。计延安一府四万五千余户，户不下三女子，固已十三万余人，其为利益，岂不甚多。”顾炎武熟知江南纺织业的情况，综合《盐铁论》、崔寔《政论》中有关纺织的成功案例，提出边区以州县为单位发展纺织业，并制定了一套有关制造工具、培养人才的推广方案，以期通过手工业生产降低当地布帛价格，缓解当地民众生活压力。此外，他还主张开放矿禁，倡议矿产由地方经营，由“县令开之”，以实现“利尽山泽，而不取诸民”，既保障郡县的“生财之权”，也能减轻百姓的负担。

（四）自由贸易

顾炎武虽主张以农富国，但并无轻商思想。他公开提倡比较自由的贸易政策，反对政府对商业的控制，认为这会损害商人，不利生产。其中最突出的是其反对当时的食盐与茶叶专卖。

明末清初，国家盐政混乱，积弊较多。顾炎武认为应改革盐政，取消各盐场的盐必须分别在国家所规定的区域内销售的禁令，允许商人自由贩运。他认为这样既可增加国家财政收入，又可减少商人触犯国家刑律的可能。他说：“两淮岁课百余万，安所取之？取之商也。”国家专卖食盐“若商不得利，徒业海上，饥无所得粟，寒无所得衣，是坐毙耳。……且商人皇皇求利，今令破家析产，备受窘困，富者以贫，贫者以死。彼所恋旧堆之盐，预征之课未忍割而徒业”。针对此种境况，“松江李雯论盐之产于场，犹五谷之生于地，宜就场定额，一税之后，不问其所之，则国与民两利。又曰：天下皆私盐，则天下皆官盐也。此论凿凿可行。”顾炎武赞同李雯（1608—1674）的观点，认为政府不应控制盐业，而由商人自由经营，并且实行“就场定额”，即在产盐区所在郡县一次性征税。这样既能确保郡县的“生财之权”，又允许商人追求合理的“私利”，有益于避免贩私盐之罪名，维护社会稳定，达到“国与民两利”。

关于茶叶贸易，他主张仿照北宋嘉祐时的办法，废除由官府向茶农发放茶钱和茶叶专卖制度，“纵园户贸易，而官收租钱”。将所收的税款交归榷货务，以补偿边界驻军购买粮食的费用，这样做“可以疏利源而宽民力”。

总之，他站在新兴市民的角度，以盐、茶为例分析国民关系，认为“民得利，则财源通而有益于官，官专其利，则利源塞而必损于民”，反对国家过多干预，以此达到“厚民生，强国势”。

四、政策改革——“废生员”“易币制”

（一）“废天下之生员，而百姓之困苏”

顾炎武清楚地认识到，人民的生活之所以痛苦不堪，还在于有一个由乡宦、生员、吏胥组成的庞大特权阶层，这一阶层占有了大部分的土地，却享受着免役或免赋的经济特权，而国家赋役的负担则转移到了广大无地或少地，又无任何官本位背景的民众身上。其在《生员论》中说：“天下之病民者有三：曰乡宦，曰生员，曰吏胥。是三者，法皆得以复其户，而无杂泛之差，于是杂泛之差，乃尽归于小民。今之大县至有生员千人以上者，比比也。且如一县之地有十万顷，而生员之地五万，则民以五万而当十万之差矣。一县之地有十万顷，而生员之地九万，则民以一万而当十万之差矣。民地愈少，则诡寄愈多，诡寄愈多，则民地愈少，而生员愈重。……然而一切考试科举之费，犹皆派取之民，故病民之尤者，生员也。故曰：废天下之生员，而百姓之困苏也。”

他认为，在中国传统社会中，人们之所以向往成为国家体制下的官员，就在于他们常享有经济上的特权。而这一由乡宦、生员、吏胥所组成的庞大的特权阶层中，尤以生员的经济特权对民众的利益所造成的危害最大。因此，顾炎武主张，只有废除生员制度，取消其经济特权，才能使那些没有任何官本位背景的人们所遭遇的困境和痛苦得以缓解，才能使富民这一理想的落实真正成为可能。

（二）币制改革

为了社会经济的稳定发展，他认为国家货币政策的制定应该遵循“钱者，历代通行之货，虽易姓改命，而不得变古”的原则，反对以帝王的年号铸之钱文。他认为“尝考之于史，年号之兴，皆自季世”，只有末世君王才热衷于把年号铸之钱文；至于所谓“论今据古，宜载年号”之说，乃是不懂得以货币为“永世流通之术”的愚昧观念。

为了促进商品经济的发展，他极力主张币制的统一，反对地方保护主义的货币政策。他说：“近日河南、陕西各自行钱，不相流通，既非与民同利之术，而市肆之滑乘此以欺愚人，窘行旅。《盐铁论》言：‘币数变而民滋伪。’亮哉，斯言矣!”顾炎武的这一论述，反映了打破地域壁垒、建立统一的全国贸易市场的时代要求。

顺治二年（1645），顾炎武在《钱法论》中提倡“钱自上下，自下上”的货币流通机制。同时，他还反对以银作为唯一赋税形式。通过社会考察，他发现由于采矿和海外贸易的中止，白银在民间的流通量变少，偏远地区商业又落后，更缺白银。顾炎武因此建议：“凡州县之不通商者，令尽纳本色，不得已，以其什之三征钱。”这些都是从民生的视角提出的经济政策。

五、结语

作为明清之际思想家，顾炎武深受社会时代背景影响。当时社会新旧观念杂糅，这就决定了顾炎武所提出的“富民观”既有历史进步性，又带有某些致命的局限性。

剖析顾炎武的富民思想，我们可以发现其以下进步性：第一，他以“明道救世”为指导，提出“利民富民”思想，将“富民”与“富国”紧密联系起来，一反传统，维护市民利益。第二，提出“百姓自为”的自由经济命题，同时提倡“农商并重”，对后世经济甚至于当今商品经济的发展亦有一定启示意义。第三，打破宋明理学的“以公灭私”禁锢，提出“合私成公”，肯定个人私利的正当性、合法性。

但囿于根深蒂固的传统思想影响，顾炎武的富民思想又表现出保守的一面。他提出的“寓封建之意于郡县之中”制度，本意是想改变封建主义，扩大地方权力，使地方能根据具体情况从事富国裕民之道。然而，这种“封建之意”想法本身可能是历史的倒退，存在很多局限性。

本文主要以顾炎武的学术论述为基础，围绕他的富民思想这一条主线进行梳理。这既是一个深入了解与挖掘顾炎武富民思想的过程，也是深入学习以为当今所借鉴的机会。当今时代距顾炎武所处时代已有近400年的时间跨度，然而顾炎武的思想理论却并未蒙上历史的尘灰，历经世事变迁却依然闪耀，我们依然能从中国过去的社会历史中、从先贤的哲思中吸取经验与教训。

“公”与“私”的辩证法

——顾炎武“富民观”的历史语境与当代价值

北京大学中国语言文学系 2020 级本科生　**李泽廷**

历史上的顾炎武似乎具有两重身份，其一是专攻经史考据的文人学者，其二是提倡经世致用的社会理论家。很长一段时间，顾炎武作为经史学家的身份似乎盖过了后者，直至道光年间，对顾炎武的认识才经历了“经济胜于经史”的翻转，如黄汝成在为《日知录集释》所作的序言中写道：“先生因时立言，颇综核名实，意虽救偏，而议极峻正，直俟诸百世不惑，而使天下晓然于儒术之果可尊信者也……先生负经世之志，著资治之书，举措更张，言尤慨切。”在此，顾炎武的意义更多体现在“因时立言”“经世之志”等方面，即一种更具现实性的社会关切与治理实践。这样一种转变无疑需要被历史化地加以看待：事实上，对顾炎武评价的转移也意味着一种时代风气的转移，与此相关联的是晚清以来商品经济的不断发展以及市民/“富民”阶层的不断壮大。而在顾炎武的社会治理理论中，关于“富民”的观点实际上占有十分重要的地位，这也内在契合了晚清社会知识分子的核心关切。在这一意义上，对作为社会理论家的顾炎武的“再发现”无疑意味着一种历史化的建构。在今天，如果我们希望从顾炎武的“富民观”中汲取更具当代性的理论启发，或许仍需要首先还原至这一理论生成和被接受的历史语境，从中把握顾炎武“富民观”中最具创造性和生产性的建构模型，并将其与当代的社会状况相适应。这或许可以算作本文的一点最基本的问题意识，也是笔者对“历史视野下的顾炎武富民观”这一主题的一点最浅薄的理解。

一、“以私成公”：“富民观”的政治哲学基础

首先需要明确，在中国古代的理论谱系中，社会理论与相对更为形而上的哲学理论、政治学理论始终是高度一体化的。顾炎武所提出的“富民观”在最基本的意义上属于社会治理理论，甚至是经济理论，但其背后始终存在着某种政治哲学基础，而这一哲学思想或许需要在宋明以来儒学发展的脉络中才能被更好地理解。长期以来，顾炎武始终被视为某种宋明理学的批评者，一如全祖望对其观点的概括：“自有舍经学以言理学者，而邪说以起，不知舍经学，则其所谓理学者，禅学也。”从提倡经学考据、反对空谈义理的角度来看，顾炎武所承继的是汉学的传统，与此相对的极端便是陆王心学，故而有学者认为顾炎武所批判的只是陆王以来的“理学末流”，仍是程朱嫡脉的保卫者。但可以看到，顾炎武并非完全处在程朱以降的传统当中，他绝不是“存天理，灭人欲”式的理学捍卫者，而是对个人葆有着更为开明和包容的态度。《日知录》中明确写道：“自天下为家，各亲其亲，各子其子，而人之有私，固情之所不能免矣。”在此，“私”是“情之所不能免”，是完全可以被认可的存在，在学理层面拥有了合法化的依据。

然而，对“私”的肯定并不意味着一种个性张扬的自由主义，“私”必须与“公”结合起来才能获得自身的规范领域。换言之，顾炎武最终所要达到的目标始终是经典儒家的“天下治”，而他与朱熹的不同之处在于，朱熹认为只有以普遍化的“天理”强行克制人的“私欲”才能达到理想的社会状态，而顾炎武则强调只有最大限度地保障个人之“私”的实现，社会才能凝聚起“公”的力量。对这一观点最为集中的表达体现在《郡县论》中：“天下之人各怀其家，各私其子，其常情也。为天子为百姓之心，必不如其自为，此在三代以上已然矣。圣人者因而用之，用天下之私，以成一人之公而天下治。”在此，“天下治”的儒家理想与“因而用之”的道家哲学似乎有机结合了起来：在微观的个人层面，仍然需要以儒家的经典规范“自为”，不断自我约束、勤俭致富；而在宏观的社会、国家层面，每个人的“自为”实际上可以被“圣人”以道家“无为”的方法“因而用之”，社会经济似乎可以受到来自亚当·斯密所谓“无形的手”的调控，从而凝聚起国家富强的强大力量。在这一意义上，“公”与“私”的二元对立通过“以私成公”的方式获得了

辩证法的统一，由此形成某种理想的社会形态。

这一点事实上构成了顾炎武“富民观”极为重要的哲学基础。在这种“公”与“私”的辩证法哲学中，“富民”并不仅仅是为了实现个体的经济富裕，更是为了实现国家的经济发展、社会的长治久安。所谓“善为国者藏之于民”，“民”本身就是“国”的有机组成部分，两者并不是简单的统治—被统治的二元关系，而是一种经典的“水”与“舟”式的辩证平衡，一种无法截然分开的有机关联。因此，从“富民”到“富国”并不是一个量变引起质变的线性逻辑，而是体现了一种更为内在的辩证统一结构：“富民”就是“富国”，“富国”必须“富民”。此外，“富民”也是社会治理的一个基本前提，是提升“硬实力”和“软实力”的双重起点。顾炎武的“富民观”中也包含着这样的设想：“今将静百姓之心而改其行，必在制民之产，使之甘其食、美其服，而后教化可行，风俗可善。”这实际上涉及了经典马克思主义所谓的“经济基础”与“上层建筑”的关系问题，最基本的经济结构决定了文化、政治、意识形态等“上层建筑”的发展状况，要提振社会风气、维护社会秩序，也必须从“制民之产”、使“民”富裕开始做起。这样一种从“经济基础”到“上层建筑”的发展逻辑也同样内在于由“私”到“公”、以“私”成“公”的哲学思想之中。

从这一哲学基础延展开去，可以发现顾炎武的“富民观”实际上处于一个彼此具有互文关系的理论网络当中，与他的其他社会政治思想都存在相通之处。以他最具代表性的郡县论为例，顾炎武提倡“寓封建之意于郡县之中”，认为“封建之失，其专在下；郡县之失，其专在上”，主张用周之封建的精神义理来治理郡县制的国家，破解当时郡县制度所导致的过度专政和官僚体系僵化等问题。渠敬东在分析这一理念时指出：“周封建的最大价值，在于天子从不掠人之私，天子‘不敢肆于民上以自尊……不敢厚取于民以自奉’。这里的辩证关系是，天子依人之常情以治理，让百姓守亲亲、尊尊之道，合居共存之德，而不是以所谓的公权力强行规定普通民众的生活方式，才是治国理政之大理。”从中不难发现，“寓封建之意于郡县之中”背后的政治哲学与“富民观”存在高度的相似性，都指向了某种弱化专制、强调民权的立场和由“私”到“公”、以“私”成“公”的辩证法哲学。从这种关联性中，我们或许也可以更好地把握顾炎武“富民观”背后的政治哲学基础，以及由此生发的更具有普遍性的问题意识。

二、“富民”的有机组织与社会价值

如果说“公”与“私”的辩证法哲学为顾炎武的“富民观”搭建了一个基本的框架基础和理想模型，那么这一模型的运转则必须依靠具体的现实载体，在“公”与“私”之间实现“中介”的功能。在顾炎武那里，这一中介性的载体便是“富民”群体。顾炎武一向十分重视“富民”群体的社会意义，他认为：“其为国任劳，即无事之时宜加爱惜。况今多事，皆倚力富民，若不养其余力，则富必难保，亦至于贫而后已。无富民，则何以成邑？宜予之休息，曲加保护，毋使奸人蚕食，使得以其余力赡贫民，此根本之计。”在此，“富民”群体作为国家“藏富”的对象，实际发挥着某种有机的“缓冲”作用：在社会经济富足之时，“富民”通过劳动生产积累了一定的财富，使其能够在社会经济秩序出现问题时在一定范围内起到秩序维持的作用，保证贫富关系不至于彻底走向极端。借用美国社会学家帕森斯的社会系统模型，有机的“富民”群体实际上发挥着某种“潜在维持”的功能，对国家经济社会的稳定发展起到了至关重要的作用。

从这个角度来看，顾炎武意义上的“富民”群体并不是一个固定化、符号化的社会阶层，而是一个处在动态社会结构中的有机组织。“富”与“贫”之间不再是简单的剥削—被剥削的二元对立关系，而是处在一个相互协调的有机生产过程当中，毋宁说是“富民”对经济生产发挥着某种“再组织”的作用。基于对微观生产过程的分析，顾炎武得出了这样的结论：“盖贫民种田，牛、力、粪、草不时有，塘池不能浚而深，堤坝不能筑而固，一遇水旱，则付之天而已矣。今富室于此等，则力能豫为，故非大水旱，未有不收成者。况富室不能自种，必业与贫民，贫民虽弃产，而实与富室共其利，收一石，则人分五斗，收十石，则人分五石。又牛力、种子出于富室，乃贫民之所依，可有而不可无也。”从某种程度上讲，顾炎武所设想的这一社会生产模型无疑带有一种资本主义社会中雇佣与被雇佣关系的基本雏形。事实上，他所处的时代也正是中国商品经济初步发展、民间资本主义萌芽初步形成的时期——这也是顾炎武“富民”理论形成的客观历史条件。相较于主流的封建小农经济而言，这一思想无疑具有超前性，甚至我们可以发现，即便是相较于西方经典资本主义经济体制而言，顾炎武的“富民观”也具有超越之处。这一超越同样体现在“富民”自身有机性的特点中：这一群体的行为并非完全出于自身的利益考量，而是面对着宗族社会结构、儒家道德伦理的多重制约。顾炎武并非没有意识到贫富差距可能带来的社会矛盾，他指出：“民之所以不安者，以其有贫有富。贫者至于不能自存，而富者常恐人之有求，而多为吝啬之计，于是有争心矣。”在此，“吝啬”的指责似乎就意味着存在某种道德规范，一旦“富民”越过了这一规范，自然会受到主流社会儒家道德伦理的批判与制约。此外，顾炎武进一步认为：“夫惟收族之法行，而岁时有合食之恩，吉凶有通财之义。”如此则“不待王政之施，而矜寡孤独废疾者皆有所养矣”。对“富民”群体而言，“收族”又构成了另一重制约，使其无法仅仅从自身利益考虑，而必须同时兼顾宗族的社会效益。身处这样一种复杂的社会结构当中，“富民”从来就不是西方意义上的“理性人”个体，而是传统社会的有机组成部分，是微观“经济共同体”的一员。事实上，所谓的“有机”仍然指向了一种“公”与“私”的辩证逻辑，“富民”在实现自身经济富裕的同时，必须也必然会为周边的社会关系带来红利，进一步维护了更为宏大的经济结构的稳定发展。

今天，中国社会已然不处于民间资本主义自由发展的初级阶段，也不再具有一种普遍性的宗族社会结构。在这样的时代背景下，顾炎武的“富民观”依然具有十分重要的理论意义，其核心要旨便在于这样一种“公”与“私”的辩证法结构。由于时代社会的发展变化，顾炎武“富民观”的“术”在今天已经不可能完全尽善尽美——儒家道德和宗族结构的制约或许已不再具有实际效力，取而代之的应当是更加合理化、规范化的再分配制度；但顾炎武将“公”与“私”相辩证统一的“道”无疑仍然具有启发性，也正是在这一意义上，历史视野下的“富民观”或许才能够被历史化地应用。

三、当代视野下顾炎武“富民观”的社会意义

以上论述实际上已然涉及了理解顾炎武“富民观”的当代视野，在将这一理论充分历史化的基础之上，或许可以进一步推动其在当下社会语境中的“创造性转化”与“创新性发展”。基于上述讨论，或许可以从顾炎武的“富民观”及其相关联的理论体系中获得如下启示，生发更具有当代性的社会意义：

其一，坚持“富国”与“富民”的统一，将“公”与“私”的辩证法根植于治国的基本方略。顾炎武政治哲学的基本内涵便是将“民”之“私”作为“国”之“公”的辩证基础，唯有不断提升百姓个人的财产水平和生活质量，国家社会的经济秩序才能得以稳定发展，作为“上层建筑”的政治文化战略也才能得以有效推进。

其二，塑造一批“有机”的中介性群体，将“公”与“私”的辩证法实践于微观的现实载体。在顾炎武“富民观”的设想中，“富民”群体一方面具有相对的财富优势；另一方面又受到宗族社会、儒家伦理的制约，故而能够在经济生产过程中实现有机的协调作用，在“私”的利益考量同时兼顾“公”的社会效益。

其三，弘扬“义”“利”统一的价值观，将“公”与“私”的辩证法内化于社会的道德体系。在顾炎武的思想体系中，“富民观”或许并非一个经济领域内部的独立命题，“富民”也并不是其理想社会的终极形态。如前所述，顾炎武已经设想了一条由“富民”“制民之产”到“教化可行，风俗可善”的社会发展道路，且在道德层面也对“富民”群体提出了有机性的要求。或许可以说，顾炎武希望借由“富民”所达到的仍是一种儒家哲学的“天下治”理想——这不仅是一种政治状态，更是一种道德状态。因此，就“富民观”本身而言，或许还潜在蕴含着一种“义”与“利”之间的辩证法，与“公”“私”之间的辩证逻辑具有内在的同构性。在这一点上，顾炎武的“富民观”仍具有十分重要的当代价值，为当代经济社会的道德规则提供了可供参照的标准。当然，顾炎武所设想的道德规范并未超越传统儒家的思想框架，故而必然存在一定的守旧性。在今天，我们更应当提倡的是一种传统与现代相融合、相适应的社会主义核心价值观体系，作为维护社会经济秩序的道德依据。

顾炎武的“富民观”诚然带有特定时代的历史限制，但其背后深刻的哲学思想和现实的社会关切仍然值得被今人所学习和借鉴，并在与21世纪中国社会状况相适应的过程中，创造性地将其转化为治国理政的理论资源和社会建设的文化依据。然而，一切的转化与应用仍然首先需要从历史文献的文本出发、从文本所回应的社会问题和历史语境出发，基于历史化的方法论前提做出进一步的推演和判断。这种“历史视野”是本文始终希望坚持的问题意识，在今天，或许这也是我们对待前人的思想理论应当抱有的合理态度。

顾炎武《日知录》富民观初探

——以卷十至卷十二为中心

河北师范大学文学院 2020 级本科生 **冯春桐**

顾炎武生于古代社会矛盾集中爆发的明末清初之际，属江南望族顾氏。他自少留心经世致用之学，关注政治时局之变，后又游方考察、遍阅县志，丰富的人生阅历和深厚的家学渊源使其在经学、音韵学、历史地理学等多方面都颇有建树，与黄宗羲、王夫之并称为明末清初的“三大思想启蒙家”。《日知录》是顾炎武经年累月、呕心沥血之作，关注了众多社会现实问题，囊括了其全部的学术思想。其中，他多次提出“藏富于民”“利民富民”的观念，积极寻求能够使百姓致富的良方，与习近平总书记在新时代提出的“消除贫困、改善民生、实现共同富裕”的理念不谋而合。本文拟通过对《日知录》卷十至卷十二的探究和诠释，追索顾炎武富民思想的当代价值与启示。

一、富民之本在于百姓

“富民”的理想一直为儒家学士所推崇，但在王朝统治的实践中却难以实现，政府往往会通过征收百姓赋税来加强对国家财政经济大权的控制，进而发展中央集权。对此，顾炎武认为“财聚于上，是谓国之不祥”，国家不应该与民争利。因而，他提倡保护国民生计，强调民富则国安，亦赞成《管子》“与天下同利者，天下持之；擅天下之利者，天下谋之”的观点。

但顾炎武深知，要想实现最大程度的“富民”，必须得到统治阶层的支持。上层统治者往往会通过国家干预经济的种种手段以集中财富、充盈国库，而“富民”就意味着需要说服统治者让渡部分权力，设置一定保障来均衡社会财富的配置，改变社会财富高度集中于上层阶级的单一流向。据此，顾炎武首先做的就是打破“富国”与“富民”的矛盾对立观念。他强调百姓与财用对维护国家统治稳定的重要性。他认为，高度集中的财权意味着上层阶级掌握甚至私吞社会的主要财富，而其中势必会存在剥削百姓的情况。“搜括不已，至于加派；加派不已，至于捐助，以讫于亡”，正是这种社会现象的揭示和写照。不难看出，民力之匮是由于财权高度集中于上，宋时就曾出现过因“一钱以上皆归朝廷”而导致纤弱不可振的萎靡之象。民无余财，百姓的生活愈加贫困，则民穷而生变，政府公信力必将降低，政策的下发与执行势必会受到阻隔，“今日所以百事皆废者，正缘国家取州县之财，纤毫尽归之于上，而吏与民交困，遂无以为修举之资”，进而危及国家集权统治与社会安定发展。明末熹宗曾痛心疾首道：“且天之生财止有此数，既上不在官，又下不在民，岂可目击时艰，忍置之无用之地？”顾炎武正是从历史的教训中愈加肯定“藏富于民”的合理性与必要性，又从国家与百姓关系这一角度提出“富民”的措施。

货币作为市场流通的手段和社会财富的象征，极容易在不平等的封建关系和特权运作下被聚集到上层阶级手中，导致百姓日趋穷困。显然，这并不是顾炎武愿意看到的。他认为，作为货币媒介，银钱的职能应该是“将以导利而布之上下，非以为人主之私藏也”。因此，他希望统治者能够主动引导国家与人民之间的货币流通，“民有余则轻之，故人君敛之以轻；民不足则重之，故人君散之以重。凡轻重敛散之以时，则准平”，通过经济政策的倾斜和调整以保护百姓的利益，促进社会公平，而非将财富积聚于极少数社会上层阶级手中。

在此基础上，顾炎武反复申述国家应当采取适当的措施引导百姓增加财富。一方面，他强调“劝课农桑”是使百姓富有的重要途径，各地区政府有关部门应当及时督促其所辖属的百姓积极从事农业劳作，促进自然经济的发展。例如，可效仿北魏景穆太子“使无牛者借人牛以耕种，而为之芸田偿之”，再将百姓的名字标于田首以便从土地的耕作状况知晓其勤惰状态，又禁止饮酒、游戏等娱乐活动，达到大增垦田的效果。除此之外，他渴望国家能够将土地分配给农民耕种，并适当实施奖惩措施，“男夫十五以上，受露田四十亩，妇人二十亩。民年及课则受田，老免，及身没则还田。诸桑田不在还受之限”，并且要求百姓在相应的年限之内对土地的收成负责，如果未能达到相应的要求，则“夺其不毕之地”。

另一方面，他觉察到了封建社会末期资本主义萌芽的出现和商品经济的日趋活跃，在此背景下，他鼓励官府引导发展自由经济。面对边陲百姓“今边郡之民，既不知耕，又不知识，虽有材力而安于游惰”的状况，他提倡州县有司锻造纺织工具，散发给百姓，并招募善为纺织者对百姓加以指导。不出几年，百姓不仅能够自给自足、减少买布的费用，还能够自享其利，额外增加收入。边郡也能够借助纺织业的发展富足当地，缴纳国税。此不失为富国富民之业。除此之外，顾炎武还在畜牧业、马政、盐铁业等方面提出了类似建议，思路同样是让政府通过主动引导、条件放宽、适当让利等种种政策来调动百姓的主观能动性，既能够增加百姓的财富，又能够发展经济，充实国库，达到“双赢”的局面。

总的来说，顾炎武这一思想的实质在于承认“民富即国富”的合理性，特别强调“国富”与“民富”之间的内在联系，而否认“富国”与“富民”之间存在根本性的对立冲突和不可调和的矛盾。

二、富民之要在于土地

古代中国主要经济形态是自给自足的小农经济，农业所产出的经济效益是中国古代社会的主要财富来源，而农业生产又高度依赖土地，可以说，土地问题在古代社会举足轻重，关涉非常。在此背景下，社会贫富差距的产生与土地有着不可分割的关系。顾炎武身处明末清初战乱四起的年代，又深入民间游走考察，自是对土地问题有着相当高度的关注和深刻独到的见解，他在《日知录》卷十特立“治地”这一条目，针对土地制度的弊端追溯起源、征引前失，围绕土地问题的治理提出多种措施，涵盖各个方面。但总的来说，主要分为以下三点：

第一，土地开发应利顾长远，使百姓始终有田可耕，方能促使富民。明清之际，由于人口数量的快速增长，人多地少的形势愈加严峻。为了缓解这种矛盾，政府无节制地破坏植被、围湖造田、破坏水利，使得生态环境遭到严重的破坏。顾炎武基于常年奔走各方的实践经验、对历史地理的研究考察、对中国经济史的反思，敏锐地意识到这种做法的祸端和隐患：其一，土地过度开垦的做法无异于竭泽而渔，急功近利必会适得其反。因而，顾炎武强调在有节制、有限度的前提下提高土地资源的利用率，这一观点显然蕴含着朴素的“可持续发展”生态经济理念。他提出，土地资源应当进行合理且长效的利用，如“田间之涂九轨，有余道矣。遗山泽之分，秋水多得有所休息，有余水矣”，即强调田地、山泽等自然资源不可在短时间内尽数开发，操之过急则很容易造成“十年之中，荒恒六七，而较其所得，反不及于前人”的结果，不仅土地的产出无法保证，百姓在其余产业的收入也会受到影响，不利于整体社会财富的长期增长。其二，作为农业社会的主要生产资料，土地是农民安身立命的根本，也是家庭财产的主要构成。但土地面积的增多往往并不会给农民的生活带来改善，反而会加重负担。虽然土地面积总量高速增长，但此前增加的土地在实际社会运转中并不会落入普通农民手中，而会落入大地主手中。如此发展下去，在无天灾的情况下，土地所产出的财富总量是相对恒定的，但却更加集中在少数地主手中，贫富差距会进一步拉大。在有天灾的情况下，多数农民所拥有的少量土地不仅难以上缴赋税，更无法维系正常生活。为了生存，自耕农只能向地主租借土地，而此时他们又将面临地主的高利贷，结果往往是根本无法承担如此沉重的租金，沦落到更加穷困的绝境，民穷则易滋生动乱，给社会带来不稳定因素。因此，他强烈反对不尊重客观自然规律的开发措施，而推崇先贤“无弃也，而亦不尽地”的开发原则，试图使土地的开垦能够“年计不足而世计有余”，将土地总量的增速控制在循序渐进的范围之内。

第二，土地制度应顺时而变，根据民情调整分配政策。回顾历代王朝建立初期，顾炎武发现，王朝更迭所带来的战乱会消耗大量人口，无主荒地因此增多，因而国家统治初期的土地制度往往会倾向鼓励农耕、休养生息，但这只能解决一时的燃眉之急，并非长久之计，反而会为日后改革带来不小的阻力。洪武初年，明太祖曾有诏“能开垦者，即为己业，永不起科”，虽一时解决了大量荒地无人开垦的窘境，但从长远来看，田制不立所带来的人口隐漏、收税不公带来的争竞不断、赋税不足带来的仓廪无积等问题层出不穷，以致出现“有司恐亩数增多，取骇于上，而贻害于民，乃以大亩该小亩，取合元额之数”这样的谎报土地面积之举。这不仅是国初一味效先，立法太过，后世改革更是举步维艰、积重难返。

对此困境，顾炎武提出了具体的、可操作的措施。他强调“谨权量，审法度”，统一土地的衡量标准、整理土地的经界是统治者之要务，合理划分土地是国家赋税的保障，这对于国家政治稳定、社会经济发展有非同一般的效用。经界不正是古代社会长期存在的矛盾。顾炎武显然也注意到了这一历史问题，并在“治地”中首先关注到了“斗斛丈尺”，提出适时统一权量之制。在当时，田制混乱已经到

“工不信度”“取民无制，权量之属，每代递增”的地步。例如，计量土地面积的单位混乱不一，“有以二百四十步为亩者，有以三百六十步为亩者，有以七百二十步为亩者”。丈量土地的器具尺度参差不齐，“其步弓有以五尺为步，有以六尺、七尺、八尺为步”。法度不一则为逃避税赋提供了可乘之机，易造成“川亩转易，丁口隐漏，兼并冒伪”“或差毫厘，锤钩为奸，害及黎庶”等种种事端。可见，丈量土地的单位不统一，势必滋生奸诈。其中，富农或者大地主阶级会抓住田制不一的漏洞，利用各种方法为自己减免赋税。而无权势的底层贫农则既需要付出耕作的辛劳，又需要缴纳沉重的赋税。如此则社会的贫富悬殊程度会进一步加深、社会矛盾也会进一步累积。因而，土地制度不整饬，掌握社会大部分财富的人就会想尽办法偷税漏税，而将沉重的赋税加压在普通百姓头上，如此则剥削加重、夺财于民，国家税收就不会充足，国无储财则集权削弱，政权不稳则滋生动乱。因此，核实土地占有的实际情况，保证土地占有者以实际拥有亩数缴纳赋税是必行措施。

第三，土地兼并应当不断抑制，竭力减轻社会的贫富分化。事实上，这是古代社会恒久未解的问题。在封建土地私有制的社会背景下，地权高度集中在官绅地主手中，“强者并兼山泽，贫弱者望绝一廛，致令地有遗利，民无余财。或争亩畔以亡躯，或因饥馑以弃业”。因此，顾炎武提出加快土地流通、增加自耕农土地的设想。他崇尚唐以前的“口分、世业之制”，渴望能够“均给天下之田”，但他也意识到，这样的构想如若付诸行动则步履维艰。因此，他提倡减轻粮额、禁限私租。明清之际，江南之地由于田亩甚窄而税于其中，岁收甚少而私租之重，“今日完租而明日乞贷”的佃农十之八九。顾炎武希望朝廷能够干预佃户私租泛滥无止的现象，通过合理的税租限制使得贫者有余利，富者不至于穷。如此则能够达到缩小贫富差距、减轻公允失衡、维持社会稳定的效果。

三、富民之实在于赋税

赋税属于统治者管理经济的重要手段，也是国家财政的首要来源和维护统治的主要支柱。在以农为本的古代中国，赋税制度长期附着于土地制度之上，土地制度决定赋税制度，赋税制度应当随着土地制度的发展而作出相应的调整，以促进生产发展、保持社会稳定。同时，它也是调节社会分配、缩小贫富差距的重要手段。赋税不平，则贫富不均，赋税制度关系着富民政策和土地改革是否真正落实，是检验其成效的重要衡量标准，也是保障底层贫民利益的紧要关卡。因而，顾炎武格外关注百姓赋税的问题。

制度层面，顾炎武在《日知录》中毫不避讳地抨击和批判“以钱为赋”，认为其实质上是厚敛于民，很容易造成“国富民贫”。自唐中叶实施两税法后，农民不能够用粟与帛等土物来缴纳地租赋税，而需要将其换成货币来缴税。然而，“田野之氓，不为商贾，不为官，不为盗贼，银奚自而来哉”，铸钱的权力在官府而非在百姓，这无形中极大地增加了百姓的负担。况且，官府强迫农民用土地的产出交易钱币，又不能够保障百姓的基本利益，造成“丰岁则贱粜半价，不足以充缗钱。遇凶年则息利倍称，不足以偿逋债”，由此可见，王公商贾借此厚敛百姓之财，只进不出，而百姓在“以钱为赋”的压迫下连自给自足都无法保证。久而久之，一方面，劳逸悬殊，底层百姓愈加远离国家财富，贫富差距日益拉大，“商贾大族乘时射利者，日以富豪；田垄罢人望岁勤力者，日以贫困”，而这无疑会打击农民劳作的积极性，进而影响统治的恒久稳定和国家的长远发展，“田卒污莱，室如悬罄。人力罕施，而地利多郁；天时虚运，而岁功不成”。另一方面，银钱的流通趋于停滞，“钱重物轻”的局面一发不可收拾，钱荒之害由此始。因此，顾炎武一再强调银钱不能够积滞于国或私家，谷轻而钱重的现象必须受到遏制，而这需要官府均其贵贱、调其重轻，保护农桑之业的发展。

除攻讦制度的弊端外，顾炎武还在卷十中颇费笔墨写下《苏松二府田赋之重》一篇，主要关注了江南田赋过重这一问题。顾炎武根据丘浚《大学衍义补》、杜宗桓《上巡抚侍郎周忱书》以及查阅《宣庙实录》《英庙实录》等资料，发现苏州、松江两府的赋税畸重。科征既重，民力愈竭，以致“天下之民咸得其所，独苏、松二府之民则因赋重而流移失所者多矣”。考察原因，一是在于明朝初期籍没土豪田租，私租变为官粮；二是在于在百姓买卖过割之际，由于“版籍讹脱，疆界莫寻，村鄙之氓未尝见册”，往往以官作民。职是之故，苏州、松江两府官田比重分别高达62.99%与84.52%，官田过多且田赋过重，弊政困民，使得农民卖儿鬻女都无法供税，不得已而逃，导致百姓无法按期缴纳赋税，“田地荒芜，钱粮年年拖欠”，国家财政只能是“徒有重税之名，殊无征税之实”。因此，顾炎武认为，统治者应该稽古税法，斟酌取舍，适量改官田为民田，鼓励在保留部分官田的前提下自由买卖土地。这既能够减轻百姓过重的赋税负担，缓解流民问题，维护统治稳定，又能够促进土地自由流通，提高农业生产效益。此外，亦需施行厚下之政，例如可效仿董仲舒分租、陆贽包租，政府通过国家宏观调控使得“贫者渐富，而富者亦不至于贫”。

四、评价

综上所述，顾炎武的富民思想在《日知录》的第十卷至第十二卷中主要表现为安民、治地、理财。由于政权动荡的社会环境和稽古所得的写作风格，他提出的许多富民观点和相应的措施方案都是在总结明朝弊政经验的基础之上，希望借助政府宏观调控的手段调节社会贫富差距，实现朴素的均平理念，这也正是其经世致用的宗旨的具化表现。但实际上，笔者认为，顾炎武大胆提出并且多次论述“善为国者，藏之于民”的利国利民观，固然具有超出同时代思想的远见卓识，但他的富民理念仍然具有相当浓厚的理想色彩，并未超出其阶级的局限，现实可行性也存在可质疑的余地。

在“国富”与“民富”的关系上，他意识到，“富国”与“富民”的主要差别是在社会财富的配置和流向的不同，但并无根本性的冲突和矛盾。因而他希望统治者能够认识到钱币为“上下共通之财”而非“一家之物”，提倡统治者适当让利于民，通过社会财富的流通来保持经济社会的通畅运转。然而，要求上层统治者自我约束、克制欲望、自行俭约，这本身就是相当荒唐可笑的，其实质上也不是真正地以民为先，而是将维护一般人民的利益的理想寄望于统治阶层为百姓留有余地，这无异于空中楼阁、缘木求鱼。除此之外，他还将普通百姓遭受官绅阶层压迫的原因归结为“俸给之薄而无以赡其家”。又推究源流，认为官员俸禄低的根本原因在于“以钞折米，以布折钞，以银折布”，还提出“量为增益，俾足养廉。如是而仍有贪污，惩之无赦”。他试图通过提高官员俸禄以“养廉”，从而减少剥削，使百姓逐渐富足，进而稳定统治。本质上仍然是寄望于既得利益者的“良心发现”，仅仅为士绅阶层争取到了利益，根本无法确保百姓能够真正得到实惠。由此不难发现，顾炎武虽然出于个人经历关注民生疾苦，但其富民思想还是主要以维护皇权统治、士大夫利益为着力点，以地主阶级自救为目标，并未完全摆脱阶级的局限，以人民本位作为出发点和落脚点。

尽管如此，顾炎武在当时的社会背景下能够不讳谈财，希望百姓能够摆脱穷困的境遇，为其能够达到“五年而小康，十年而大富”的发展出谋划策，已经具有近代社会性质因素和启蒙意义。他所提出的鼓励土地自由买卖、加快货币上下流通、改革赋税以调整社会分配等措施，其主观上虽不是直接从发展商品经济或发展资本主义着想，但是他的这些思想和主客观上是同商品经济和资本主义的发展的内在要求相一致的。

总的来说，顾炎武在《日知录》中所体现的富民思想既具有尖锐的批判性，又蕴含着大胆的超前性和创新性，其对于历史教训与社会实际问题的深刻反思，至今仍然具有一定的借鉴作用。

顾炎武的“天下观”及其现代性反思

苏州大学政治与公共管理学院哲学系中国哲学专业2022级硕士生　刘志超

顾炎武的“天下观”主要围绕亡国与亡天下之辨进行展开，而且在此过程中层层彰显出其独具特色的“天下观”之深层内涵，对传统“天下观”既有继承又有发展。本文从顾炎武所处的社会环境和其思想活动历程，以及“天下观”的历史思想渊源出发，对其“天下观”的义理发展脉络进行梳理。再顺其义理脉络，融合传统的“天下观”，综合损益，为适应新世界格局而尝试着构建新“天下观”。

一、顾炎武“天下观”的提出背景

从社会环境看，顾炎武生活的明末时期，内有政治黑暗、官场腐败、士风不正、道德沦丧之忧，外加女真族崛起、民族矛盾激化之患，积重难返最终导致了明朝急剧走向衰亡，清军入主中原而执掌政权，以夷变夏。在抗清失败、复国无望的情况下，顾炎武由亡国、亡天下之痛而引发为何会亡国、亡天下之思，进而探索保国与保天下之道。

从顾炎武的思想活动历程看，其最初在1663年的《裴村记》和《郡县论》中把明亡原因归结于宗法制度在明朝遭到了严重破坏，“国无强宗”，故“知封建之不可复，而寓其意于士大夫”“寓封建之意于郡县之中”，二者皆源于人性自私的观点，即通过士大夫或县令行主观之私而实现客观之公的目的。而在1667年的《与友人论学书》中，“博学于文”和“行己有耻”两条学术原则的提出，标志着其开始从学术和学风方面探索明亡原因，认为明之三百年基业毁亡于一旦，与士“以无本之人，而讲空虚之学”有必然关系。在《与友人论学书》发表不久，顾炎武因山东莱州黄培诗案受牵连入狱，种种生活遭遇，使其对明亡原因有了新的体悟，“而人心之日以浇且伪，盗诬其主人而奴讦其长”，“目击世趋，方知治乱之关必在人心风俗，而所以转移人心，整顿风俗，则教化纪纲为不可阙矣。”认为明亡是由于伦理道德的沦丧而致。而顾炎武将政治以伦理为本之思想的成熟，是以1667年所写的《华阴王氏宗祠记》为标志，文中指出：“有人伦，然后有风俗；有风俗，然后有政事；有政事，然后有国家。”也就是在这样的背景下，顾炎武在《日知录·正始》中提出了亡国与亡天下之辨。

可见，在义理脉络上，顾炎武从生之谓性的气质层面，向生命内部层层转进，透至人之所以为人的义理之性，直指以“仁”为精神内核的儒家文化，在重视义理之性的同时也不轻忽气质之性。

二、顾炎武“天下观”的内涵

（一）“国”与“天下”的历史思想渊源

由于顾炎武的“天下观”是围绕着亡国与亡天下之辨进行展开的，并层层彰显出“天下观”的深意。因此，考察“国”与“天下”的历史思想渊源是研究顾炎武“天下观”的必要进路。

“天下”的最初文义应是作为自然地理空间的蛮荒之地，“天似穹庐，笼盖四野”，这是对天地空间结构的感性直观经验。随着“测天术”的发展，使天下成为意义贯通的世界，并成为权力的重要来源。起初，天文观测中心较为分散，后《国语·楚语下》及《尚书·吕刑》载颛顼帝“绝天地通”，集“通天权”于一身，确立自己政权、教权的中心地位。在这个意义上，天下则演变为一政治宗教共同体。

自西周始，进一步确立了天下的绝对中心地位，使天子所占据的中心成为“天下”意义的源泉、秩序的枢纽，不断强化着对四周、边缘的统摄力。天子以都城为据点统御四方，其直接统治的京畿之地便被称为中国。周平王东迁以后，华夏意识日益觉醒，开始以中国与四夷对言，以中国为中心，向四周梯次扩展，经四夷所居的蛮荒之地，直至大地的边缘——四海，就是整个天下，而“五服”“九服”正是这一理念在政治上的映射。同时，“天命靡常”“惟德是辅”的德行天命观的凸显，也预示着周朝在“教”的方面由宗教转化成了文教，从周公制礼作乐到孔子的仁说、德政，可以说是这一转变的彻底完成，天下由此成了政治秩序和道德文化的世界，孟子和荀子正是在这样的背景下亦提出了国与天下之辨：

不仁而得国者，有之矣；不仁而得天下，未之有也。

尧舜之道，不以仁政，不能平治天下。

三代之得天下也以仁，其失天下也以不仁。

好善优于天下，而况鲁国乎？夫苟好善，则四海之内，皆将轻千里而来告之以善。

大有天下，小有一国。

今人主有能明其德者，则天下归之，若蝉之归明火也。

故可以有夺人国，不可以有夺人天下；可以有窃国，不可以有窃天下也。可以夺之者可以有国，而不可以有天下；窃可以得国，而不可以得天下。是何也？曰：国、小具也，可以小人有也，可以小道得也，可以小力持也；天下者、大具也，不可以小人有也，不可以小道得也，不可以小力持也。国者、小人可以有之，然而未必不亡也；天下者，至大也，非圣人莫之能有也。

国家失政、则士民去之。无土则人不安居，无人则土不守，无道法则人不至，无君子则道不举。故土之与人也，道之与法也者，国家之本作也。

若分解地看，首先，在地理范围上，国家指各诸侯国，范围较小；而天下则指四海之内，范围较大。其次，在内容性质上，国家是集国土、人民、政权于一体的政治共同体，凸显政治单位；而天下则是集国土、人民、政权、文化于一体的政治文化共同体，而且以“仁”为根本精神的儒家文化作为其内核，凸显其文化意义。最后，国家可以通过政治手段强夺，而天下却不可强取。因为天下具有超越政治的文化义，圣王践天子位，施仁政，天下民心如“水之就下”“蝉之归明火”而归之，如此得天下是自然而然的结果，不可亦无法强取豪夺。若综合地看，天下实涵摄且不能脱离国家，作为天下内核的文化义既超越而又内在于国家之中，天下的文化理想，需要内在于国家这一政治单位中而得以彰显实现，而国家则需要天下的文化内涵赋予其灵魂而活转，最终方能实现四夷咸宾，虽万国林立，实为天下一家的儒家政治理想。

秦汉大一统之后，“中国是一个‘内含天下的国家’，其根本特性是，大一统国家继承了天下观念的精神遗产，却又放弃了天下体系制度，于是把天下的世界性结构转化为国家的内部结构，把天下观念用于国家建构而发明了‘一国多制’的大一统。”因此，秦汉以来的中国则是以天下为内在结构的大一统国家，天下和国家的内涵发生了重叠混一。同时，天下（天子）—国（诸侯）的分封制亦为中央（皇帝）—地方（郡县）的郡县制所取代。

清朝入主中原，以夷变夏，亡国与亡天下之痛则深深地刺激着顾炎武开始重新审视儒家视域下“国”与“天下”以及“亡国”与“亡天下”关系，赋予了“天下”以新的生命力。

（二）“亡国”与“亡天下”

顾炎武的亡国与亡天下之辨见于《日知录·正始》，该文首先批判了魏晋玄学、清谈之风，指出士人的生命颓废堕落，弃儒家经典与礼法，全然无君臣之义，“视其主之颠危若路人然”，更无“达则兼济天下”的担当精神，故曰“国亡于上”。上行下效，教化不行，道德沦丧充斥整个社会，亦无“穷则独善其身”的慎独修养，故曰“教沦于下”。看似他亡，实则自亡，最终酿成“羌、戎互僭，君臣屡易”的以夷变夏之悲剧，可谓裂天维、倾地纪、乱人群，不忍而由此引发亡国与亡天下之辨：

有亡国，有亡天下，亡国与亡天下奚辨？曰：易姓改号，谓之亡国。仁义充塞，而至于率兽食人，人将相食，谓之亡天下。魏晋人之清谈，何以亡天下？是孟子所谓杨、墨之言，至于使天下无父无君，而入于禽兽者也。

武王伐商，杀纣而立其子武庚，宗庙不毁，社稷不迁，时殷未尝亡也。所以异乎曩日者，不朝诸侯，不有天下而已。……是则殷之亡其天下也，在纣之自燔；而亡国也，在武庚之见杀。盖武庚之存殷者犹十有余年，使武庚不畔，则殷其不黜矣武王克商，天下大定，裂土奠国，乃不以其故都封周之臣，而仍以封武庚，降在侯国，而犹得守先人之故土。

可见，在顾炎武看来，“亡国”意味着朝廷政权的易主，即改朝换代。通过“易姓改号”“宗庙不毁”“社稷不迁”“守先人之故土”，同样可以抽象出国家是由国土、政权、人民三要素构成，与先秦儒家的国家观一脉相承。同时，顾炎武对“天下”的内核——文化义作了更加深刻的诠释，向内转进而直指儒家的根本精神，就内而言是人之为人的本质即孔子之仁，就外而言是根于仁的礼法。就文本自身的义理脉络而言，“亡天下”之义直承孟子的人禽之辨，“杨氏为我，是无君也；墨氏兼爱，是无父也。无父无君，是禽兽也。公明仪曰：‘庖有肥肉，厩有肥马，民有饥色，野有饿莩，此率兽而食人也。’杨墨之道不息，孔子之道不著，是邪说诬民，充塞仁义也。仁义充塞，则率兽食人，人将相食。”朱熹注：“充塞仁义，谓邪说偏满，妨于仁义也。”也即无君无父的邪说充斥于天下，而阻塞妨碍仁义之道流行于天下。此时人道灭绝，人与禽兽无异。一方面，为人之君不能由根于仁心、行仁政，“厚敛于民以养禽兽，而使民饥以死，则无异于驱禽兽以食人。”另一方面，百姓不能由仁心以待人接物，人伦秩序、生活常规尽丧，故人亦将相食。“人之所以异于禽于兽者几希”的那一点点人之所以为人的本质丧失殆尽，天下的儒家文化内核荡然无存，因此天下亡，随之而来的即是国亡。

反观顾炎武遮掩天下的余义而独显其文化内核，尤其是人之所以为人的本质内容，实是深刻反思了秦汉以后的天下与国家义重叠相混后的弊端而发。因为二者相混而使天下的文化内核不易彰显甚至抹杀，统治者多数只知言天下、打天下、取天下，藏天下于一家一姓之中，然而实不知天下的真义所在，其所言的“天下”实非真正的儒家天下义，仍停留在单纯的政治单位之国家层面而不前，儒家文化的真精神似存而实亡，其取得的只是国家，而非天下，如此便难以做到真正意义上的仁政、德政。因此，国家无法长久不衰，而是呈现出一治一乱的周期性，甚至以夷变夏，这些都在情理之中，都是以气尽理的生老病死之自然生命，而非以理生气的悠久之超越原则，后者方能引生无限的未来，正如王船山所言的“以至仁大义立千年之人极”。所以顾炎武直击问题的要害，再次分辨混淆了两千年的天下与国家之义，在明辨国之所以为国的政治意义的同时，凸显了儒家视域中天下之所以为天下的文化意义，以望后世来者深明国与天下之别，并进一步明晰保国与保天下之义。

（三）“保国”与“保天下”

顾炎武亲历以夷变夏，家、国、天下皆亡于满清，切肤之痛难以言表，认为戎狄与鸟兽无别，“人面兽心，贪而好利”，“论者欲将毁吾道以殉之”，可见“亡天下”亦传达了顾炎武有关夷夏之防的忧患意识。因为国家或朝廷政权组织相当于华夏民族的躯壳，而由仁出发而建立的人伦秩序、礼乐制度等则是灵魂，改朝换代只是换了个躯壳，只要灵魂在，华夏民族的“根”就在，纵使经历寒冬，一旦待到春天，便依旧能够枝繁叶茂，屹立而不倒。然华夏民族的灵魂若为蛮夷文化取代，纵使躯壳还在，但华夏民族则就此随天下亡而亦彻底灭亡。顾炎武担忧以“仁”为精神内核的华夏民族文化被满清绝灭，因此忍天崩地裂之痛而发前人所未发，融人禽、夷夏之辨于“天下”之中，并呼吁匹夫、匹妇皆担当起保护“天下”之责。

因此，顾炎武于《日知录·正始》篇末借山涛荐嵇绍入仕，批评其“败义伤教，至于率天下而无父者也”。同时亦批评嵇绍“忘其父而事其非君”，感叹“自正始以来，而大义之不明遍于天下”。最终得出“是故知保天下，然后知保其国。保国者，其君其臣，肉食者谋之；保天下者，匹夫之贱与有责焉耳矣”的结论。以夷变夏，必始于自身文化生命的堕落，弃人文，灭人道，上率兽食人，下人将相食，沦为禽兽，必导致亡国、亡天下。以夷变夏只是结果，而以“仁”为精神内核的儒家文化之衰亡才是根本原因，故根源不在外而在内，不在他而在己，在于为政者、肉食者不知保天下，遂不知保国，致天下亡，进一步致国亡。故曰：“知保天下，然后知保其国。”因此，在位的肉食者之君臣固然要负保国之责，然保天下之责于其而言更是根本，上行下效，一举一动，皆关乎国家安危。可见，保护华夏民族的文化生命之生生不息，是华夏民族每一个人的责任，倘若其断灭枯萎，无论是在位者之君臣，还是匹夫之贱，皆难逃其责。倘若如春秋之梁亡，“自亡也。其自亡奈何？鱼烂而亡也。”岂不哀哉？

《正始》篇谈的虽是魏晋之事，却有影射当时之意。暗指明清之际，其风如同魏晋，并由此得出，明亡之因在于亡天下，保国之本即在保天下。

三、保天下：以耻为要

由于顾炎武的天下观直指儒家的根本精神：仁及由仁开出的礼法。因此，保天下之要义必然落在心上讲。

就个人而言，须行己有耻。“子曰：‘行己有耻，使于四方，不辱君命，可谓士矣。’”知耻，则有所为而有所不为。若行不合仁义之事，则耻之；若有合仁义之事而不为，同样耻之。因此说“耻”乃为士之根本，故“士而不先言耻，则为无本之人”。又，“人不可以无耻”“耻之于人大矣”，孟子承孔子，同样重视言耻。顾炎武承孔孟之学，由耻而入，以耻为枢纽，进一步建立了一套保天下之策。有关顾炎武的行己有耻观，大致分为两类。第一类，耻于非人。子曰：“夫仁者，制礼者也。”“礼也者，犹体也。体不备，谓之不成人。”仁者制礼，目的就是成其人文，使人成其为人。因而耻于非礼，即耻于非人，故志于行礼而成于人。

这是就立己成人而言。第二类，耻于匹夫匹妇不被其泽。“仁者莫大乎爱人”“古之为政，爱人为大”“思天下之民匹夫匹妇有不与被尧舜之泽者，若己推而内之沟中”，仁者爱人，在位者若根于仁心，必耻于所辖范围内的匹夫匹妇不被其泽，由此而施仁政，实现爱人的目的。顾炎武亦由耻于匹夫匹妇不被其泽而志于普其泽于匹夫匹妇，即由立己成人而推及至立人达人而爱人之境。综合两类，则知顾炎武的行己有耻观实根于孔子之仁与孟子的本心。

就社会而言，移风易俗，通过人文而化成天下。《易传》有云：“刚柔交错，天文也；文明以止，人文也。观乎天文，以察时变；观乎人文，以化成天下。”仁者由内而发彰显仁道而制礼作乐，即“人文”，明人文之礼乐而知止，故有所不为，此即通过人文的熏陶来成全人之为人，将以“仁”为精神内核的人文之礼乐充塞于天地之间，天下之人皆被其泽而有所不为，皆成全其自己而为人，即人文化成于天下，也即顾炎武《日知录》所载“用笃厚风俗，化成天下”。因此，顾炎武将风俗视为保天下之关键，故曰：“有人伦，然后有风俗；有风俗，然后有政事；有政事，然后有国家。”“目击世趋，方知天下治乱之关必在人心风俗，而所以转移人心，整顿风俗，则教化纪纲为不可阙矣。”在顾炎武看来，移风易俗，教化之行，须做到以下几点：（1）国之四维，以耻为要。顾炎武认为，作为关乎国家存亡的四维之礼义廉耻，而尤以“耻”最为关键，因为不耻，则无所不为，“人之不廉而至于悖礼犯义，其原皆生于无耻也，故士大夫之无耻，是谓国耻。”可见，移风易俗，保全天下，首先应以知耻为本。（2）自上而下。顾炎武引用罗仲素言曰：“教化者，朝廷之光务；廉耻者，士人之美节；风俗者，天下之大事。朝廷有教化，则士人有廉耻；士人有廉耻，则天下有风俗。”朝廷行礼乐之教化，士人坚守廉耻之节，上行下效，笃厚之风俗自然流行于天下。此与孔子的为政思想亦是一脉相承，子曰：“子为政，焉用杀？子欲善，而民善矣。君子之德风，小人之德草。草上之风，必偃。”此亦在警醒肉食者之君臣，其为人心风俗之枢纽，一言一行，一举一动，皆关乎社稷安危，不可不慎。根于此，顾炎武还提到劝学、奖廉、抑退轻浮之士、焚伤风败化之书等具体措施。（3）义中求利。顾炎武反对只讲空虚之学，故由“耻于匹夫匹妇不被其泽”而进至泽被天下的经世之实学，并建立了财足化行的“伦理经济观”，主张义中求利，万不可忽义而逐利，“‘自王安石用事，陷溺人心，至今不自知觉。人趋利而不知义，则主势日孤。’此可谓知言者也”。并认为上不可与民争利，孝悌之兴的前提在于有好仁之君与不聚敛之臣，故曰：“故欲使民兴孝兴弟，莫急于生财。以好仁之君，用不聚敛之臣，则财足而化行。”基于此，则得出了“国家之所以存亡者在道德之浅深，不在乎强与弱；历数之所以长短者在风俗之厚薄，不在乎富与贫”的结论，强调义为本，利为末，不可舍本而逐末，亦不可弃末而守本，二者皆不可抛，应当义中求利。

综上可知，顾炎武的天下观是融摄了人禽之辨、夷夏之辨、义利之辨的儒家文化观，是由先秦儒家“天下观”的政治文化共同体向较为纯粹的文化共同体转变。

四、新天下观的初探

在全球化时代背景下，人类同呼吸共命运，而全球性问题亦不断涌现，对承载着中华优秀传统文化之精髓的顾炎武天下观，进行一种现代性转化的探索，未尝不是一种颇具意义的努力。

（一）“天下”既有限亦无限

由“天子祭天地，诸侯祭社稷”“天子者，与天地参。故德配天地，兼利万物，与日月并明，明照四海而不遗微小”可知，周时，天子所辖，天地之间，四海之内，其天下义实是一个既有限而又无限开放的概念，就天子所直接治理邦畿的政治单位而言，是有限的；就其施行仁政，德通天下，四夷咸宾，得民心而天下归仁的文化单位而言，则是开放而无限的。顾炎武明辨了有限的国家之政治单位与无限的天下之文化单位以及二者的关系，为传统天下观为适应当今全球化背景下的世界格局而须蜕变为新天下观作了过渡性准备。如今世界各国呈平等的对列格局，已不同于周时天子—诸侯的天下格局以及秦汉以后中央—郡县的大一统格局，中国由传统的中心国转变为世界中对等的现代化之一国，其传统的天下观亦应随之而调整。

首先，由天下的无限性，可推至天下的空间范围扩充至整个世界，而以“仁”作为内核的文化义亦涵盖整个世界。世界各国文化、政治、经济等历史背景皆不相同，假若以力服人，强使各国联系起来，只能成就某些霸权，冲突不断，显然不是明智之举。因此，假若使各国和谐相处，铸造命运共同体，实现世界永久和平，必须通过一个放之四海而皆准的纽带，以心服人。而“天下观”的内核——“仁”便合此义，“仁”是每个人所能感受到的，以礼相待，小到个人，大至国家，都是乐于接受的，故“天下之民归心焉”“民之归仁也，犹水之就下、兽之走圹也”“通于四海，则天下应之如欢”。如此，则以仁为枢纽，将世界各国连接到一起，世界各国如同一个大家庭，构成一文化共同体。其次，天下的文化内涵倘若不落实到国家乃至个人层面，则只是挂空的、抽象的，故形上的天下只有落实到形下的国家中，才能获得具体性、真实性，而天下亦因其内在于国家之中方能彰著其内涵，于此显其有限性。因此，“天下”之义既无限又有限，既内在于国家之中而赋予其真实的生命，又超越于国家之上而引发无限的未来。

（二）由夷夏之等差转至世界各国对列平等之格局

顾炎武的夷夏观虽带有偏激的情绪，然结合其历史背景及遭遇，实有可理解之处。传统的夷夏观多以中国为天下的政治文化中心，由此而向外拓展，直至蛮夷戎荒，且文明的程度依次递减，然若僵化地认为诸夏与夷狄的文明程度之差别定然不可移，则有失客观，此是以我为中心的傲慢而轻视四方的态度，实不可取。诸夏与夷狄，实是中央和四方的区别，进一步演化为文明程度之别，天下之中央即中国，象征着华夏文明，夷狄蛮荒象征着文化落后。然而，这并非意味着种族的定性、文化程度的定然不可移，因为诸夏文明也是从未开化、较低的阶段不断演变为较高的阶段，“诸夏”亦是从“夷狄”而来，“舜生于诸冯，迁于负夏，卒于鸣条，东夷之人也。文王生于岐周，卒于毕郢，西夷之人也。地之相去也，千有馀里；世之相后也，千有馀岁。得志行乎中国，若合符节。”舜、文王这样的圣人出身也是夷狄，然行圣人之道，亦能至中国而践天子位，实仁政，使天下之民皆归之。所以问题不在夷狄，而在于能否行仁道、施仁政。在此意义上，孔子的“夷狄之有君，不如诸夏之亡也”亦可作此解：与其说夷狄能够践君位、行君道，不如说诸夏自己放弃了君道，进一步丢失了君位，实是自亡，此亦是顾炎武“知保天下，然后知保其国”所警惕的。但若以夷变夏则不可，这意味着用夷狄的落后文化取代先进的华夏文化，亦是顾炎武所言的“亡天下”，固为圣人所反对。

首先，要打破传统天下观中诸夏夷狄的优劣等差之僵化观念，破除以我为中心的傲慢之态度，世界各国是一个平等对列的格局，文化上或确实存在着高低程度之别，然并不意味着此差异是永恒的，而应动态地视之，因为环境瞬息万变，文化落后的可能通过努力学习而变得先进，先进的也可能通过自我堕落而转为落后，须时刻保持、忧患意识。其次，新天下观是开放而非封闭的，是均等而非垄断的，是动态发展的而非静态僵滞的。天下并不是凌驾于万国之上的存在而为传统的天子所独有，而是各国对列平等，无论是大国还是小国，先进还是落后，都应该受到尊重，都有通过践行仁道、施行仁政而获得彰显天下文化内涵的机会。客观来看，虽然大国的影响力较大，但相应的责任也更大，因此，各国之间相互尊重，相互影响，携手将天下的文化内涵充塞天地之间，遍布整个世界。由此观之，文化共同体真正意义上的实现亦是一个全球性事件，任重而道远。

（三）新天下观的旨归：世界大同的理想社会

《大学》有言："格物而后知至，知之而后意诚，意诚而后心正，心正而后身修，身修而后家齐，家齐而后国治，国治而后天下平。""天下平"即儒家最高的政治理想，而所谓"天下平"，就是"明明德于天下"，通过大学的八条目可知，"天下平"须借助政治努力而将明德彰显于天下，也即孟子的"以不忍人之政，而仁覆天下矣"之义，二者皆与孔子所向往"大道之行也，天下为公"的大同理想社会实通。

传统天下观与新天下观的旨归皆可谓天下大同的理想社会，二者在精神上是一致的，皆根于孔子的仁，但二者亦有区别。范围上，前者指以中国为中心的天下九州，四海之内，而后者则指如今的全世界。形式内容上，虽然天下都不是一家一姓一国的，都是公天下，但由于前者是家—国—天下同构，政治模式单一化，政治与文化的关系较为紧密，故可说是政治文化共同体。而后者，由于世界各国的历史背景各不相同，家—国—天下并非同构，政治模式多样化，政治与文化的关系较为松疏，故可说只是文化共同体。但各国的政治并非完全脱离新天下观的文化内核，而是顺着这个内核而来，该内核犹如土壤、空气等，各国的政治便在这种环境中陶养而成。在此环境下，并非只能孕育出单调枯燥的一种树、一种花、一种草，而是能够孕育出整个世界，百花齐放，做到真正的不同而大同。如此，天下作为一文化单位，是世界各国相通的纽带，使各国能够守着人之为人的共性，又不失其自性。

新时代背景下，对新天下观之文化共同体的构建既有先天的优势性，又有价值上的必要性。发于仁心，施行仁政，交于礼义，上行下效，民心归之，故设刑法而不用，修军事以"胜残去杀"，如此内安百姓，外安国家，成就真正的礼仪之邦，继之以"兴天下之同利，除天下之同害"，倘若"远人不服，则修文德以来之。"如此，以"仁"为内核的新天下观必然影响周边国家，进而影响整个世界。新天下观的实现乃至世界大同的理想社会将是一个水到渠成、自然而然的结果。

五、结语

顾炎武的“天下观”直指儒家的根本精神，对传统儒家的天下观既有继承又有发展，凸显出较为纯粹的文化共同体意义，实可作为儒家天下观向新天下观转变的一个过渡。在新时代背景下，我们更需要在此基础上向前推进，构建新天下观，以适应全球化背景下的新世界格局，携手全球为世界永久和平而努力，同时亦使华夏民族的文化生命不断地翻本开新，滚滚向前。

哀诸夏与斥夷狄

——论《公羊》《穀梁》夷夏观之分殊

清华大学历史系、清华大学中国经学研究院在读博士研究生　贝承熙

何休曰："于所传闻之世，见治起於衰乱之中，用心尚粗觕，故内其国而外诸夏，先详内而后治外，……于所闻之世，见治升平，内诸夏而外夷狄，……至所见之世，著治大平，夷狄进至於爵，天下远近小大若一，用心尤详而深。"《春秋》学中，夷夏问题至关重要，何休将其列于"三科九旨"之一，认为《春秋》三世演进伴随着"内其国而外诸夏"到"远近大小若一"的夷夏关系变化，体现出孔子最为核心的微言大义。

不过，何休的科旨是归纳全经义例的结果，未必能体现《春秋》文本直接呈现的意义，故而往往存在"世愈乱而《春秋》为之文益治"之嫌。《公羊》《穀梁》二传对《春秋》夷夏观的具体解读，也远较一句简单的"内其国而外诸夏，内诸夏而外夷狄"复杂而精微。尤其是在不同天下处境之下，夷夏观的不同面向即被激活。面对金兵南下、神州陆沉，胡安国重视夷夏之防，认为《春秋》"示中国夷狄终不可杂也"。经历清廷丧权辱国，身处民国的陈柱同样强调华夷之辨，提出："故《春秋》之要，在乎明内外之变，严夷夏之防。"而日本侵华事件则令杨树达发愤而作《春秋大义述》一书，尽列《公羊》《穀梁》二传攘夷之例。至于当世，余治平则较为强调仁义礼法对于诸夏的重要性，认为礼是区别夷夏的关键。

《春秋》之义博大宏深，前人之论犹有未尽。如果仅观《穀梁》一传，攘夷狄、变夷夏二义确可概而括之，《穀梁》理想的就是四夷宾服、诸夏昌盛的天下秩序。但《公羊》对夷夏观的认识却并未停留在区别同异、内外的层面，更对诸夏衰微、夷夏互变的历史处境深有反思，并由此揭示孔子作《春秋》时面对的天下局面，指向《春秋》"拨乱世反诸正"的最终旨归。在对二传的细致比勘之中，这种

分殊尤能彰显。

一、宾服夷狄与诸夏德衰

在对诸夏、夷狄的基本态度上，《公羊》《穀梁》确无二致，历代学者所述夷夏之防、夷夏互变等说，在二传中皆能找到明确的证据。但是，此类论说终究只涉及《春秋》夷夏之论的表层，《公羊》《穀梁》的论述中仍具有较多不尽相合之处，体现出二者对于夷夏问题视角不同，各有创见。

（一）分别外内的两种理解

《公羊》《穀梁》皆认为《春秋》有分别夷夏之义，但对分别夷夏的依据却认识不同。成十五年，二传曰：

【经】冬，十有一月，叔孙侨如会晋士燮、齐高无咎、宋华元、卫孙林父、郑公子鳟邾娄人，会吴于锺离。

【公羊】曷为殊会吴？外吴也。曷为外也？《春秋》，内其国而外诸夏，内诸夏而外夷狄。王者欲一乎天下，曷为以外内之辞言之？言自近者始也。

【穀梁】会又会，外之也。

《春秋》有殊会吴之事，《公羊》认为其正是“内诸夏而外夷狄”之例的体现，《穀梁》亦以“外之”一义释之，可见二传皆认为《春秋》以诸夏为内、斥夷狄为外。

但是，对于《春秋》以吴为外的因由，二传的理解不尽相同。《穀梁》以“外之也”三字为说，于《穀梁》传例之中，“外之”表明的是一种排斥态度，强调夷狄不得与诸夏同列。《公羊》却将外内之辞理解为治法远近问题，王者本以“一乎天下”为心，唯因诸夏暂近中原，方才责诸夏厚、责夷狄薄。则《公羊》俨然呈现一种“躬自厚而薄责于人”的心态。

《公羊》《穀梁》亦对诸侯攘除夷狄之行均有褒扬，故于庄三十年，二传曰：

【经】齐人伐山戎。

【公羊】此齐侯也，其称人何？贬。曷为贬？子司马子曰：“盖以操之为已蹙矣。”此盖战也。何以不言战？《春秋》敌者言战。桓公之与戎狄，驱之尔。

【穀梁】齐人者，齐侯也。其曰人，何也？爱齐侯乎山戎也。其爱之何也？桓内无因国，外无从诸侯，而越千里之险，北伐山戎，危之也。则非之乎？善之也。何善乎尔？燕，周之分子也。贡职不至，山戎为之伐矣。

《春秋》之中，诸侯之伐皆称其爵，唯此处称人，《公羊》以为贬桓公操之已蹙，《穀梁》以为危桓公越险千里，然而对于夷狄应逐、中国宜保，则并无二致。

但是，此例之中，同样能发现《公羊》《穀梁》间的微妙差异。《穀梁》不遗余力地褒扬驱逐山戎之举，认为称桓公为“齐人”恰是爱惜桓公，褒扬桓公不惧艰险，越千里之远驱逐山戎。相比之下，何休释《公羊》曰：“时桓公力但可驱逐之而已，戎亦天地之所生，而乃迫杀之甚痛，故去战贬见其事，恶不仁也。”《公羊》对山戎并无过大敌意，却将解释重心放在齐桓公自身的德行上，认为桓公兴师动众与戎相战，失于仁德，故《春秋》之辞为贬。

在同样强调夷夏之别的前提下，《公羊》《穀梁》阐释侧重的差异已暗示其夷夏观的区别，《穀梁》将张大诸夏、宾服夷狄的理想贯穿始终，对攘除夷狄之举不吝称颂；《公羊》对春秋之时诸夏、夷狄的具体处境存在更多同情与反思，并不理所当然地认为夷狄应当臣服中原，而是更多考虑诸夏自身是否具有足以宾服夷狄的威望与德行。

（二）追责夷狄与反思诸夏

在《公羊》《穀梁》对夷狄势盛时局的描绘中，二者责夷狄与责诸夏的不同倾向更可得到彰显。《春秋》中多有夷狄侵害诸夏之事，《穀梁》均采取谴责的态度，强调夷狄应识时务，臣服诸夏。《公羊》却更为反躬自省，将诸侯不附诸夏、反归夷狄视作中国之耻，对春秋时期诸夏德衰的境况多有隐痛。

以诸夏臣子背叛之事为例，《穀梁》追责臣子之过，《公羊》反思诸夏之衰。襄公七年，郑国大夫畏于楚国之威，弑杀郑伯，《公羊》《穀梁》二传的评述即截然不同，曰：

【经】十有二月，公会晋侯、宋公、陈侯、卫侯、曹伯、莒子、邾娄子于鄬。郑伯髡原如会，未见诸侯。丙戌，卒于操。

【公羊】操者何？郑之邑也。诸侯卒其封内不地，此何以地？隐之也。何隐尔？弑也。孰弑之，其大夫弑之。曷为不言其大夫弑之？为中国讳也。曷为为中国讳？郑伯将会诸侯于鄬，其大夫谏曰：“中国不足归也，则不若与楚。”郑伯曰：“不可。”其大夫曰：“以中国为义，则伐我丧。”以中国为强，则不若楚。于是弑之。伤而反，未至乎舍而卒也。未见诸侯，其言如会何？致其意也。

【穀梁】未见诸侯，其曰如会，何也？致其志也。礼：诸侯不生名，此其生名，何也？卒之名也。卒之名，则何为加之如会之上？见以如会卒也。其见以如会卒，何也？郑伯将会中国，其臣欲从楚，不胜其臣，弑而死。其不言弑，何也？不使夷狄之民加乎中国之君也。

此经书法颇为诡谲，于诸侯相会之后，又书“郑伯髡原如会”“卒于操”二事，《春秋》全书未见他例。《公羊》《穀梁》均认为，此经表明郑伯因有与诸侯相会之心，方为臣下所弑。郑伯髡原在与诸夏诸侯相会之前，其大夫因惧怕楚国，行弑君之事，故《春秋》先书“郑伯髡原如会”以存其志，后书“卒于操”以录其卒。

《公羊》《穀梁》对此经本事的认识并无二致，但对于《春秋》何以不书“郑大夫某弑其君髡原”，仅书“卒于操”三字，却出现极大分歧。《穀梁》认为，《春秋》这一书法体现出对郑国大夫至深的谴责，该大夫畏楚弑君，已同于夷狄之民，并无资格再作为郑国臣子弑杀君主，故《春秋》去其弑君之事，意在“不以夷狄之民加于中国之君”。由此，《穀梁》勾勒出一种极为严厉的夷夏之防，将郑国弑君之大夫直斥为“夷狄之民”。

《公羊》却将重点放在对诸夏自身境况的反思之上。在《公羊》看来，不书弑君不是旨在贬刺郑国大夫，而是“为中国讳也”，郑国大夫不能信任诸夏诸侯，反而附于夷狄之楚，恰是诸夏自身的耻辱。故而对于郑伯之卒，《公羊》以“隐之也”三字释之，表明郑伯虽有亲近诸夏之心，却因臣子对诸夏的不信任而被弑，实为可悲可痛。在这一论述下，《公羊》将郑伯之弑的责任归于诸夏自身，展现的是诸夏国衰、夷狄势盛的可悲现实。

类似的是，春秋后期，吴楚势大，常为盟会之主。《穀梁》试图将此类夷狄会合诸侯之事阐释为夷狄进于诸夏、臣服礼乐秩序的标志，《公羊》却认为其体现出夷狄强盛、诸夏衰微的无奈局面。如哀十三年，二传曰：

【经】公会晋侯及吴子于黄池。

【公羊】吴何以称子？吴主会也。吴主会，则曷为先言晋侯？不与夷狄之主中国也。会两伯之辞也。不与夷狄之主中国，则曷为以会两伯之辞言之？重吴也。曷为重吴？吴在是，则天下诸侯莫敢不至也。

【穀梁】黄池之会，吴子进乎哉！遂子矣。吴，夷狄之国也，祝发文身。欲因鲁之礼，因晋之权，而请冠端而袭。其藉于成周，以尊天王，吴进矣。吴，东方之大国也。累累致小国以会诸侯，以合乎中国。吴能为之，则不臣乎？吴进矣。王，尊称也。子，卑称也。辞尊称而居卑称，以会乎诸侯，以尊天王。吴王夫差曰："好冠来！"孔子曰："大矣哉！夫差未能言冠而欲冠也。"

《春秋》贬抑夷狄之号，吴国之君皆降称"吴人"，此处进称其为"吴子"，即与常例相违。就此，《穀梁》认为，吴国于黄池之会中用诸夏之礼朝贡周室，故《春秋》进之称"子"，表明吴王有归附诸夏之心。《穀梁》指出，吴国多有会合诸侯之事，却并非不臣周室，此处吴子愿辞"吴王"之尊称，而取"吴子"之卑称，就能体现出夫差能够遵从诸夏的礼乐秩序。由此，《穀梁》寄托了一种四夷来朝的理想，将吴王夫差塑造为心慕礼乐文明的形象，将"会吴子"理解为进褒吴王之辞。

《公羊》对此经的理解迥然相异，认为称夫差为"吴子"是一种不得已之举。在《公羊》看来，此会吴王为主，故《春秋》不得已予其爵称，然而孔子又不能接受让夷狄之君成为诸夏盟会之主，因而又列晋侯于吴子之前。面对这一不得不向夷狄妥协的无奈笔法，《公羊》表露出对诸夏衰颓、夷狄兴盛的深切哀叹，夷狄本不应为诸夏会盟之主，唯因吴国威信日炽，达到"天下诸侯莫敢不至"的程度，导致《春秋》不得不以会主之辞记录吴子之名。则《公羊》之论述重点，却在于诸夏自身已无威服夷狄之德。

因此，比起期求中国兴盛、万国来朝的《穀梁》之传，《公羊》对诸夏自身德行之高下存在更为深切的反思，强调夷狄不附的根本问题在于诸夏自身的衰弱。故董仲舒曰："义之法在正我，不在正人。我不自正，虽能正人，弗与为义。"《公羊》家的夷夏观均以"义正我"为始，强调夷狄不附的根本问题在于诸夏自身的衰弱。不过，《公羊》论述的最终目的，又不仅在于表明反躬自省的重要性，而是要从文明高度探讨诸夏衰微的根源，揭示孔子制作《春秋》时面临的天下变局。

二、偶存进退与夷夏互变

在对郑伯髡原之卒与黄池之会的论述中，《公羊》表达的仅是对诸夏威信、国力衰颓的反思。但更深层次的问题在于，即使在文明层面，夷夏之间的地位也发生了倒转。诸夏本为礼仪之邦，但春秋之时，礼坏乐崩，诸夏在行事上已渐与夷狄无二，夷狄反而胜于诸夏，这才是春秋时期中原诸国所面临的更大危局。

（一）中国亦为新夷狄

《穀梁》亦承认，《春秋》中存在夷夏互变之例。如襄公三十年，针对“夏，四月，蔡世子般弑其君固”一经，《穀梁》曰：“其不日，子夺父政，是谓夷之。”《春秋》弑君之例皆书日，此处唯书其月，即是对世子弑父更为深切的谴责，表明蔡世子之举已与夷狄无二。又如昭公十二年，《春秋》曰：“晋伐鲜虞。”《穀梁》释之曰：“其曰晋，狄之也。其狄之何也？不正其与夷狄交伐中国，故狄称之也。”前此之时，楚屡伐中国，晋不问楚国之罪，反伐同姓之鲜虞，即与夷狄无二，故《穀梁》以为此经有“狄之”之义，贬晋之行同夷狄。

但是，《穀梁》仅对诸夏偶然出现的夷狄之行有所批评，仅在具体的个别事例中进退夷夏。相比之下，《公羊》对诸夏存在更多反躬自省，其对夷夏境况的认识因而颇为不同。《公羊》认为，春秋后期，诸夏并非在一时一事上行同夷狄，而是普遍地成为“新夷狄”。昭公二十三年，《公羊》即曰：

【经】七月戊辰，吴败顿、胡、沈、蔡、陈、许之师于鸡父，胡子髡、沈子楹灭，获陈夏齧。

【公羊】此偏战也，曷为以诈战之辞言之？不与夷狄之主中国也。然则曷为不使中国主之？中国亦新夷狄也。其言灭获何？别君臣也。君死于位曰灭，生得曰获，大夫生死皆曰获。不与夷狄之主中国，则其言获陈夏齧何？吴少进也。

此传之中，《公羊》提出“中国亦新夷狄”之语，俨然认为中原诸国已尽退夷狄，非一国、一事所能包举。《公羊》认为，鸡父之战为结日偏战，依《春秋》之例，当作“吴师及诸国之师战于鸡父”或“诸国之师及吴师战于鸡父”，然《春秋》既不愿使吴国为主，又不愿使成为“新夷狄”的诸夏为主，遂只得录作诈战之辞，称“吴败诸国于鸡父”。由此，该经体现出《春秋》已不再偏袒诸夏，不认为诸夏与夷狄间还存在本质性的区别。

究其缘由，何休曰：“中国所以异乎夷狄者，以其能尊尊也。王室乱莫肯救，君臣上下坏败，亦新有夷狄之行，故不使主之。”昭二十二年，有“王室乱”之经，《公羊》释之曰：“何言乎王室乱？言不及外也。”周本为天下之主，及其内乱，无一外助，所有诸侯皆似与周室漠不相关，毫无相救之心。故此，《公羊》将退于夷狄视作春秋末期，弥漫于整个中原的时代性问题，遂借昭二十三年的鸡父之战，提出“中国亦新夷狄”之说，表达对诸夏之国最为深切的失望与谴责。

与此同时，夷狄反而能遵礼义，逐渐进于中国。《春秋》素以“不与夷狄之获中国也”为例，唯鸡父之战中，吴国“获陈夏齧”之事得录于经。《公羊》即指出，此为吴能结日偏战，故少进吴，以诸夏生获君大夫之例志之。对此，《公羊》尚有更多更为充分的论述。

（二）夷狄反行中国道

除退诸夏于夷狄外，《公羊》《穀梁》亦认为《春秋》中存在进夷狄于诸夏之辞。然而，《穀梁》对进夷狄的论述多如上述黄池之会之例，认同夷狄因臣服诸夏而进，却并未对诸夏自身境况有所反思。《公羊》则俨然将夷狄之进作为诸夏之退的比照，彰显诸夏反渐不如夷狄有礼，诸夏亦反须仰赖夷狄救乱扶危，夷夏互变的历程颇令儒者忧痛。

宣公十一年，楚庄王于邲之战击败晋之荀林父，《公羊》借此事表明，晋、楚之间的文明地位已然逐渐倒转。其传曰：

【经】夏，六月，乙卯，晋荀林父帅师及楚子战于邲，晋师败绩。

【公羊】大夫不敌君，此其称名氏以敌楚子何？不与晋而与楚子为礼也。曷为不与晋而与楚子为礼也？庄王伐郑，胜乎皇门，放乎路衢。郑伯肉袒，左执茅旌，右执鸾刀，以逆庄王，曰：“寡人无良边垂之臣，以干天祸，是以使君王沛焉。辱到敝邑。君如矜此丧人，锡之不毛之地，使帅一二耋老而绥焉。请唯君王之命。”庄王曰：“君之不令臣交易为言，是以使寡人得见君之玉面，而微至乎此。”庄王亲自手旌，左右麾军，退舍七里。将军子重谏曰：“南郢之与郑，相去数千里，诸大夫死者数人，厮役扈养死者数百人。今君胜郑而不有，无乃失民臣之力乎？”庄王曰：“古者杅不穿，皮不蠹，则不出于四方。是以君子笃于礼而薄于利，要其人而不要其土，告从，不赦，不详。吾以不详道民，灾及吾身，何日之有？”既则晋师之救郑者至，曰：“请战。”庄王许诺。将军子重谏曰：“晋，大国也。王师淹病矣，君请勿许也。”庄王曰：“弱者吾威之，强者吾辟之，是以使寡人无以立乎天下。”令之还师而逆晋寇。庄王鼓之，晋师大败。晋众之走者，舟中之指可掬矣。庄王曰：“嘻！吾两君不相好，百姓何罪？”令之还师，而佚晋寇。

【穀梁】晋师败绩。绩，功也。功，事也。日其事，败也。

《穀梁》并未察觉到此经书法上的不同寻常，仅对“晋师败绩”四字的字面意义有所解释，并无更深阐发。《公羊》则认识到，《春秋》偏战诸经中，无大夫与君相敌之例，唯此经并称“荀林父”与“楚子”，无疑别有微意。

在《公羊》的叙事中，此经之前有“楚子围郑”一事，邲之战便在这一事件之后，此时郑伯已肉袒而降，楚王并未贪图郑之土地，服郑之后便撤军而去。然而，本欲救郑的晋国却未因此善罢甘休，坚决邀战楚国，遭遇大败，楚王最终存有仁心，并未乘胜追击，纵晋军而去。对此，《公羊》以“不与晋而与楚子为礼也”加以评价，认为此事体现出夷夏地位之逆转，诸夏之晋反不得与夷狄之楚为礼。故董仲舒于《竹林》曰：

“《春秋》之常辞也，不予夷狄而予中国为礼，至邲之战，偏然反之，何也？曰：《春秋》无通辞，从变而移。今晋变而为夷狄，楚变而为君子，故移其辞以从其事。夫庄王之舍郑，有可贵之美，晋人不知其善，而欲击之。所救已解，如挑与之战，此无善善之心，而轻救民之意也，是以贱之。而不使得与贤者为礼。”

在《公羊》家看来，楚王不贪郑之土地，又顾惜晋国军民性命，足以进于诸夏；晋国不顾劳民伤财，在郑围已解后仍执意邀战，反而行同夷狄。楚国作为夷狄，本来没有资格与诸夏之国分庭抗礼，但此时楚国如同守礼之君子，晋国贪图霸业不顾民命，晋、楚间的文明地位便发生了逆转。

对《穀梁》而言，邲之战全然无足轻重。但在《公羊》全传之中，邲之战是夷夏互变的一项重要标志，尤其是春秋后期，诸夏竟需要仰赖夷狄救乱除暴。如襄公十一年，二传曰：

【经】冬，十月，楚人杀陈夏徵舒。

【公羊】此楚子也，其称人何？贬。曷为贬？不与外讨也。不与外讨者，因其讨乎外而不与也。虽内讨亦不与也。曷为不与？实与，而文不与。文曷为不与？诸侯之义，不得专讨也。诸侯之义不得专讨，则其曰实与之何上无天子，下无方伯，天下诸侯有为无道者，臣弑君，子弑父，力能讨之，则讨之可也。

【经】丁亥，楚子入陈。

【穀梁】入者，内弗受也。日入，恶入者也。何用弗受也？不使夷狄为中国也。

对于楚子讨陈平乱之事，《穀梁》主要在“楚子入陈”一经下表明“不使夷狄为中国”的态度，《公羊》则将解释重心置于“楚人杀陈夏徵舒”一经，强调“实与而文不与”之义。在此，《穀梁》一以贯之地坚持夷夏之防，认为楚国作为夷狄，没有资格平治诸夏之乱，故而《春秋》将救陈之事书作带有谴责意味的“入陈”。

《公羊》则截然不同，其认为经称“楚人”固为贬抑楚子，然而这一文辞仅是为了彰显诸侯不得专讨的一般原则。在现实层面，诸夏正面对着“上无天子，下无方伯”的政治局面，因而陈国只能仰赖包括夷狄在内的其余诸侯进行救治，故《公羊》认为，对于楚子以夷救夏之举，《春秋》其实在现实层面仍有嘉赏。

类似的是，吴有救蔡败楚之事，《公羊》《穀梁》均认为经有进吴子之义，但二者理据存在差异。定公四年，二传曰：

【经】冬，十有一月，庚午，蔡侯以吴子及楚人战于伯莒（举），楚师败绩。

【公羊】吴何以称子？夷狄也，而忧中国。其忧中国奈何？……蔡请救于吴，伍子胥复曰：“蔡非有罪也，楚人为无道，君如有忧中国之心，则若时可矣。”于是兴师而救蔡。

【穀梁】吴其称子何也？以蔡侯之以之，举其贵者也。蔡侯之以之，则其举贵者何也？吴信中国而攘夷狄，吴进矣。其信中国而攘夷狄奈何？……蔡请救于吴。子胥曰：“蔡非有罪，楚无道也。君若有忧中国之心，则若此时可矣。”为是兴师而伐楚。何以不言救也？救大也。

《公羊》《穀梁》对吴王救蔡的记述基本一致，也均承认此经称吴王为“吴子”，有进吴之义。但是，二传对吴进称子的缘由理解不同。《穀梁》一贯秉持“不使夷狄为中国也”之说，其说便颇有“以夷制夷”的色彩，吴国的可褒之处仅在于能在“信中国”的前提之下，辅助诸夏之君蔡侯攘除夷狄。《穀梁》还强调，此处《春秋》不言“救”，就在于“救”之功劳甚大，吴国作为夷狄，并无资格拯救诸夏之君，故而只能称“战”。

《公羊》则不然，其嘉许的就是吴国“忧中国”的行为本身，并不介怀吴国的夷狄身份，亦不否认吴子所行的就是“兴师而救蔡”之举。则不论对楚子入陈还是伯莒之战，《公羊》均直截了当地表明对吴、楚之国的认可，完全坦然地承认诸夏“上无天子，下无方伯”的衰微现实，认为夷狄救助诸夏并非不可接受。

因此，《穀梁》的夷夏进退是对诸夏、夷狄一时之举的褒贬，并不妨害其强调夷夏之防的总体宗旨。《公羊》的夷夏进退则带有对诸夏的隐忧，夷狄渐进的过程伴随着诸夏渐退，以至于春秋后期，诸夏已成为“新夷狄”，反而不如夷狄有礼有义。这两种不同态度意味着《公羊》《穀梁》对孔子制作《春秋》时面临的处境理解不同，在其影响之下，二传对《春秋》核心旨意的解读最终亦出现了分殊。

三、瑞麟恒存与孔子道穷

哀公十四年，“西狩获麟”作为《春秋》最末之经，关系到《春秋》的核心旨意，学者历来探讨颇多。但很少有人关注的是，《公羊》《穀梁》均认为麟与“中国”之命运紧密联系，获麟的意义与夷夏处境息息相关。二传分别认为孔子借“西狩获麟”之经，表达了对诸夏文明的永久信心或面对王者不至的存亡继绝之志。

（一）四夷来朝的盛世理想

《穀梁》处处流露的四夷来朝理想与天朝上国姿态，在“西狩获麟”中得以收束，中原复兴的图景在麟身上完全得到呈现。其曰：

【经】十有四年。春，西狩获麟。

【穀梁】引取之也。狩地，不地不狩也。非狩而曰狩，大获麟，故大其适也。其不言来，不外麟于中国也。其不言有，不使麟不恒于中国也。

学者历来认为，此传寄托了一种王道恒存的理想。范甯曰：“虽时道丧，犹若不丧。虽麟一降，犹若其常。”许超杰、李翠进而提出：“其以《春秋》为‘麟’，自然也是期待引取‘天下有道’的未来世界。”则“麟”意味着王者之道，“西狩获麟”是盛世之寄托。

需要强调的是，《穀梁》“天下有道”的理想与其夷夏思想紧密相连，重视的始终是“中国”与麟之间的紧密联系。麟本非诸夏常有之兽，依《春秋》之例，此经应书“有麟来，获之”。然此处仅书“西狩获麟”四字，便表明“中国”本与瑞兽麒麟相匹，永不失为太平之邦，故而麟不应为外来之兽。

这一论述显然与《穀梁》的夷夏之辨相一贯，范甯曰：“此所以所贵于中国。”此传将“中国”本身视作太平盛世的象征，无疑寄托了对诸夏的最高期许，表明诸夏之国终非夷狄所能相比，唯有诸夏有资格成为瑞麟永居之所。

（二）夷夏互变下的存亡继绝

然而，《公羊》将天下境况理解为夷夏互变的悲哀局面，“西狩获麟”就不可能仅仅意味着“中国”能够永葆太平。在这一背景下，孔子表露的不再是信心与期许，而是对天不眷诸夏的深切绝望。《公羊》曰：

【经】十有四年。春，西狩获麟。

【公羊】何以书？记异也。何异尔？非中国之兽也。然则孰狩之？薪采者也。薪采者则微者也，曷为以狩言之？大之也。曷为大之？为获麟大之也。曷为获麟大之？麟者仁兽也。有王者则至，无王者则不至。有以告者曰："有麕而角者。"孔子曰："孰为来哉！孰为来哉！"反袂拭面，涕沾袍。颜渊死，子曰："噫！天丧予。"子路死，子曰："噫！天祝予。"西狩获麟，孔子曰："吾道穷矣！"……君子曷为为《春秋》？拨乱世，反诸正，莫近诸《春秋》。则未知其为是与？其诸君子乐道尧舜之道与？末不亦乐乎尧舜之知君子也？制《春秋》之义以俟后圣，以君子之为，亦有乐乎此也。

麟本为瑞兽，孔子却为之发出"吾道穷矣"的悲叹，颇令学者费解。汉儒试图将其解释为"得麟而死"，则孔子是为这一"太平之符"的死去感到悲痛。但此处经传本身均未提及麟的生死状态，此解终究可疑。而获麟与制作《春秋》间的关系亦显晦暗，何休直接采用《演孔图》之说，认为获麟之后又有天下血书的事件，天由此督促孔子撰作《春秋》。这一说法牵引纬书，显然距《公羊》本义相去甚远。

事实上，"西狩获麟"的意义在《公羊》夷夏观的背景中方能得到呈现。《公羊》一开始便将麟定义为"非中国之兽"，暗示着获麟事件与当时的夷夏境况脱不开干系。而它对麟"有王者则至，无王者则不至"的定义，又与对夷狄的理解出奇相似。僖公四年，《公羊》即曰：

【经】楚屈完来盟于师，盟于召陵。

【公羊】屈完者何？楚大夫也。何以不称使？尊屈完也。曷为尊屈完？以当桓公也。其言盟于师，盟于召陵何？师在召陵也。师在召陵，则曷为再言盟？何言乎喜服楚？楚有王者则后服，无王者则先叛。夷狄也，而亟病中国。南夷与北狄交，中国不绝若线。桓公救中国，而攘夷狄，卒怗荆，以此为王者之事也。其言来何？与桓为主也。前此者有事矣，后此者有事矣。则曷为独于此焉？与桓公为主，序绩也。

楚之所以是夷狄之国，就在于其"有王者则后服，无王者则先叛"，这一语句与麟的"有王者则至，无王者则不至"几乎全然相同，无疑体现出夷狄之服与麒麟之来具有高度的相似性——麟作为王者招致的仁兽，夷狄作为王者威服的异邦，二者都是王者法度在诸夏得到实现的表征。

但在僖公四年桓公服楚之事中，齐桓公确实完成了武力层面的宾服蛮夷，故而《公羊》给予其“王者之事”的高度评价。孔子面对的却是夷夏互变、天下无王的乱世景况，诸夏甚至在文明地位上都已成为“新夷狄”，现实中更没有任何一人能够真正完成招致麒麟的壮举。于是，与桓公服楚不同，西狩获麟不再是王者功业的象征，恰恰意味着诸夏已然无可挽救。董仲舒曰：“阶此而观，天命成败，圣人知之，有所不能救，命矣夫！”获麟让孔子察觉，自己面临的是天不佑护诸夏、圣人无法力挽狂澜的末世局面。

由此，《公羊》在全书中铺陈的夷进夏退局面与“西狩获麟”一事形成了鲜明对比。面对乱世之麟，孔子感到了祥瑞与现实间的莫大张力，他悲呼“孰为来哉”，质问麒麟不知为谁而来，因为对孔子而言，麟于乱世而至，体现的正是天对诸夏已无眷顾。《公羊》指出，颜渊、子路之死曾接连让孔子产生“天丧予”与“天祝予”之感，但不合时宜的祥瑞是较此更为严重的天厌事件，乃至令孔子最终说出“吾道穷矣”之语：一只麒麟在无王者之世进入鲁国，无疑证明天已不再具有为诸夏降下王者的诚意，孔子心中的王者之道也无论如何都不可能得到实现。

在《公羊》的叙事下，孔子发愤作《春秋》，就是绝望之中的存亡继绝。《公羊》将孔子作《春秋》的主旨归纳为“制《春秋》之义以俟后圣”，孔子自身无法实现王者之事，便只能通过《春秋》留下王者之法的火种，令后世圣王能够有所取法，从而薪火相传，拯救诸夏。

因此，《穀梁》的“西狩获麟”是对四夷来朝理想的收束，《穀梁》始终对诸夏饱含信心，因而相信麟是为诸夏之兴盛而来。《公羊》的“西狩获麟”则是对夷夏互变局面的收束，在诸夏衰颓的对比之下，麒麟之来极显不合时宜，孔子由此意识到自身无法挽救诸夏，方才制作了“拨乱世，反诸正”的《春秋》之经。

四、结语

《论语》曰：“夷狄之有君，不如诸夏之亡也。”对于孔子此语，历代主要存在两种不同的解释路径。皇侃曰：“此章重中国贱蛮夷也。诸夏，中国也。亡，无也。言夷狄虽有君主，而不及中国无君也。”此说认为，诸夏作为礼乐文明，总是优越于夷狄之国。程子则曰：“夷狄且有君长，不如诸夏之僭乱，反无上下之分也。”此说认为孔子是在悲叹诸夏僭乱、不及夷狄的现实局面。

事实上，《公羊》《穀梁》的夷夏观恰可对应以上两种解释路径。《穀梁》近于皇说，坚持夷夏之防，梦想四夷来朝的秩序，认为孔子对诸夏始终抱有信心。《公羊》则近于程子，对诸夏自身进行了更多反省，认为孔子面临着夷进夏退的现实局面，其制作《春秋》的用意就在于为衰颓的诸夏留下王道火种。

后世之时，《公羊》《穀梁》所代表的两种不同道路即根据天下时势之不同，分别得以激活。汉初承平之际，儒者期望君主巩固太平，因而更多采用《公羊》学的道路，重视如何安定诸夏自身。董仲舒作为《公羊》家，即于《王道》曰：“亲近以来远，未有不先近而致远者也。故内其国而外诸夏，内诸夏而外夷狄，言自近者始也。”则王者重在自省其德，在内治其国后方才有志于泽化夷狄。

至于明清鼎革之际，《穀梁》学所强调的夷夏之防深刻地影响着一代学人。如顾炎武面对天下变局，即更重视《穀梁》学的“攘夷狄”之义，其曰：“《春秋》之义，尊天王攘夷狄，诛乱臣贼子，皆性也，皆天道也。”顾氏的境况与《公羊》不同，《公羊》中的诸夏在文明、国力上均不及夷狄，顾炎武身处的晚明却较制造扬州十日、嘉定三屠的清廷更能近于礼乐，故顾炎武曰：“易姓改号谓之亡国，仁义充塞而至于率兽食人，人将相食，谓之亡天下。”满清的残暴令顾炎武意识到，诸夏面临的是整个儒家文明的隳败，是一种“亡天下”的危局，故而他无暇自责其国，当务之急在于抵抗后金铁骑。因此，顾炎武对《春秋》夷夏观的理解便更近于《穀梁》之说，他提出：“君臣之分所关者在一身，夷夏之防所系者在天下。”在自责其国之前，保存天下显然更为重要，因而《穀梁》学的夷夏之防，便被顾炎武视作了《春秋》的核心旨要。至此，《公羊》《穀梁》的两种夷夏观何以在历朝历代，不断塑造着中华之精神，已然可见一斑。

顾炎武的富民策略初探

昆山市第一中学历史教师，北京师范大学历史学硕士　余东坡

民富与国富，一直以来就是中国古代社会的两个重大问题。《国语·楚辞》中提到“民富则国富，国富则易治；反之，民穷则国衰，国衰则易乱”，民众富贫与国家治乱直接相关，只有民众富裕才能带动国家的富裕，否则，巨大的贫困群体往往会带来整个社会的动荡与萧条。因此，民生问题向来是统治者最为关心的问题之一。

明清鼎革之际，各种新思想激烈碰撞，顾炎武作为明末清初具有代表性的思想家，对民富问题也作出了相应的讨论与研究。关于这一重要论题，学术界已有不少研究成果。作为民本思想的一个重要组成部分，富民思想也常常被提及，如刘帅在《顾炎武民本思想研究》中、黄晓军在《明末清初三大思想家的政治思想》中都论述了顾炎武农商并重、工商皆本的主张；陈碧芬在《明清民本思想研究》中针对富民思想作出了“崇私论”“义利并重论”“工商皆本论”“保富论”的总结，李红英在《明清之际早期启蒙主义经济正义思想研究》中也有类似的总结；吴成皓在《顾炎武经济伦理思想浅析》中则提出“农商并重”的本末观、“听民自利”的富民政策，论述了政府的一些富民策略。

对于富民问题，顾炎武主张通过各种措施使百姓走向富裕，在社会上扩大富民阶层，这不仅要求稳定原有的富民群体，保护原有富民的财富和利益，还需要让贫民也相对致富，从而实现百姓的整体富裕。而顾炎武为了实现“富民”的目标，也提出了一系列策略主张。

一、根本策略：私有制基础上的财富占有

在最根本的所有制上，顾炎武等明末清初的思想家并未超出当时社会的范畴，

仍旧将私有制作为基础，竭力强调私有制的合法性，认为富民的财产都是自己一点点积累起来的，如土地的买卖也是自由进行的，“自三代以下，田得买卖，而所谓业主者，即连陌跨阡，不得过本其锱铢之直，而直之高下又以时为之”，由此富民自行积累的财产不应被随意侵占，这样才能让富民阶层不断产生。

顾炎武认为这种私有制植根于人类最本源的人性，自私自利之心是每个人都有的私欲，这是私人占有财富的理论基础，治理社会也不应该压制这些私欲，而要顺应之，只有私欲得到满足，国家才能大治。但是这就引出一个重要的问题，私欲和私有制如果任其发展，那可能就会出现部分群体将财富大量占有，而整个社会陷入严重的贫富差距之中的现象。对于这个问题，顾炎武认为，私欲是正常的，是值得鼓励的，但强调私欲的同时，也必须强调仁义之心，用道德来进行约束，“形而上者谓之道，形而下者谓之器，非器则道无所寓”。李红英认为“他主张的‘非器则道无所寓’的原则，表达的就是人的社会公共性和人性欲望是一致的”，通过这种社会公共性来约束人性欲望。通过这种私欲的发扬与约束，达到保护富民阶层，又缩小贫富差距的结果，这种义利结合的思想以道德来约束人民，要求相对较高，毕竟要达到这样的道德水平需要长时间的社会教化，在没有与之相配套的强制性制度约束的前提下，贫富差距的扩大将始终是一个大问题。

在财富私有的基础上，顾炎武提出一项比较激进的土地措施，即让土地自由买卖，并走向土地的集中。“盖贫民种田，牛力粪草不时，有塘池不能浚而深，堤坝不能筑而固，一遇水旱则付之天而已矣！今富室于此等则力能豫为，故非大水旱未有不收成者。况富室不能自种，必业于贫民，贫民虽弃产，而实与富室共其利。收一石则人分五斗，收十石则人分五石。又牛力种子出于富室，而钱粮又办于富室，时有水旱，则富室又假贷而济之。贫民惟出力耕耘、坐享其成焉！故曰：寄庄富室，乃贫民之所依，可有而不可无也。”这种富民策略颇具现代农业规范化经营的影子，通过已有富民的财富投资和现有贫民的劳动经营共同推动农业经营，已有富民扮演“农场主”的角色，现有贫民扮演“农业工人”的角色，二者的结合增强了经营能力与防御危险的能力，从而在维持已有富民的基础上，尽力增加其他贫民的财富，先富带动后富，从而实现社会的“共同富裕”。虽然尚不能认为顾炎武此策略属于近代资本主义性质的“圈地运动”，但他的创新性是具备的，这种方式可能更类似于古代的庄园经济，但又比庄园更具社会公共性质，一来其土地集中的手段是正常的买卖而非兼并或者强取豪夺；二来其生产者享有人身自由与个人权利而非农奴；三来在利益分配上富民与平民的分配比例维持在正常水平，对双方均有利，在封建经济时代实属不易。

二、基本策略：政府与民间致富策略结合

顾炎武在肯定富民阶层存在的重要性的同时，也提出了一系列具体的富民策略，涉及政府的政策调整与民众的自身努力两个方面。

第一，政府需要制定一系列支持、保护民众的政策，使他们富裕起来。首先，"有王者作，咸则三壤，谓宜遣使案行吴中，逐县清丈，定其肥瘠高下为三等，上田科二斗，中田一斗五升，下田一斗，山塘涂荡以升以合计者，附于册后，而概谓之曰民田，惟学田、屯田乃谓之官田，则民乐业而赋易完，视之绍、熙以前，犹五六倍也。岂非去累代之横征，而立万年之永利者乎？"顾炎武主张变官田为民田，减少苏州府、松江府的赋税，不仅要减少政府所收赋税，还要降低地主所征收的私租，"故既减粮额，即当禁限私租，上田不得过八斗，如此则贫者渐富，而富者亦不至于贫"。通过已有富民阶层一定程度上的利益让渡，来减轻百姓的负担，并增加民众的财富，从而实现富民阶层的扩大。其次，政府要放松对于商业的控制，给百姓提供更多的致富机会。以盐业为例，顾炎武在《日知录·行盐》中论述了政府垄断盐业经营的不良后果，"此地利之便，非国法之所能禁也。明知其不能禁，而设为巡捕之格，课以私盐之获，每季若干，为一定之额，此掩耳盗钟之政也"。私盐屡禁不止，是因为社会的需要推动了私盐的泛滥，不如放开管控，征收盐税后放任民间经营，让商人有更多的致富机会，是富民的有力措施。最后，政府在货币政策上也应该灵活处理。"国家之赋不用粟而用银，舍所有鹂赠所无故也。夫田野之氓，不为商贾，不为官，不为盗贼，银奚自而来哉！"顾炎武认为在赋税征收上要因地制宜，一些商品经济不发达的地区强行征收货币税可能会导致百姓低价出售农产品，损害百姓的财富，所以应当"凡州县之不通商者，令尽纳本色，不得已以其什之三征钱"，征收实物税，方便民众，保护其财富的积累。

第二，民众自身也应采取各种措施积累财富。"今将尽百姓之心而改其行，必在治民之产，使之甘其食，美其服，而后教化可行，风俗可善乎！"百姓要实现自

身的财富积累，必须有“民之产”，即自身的主业，或务农，或经商，或从事其他行业，同时也要在行为上有所改善，对自身的欲望进行调节，厉行节约，不铺张浪费，通过自身的勤劳致富，通过自身的节俭致富，将开源与节流结合起来，实现财富的积累。

三、结语

顾炎武作为明末清初具有代表性的思想家，其富民思想也打上了深刻的时代烙印。明清时期，世界经济的联系越来越紧密，新航路开辟后对西方国家与中国贸易联系的加强产生了深远影响。白银的大量流入，商品经济的快速发展，推动了明清富民阶层、商人群体的壮大，顾炎武的主张在很大程度上反映了这些群体的要求。工商皆本、保护富民等思想有着特定的经济基础，“明清时期‘新民本’思想所提出的各种以‘民’为核心的重民、养民、富民、教民命题，是打着‘万民’的旗号而实际上是反映富民或士绅化的富民阶层的利益和意愿，他们主导了整个社会思想的进程”，因此顾炎武的富民思想首先是反映已有富民阶层的要求。

同时，从顾炎武所提出的一系列措施来看，他也不单单是为了保护已有的富民阶层，而是在保护的同时，也注重普通百姓的利益，在主张政府支持、保护已有富民群体的同时，又主张政府和富民阶层减轻对于普通百姓的压迫，从而让他们也能积累一定的财富，实现向富民阶层的过渡，从而实现真正的藏富于民，其着眼点是更高的。

在这个目的下，顾炎武在财产占有的合法性、土地经营的集中化、政府政策的灵活化和民众生活的勤俭化方面都作出了富有建设性的论述，对于保护已有富民阶层的利益和壮大富民群体等方面做出了努力。但是其局限性也很明显，其措施都建立在民众道德水平较高、恪守仁义的基础上，现实操作起来往往难以实行，就如其主张的将土地集中于富人，由农民来进行耕作，最后“收一石则人分五斗，收十石则人分五石”，在缺少制度保障与监督机制的情况下，往往难以得到贯彻实施。在坚信人自私自利之心的同时，顾炎武对人们道德水平的预估却显得过分乐观，其设想的财产和利益分配模式还有待验证。

但总的来说，富民阶层的壮大有利于社会的稳定，顾炎武的富民措施仍具有一定的开创性，总结、研究顾炎武的一系列富民措施，尤其是通过各方面的共同努力来实现“共同富裕”，对于建设社会主义现代化国家有一定的借鉴意义。

顾炎武新“仁道”观下的经济管理思想研究

苏州大学政治与公共管理学院哲学系
管理哲学专业2022级硕士研究生　吕　晨

顾炎武所处的明清之际，随着商品经济的快速发展，资本主义萌芽产生，代表“传统王权”的封建势力与代表“商业资本”的新兴市民势力之间的斗争随之出现，这也加剧了阶级矛盾和统治集团内部的矛盾。封建王朝交替，民族矛盾尖锐，社会风气急剧转变。怀有“爱国之心”的顾炎武便自觉承担起了“济世救民”之责，反省明王朝灭亡的原因，总结亡国的经验教训，提出他的新“仁道”观，并以此为基础提出了一系列政治经济思想，以供后世之君参考。

一、顾炎武的新“仁道”观

顾炎武的新“仁道”观是基于传统“仁道”观的继承与发展，赋予“仁道”以资本主义时代的内涵，以适应资本主义经济的发展要求。

（一）新“仁道”观之“新”

顾炎武的新“仁道”观之“新”主要表现为两个方面：其一，对于传统“仁道”观之“仁”的发展；其二，反对宋明理学的流弊。

1.“仁”的发展：宗法伦理之“礼”的损益

顾炎武所有的思想主张都是建立于对现实人性之“自私”的思考而提出的。新“仁道”之“新”便在于承认“人性之私”，利用“私”来达成“公”，“本质上都是以‘仁’为核心反映中国古代社会宗法之‘礼’在资本主义萌芽条件下损益新要求的伦理思想。”

“意识要求、社会事实、社会秩序，三者都协调。社会秩序（包含社会上一切法制礼俗）是跟着社会事实来的（其中经济占据重要地位），社会秩序无非是让社会事实走得通的一个法子，所以秩序与事实要相符合。我们的意识要求反映事实与秩序，同时还为秩序的发展提供调整思路从而使秩序与事实一致、相符合。”在原始两性分工合作的自然经济条件下，产生了以血缘和等级为基础的宗法制度，决定了家庭体制下的家长制以及相应的血缘伦理与宗法礼教。孔子的“仁”便是对宗法社会与宗法礼教的自觉意识要求，并为其注入灵魂防止其僵化。此时的“社会事实”便是自然经济条件下的“宗法社会”；“社会秩序”便是产生于宗法社会的“宗法之礼（含宗法制度）”；“意识要求”便是基于血缘伦理的“仁道思想”。

孔子答弟子问“仁”：“仁远乎哉？我欲仁，斯仁至矣。”（《论语·述而》）、“克己复礼为仁。一日克己复礼，天下归仁焉。为仁由己，而由人乎哉？”（《论语·颜渊》）、“巧言令色，鲜矣仁！”（《论语·为政》）。可知“仁”是内在于人的道德之根、价值之源，而非伪装出来的，通过自我克制、反省，相接于“人”“事”而显发出的德行，“对应于人伦，仁显发为孝悌慈爱忠信和顺之德；对应于生活事务，仁显发为恭敬辞让、谨慎勤俭、廉直义勇、宽恕慧敏之德。”孔子的“仁”为“周礼”注入了“仁爱”的灵魂，使其不再是僵化的“礼”，是包含“仁”的“礼”。在孔子看来，宗法制度所注重的血缘与等级是源自“孝亲”之“仁”由家到国的扩充，基于此便产生了“修身、齐家、治国、平天下”的治国理想。所以，孔子的“仁道”思想是基于浓厚的宗法血缘等级理念而形成的。齐景公问政于孔子，孔子对曰：“君君，臣臣，父父，子子。”（《论语·颜渊》）这体现了君臣、父子等级名分对于维护社会秩序的重要性，也间接说明了“礼”是维系宗法社会的保证。孔子为政的“仁道”思想是宗法社会事实与礼制社会秩序下的产物，“仁道”思想又赋予了“礼”以无限的生机。

顾炎武所处的时代，资本主义萌芽出现，商品经济的快速发展对自然经济形成了强有力的冲击，社会事实出现了进步和变化，而法制礼俗还未改变。社会事实已经发生了变化，而秩序依旧是宗法制社会秩序。社会事实与社会秩序不相符便会出现社会问题，此时作为礼法制度的社会秩序就需要进行损益，从而使损益过的社会秩序与发生变化的社会事实相符。此时社会意识就开始发挥其调节作用，新的思想理念应运而生，为新的社会秩序构建提供思路，与新的社会事实相符。顾炎武的新“仁道”观便是为新社会事实——资本主义经济的出现，促进新社会秩序建构提供理论指导。其“新”便在于对“仁道”的继承与发展，对宗法伦理之“礼”的损益。资本主义经济的出现促使商人作为一个团体开始活跃于历史舞台，新兴市民阶级也提出了他们的价值主张，承认人的“自私自利”，并要求获得与资本主义经济发展相适应的经济上的自主权。因此，顾炎武的新“仁道”观在继承为公之“仁”的基础上，进一步强调个体的情欲之“私”，从而利用个体之“私”来达成集体之“公”。这种立足于社会事实发展“仁”而损益“礼”的思想，有利于促进社会秩序与新的社会事实相符合。

2. 反宋明理学的流弊：天理与人欲的对立

顾炎武新“仁道”观的形成是基于宋明理学发展到后期所产生“天理与人欲的对立”“以礼杀人”等流弊，对人性欲望的极度压制会导致社会道德的极速滑坡。“仁道”观的实质就是在探讨“公”与“私”之间的关系，可归结为以下四种：其一，以“公”主“私”。儒家传统的“仁道观”都主张以“理”主宰“情”，“公”与“私”之间更侧重于“公”。其二，去“私”为“公”。宋明理学发展到后期完全将“理”与“情”割裂开来，将“天理”与“人欲”完全对立起来，要求“存天理而灭人欲”，只讲“公”而不要“私”。其三，以“私”废“公”。物极必反，一旦过度强调“禁欲”后必然会走向其反面一度“纵欲”，也就是顾炎武所处的社会伦理道德失范、政治黑暗、官场腐败的时代。人人只为一己之私，只有“私”而没有“公”。其四，以“私”成“公”。强调“理”的同时也强调人合理的生存欲求之“情”。当个人无法做到“理”主宰“情”的时候，人人皆“私”，这时就可以利用人之“私”来达成“公”。这就是顾炎武的新“仁道观”所主张的。

顾炎武的新“仁道”观主要反对的是宋明理学发展后产生的流弊，而非宋明理学本身。理学的集大成者朱熹认为，“心者，气之精爽”“性即理也”“情是气之发”，并主张“心统性情”，“性”为“体”，是“心”与“情”的主宰；“心”为“用”，是“情”的发动。“心统性，是认知的统摄关系，通贯于未发，即寂然不动；心统情，是行动发生作用，通贯于已发，即感而遂通，而统贯乎情。”“心”与物相接，“情”便由此而产生，情的发动也有正确与错误之分，情的正确发动便是“心”先天本具“天理”的彰显，也即孟子所言的“恻隐”“羞恶”“辞让”“是非”的四个“性”的端倪；而情的错误发动便是“情欲”。“心”是“仁道”的显现，能觉察、能自主选择性，可以选择依“天理”而行，也可选择纵“情欲”而为，所以必须由持敬的功夫来显现“仁道（仁理）”。于未发之时，涵养尽心，以达到心静而理明；于已发之时察识情变，以达致中节之和；此外便是即物穷理，“心之灵”接于物来唤醒先天本具的潜存之“理”。所以，朱子便是要通过“涵养”“察识”“格物”的功夫来贞定其“性”，让“理”主宰“情”。

“理”对“情”的主宰是要通过作功夫来实现的，所以是知行是合一的，一旦只知不行，将功夫丢弃之后“心”便不能显其本具有的“理”而选择逐“欲”。这就会导致“理”无法主宰“情”，“理”与“情”必然会断裂开来。为了避免两者断裂带来“情欲”失控的弊端，只好走“存天理，灭人欲”的“去私为公”之路。此外，朱熹提出的“存天理，灭人欲”如果脱离其思想体系就字面理解而言很容易被误解为“天理”与“人欲”是相对立的，但朱子的本意是保存心中本具有的“天理”，察识“情”受“气”的波动而出现的不受“理”所控制的“欲”，要重新回归到与“理”相和的、正确发动的“情”，而不是把人所有的“情”（包括合理的情欲）都灭掉。这两点便导致将朱子的“理学”很容易滑向“以礼杀人”僵化的“理学”，所以顾炎武提倡“人之私”的新“仁道”，反对的是宋明理学发展后所产生的流弊，僵化的“理学”并非朱子最原初的“理学”。

（二）新“仁道”观的主要内容

顾炎武的新“仁道”观主要包括“率性而为”“情理并存”“私生于仁”三个部分。

1. 率性而为

顾炎武的新“仁道”观反映了其对“理”与“情”关系的认识。“天之所命而人受之为性”可知其在天人关系上，“理”在天为“天道”，在人为“人性”，“理”“道”“性”实则为一，这也延续了儒家一贯的天人关系的基本主张。“夫子之教人，‘文行忠信’，而性与天道在其中矣。”所以天道在人的道德实践中所呈现，天之命便让人养其德，正其行。同时，人不仅有人之所同之“性”，还有因人而异的“才”。“性者天命之，才者亦天降之。能尽其才，则能尽其性矣。”“因人而异的‘才’决定着人所行之事的性质以及行事能力之大小，所以‘能尽其才’便‘能尽其性’。”人人各具其“才”，在人各尽其“性”的过程中，受不同“才”的影响便会产生“性分”的差异。“‘性分’决定了人在社会上所具有的身份之性质及其地位之高低的东西。”所以顾炎武便主张“率‘性’而为”即按其“性分”行事，履行天所赋予你的职责。

2. 情理并存

顾炎武“在‘性’与‘情’的关系上持有‘性发见乎情’和‘以情论性’的观点”。“性”作为本体“天道”的显现，是看不到、摸不着的，必须借助“情”的发动来实现。天道之“仁”需借助孟子“乍见汝子入井”的思想实验才可以呈现为人的“性之本善”。所以“性”为“体”，“情”为“用”，“性”与物相接产生“情”来显现“性”；“情”的发动而生的“四端”以证明“性善”即“天道（理）”之“仁”。“情”中既有“性善”的端倪，也有受“气”影响的各种情欲，这些“情欲”中有“食色，性也”最基本的生存欲求，也有满足基本生存后的追求更好生活的发展欲求。在追求发展需求的时候有两种截然不同的态度，一种是在善性的扩充中形成的：追求我的“私”，也承认并尊重其他人的“私”；另一种是在放逐善性中形成的：只承认我的“私”，不承认别人的“私”，为了成就自我之“私”而侵害别人的“私”。顾炎武所强调的便是第一种情况的“私”，是“性”发于“情”在合理范围之内的“私”，而并非第二种损害“理”的“私”。所以，在顾炎武的新“仁道”观中“理”与“情”并不是对立的，而是并存的。

3. 私生于仁

顾炎武新“仁道”观的核心是“私生于仁”。天道之“仁”在人间呈现为“善性”，“善性”发动的第一站便是“孝亲之爱”。小婴孩呱呱坠地的那一刻起就被父母的“爱”包围，在与父母的互动过程中，基于“孝”的“父子之伦”随之产生；在与兄弟姐妹的互动中基于“悌”的“兄弟之伦”也随之产生；随着与不同主体的互动过程，“仁爱”的扩充，基于“忍”的“夫妇之伦”、基于“信”的“朋友之伦”、基于“忠”的“君臣之伦”的伦理关系都随之产生了。“仁爱”是从“家庭”到“社会”再到“天下”扩充开来的，所以在扩充过程中产生的爱是一种“等差之爱”而非“兼爱”。试想：一个连自己的父母都不爱的人怎么能忠君爱国呢？正如顾炎武所言：“自天下为家，各亲其亲，各子其子，而人之有私，顾情之所不能免矣。”这也是儒家“等差之爱”的体现。

因此，由“仁”而来的“等差之爱”说明了“私情”是“仁道”的必然体现。

“私生于仁”要求承认人人皆有“私情”。人顺“私情”而来便会出现基本生存欲求与更高发展欲求，当面对更高发展欲求的时候，因人“性”的差异，便会导致不同的人作出不同的选择。为了避免一些人“成已之私而毁他人之私”，确保每个人都可以尽其“性”而成其“私”，就需要借助制度约定的保障作用。国家就要制定政策利用人之“私”以达成“公”。政治上，其一，改革中央集权制，“圣人者因而用之，用天下之私以成一人之公，而天下治。”建立“寓封建之意于郡县之中”的新体制；其二，“推行‘以名为教’的文治教化，即利用普通老百姓自私的名利之心，来取考核‘名行’的取士之法及与之相配套的‘清议’‘奖廉’等措施将人的私欲引向和‘利’密切相关的‘名’，让人们去追求能同时给其带来‘利’的‘忠信廉洁’之道德名声或道德声望。”经济上，顾炎武主张“私有”与“私营”，在一定范围内提倡私营经济，并提出一系列经济体管理思想。

二、新“仁道”观下的经济管理思想

顾炎武基于新“仁道”观而产生的经济管理思想主要着眼于农业政策，盐、矿业政策，货币政策，赋税政策四个方面。

（一）农业政策

对于农业发展至关重要的要素莫过于土地。在顾炎武看来，北魏时期的“均田制”才是最佳的土地分配制度，按照劳动力的多寡来平均分配土地，确保耕者有其田。为了保护百姓利益，改革官田重赋的弊政，顾炎武主张“官田改民田”。“官田之苦，自唐已然，不始于末、元也。故先朝洪熙、宣德中，屡下诏书，令民间有抛荒官田，召人开耕，依民田例起科，又不独苏、松、常三府为然。”基于此，他主张：“有王者作，咸则三壤，谓其遣使案行吴中，逐县清丈，定其肥瘠高下为三等，上田科二斗，中田一斗五升，下田一斗，山塘涂荡以升以合计者，附于册后，而概谓之曰民田，惟学田、屯田乃谓之官田，则民乐业而赋易完，视之绍、熙以前，犹五六倍也。”官田制度下，农民既要交租又要交税，苦不堪言。只有改为民田，农民取得了土地所有权，才能减轻百姓沉重的田赋负担。土地私有便意味着“土地”作为生产要素可以在商品市场内自由流通。同时需要注意的是，官田改民田也并非全部的官田改民田，而是将官田限制在合理的范围之内，让百姓能够耕者有其田。可见，其主张在农业“私营化”的同时注重保护各方之“私”，协调各方利益共同促进农业的发展。

此外，顾炎武还主张富民与平民“共其利”。“盖贫民种田，牛力类草不时有，塘池不能浚而深，堤坝不能筑而固，一遇水旱则付之天而已矣。今富室于此等，则力能豫为，故非大水旱，未有不收成者。况富室不能自种，必业于贫民。贫民虽弃产，而实与富室共其利，收一石则人分五斗，收十石别人分五石。又牛力种子出于富室，而钱粮又办于富室，时有水旱，则富室又假货而济之。贫民惟出力耕耘，坐享其成焉。故曰：奇庄富室，乃贫民之所依，可有而不可无也。”

土地私有后，贫农势单力薄，抵抗自然灾害的能力较富农弱，势必造成土地被富人兼并的局面。这也间接促进了资本主义生产方式的形成，富农提供生产资料和生产工具，贫农提供劳动力，最后的收成平分，富农满足了拥有更多土地的发展需求，贫农解决了基本生存需求。基于人人各“私”其“私”，国家通过土地流通从而实现农业生产资本化运作，恢复农业发展，实现天下之“公”。

（二）盐、矿业政策

盐与铁矿业对古代社会的经济影响重大。从汉武帝起，便开始实行“盐铁官营”，自此以后盐铁便被官府垄断。首先，就其盐业而言，顾炎武主张私人经营。盐与百姓日常生活密切相关，盐业虽被官府垄断经营，但私下交易依旧屡禁不止，社会动乱也在所难免。针对这一问题，顾炎武分析了其产生的原因：产盐之地近于私而远于官、一些私盐质量比官盐质量好、私盐禁不住盗贼多而刑狱滋，不利于地方安定。对此，顾炎武主张盐业应由私人经营，政府利用税法经济杠杆对盐业来加以调节和控制。其次，就其采矿而言，顾炎武主张国家开放采矿业。“夫采矿之役，自元以前，岁以为常，先朝所以闭之而不发者，以其召乱也。霹之有窖金焉，发于五达之衢，则市人聚而夺之；发于堂室之内，则惟主人有之，门外者不得而争也。今有矿焉，天子开之，是发之于五达之衢；县令开之，是发金于堂室之内也。利尽山泽而不取诸民，故曰：此富国之策也。”可知，矿物是自然的恩泽，自然的恩泽只归部分人专有就会引发争端，避免争端的最好办法就是让国与民共享自然的红利，让所有人的“私”都可以实现。所以，从人之私出发，在国家公正调控下有序开放采矿业就可以“利”其民，从而“富”其国。

无论是盐业政策“私人经营”还是矿业政策“开之于民”，其核心便是：承认百姓之私，国不与民争利。无论是禁私盐，还是禁铁矿，表面上是国家垄断，控制了国民经济命脉，解决了国家财政难题，但实则带来了一系列社会难题，只治其标而不治其本。在顾炎武看来，“治之方法有二，曰塞与开。究而言之，塞则治其标，开则攻其；塞则资盗，开则资公；塞则免祸于暂而终有害于民，开则上利乎国而下亦利于民矣！”所有人面对如此暴利的行业，在利益的诱惑下，便会生发“私欲”。完全实行国家垄断便是只承认政府的“私”而否认百姓的“私”。若国家压制百姓之“私”，百姓走投无路之时便会选择铤而走险，为了实现其“私”而成为亡命之徒，最终危及社会治安；相反，国家承认百姓之“私”，开之于民，国家不与民争利，只利用经济政策加以调控，维持好正常的经济秩序，便可富其民，安其心，以“私”而成“公”。

（三）货币政策

货币作为商品交换的媒介，对于促进商品经济的发展具有重要的作用。在顾炎武看来，“钱者，历代通行之货，虽易姓改命，而不得变古。后之人主不知此义，而以年号铸之钱文，于是易代之君，遂以为胜国之物而销毁之，自钱文之有年号始也。尝考之于史，年号之兴，皆自季世。此非永世流通之术。”可见，他深刻认识到了历代王朝更迭、货币不断变换带来的弊端，而倡导实行统一且稳定的货币政策，保障商品经济的发展。此外，顾炎武还极力反对各地币值不统一。“近日河南、陕西各自行钱，不相流通，既非与民同利之术，而市肆之滑，乘此以欺愚人，窘行旅。《盐铁论》言，‘币数变而民滋伪。’亮哉斯言矣！”各地都使用不同的货币，不同货币之间不能相互流通，便会阻碍商品自由交易，给了奸诈之人以可乘之机，极大地助长了奸诈之风。

稳定且统一的货币政策不仅有利于商品市场的稳定，而且打破了各地阻碍商品流通的壁垒，促进全国商品经济市场的实行。顾炎武立足于人之“私”所倡导的货币政策，作为一个保护各方“私利”的制度约定而出现，保护了每一位“消费者”和“贸易者”的利益，有效地防止了投机倒把行为的出现。当每个人的“私利”得到保护，市场秩序稳定的“公利”也会随之实现。顾炎武的货币政策便是其新“仁道”观以“私”成“公”在经济管理领域最直接的体现。

（四）赋税政策

在顾炎武看来，赋税政策的实行要立足于促进商品经济的发展，要根据不同地区经济实际发展情况因地制宜施策，不能“一刀切”。经济发达的地区可以实行货币赋税——“一条鞭法”，而在经济欠发达的地区则继续实行实物赋税。所谓“一条鞭法”便是把各州、县的田赋、徭役以及其他杂征税款总为一条，合并征收银两，按亩折算缴纳。这样大大简化了税制，方便征收税款。同时，使地方官员难以作弊，进而增加中央财政收入。“国初所收天下田赋，未尝用银，惟坑冶之课有银。正统九年润七月戊寅朔，复开福建、浙江银场，乃仓粮折输变卖，无不以银。后遂以为常货，盖市舶之来多矣。”“一条鞭法”的实行是有条件限制的：一是当地要有足够的银子作为商品流通媒介；二是商品经济发达，商品交换频繁。此外，“一条鞭法”的实行利国利民，促进商品交换、恢复农业生产，也减轻了实物赋税的转运压力。就像顾炎武所言：“国家转输东南四百万之粟以给京师，历江、淮、河、卫之险，惊风骇波，朝不谋夕。文武之臣奔走其事，而军士蒙犯霜露，经历寒暑，计十万石之费，盖不訾矣。然京卫之士，曾不待米而饱。太仓之粟，朝受而夕粜之，意在得银钱耳。”

对于经济欠发达地区，没有银子作为媒介的情况，不能强迫实施“一条鞭法”，否则便是害民害国。正如顾炎武所言，“今若于通都大邑行商麇集之地，虽尽征之以银，而民不告病，至于遐陬僻壤，舟车不至之处，即已什之三征之犹不可得。以此必不可得者病民，而卒至于病国，则曷若度土地之宜，权岁入之数，酌转般之法，而通融乎其间，凡州县之不通商者，令尽纳本色。”顾炎武因地制宜的税收政策也可视为其“性情观”在国家与地方关系的推演，对人而言，为率“性分”而为；对于地方经济发展而言，赋税政策更要依据地方经济发展实际情况而行。此外，顾炎武还看到各地百姓之“苦”、转运军士与文武之臣之“苦”，所以他所倡导的因地制宜的赋税政策考虑到了百姓、官员、国家各个主体的“私情”。顾炎武因地制宜的赋税政策实质上是承认人人之“私”，各地之“私”，而非以一个统一标准意义上的“公”而压倒一切之“私”，充分体现了其经济管理中的“仁爱”思想。

三、新“仁道”观下发展经济与保护环境的协调统一

顾炎武在倡导经济发展的同时也关注到了生产力提高所带来的环境问题。顾

炎武在分析黄河流域生态环境破坏问题产生的原因时反映了其尊重自然规律，维护生态环境平衡的思想。“宋政和以后，围湖占江，而东南之水利亦塞。于是十年之中，荒恒六七，而较其所得，反不及于前人。”“河政之坏也，起于并水之民贪水退之利，而占佃河旁汙泽之地，不才之吏因而籍之于官，然后水无所容，而横决为害。贾让言：‘古者立国居民，疆理土地，必遗川泽之分，度水势所不及，大川无防，小水得入，陂障卑下，以为汙泽，使秋水多得有所休息，左右游波，宽缓而不迫。故曰：善为川者，决之使道。’《元史·河渠志》谓，黄河退涸之时，旧水泊汙池多为势家所据，忽遇泛滥，水无所归，遂致为害。由此观之，非河犯人，人自犯之。予行山东巨野、寿张诸邑，古时潴水之地，无尺寸不耕，而忘其昔日之为川浸矣。”河水泛滥是因为人们贪一时退水之“利”，占佃河旁汙泽之地，从而导致大水决堤而出，非河犯人，而人自犯之。所以人类只逐个人之“利”，而忽视万物之“理”，打破生态平衡，必然会遭到自然规律的惩罚。

从顾炎武的新“仁道”观来看，其保护环境的思想与发展经济的思想也具有内在的一致性。首先，从天人关系来看，“理”在天为“天道”，即宇宙万物运行不息的自然法则，在自然万物便是其生存发展变化过程中体现出来的“万物之理”即自然规律；下贯到人为人之“性”。“天道”“理”“性”为一，所以人在践其“性”的过程中要服从“天道”与“万物之理”。这也说明了人的“经济生产活动”必须尊重“万物之理（自然规律）”，人成其“私”也要成万物之“私”。

其次，从“仁”与“私”的关系来看，顾炎武承认的“私”是在合理范围之内的“私”，并非无限扩张、膨胀损害“理”的“私”。而“侵占堤岸”与“涸湖垦田”的现象出于只为了扩大自己耕地并产出更多的粮食的一己私利，而不管河水运行的河道是否顺畅，也不管湖外之田是否有灌溉的水源。这种不断扩张的“私利之心”已经超越了顾炎武所言之“私”的界限，损害了“万物之理”与“他心之私”。将“仁”与“私”相对立，反天道之“性”而行之。这正是顾炎武新“仁道”观所反对的。所以，保护环境与发展经济两者要协调一致。

最后，从新“仁道”观的核心“私生于仁”来看，天道之“仁”在人的体现便是“善性”。在“善性”的不断扩充过程中我们学会了爱父母、爱兄弟姐妹、爱妻子或丈夫、爱君主、爱朋友、爱我们的子子孙孙、爱自然万物。如果只为了经济发展而以牺牲环境为代价，便没有将“善性”扩充到自然万物之中；同样，以破坏生态平衡来发展经济是一种“竭泽而渔”的发展之策，无视了子孙后代的生存欲求之“私”。所以，顾炎武所倡导的环保思想可以避免发展经济所带来的以“私”害“仁”之弊。可见其新“仁道”观下的经济管理思想中已蕴含了“发展经济”与“保护环境”协调统一的卓越之见。

顾炎武的义利观探微

昆山市亭林初级中学教师，苏州大学哲学硕士　周玉洁

一、经济与伦理的关系

顾炎武对于经济的意见是自私自利的市民经济意识符合启蒙思想，他维护个人的私有财产神圣不可侵犯，算是中国私有财产的先驱者。这与其之后的教化思想、以利为导向的名教思想是相一致的，因此，梳理顾炎武经济思想是很有必要的。

经济和伦理都属于人文现象，都是以人为主体的。

社会性和实践性是人的两个最基本属性。人的本质是一切社会关系的总和。人的社会本质就表现在人的一切社会实践活动中。实践是人的现实本质。因此，经济和伦理是人的两种不同性质的实践活动。

人区别于动物的根本特点在于实践的目的性。经济和伦理作为人的两种不同性质的实践活动，在于其具有不同的目的性。经济的目的在于“利”，伦理的目的在于“义”。义利之辨，是自古以来重要的讨论命题。汉代的董仲舒曾言：“天之生人也，使之生义与利，利以养其体，义以养其心。”可见，“利”反映的是人的物质需求，而“义”反映的是人的精神需求。

“利”所反映的人的物质需求，也就是马克思恩格斯所言“为了生活，首先就需要衣、食、住以及其他东西”。更何况，以“利”为导向的经济活动是为了能够生活而时时刻刻需要进行的。这种与自己生命的历史活动密不可分地联系在一起，是生产他人生命的历史活动。这两种历史活动本质上都是“生命的生产”，都属于经济范围。

“义”所反映的人的精神需求，就是由生命的生产自然而然形成的人们之间的物质联系所引起的“和他人交往的迫切需要”；以“义”为目的的伦理活动，即为满足这种需要而处理和协调人与人之间关系的历史活动。正是在这种历史活动中，人们创造出了他们赖以生存相互交往的行为规则。这种规则，是凡需要与他人交往均应当

遵守的。这种行为规则，在朱熹那里，便是其曾经说过的“所当然之则”意义上的“理”。“义”本质上是对“理”的自觉服从。为人若无“义”，即没有对“理”的自觉服从，那么他就无法同别人进行正常的交往，从而难以维持甚至失去与他人的物质联系，以致不能正常地进行由这种物质联系所构成的生产活动。

总而言之，就伦理与经济的关系而言，伦理是适应经济之内在要求的第二性的历史活动，是保证经济活动得以顺利进行的必要条件；离开这个条件，经济活动就会因缺乏有序的社会交往而陷入无序状态。因此，顾炎武的“义利之辨”的本质仍然是以“义”，即“理”为基础的伦理秩序的辩论。

二、顾炎武经济思想的来源

（一）出生地因素

顾炎武出生于中国资本主义萌芽发祥地江南，受到周围社会生活的习染。当时，江南作为全国商品经济发展程度最高的地区，出现了一些繁华的工商业小城镇。在这些城镇上，一切商品都已经用银计价，大交易用银，小买卖用碎银。

顾炎武的家乡——苏州府昆山县之千墩镇，浦水经此入吴淞江，明清时期为苏州松江往来之要道。所以，尽管镇小却是商旅经常出没之地。这里弥漫着浓厚的商业气息，遂养成了当地人重利精明的习性。顾炎武曾称其家乡人重利精明到“锥刀之末将尽争之”的程度。顾炎武便是生活在这样一个社会环境和人文环境中，这对养成其重利而计较利害得失的经济头脑起到了基础性的决定性作用。

（二）所受的家庭教育

除了社会环境的习染作用，顾炎武所受的家庭教育对其经济头脑的养成起着潜移默化的熏陶作用。其嗣祖父顾绍芾是一位崇尚“实学”的务实主义者，从生活实际出发，用实用观点和经济眼光去观察和思考问题是其一贯的思维方式。因此，他对顾炎武的启蒙教育也贯彻了这种思维方式。顾炎武在《三朝纪事阙文序》中曾有这样一段自述：……其明年，广宁陷，山东白莲教妖民作乱。一日，臣祖指庭中草根谓臣曰：“尔他日得食此幸矣！”这话虽简短，却内涵丰富，意味深长。他使得生长在富庶温柔之乡的顾炎武在年少时便意识到人民生活的艰辛，以及战乱的危害性和保家卫国的重要意义。

这颗经世求是的种子，对正在形成中的顾炎武影响甚大，久而久之潜移默化地使得他养成一种经济头脑。

（三）经济头脑得以显露

这种重利而计较得失的经济头脑，可以说是自私自利观念赖以产生的一个必要的精神条件。这一点，在顾炎武典卖其嗣祖父的遗田一事上便有所体现。顾炎武在其典卖遗田后不久便给其从兄顾维写了一封信。信中提道：夫人生一世，所怀者六亲也，所爱者身也，所恋者田宅货财也，所居者姻旧乡曲也。

这段家常之言，自然流露出顾炎武自私自利的真性情。其“爱财”“恋财”的人生价值观与当时市井小人的价值观是完全一致的，它无疑是指导其自觉开展人生活动的主导思想。

顾绍芾去世后，由于顾氏家族内部的倾轧之故，顾炎武家道便开始直线衰弱。典卖其遗田后，这个殷实之家彻底破产。自明朝灭亡后，顾炎武便孑然一身过着“以游为隐”的漂泊生活，其经济来源全凭自身经营得来——治生，成了其生命活动中一个首要的和基本的内容了。

综上所述，顾炎武的自私自利的市民意识的形成，不仅是由于当时资本主义萌芽条件下市民生活环境之习染所致，更是由于当时天下变乱大背景下其个人特殊的生存境遇所致。正是由于社会环境的外因影响，才让其内因发挥了实际作用，使得他在一定程度上不得不接受了当时的市民价值观。

三、顾炎武的义利观

顾炎武在教化的层面上，便是确定以礼义为导向的道德伦理基础。但是，鉴于当时社会的黑暗情况，“以礼为教”并不现实。因此，他提出了“先义后利”“以名为利”的观点，来契合人们的“自为”之心，从而达到“淑人”的目的。

（一）“先义后利”

上文在谈及顾炎武的公私观时，提及其态度是“公私兼顾”的。但是，公私兼顾的前提却是寓公于私，顺应其合理的“私心”从而追求公德。也就是说，顾炎武对于“义利之辨”的问题所持的态度还是“先义后利”的。这一观点，在其文章中有明确表示：

“苟非返普天率土之人心，使之先义而后利，终不可以致太平。故愚以为今日之务，正人心急于抑洪水也。”

在顾炎武看来，“正人心”之务犹如“抑洪水”之急是不可耽搁的要事，盖因“治人”者必须“先义后利”成为一位“道德人”，才能使得天下“致太平”。

换言之，首先将自己修成一位“先义后利”之人，才能谈及如何修正“普天率土之人心”，最终达到治理“天下之人”。这就是顾炎武所谓的“修己治人之实学”。

所谓“先义后利”，从字面上来讲，便是将他人和社会的利益放在第一位来考虑，也就有别于将个人利益作为第一位的利己主义。但是，“先义后利”却并不意味着完全不顾个人的利益。关于如何辨析个人利益和他人利益的关系，顾炎武也有自己的想法：

“君子之为学也，非利己而已也，有明道淑人之心，有拨乱反正之事，知天下之势之何以流极而至于此，则思起而有以救之。”

顾炎武认为“今之为学之人”都是“为利”，但又不仅仅是“利己而已”。

他们的根本目的在于“明道淑人”。再者，顾炎武曾在《言利之臣》篇中提及：君子得位，欲行其道；小人得位，欲济其私。欲行道者，心存于天下国家；欲济私者，心存于伤人害物。

因此，君子为学固然“为利”，但是又“非利己而已，有明道淑人之心”。也就是说，修成“道德人”的君子，尽管通过为己的科举“得位”，但是依旧“心存于天下国家”。所以，此处的“利己”和“淑人”在根本目的上是相统一的。

综上所述，顾炎武的义利关系在一定程度上并非绝对对立。他认为，个人利益与他人、社会利益之间存在着一定的统一关系。他在《上九弗损益之》篇中提出：“有天下而欲厚民之生，正民之德，岂必自损以益人哉！”这种义利观与前文所强调的公私观是一致的，都是“先义后利”或者说是强调“先公后私”的。基于此种观点，顾炎武本人对于“徇私”“济私”的行为是深恶痛绝的。

他如是说：“‘我四十不动心’者，不动其‘行一不义，杀一不辜，而得天下，有不为也’之心。”显然，这是针对清政府“杀不辜”“行不义”的黑暗政治与腐败官风的批判和抗议。

由此可见，顾炎武的“先义后利”的义利关系绝非泛泛而谈，是对于当时时事政治的针砭时弊，充满着鲜明的政治意义和强烈的战斗性。他的目的是拨乱反正，反对“行不义”而“济其私”的“徇私”行为，从而更好地达到“淑人”的目的。

（二）“以名为利”

根据上文所言，顾炎武在政治理想和为学态度上提倡“先义后利”，这一点是毋庸置疑的。换言之，顾炎武认为“以义为利”是一种最为理想的境界。但是，顾炎武又提及官场政治中的“徇私”的不良风气。可见，在他看来，“以义为利”虽然可以说是“纯王之风”，但是实际上却是难以实现的。因此，从现实的可行性角度出发，顾炎武提出了“以名为利”的主张。

“以名为利”的“名”，指的是个人的政治与道德实践相对应的名誉。对此，顾炎武曾如是说：“昔人之言，曰名教，曰名节，曰功名，不能使天下之人以义为利，而犹使之以名为利，虽非纯王之风，亦可以救积污之俗矣。”

“忠臣义士，性也，非慕其名而为之。名者，国家之所以报忠臣义士也。报之而不得其名，于是姑以其事名之，以为后之忠臣义士者劝，而若人之心何慕焉，何恨焉。”

在顾炎武看来，“名者，国家之所以报忠臣义士也”，名誉是国家报答忠臣义士的一种手段，其目的是使“忠信廉洁者显荣于世”“以为后之忠臣义士者劝”。

也就是说，在君臣之间都只讲利益关系，不谈道德仁义，且形成不良风气的社会背景之下，“后之为治者宜何术之操？曰：唯名可以胜之。”虽然诚如上文所言，“以名为利”并不是最理想的治理手段，但即使不能使人们形成以义为利的社会风气，但是实施以名为利的教化手段，也可以改善社会的不良局面，引导人们讲究道德仁义。

顾炎武不仅仅将“以名为利”作为其政治手段，而且还作为自己的处世之道。

这一主张主要来源于孔子所言的“君子疾没世而名不称焉”，其所求者便是“没世之名”。这一点在顾炎武与李紫澜的书信中便有所体现：或曰：“君子疾没世而名不称”，何欤？曰：君子所求者，没世之名；今人所求者，当世之名。

此外，在其《日知录》中亦有所提及：疾名之不称，则必求其实矣，君子岂有务名之心哉。……古人求没世之名，今人求当世之名。吾自幼及老，见人所以求当世之名者，无非为利也。名之所在，则利归之，故求之唯恐不及也。苟不求利，亦何慕名？

从中可以看出，顾炎武认为“君子所求者，没世之名”，其实质并非在求名，而是“必求其实”。因为，在“名”与“实”之间，“实”才是第一性的，更为根本的，“名”不过是由“实”派生出来的。这里的“名”不是虚名，而是实名，是“没世之名”，所以有其真正的实在。关于这一点，顾炎武在《拽梯郎君祠记》中有明确的表述：

“忠臣义士，性也，非慕其名而为之。……谓忠义而必名，名而后出于忠义，又非所以为情也。”

由此可见，忠义之实是出于本性的，并不是因爱慕名誉而为。那么，国家以给予名誉的方式来报答忠臣义士，也不过起到了一种鼓励和引导作用。关键还在于忠臣义士自觉地去发挥其善性，做出有益于天下的事业。但是，有贡献之实，而没有美誉，便造成是德福不一致的后果。这便是不圆满的德行，所以忠臣义士仍然需要博得清誉。因此，“以名为利”的实质也就是要求在国家的鼓励和引导下使得个人充分发挥其善性，从而达到“救积污之俗”的目的。

因此可以说，顾炎武提出“以名为利”这一处世态度的原因，完全是基于当时的实际情况而言，主要原因有以下这两点：

其一，不是为了抨击非为功名和清誉，而是为私利而学习的不良学习风气。

顾炎武对于当时国家选拔人才而采用的科举制度是持明确反对态度的，因为他认为当时的科举制度与国家设生员的初衷是相违背的。这一点在其《生员论》上篇中有所体现：

“国家之所以设生员者何哉？盖以收天下之才俊子弟，养之于庠序之中，使之成德达材，明先王之道，通当世之务，出为公卿大夫，与天子分猷共治者也。……故今之愿为生员者，非必其慕功名也，保身家而已。”

顾炎武指出，现今愿意成为生员的人，并不是因为爱慕功名，而是为了保全个人身家而已，也就是说当今的生员并不是为了求功名而是为了求私利在学习，这样也就与国家为“使之成德达材，明先王之道，通当世之务，出为公卿大夫，与天子分猷共治者也”的愿望相违背。由此可见，本应该引导生员去谋取功名而努力学习治国、平天下的知识和实践的学校，却成为人们谋求私利的场所，这也就完全使得无法达成“成德达材”的目的了。因此，这种与初衷相违背的学习情况，成为一股不良的学习风气，使得生员为声利所迷，从而无法学到真正的知识，达到“明先王之道，通当世之务，出为公卿大夫，与天子分猷共治”的境界。

其二，是为抨击当时的文人学士为求当世之名而著书讲学的社会现实。

顾炎武本人对于为求名而著书立说，或者为求名而招徒讲学是持明确反对态度的。这在他的众多文章中都有明确地表示：今世之人速于成书，躁于求名。

某君欲自刻其文集以求名于世，此如人之失足而坠井也。

然欲使之效曩者二三先生招门徒，立名誉，以光显于世，则私心有所不愿也。……今之为禄利者，其无藉于经术也审矣。

在顾炎武看来，为求名而著书立说是很危险的，如同“人之失足而坠井”；为求名而招徒讲学亦是不可取的，不过是借着传经术之名而求名利之实罢了。但是，若真心想为名利，“无藉于经术”；反之，若真想治经术，那么也不应该为求利而去其名。因为顾炎武认为“以文名，以讲名者……是闻也，非达也”。

所以，对于顾炎武而言，诚心志于学，那就应当甘耐当世之寂寞，而非追求当世之名。毕竟，对于真正的治学之人而言，其盛名必会在其身后为后人所称道。

因此，为改变这种黑暗的社会局面，首先必须明确的一点便是“名”和“利”的关系问题。“名胜于利，则小人之道消；利胜于名，则贪暴之风扇。”由此可见，只有名实一致时，才能做到德福一致。因此，顾炎武在“以名为利”的基础上，提出了“以名为教”的教化手段，目的便是改善人伦关系，提高社会的道德水平，从而更好地促进政治的发展。

综上所述，顾炎武将“以名为利”作为自己的处世态度和治学态度，不仅表明了他追求实现名教之治的政治理想，也表明了他在追求一种“明先王之道，通当世之务”的真学问，用他的话来说便是“修己治人之实学”。因此，“以名为利”可以说是一位真正的学者所奉行的处世原则。

四、顾炎武义利观的当代价值

顾炎武的义利观，简言之便是其为人处世的态度和原则，是其教化思想的重要基础，对当代人的治学处世具有重要的指导意义。

（一）理论价值

顾炎武的义利观是其建立教化思想的基础，他对自己“匹夫之贱”的身份有清醒的自我认识，这使得他与传统的儒家士大夫阶层的学者区别开来。他以其特殊的人生际遇作为背景，仍然秉持着其与传统儒家君子的一致性，将“明道救世”作为“闻道”的最终目标，从而诞生了其“天下兴亡，匹夫有责”的“豪杰”之心。这本质上是一种平等的观念，源自商品经济等价交换关系，这使得他作为“士”阶层的一员不再与“农”“工”“商”相隔离。这种平等观念体现在其为学的态度上，便是反对“自小”或“自大”的“小人之学”，主张既不“自小”又不“自大”的“君子之学”。

毫无疑问，顾炎武这种为学的态度与“豪杰”之心，对现在的人们治学和处世的原则具有指导性的意义和价值。

（二）历史局限

顾炎武的义利观的教化目的仅仅是针对改善社会人伦关系而提出的，换言之，顾炎武认为政治、经济都是为伦理服务的。也就是说，尽管顾炎武本人提倡发展经济，提高人民的物质生活水平，但是他的目的并非为享受物质资料而发展经济，而是为了改善人伦关系而解决经济问题。他认为：“今将静百姓之心而改其行，必在制民之产，使之甘其食，美其服，而后教化可行，风俗可善乎。”也就是说，在顾炎武的教化目的中，一切的丰富的物质资料的生产，都是为了人们提高道德水平，改善社会风俗，达到道德的教化目的服务的。

综上所述，顾炎武的教化目的具有片面性。他只看到在社会经济得到发展后，社会物质资料享受极大丰富的情况下，社会成员的道德水平会得到相应的提升，社会成员之间的伦理关系会得到改善，由此社会的风气会变得清明，人伦关系得到完善；而并未看到社会物质资料极大丰富这件事本身便会带来极大的物质享受，而物质享受也是每个社会成员应当享有的基本权利，而并非他所认为的“欲使民兴孝兴弟，莫急于生财”。孔子曾言：“富而可求也，虽执鞭之士，吾亦为之。”简而言之，君子希望只要是通过正当手段获得的财富，任何人都具有得到物质享受的权利。因此，顾炎武在教化目的上应当不仅注重道德伦理的改善，还应当注重财富的获得和物质资料的享受。

因时而变与济世利民

——论顾炎武的富民观

苏州科技大学文学院 2021 级本科生 **殷欣妍**

富民思想的核心是满足人们合理的物质欲望，使民众富裕。顾炎武迈入社会之时，社会腐朽，经济崩溃，国贫民弱。在嗣祖顾绍芾讲求“士当求实学”的家训和侧重点转为紧迫的救时济世的思潮影响下，顾炎武形成了独特的思维方式和行为方式。作为明代遗民的顾炎武没有消极避世，而是以“今日者拯斯人于涂炭，为万世开太平”为己任，站在“以民为本”的立场上，关注民生疾苦，努力改善其生活。顾炎武富民思想的先进性体现在其商业观、义利观、富民观，由表及里、由浅入深地展现其因时而变的思想观念和济世利民的远大理想。

一、商业治生的选择

自明代中叶以来，中国社会开始从男耕女织的传统农业社会向近代工商业社会转型。商品生产扩大，地区间商品的交流日益繁忙，一批工商业和对外贸易港口市镇兴起，商人规模扩大。江南资本主义的萌芽初步显现，社会经济的繁荣与危机进一步凸显。然而，明清时期推行重农抑商，将商业放在辅助性的地位，对商业经济进行打压。在这样的社会经济背景下，顾炎武和其他遗民对商业形成了不同的价值观念。

（一）顾炎武的商业观

顾炎武本人奉行经世致用的思想，面对晚明商品经济的发展，他没有一直坚持“重农抑商”的思想，反而因时而变，因势而变，认可并在实际中践行着“工商皆本”的观念。在《田功论》中，他明确提出“必疾耕，必通商”的主张。他认为土地必须有百姓耕种，同时也要不断发展商业。

顾炎武意识到商业对于民生的重要性。选择商业，是一种为了维持生计，寻求更多合理利益的自然而然的选择。顾炎武曾记山西大同的情形：“大同商旅辐辏，货物踊贵，亦以藩府有世禄之供，将士袭常饩之养。庶无异，而浮侈犹甚。”大同人因为发展商业而日渐富有。江南地区赋税负担重，苏州地区就有百姓外出经商，获得的钱财可以供应吴地繁重的赋税和徭役。商业带来的丰厚利润，减轻了税收压力，改善了部分百姓的生活质量。

明代中叶以来，商品经济迅速发展，商业的发达不仅改变了人们的治生方式，还促进了社会的繁荣。顾炎武的“救世”价值观，突出表现在其《郡县论》中提出的“厚民生，强国势”。商业的繁荣促进了社会的发展。以江南地区为例，在丝绸业发达的太湖流域，围绕着丝绸的原料与制成品的生产和销售，形成了一个有机的产销网络，一大批直接和间接相关的市镇发展了起来。

在遗民中，顾炎武属于擅长经营的人。由于没有经验，顾炎武只能边干边学，慢慢摸熟经商的门道。战乱年代，做药材生意往往获利可观。顾炎武靠着贩卖药材，赚钱谋生。

在思想上，他不仅因时而变，意识到商业对于民生和社会的重要性；在行动上，他还身体力行自己的重商观念，从事商业活动。

（二）王夫之、黄宗羲的商业观

明代中后期，传统“四民观”发生了变化，工商皆本的思想开始盛行，手工业者、商人的地位持续上升。士人的贫困化，是明清之际普遍性的事实。在社会的变迁、治生的压力下，遗民对商业的看法也是因人而异。

生存与名节在遗民心中无时无刻不在紧张地拉扯着。部分遗民执着于“遗民苦节”，不仅缺乏生存技能，极端排斥商业，还拒绝接受他人的接济，最终穷饿而死。

一些遗民以经商为生，例如，徐枋以卖画谋生，但又认为经商有污名节，遭受着他人的非议和自我的谴责双重压力。还有一些遗民意识到商业的重要性，但是仍矛盾地将商业排在谋生的最末流。王夫之认为商品交换是满足百姓日用所需的必要途径，“金粟交裕于民，厚生利用并行，而民乃以存。”他严厉批判“腐儒”禁止商业活动的观点。他也清楚地意识到“闭关”之害：误国误民，害人害己。但是在谈及谋生的手段时，他却十分矛盾，认为“能士者士，其次医，次则农工商贾，各惟其力与其时”。黄宗羲提出“工商皆本”的观念，是对重农抑商思想的调整与突破。

由上述遗民对于商业看法的微妙之处，最能感受到遗民在面对经济环境变动时的不适和他们在谋生问题上沉重的道德负担。通过这种反差，更能体现出顾炎武富民观的因时而变和讲究实效。

（三）观念不同的原因

顾炎武推崇商业，而明代大部分其他遗民在商业观上与之相左，究其缘由，有如下几点。

明代大部分遗民反对商业，是因为士人们向来以治生为俗累，以“不事生产”为高，该思想观念由来已久。突如其来的变故使士人们的身份转变为“遗民”，生活也世俗化了。谋生能力的缺乏、生活的艰辛使得他们对包括商业在内的谋生手段都有一定抵触心理。再者，中国封建社会是以小农经济为基础的生产结构，为了维护封建统治，重农抑商政策在历朝历代得到广泛的应用。其主要表现在重视农业、以农为本、抑制商业经济的发展。受此观念的影响，即使正当的商业活动能够维持正常生计，大部分遗民也不屑于商业形式的谋生手段。

即使遗民群体中出现“工商皆本”等重视商业的思想，但是明代贬低商人的抑商思想也是大量存在的。正因如此，重商观念才具有一定的先进性。明代对商业的重视和肯定，并不是将商业和农业的地位进行比较，而是看它是否于社会有益。内阁首辅张居正认为农与商是相辅相成的，“商不得通有无以利民，则农病；农不得力本穑以资商，则商病。”胡居仁在《居业录》中表示，商业虽然为末，但是“亦要他通财货”，都是有利于当世的。正当的经商能够使民富足，有利于社会发展，这是顾炎武支持商业发展的重要原因之一。

顾炎武对商业的支持是从各地的实际情况出发的。在徽州，“土田依原麓，田瘠确，所产至薄”，不适合种植水稻高粱，部分地区甚至无地可种。即使在农业上花费多倍力气，也是收效甚微。为了生存，为了应对各种税收，“徽人多商贾”是必然之势。在漳州，土之所产“不足食其人民”，“大多数百姓以海为生，以船为家，靠海吃海”。海外经商是当地的最佳选择，但是官府担心倭寇入侵，禁止百姓通贩，“而海滨民苦为生难，辄违禁私下海”。官府于是开放了海禁。海外经商在买卖中既可以追寻利益，“饱商民之腹”又可以“以夷货增中国之利”，供养军队。

对于部分地区而言，只有发展商业，才能满足百姓的基本生活需求，才能保障民生，使其富裕。

顾炎武认为，从商可以养活自己，是避免为了生存而折节于清朝的一种抗争方式。遗民们如果连生存尚且不能保证，又何谈保持名节呢？“仓廪实而知礼节，衣食足而知荣辱”，遗民的荣辱观产生于富有而废弃于贫穷。顾炎武曾云：“治化之隆，则遗秉滞穗之利及于寡妇。恩情之薄，则耕锄箕帚之色加于父母。故欲使民兴孝兴弟，莫急于生财。”顾炎武指出经济因素影响亲情伦理。儒者只有生活有保证，衣食不求于人，才能够立身、立德，成就一番学问。明清时期江南的许多文士将其治生所得用于社会慈善、公益捐赠上，体现了他们高尚的人格和修养。经商作为一种治生的方式，于社会亦是不可或缺，选择经商也未尝不可。因此，经商不仅改善了一些遗民的生存境遇，同时也有效实现了他们对于“道”的追求和坚守。

在“感四国之多虞，耻经生之寡术”的社会大环境下，顾炎武认为经商可以改善民生，可以造福社会，对社会产生积极的实际功用，不失为一种切实可行的选择。

此观点在明末不仅具备一定的开创性和突破性，是其富民观的具体体现，更是其经世利民之志的真实写照。

二、义利观念的更迭

《中庸》曰，“义者，宜也。”道义的主旨是使各方都能获得适宜的结果，都能分配到令人满意的利，因此，“义之必利”，符合道义的行为必能给大众带来福祉，利是义带来的必然结果，但不是义的主旨。义和利的界限并不是泾渭分明，重视、支持商业未必就意味着见利忘义。明代中叶以来，注重治生和经商的思想开始发端，义利问题成为明清经济伦理思想的核心问题。

（一）儒家的义利观

顾炎武的义利观深受儒家思想的影响，同一时期遗民的义利观对顾炎武的义利观也产生了一定影响。

在儒家的传统观念中，即使圣人们肯定利的重要性，但义的地位仍是高于利的。

孔子主张以义作为重要的价值取向，但并不反对谋利。他主张以义谋利，反对不义的“富且贵”。孟子主张行仁义谋取长远利益，反对“孳孳为利者”。当义和利发生冲突时，孟子主张要舍生取义。朱熹认为“欲富贵而恶贫贱，人之常情，君子小人未尝不同”，他不完全否认人欲之功利，只是主张不以“功利”为急。追寻利益是正当的，但是通过不符合道义的手段谋求功利是不可取的。

在遗民群体中，王夫之对义、利有详细的阐述。他将义分为一人之正义、一时之正义、古今之通义三个层次，将利分为公利和私利，但公利一般用“义”来描述。

当义、利相悖时，即意味着个人私利、短时利益使古今之通义屈。所以，王夫之主张以古今之通义为最高价值导向，以一时之大义引领一人之正义，以免因一人一己一时之私妨害“义”。明清进步思想家并没有一味地排斥利，他们把国家、民族的“公利”视为“义”，从而建立了义利兼顾的根基。顾炎武选择经商来谋生亦是有因可循。

（二）顾炎武的义利观

顾炎武能够意识到商业、财富对于个人治生、社会发展的重要性。正当的商业贸易带来货物的流通，个人利益在共同利益前可以被满足，能够惠及各行各业的人们，这是符合道义的，应当被支持。顾炎武对商业的看法是其义利观的表象之一，通过他对于正当商业的大力支持，可以推测出其对于利和义的观念。

“古之人君未尝讳言财也，所恶于兴利者，为其必至于害民也。”从使民富裕、济世利民的角度来看，顾炎武赞同的是取之有道的财，痛恶的是“为私利而非公利”的见利忘义小人。所谓“公利”即大多数人的共同利益，保障“公利”是一种“义”。顾炎武始终将百姓的利益、大部分人的共同利益放在首位，即“义而可以利”。当利和义发生冲突时，顾炎武认为“义”比“利”更加重要。在疏通水利的工程中，朝廷特设专官，然而专官却背公营私，将前人为疏通江河所作的努力归功于自己，自己真正所作，却是“费数千金，几成而溃”。这样毫无济世利民的责任感的官员，将私利置于百姓的公利之上，违背了道义，最终却居然因“虚报成功”而升官。顾炎武对此见利忘义的现象嘲讽至极。但是，顾炎武反对以“义”的名义阻碍和破坏人们追求正当的“利”。

（三）顾炎武义利观的影响

在某种程度上，顾炎武认为只有代表着共同利益、长远利益的“义”被满足，才能在此基础上更好地保证一人一地之私“利”。顾炎武提倡使民众富裕，但他厌恶并坚决反对只为一己之私而妨害他人利益、共同利益的行为。追求利益的前提是需要有全局观念，不可为了眼前利益而舍弃地区的共同利益。

江南地区的经济情况对国家财政收入影响很大，而水利对其经济状况影响极大，“苟不修水利，则田赋不登。田赋不登，则国困匮。”所以，水利修缮的重要性不言而喻。顾炎武在著作中倡导的治水之道，是其义利观的具体体现。

江河流经的地区众多，不同河段受水流的影响并不相同。兴修水利是为了统筹江河湖泊所经区域的整体发展，是为“义”。兴修水利应当满足水系所经的各个地区的长远发展利益，是为“利”。

为了更好地让江河湖泊惠及江南更多民众，而不是使民众饱受水患之灾，仅靠一地的微薄力量是难以长久治好水患的，顾炎武提出“夫欲使江水自西而东，复往日之故道，非合数郡之力，必不能任”的观点。他认为，政府不仅需要给予当地充足的经费，尤其还要有整体规划，组织好江南各郡，使涉及的各地区协力治水，追求共同的利益，履行“公义”。如果只注重当时当事当地的短期利益而忽视治水之理，缺乏地区整体发展的大局观，那么最终只会自食其果。同一条水系的周边地区地势各不相同。“夫高阜之地，远不如低洼之乡。低乡之民，虽遇大水，有鱼鳖菱芡之利，长流采捕，可以度日。高乡之民，一遇亢旱，弥望黄芽白苇而已。低乡水退，次年以膏沃倍收。瘠土之民，艰难百倍也。”如若低乡面对大水、干旱等灾难，仅从自身利益出发，那么高乡之地民众将会生活在水深火热之中，久之便会影响低乡民众的生活，不利于地区的整体发展。吴淞江影响的河流、地区众多。“以三区言之，吴淞既塞，故瓦浦、徐公浦皆塞。瓦浦塞，则十一、十二保之田不收，重以五六年之旱，沟浍生尘，嗷嗷待尽而已。”吴淞江疏通壅塞与否，对于三区整体的长远发展意义重大。还有部分地区不尊重自然规律，导致生态平衡被破坏。河政的败坏，起源于只顾及当事人当时当地的眼前利益。靠近水边的农民贪图水退之利，占湖为田，在河边的污泽之地耕种，“卒致水无所容，横决为患”。从一己之私利，或者只顾近期效益，而无视整体安危和长远后果都是极其有害的。

顾炎武“先义后利”的观念，是为了个人的合理私欲更长远地被满足，但不是一味压制“利”。但是他反对以“道德”“义”的名义阻碍公众的利益，破坏商品经济发展。例如，杭州素以旅游业发达著称，市民多赖此为生，可是官府却经常以“整顿风俗”为名，对市民们的商业活动予以取缔。在顾炎武看来，杭州旅游业的发展对于经济的繁荣和市民生计问题的解决具有重要作用。对于杭州市民来说，从事与旅游相关的商业活动就是他们治生的“本业”。可是官府却以整顿风俗为名来破坏市民的生计，不符合道义。

顾炎武对于只顾一己之私、一地之私而放弃公利的义利观多有抨击。因此，修水利也需从江南地区的整体出发，各地不能仅从追求自身短期利益出发，而应该追求地区的长远利益、共同利益。只有先维护好公共利益即公义，各地的短时之利、私人之利才会得到更好的保障，但是他反对以“公义”为理由阻碍民众追求合理的利益。

三、富民思想的进步

如果说商业观仅仅是对于商业的看法，那么义利观则是对于包括商业在内的义和利的观念，而富民观则是商业观、义利观的内在指导思想，富民观和义利观是富民观在现实生活中的具体体现。受因时而变的商业观、注重公利的义利观影响，顾炎武的富民观更具独特性和操作性，其内在动力是为了使百姓能够安居乐业。

明末清初以后，功利主义在经济伦理思想发展中的影响越来越大，甚至占主导地位。这种功利主义是社会功利主义，反映的是“富民”“利国”的价值追求。

（一）富民观的具体内容

顾炎武的富民观一方面继承儒家传统思想的影响，认识到藏富于民的重要性；另一方面根据实际情况，因时而变，提出“自为”的观念。

孔子主张藏富于民，民富才能国强。治国之道，富民为始。孔子曰：“百姓足，君孰与不足？百姓不足，君孰与足？”顾炎武对该观点深表赞同，认为只有百姓富有了，国家才会富足。因此，在漳州地区开放海禁后，民众的富裕给国家减轻了财政负担，充足的税收让官府不再为军费开销等发愁。在面对“今日所以百事皆废者，正缘国家取州县之财，纤毫尽归之于上，而吏与民交困，遂无以为修举之资”的危机时，顾炎武意识到如果为使国家富裕只知道横征暴敛、搜刮百姓，那么国家会因为地方失去经济活力、官吏百姓贫困而出现财政危机，积贫积弱。“自万历中矿税以来，求利之方纷纷且数十年，而民生愈贫，国计亦愈窘”的状况，顾炎武愤懑地反问：“为人上者，可徒求利而不以斯民为意与？”顾炎武的富民观将富民置于富国之前，百姓富裕则国强，百姓贫穷则国弱。

他认为只有让百姓“自为”，满足其合理的私人利益的欲望，才能最大限度地激发其生产的积极性，才能真正做到“藏富于民”。同一时代的遗民思想家王夫之亦认为“上之谋之不如其自谋”。在富民思想上，二者的观念不谋而合。

（二）富民观的实际运用

顾炎武认为“财聚于上，是谓国之不祥”，主张“藏富于民”。在富民方式的选择上，他根据“民享其利，将自为之”的经济规律，提出了“为天子为百姓之心，必不如其自为”的观念。为了真正落实藏富于民，顾炎武认为只有民众“自为”，而不是让那些自称“为天下为百姓”的官员来“程督”百姓们如何为，才能最大限度地使人们勤劳致富。他提倡自下而上的“自为”，而不是自上而下的“上谋”。这样的富民观，对面临经济崩溃的社会产生一定改观。

民众会根据自身、当地的实际情况，自发或者通过他人的指点，自下而上选择不同的致富方式。有的百姓选择在耕作之余，通过手工业增加收入；有的百姓则专门从事手工业。在滨湖近山之地，土地资源紧张，百姓在耕渔之外，“男妇并工捆屦、织布、织席、采石、造器营生”。万历年间，张居正颁布“一条鞭法”赋税改革，以货币赋税替代实物赋税和徭役，使得农民以及手工业者具备了一定程度上的经济活动自由选择权。有的百姓因此进入城市，为城市的手工业生产提供了充足的劳动力。苏州的丝织业是当时全世界最发达的，居民大半懂得丝织技术，东城的绫锦丝纱绸绢工业最为兴盛，后人估计其中的机户达一万户至三万户之多。苏州的织工和染工达一万多人，正所谓：“吴中生齿最繁，恒产绝少，家杼轴而户纂组，机户出资，机工出力，相依为命久矣。”在北方的涿州地区，它的土地适合种植桑树、枣树。“桑之叶大于齐、鲁，枣实小而多肉，甘于晋、魏。然丝之产不多，而枣不流于他境者”，百姓无法摆脱致富道路上的困难。在弘治四年（1491），“知州张逊承巡抚秦工令，取官田之沃衍者，遂筑四围，课桑葚、枣核若干斛，俾善于种艺者培壅灌溉，遂得桑、枣万本，令民及时移植私田”。经过知州这一番调整，当地百姓逐渐富裕起来。

自下而上的“自为”能够使百姓因地制宜，避免上位者不了解当地实情而“一刀切”的现象。相较于“上谋”，“自为”是藏富于民的更优选择。

（三）富民观的先进之处

商业是人们治生的一种方式，顾炎武因时而变，鼓励百姓通过经商追求合理合义的利益。在追求利益的过程中，不能只顾一己之私而忽视公义和长远利益。这一切都是顾炎武“自为”的富民观念的具体体现。通过顾炎武对待商业、义利的态度，我们可以总结出其富民观的科学合理性和切实可行性。顾炎武的商业观、义利观是富民观在指导实践中的具体表现，是表层；富民观是核心理念，是里层，表里相互依存，才使得顾炎武的经世利民之志得以造福社会。

顾炎武认为，“救民以事，此达而在上位者之责也；救民以言，此亦穷而在下位者之责也”。作为遗民，他不折节于清朝；作为下位者，他积极以言论的方式济世利民，在去世前仍挂念民生疾苦，向京中的大官员写信提议自己的改善措施。“天下之事，有言在一时，而其效见于数十百年之后者。”即使自己为了改善民生，提高国家实力的思想、措施在当时没有奏效，也会在以后得以利世利民。

明代遗民有强烈的经世情志，“吾不能忘世，世亦不能忘吾，两不相忘”，不管世事如何变化，作为儒家士大夫们，即使在商业观等方面的观念上有所分歧，但都积极担负经世济民的使命，有的通过经商致富，然后救济邻里，参与基层社会管理；有的通过行医以救世。不管何种选择，只有积极担负经世济民之使命，所作所为有利于社会，才是“得遗民之正”，才能实现人生的价值与意义。“穷则独善其身，达则兼济天下”是每一个儒士、遗民的志向与追求，而顾炎武即使“穷”，也承担着“达”时“兼济天下”的责任。他重视商业的价值，提倡公义大于私利的义利观，并指出“自为”是藏富于民的切实可行的方式，只为能够“明道救世”。面向国计民生，顾炎武在政治、伦理、农业、工商等方面都提出了“泽被匹夫匹妇”的独到见解。

他的经世思想对后世产生了巨大影响，在当今中国仍然具有一定的借鉴意义。

顾炎武“富民观”及其当代价值

中国矿业大学马克思主义学院2021级硕士研究生 **李晨颖**

顾炎武是明末清初时期的大儒，梁启超称其为“黎明运动”第一人，潘耒盛赞“其术足以匡时，其言足以救世，是谓通儒之学”。他以高度的责任意识与爱民情怀，在乱世中坚守本心，为天下百姓谋求幸福。明清易代的特殊时代背景给予顾炎武深刻的现实体验，他基于自身广博的学识、丰富的经历与严谨的考察，形成了一套“藏富于民”的富民方法论。因其富民观是以现实问题为导向、以实用主义为中心的，故而具有很强的现实性与可行性，其中蕴含的互惠共赢思想、可持续发展观、道德基础论至今仍有借鉴意义。

一、为何“富民”：“斫雕为朴必以厚民为本”

明朝的灭亡较之此前任何一个朝代的灭亡都有所不同，它是在一片繁华喧嚣之中走向终末的。晚明是中国历史上最关键的社会转型期，这一时期新事物在旧体制的衰败中不断产生。经济、文化、社会的勃勃生机没能挽救政治的腐败倾颓，最后这一切皆被踏碎在异族的铁骑之下。虽然后世对明朝灭亡探究颇多，说法不一而足，但确定无疑的是农民起义推翻了明王朝。1644年，李自成攻破京城，明思宗朱由检自缢于煤山，明朝两百多年的统治宣告结束。同年，清军入关，清世祖福临抵达京城继皇帝位，新的王朝在一片动荡中诞生。顾炎武出生于1613年，明亡时32岁，正值壮年遇此剧变，对其影响不可谓不大，终其一生他都抱有反清复明的愿望。

“一个历史人物的政治思想面貌，除主要方面为时代和阶级所决定外，他的毕生经历和社会关系，也给予一定的影响。”见证国家灭亡，蛮夷凶残的侵略行径后，顾炎武于切身之痛下进行反思。在明思宗自缢于煤山那年，他即撰《大行哀诗》以示哀悼，诗中初步提及明朝灭亡之因：“世值颓风运，人多比德朋。求官逢硕鼠，驭将失饥鹰。细柳年年急，萑苻岁岁增。关门亡铁牡，路寝泄金縢。”明灭亡的原因是多层次、多方面的，仅就这首诗而言，顾炎武已经注意到了以下两个方面：第一，朝廷腐败严重，奸邪横行。明末，宦官与权臣勾结，把持朝政，贪污腐败之风盛行于世。中央和地方官吏都有贪污之举，且贪污数量之大，令人咋舌。这股风气愈演愈烈，“搜括不已，至于加派；加派不已，至于捐助，以讫于亡”（《日知录·财用》）。崇祯上位后虽有心改变，然风气已成，积弊已久，无力回天。再加上诗中提到的其用人方面的失当，使得贪婪奸猾之辈掌权，骄矜强悍之将失控，终导致国亡身死的下场。第二，百姓徭役繁重，社会动荡。明末，政府面临的不仅仅是国内复杂的矛盾，还有东北游牧民族崛起所引发的连锁反应。为抵御后金的侵犯与镇压国内的农民起义，明朝廷不得不增加赋税以填补用兵之需。在持续不断的搜刮之下，百姓生存已成问题，频繁的天灾更是雪上加霜。许多人为逃苛捐杂税弃田而走，部分青壮年劳动力因此沦为匪盗或集结成反抗政府的武装力量，与朝廷分庭抗礼。为镇压起义，政府只能再加征赋税，致使加入起义军的人数不断增多，形成恶性循环。国内兵戈不止，百姓遭难，经济生产遭到严重破坏。满洲贵族入主北京后，起初为收拢人心，稳定局势，采取安抚政策，宥免刑罚、减免赋税等举措在一定程度上获得了汉民族的好感。及至强制推行剪发易服，才强烈刺激汉民族的民族心理，尤其对深受儒家夷夏大防影响的江南地区而言更是如此，因而招致了激烈抵抗。为巩固统治，清政府不惜以极为血腥的手段镇压反抗势力。民族关系处理得不合理，为清朝的统治埋下了祸端。就当时而言，则使国家在较长一段时间内处于分裂战乱之中，百姓流离失所，妻离子散，连顾炎武自己的亲人也成了战争的牺牲品。“十年天地干戈老，四海苍生痛哭深”（《海上·其一》），战争肆虐了不止十年，顾炎武也在离乱中辗转飘零多年。

顾炎武的后半生几乎都处在外出游历的状态，他的游历更多是一种有乡不能回、家祀不能祭的无奈状态。顾炎武远游之志早有，所谓“鸟兽同群终不忍，辙环非是为身谋”（《偶来》），是一种不甘隐居避世，欲为天下百姓谋幸福的表现。但促使其踏上旅途的直接推动力却是家中叛奴与乡里恶绅的联手陷害所致。自此之后，他南北奔波，足迹遍及江南、山东、山西、北京等地，寻亲访友、结交名士、祭奠帝陵、钞书作学、游览名胜、实地考察，也与志同道合的友人一起尝试在雁门北边垦荒，意在实现“畎浍遍中原，粒食诒百姓”（《常熟县耿侯橘水利书》）的愿望。然而一路所见所感，绝不只有名山胜水、人文古迹，还有世道之乱、百姓之苦。对怀揣经世济民志向的顾炎武而言，亲身感受这种现实是痛苦的，现实的残酷加深了其对理想社会的渴望。清朝统治虽日益稳固，但许多遗留问题短期内无法彻底解决，战火未能完全休止。顾炎武既想让清廷善待百姓，造福人民，又希望能从乱局中产生推翻清王朝的力量，恢复汉人江山。这一矛盾心理随其年岁的增长有所变化，至晚年对天下太平、百姓安乐的期盼在其诗文中更为频繁地出现。1671年作的《夏日》，有“未省答天心，且望除民患”。1674年作的《广昌道中》（其一）庆幸有一隅之地“此地幸无兵，山田随树艺”，透露其对再无战事的期盼，以及同年赋诗《岁暮》（其二）中所寄寓的福泽天下的美好愿望，“四海皆农桑，弦歌遍井闾”。1675年，欣喜于江苏刘家河、吴淞江等水道疏浚事宜而作的《兄子洪善北来言及近年吴中有开淞江之役书此示之》，言及太平世之景象“岂知太平之世饴甘荼，川流不盈泽得潴，风雨时顺通祈雩！”1676年作的《河上作》，悲慨“万类不足饱，蝼蚁其奈何！”1679年在《答王茂衍》中，虽自叹“老境已至、为学似已力不从心”，但仍“不忘百姓之病”。还有在其去世前一年的1681年，于大病初起后所写的《病起与蓟门当事书》，为清政府提出一个可以救千万人性命的办法，“请举秦民之夏麦秋米及豆草一切征其本色，贮之官仓，至来年青黄不接之时而卖之，则司农之金固在也，而民间省倍蓰之出。且一岁计之不足，十岁计之有余，始行之于秦中，继可推之天下”。他越来越关心的是“天下”（人民）而非“国”（君主），是“人伦”（道德）而非“国家”（政权）。

顾炎武一生所求不过复故国与兴太平，而二者之实现又离不开人伦风俗，因为人伦风俗是国家盛衰与天下兴亡的关键。对国家而言，“有人伦，然后有风俗，有风俗，然后有政事，有政事，然后有国家”（《华阴王氏宗祠记》），人伦风俗是社会秩序与国家建立的基础。对天下而言，所谓“亡天下”是“仁义充塞，而至于率兽食人，人将相食”（《日知录·正始》），即人伦之混乱，道德的极度败坏；与之相对，兴天下则是伦理纲常的遵循、道德的极大提升。太平世是一个政通人和、风调雨顺的社会，生活其中的百姓不惟衣食住行方面富足，精神风貌也焕然一新，民德归厚，从而整个社会风气纯粹美好。人伦以服从为善，民风以淳朴为美，但现今之世机巧狡诈横行，上下不安于位，互相侵扰，为救时之弊，拨乱反正，使人心风俗返璞归真，顾炎武提出“而斫雕为朴，其道何由，则必以厚生为本”（《日知录·民之质矣日用饮食》），又言“故欲使民兴孝兴弟，莫急于生财”（《日知录·未有上好仁而下不好义者也》）。“厚生”“生财”是要令百姓掌握基本的维生手段与生产工具，并使之能够顺应自然规律从事生产，不用为生计温饱而发愁，安身乐业。人伦风俗是立国为政之根本，是太平盛世之基石，而正人伦、厚风俗又不得不以一定的经济为基础。百姓有正当合理的生财之道，财用充足，生活有所依仗，不用挖空心思谋取钱财，投机取巧之辈、诈骗伪作之事、作奸犯科之行自然减少，再辅之以伦常教化，社会风俗必然大为改善。顾炎武为最高之理想社会，现实之百姓幸福而强调“富民”的重要性与必要性。

二、如何“富民”：“利尽山泽而不取诸于民”

民之困穷在于无生财的途径，却有种种苛政、层层剥削，而扭转的关窍恰也在此。顾炎武的富民之法可粗略概括为“开源”与“节流”。开源，开放民间之财源；节流，节省政府之开销。前者为主，后者为辅。二者的落实皆需由人来主持，因而在其富民方法中关于官员的择选也是不可或缺的一环。

（一）“不蓄聚敛之臣”

程颐言“义与利，只是个公与私也”（《河南程氏遗书》卷十七），将义利与公私等同，可见义利、公私两组矛盾在本质上为同一。儒家对“私”“利”的总体态度偏于消极谨慎，虽有如“君子爱财，取之有道”之说，承认个人获取有义之财的正当性，但“私”“利”更多时候是作为需要规训、抑制在一定框架内的存在。孔子所谓“富与贵，是人之所欲也，不以其道得之，不处也；贫与贱，是人之所恶也，不以其道得之，不去也”（《论语·里仁篇》），表明在私有财产获取方面所强调的仍是道义。顾炎武对于义利公私的态度是两方兼顾，既不强制要求公而忘私，也非宣扬私而忘公。相较之下，“私”“利”积极的一面被他深入挖掘。他强调“私”为人无可避免的本性，“人之有私，固情之所不能免矣”（《日知录·言私其豵》）。每个人都会偏心自己的家庭、偏爱自己的孩子，这是人的正常情理，顾炎武并不要求人人做道德圣人，不容许一点私心，这不切实际也没有必要。毕竟只要控制在合理范围内，人们对于私利的追求所导向的不全然是道德下降和风气败坏等负面的影响，还有推动发展、增加活力的正面作用。尤其是对于士大夫主观能动性的激发，“为天子为百姓之心，必不如其自为”（《郡县论五》）。人为私心所产生的动力和能量远远超乎抽象空泛的公心，前者人人皆有，后者的境界只有经过不断的道德修养才有少数人可能达到。君主所要达成的不过是天下得治，而不是所有人成圣。此外，在顾炎武看来，公的实现并不是通过每个人舍私为公，而是“用天下之私，以成一人之公而天下治”（《郡县论五》），引导每个人追求合理的私利，社会反而能够得到更好的发展。这成全的“一人”是国家最高统治者，这份公心是对君主的要求。

在封建社会，至高权力属于皇帝一人，但没有百官的配合，君主不可能独自运行如此庞大的国家机器，官员尤其是基层官吏才是直接接触和管理一方百姓的人，国家政策的执行有赖于他们。一个社会在一定时间内所能产生的物质资料是有限的，欲使百姓富裕，则君主不当夺取人民利益，也要使官员不与民争利。“利不在官则在民，民得其利则财源通，而有益于官；官专其利则利源塞，而必损于民”（《日知录·言利之臣》）。人民大众是物质财富的真正创造者，上位者让利于民，激发民众的生产热情，生产力得以提升，社会总财富增加，官员所能得到的也更多；反之，官员在短期内或许能够通过政治权力垄断生产资料攫取大量财富，但民众的利益势必受到损害。假如发展经济不以百姓为先，官员越汲汲于经营开发，百姓越困乏，这种方法不过是竭泽而渔，长此以往，会影响国家整体的生产力，阻碍经济社会的发展。

为避免这种情况，首先，在任用官员时，即当尽可能排除贪财好物之人，“不蓄聚敛之臣”（《日知录·未有上好仁而下不好义者也》）。顾炎武以《书》中之“不肩好货，敢恭生生。鞠人谋人之保居，叙钦”为“立太平”的必要前提（《日知录·贵廉》）。身为官员应当具备的品德之一是节俭，“夫惟君子之能以身率物者如是，是以居官而化一邦，在朝廷而化天下”（《日知录·俭约》）。节俭之所重，在于修养身心，克己之私，进而为官则不竭取民用，行劳民伤财之事。贪图财物之人的秉性实为自私自利，注定难以为民付出，在其位却不谋其职，目光短浅，为求利而不顾百姓死活，极尽剥削之事，贻害无穷。其次，对于失职和渎职的官吏，严加惩处。“古之人君未尝讳言财也，所恶于兴利者，为其必至于害民也”（《日知录·言利之臣》），正因为士大夫有较大的权力和影响力，他们一旦醉心于追逐利益，所导致的后果也是巨大的。故而，这类人为“兴利”而至于侵害百姓利益的定要严肃处理。贪官污吏是国家内部的蠹虫，上欺瞒君主，下欺负百姓，顾炎武痛斥为“所计一身肥，岂望天下活”（《双雁》），要求对他们处以极刑，除之而后快。地主豪绅利用经济和政治手段据有水利设施、研磨工具、运输渡口、市场集市等资源，挤压民众生存空间，此种与民争利者，家中有官职和爵位的应免除官职，革除官爵，不允许再出仕。最后，要求官员以公灭私，但体恤他们合理的私心。臣子与君主共享政治权力，也当与君主共担天下大责。但是官吏专司国家管理，不直接从事劳动生产或商业经营，其需要相应的收入以供生活。之所以存在勤于敛财的官吏，有一方面原因是工作所得不足以养活自身及妻儿老小，为维持体面的生活，不得已用公器谋私利，从而一发不可收拾。为尽量避免这种情况，应给予他们较高的工资待遇，不仅“禄足以代其耕，田足以供其祭”（《日知录·言私其豵》），还要使之高于一般水平，实现高薪养廉。转言之，就积极意义上说，是以高俸禄和高福利免除官吏后顾之忧，同时勉励官吏恪尽职守，勤奋工作，为百姓谋取良好的生活空间和经济条件而努力；就消极意义上说，是用满足官吏一定程度私欲的方式，换取其减少或不对百姓进行盘剥。

（二）“利尽山泽而不取诸于民”

“今天下之大患，莫大乎贫”（《郡县论六》），贫穷带来个人的不幸和国家的无力，国家衰亡的标志之一便是域内百姓的普遍贫穷，连最基本的生存也成问题。国家一方面应大力发展经济，另一方面则须合理取用民财。现实状况是百姓手中并无多少钱粮，且财富的重新积累不是一朝一夕之功，而国家所需却异常高昂且急迫。据此，顾炎武考虑的对策已非停留于少取，而是不取。战争的消耗巨大无比，而“高皇帝云：‘吾养兵百万，不费民间一粒’”（《军制论》），顾炎武深以为然。战时尚且如此，稳定状态下更可发扬。他提出了一套五年达到小康、十年实现大富的富国策略。具体言之，“且使为令者得以省耕敛，教树畜，而田功之获，果蓏之收，六畜之孳，材木之茂，五年之中必当倍益”（《郡县论六》）。矿业资源的开采也是财富的来源，由县令组织开发可使当地百姓切实得其利。以上开源之法，配合政府的节流俭用，可谓充分开发自然资源发展经济而不取民用。

顾炎武的富民思想中，在每个人都可以有合理私欲之上，是“民有即国家之有”的大局观，将财富留于民间，而非皆聚于上。“人主之道，在乎不利群臣百姓之有。夫能不利群臣百姓之有，然后群臣百姓亦不利君之有，而府库之财可以长保矣”（《日知录·助饷》）。官员也当恪守勤俭之道，行之以良好的道德榜样。这既是针对明末奢侈的社会风气的反思，也是为宏观经济调控的实现作道德基础。钱币之本在于“上下通共之财”（《日知录·财用》），而不是供人私藏的一家之物。财用在于下善于在于上，在于民善于在于州郡。这是因为财富在民则可保障百姓日用，维持家庭和谐与社会稳定，促进生产劳动；在州郡则能够由地方政府落实于水利、教育、救济等方面，有助于地方民生建设。留财于下，是将国家经济活力保存下来。财与民生息息相关，一旦皆聚集于君主之手，往往君主只知道以此供自己享乐，易酿成大祸，作为明朝最贪财好货著称的神宗就是最好的例证。因此，顾炎武认为财用若不幸聚集于上，与其在君主一人手中，不如在大臣手中，国家财富不至于挥霍殆尽，待后王出尚且还有挽救的余地。

顾炎武在农业、畜牧业、手工业、商业等方面提出了发展良策。农业是封建社会最重要和最主要的产业。在生产力低下的历史阶段，国家的强盛与否即以人口多寡为标志，而人口的增加必须有足够的粮食保障。其他产业的发展也必须以农业为本，“古之马政皆本于田功也”（《日知录·駉》）。先让百姓能够活，才能有从事其他行业的能力。在农业方面，他极力推崇后魏的均田制。均田制意在均天下之田，使人人有田可耕。顾炎武深知土地兼并的危害，企图以均田避免，虽过于理想化，但初衷是解民之困。“天下之大富有二：上曰耕，次曰牧。国亦然”（《田功论》）。在畜牧业方面，顾炎武要求国家放开禁忌，如蓄养马匹。在魏世宗以前，官方鼓励民间养马。马的用处既可民用，也可军用，故而顾炎武认为是外族统治者忌惮汉人强大后反抗其统治才有禁止蓄马的规定。此后，有圣主明君则应当恢复“汉、唐复马之令”（《日知录·马政》）。在手工业方面，顾炎武以边郡为例，遵循人之私心，即自觉逐利的心理，指出官吏给予和教授百姓纺织的工具与方法，则“一二年间，民享其利，将自为之，而不烦程督矣”（《日知录·纺织之利》）。在商业方面，顾炎武反对政府反复征税和垄断等不利于商业发展的行为。盐铁行业自古以来基本为官方所垄断，前者有巨大的经济利益且关乎民生，而后者则与武器制造有关，涉及国家治安和社会稳定。盐业具有的巨大利益促使私盐运售的兴起，这些人纠结为一股力量，行劫掠之举，与官府巡捕抗衡，危害极大又难以禁止。顾炎武认为与其堵不如疏，他以王安石的茶法可用于盐课，让商人去转运售盐，而官方则收取一定量的税租。所谓“天下皆私盐，则天下皆官盐也”（《日知录·行盐》），实则更能避免各种非法之徒钻空牟利。顾炎武以农业为重，却不以农业打压其他产业，而是旨在促进各业共同发展。

（三）“庶民安故财用足”

顾炎武认为“民之所以不安，以其有贫有富”（《日知录·庶民安故财用足》）。贫贱者在世无立锥之地，富裕者不肯拔一毛之利，贫者愈贫，而富者愈富。富民所要求的不单单民间财富总量的增加，让天下百姓能够共同享有财富同为目标之一。由此，缩小贫富差距是富民必不可少的内容。

税收是调节贫富的重要手段，却也是扰民之源，导致百姓贫困的重要原因，顾炎武在著作中关于税制改革、清除弊政着墨颇多。首先，审定郡界，保障公平。顾炎武通过对明代税收的考察，发现各地赋税极不合理，差距悬殊。究其缘由，在于建国之初沿袭元代的规定，将其中存在的问题也一并保存下来，经过一代代的传袭，百姓都已适应，以为是不可更改的祖宗之法，自觉不到为法令所累。若放任不管只会加剧各地之间的不平衡。要革除这种经年累月形成的弊政，必须进行一场彻底的改革——“审形势以制统辖，度幅员以界郡县，则土地以起征科”（《日知录·州县赋税》）。至于如何划定新的行政区划，有前人的经验可供参考，并在此基础上再根据实际情况进行变通，他认为这是“经邦制郡”的普遍方法。其次，蠲免税收，减民负担。税收方面的另一个不合理之处，就是田税过重，这在富庶的江南地区更甚，“是此一藩三府之地，其田租比天下为重，其粮额比天下为多”（《日知录·苏松二府田赋之重》）。在极其沉重的赋税压力之下，百姓“以农夫蚕妇冻而织，馁而耕，供税不足，则卖儿鬻女。又不足，然后不得已而逃，以至田地荒芜，钱粮年年拖欠”（《日知录·苏松二府田赋之重》）。这种情况对于国家和政府有百害而无一利，仅就国家税收的目的而言，即使确实需要规定的赋额，但仍是只能以实际上缴的税款为准，国家徒有重税之名，而无征税之实。重税以逼得百姓弃业而逃，更是为征税增加难度。除此之外，以官田作民田的暗箱操作，以及私租的收取也乱象层出，使贫富差距进一步拉大。针对以上种种，顾炎武提出的措施是依据田地实际产出的能力规定税收的额度，将田地按肥沃和贫瘠的不同分为三等，分别缴不同的税，“上田科二斗，中田一斗五升，下田一斗”（《日知录·苏松二府田赋之重》）。并且仅以学田和屯田为官田，其余皆视为民田，依上述规定正常交租。私租则要加以禁限，规定上田容许收取的最高额度为八斗。如此一来，百姓实际承担的税额比此前减少许多，其中益处：一是百姓能够安居乐业，积极从事劳动生产；二是国家得以真正收到粮食和税款，充实财政收入。最后，去除火耗，扫清民弊。所谓“火耗”是一种额外的税，本是为弥补琐碎细银重新熔铸为银锭过程中的损耗而加征的一部分税，然而在实际施行中则变为官员变相搜刮百姓的手段。顾炎武称其为“穷民之根，匮财之源，启盗之门”（《钱粮论》）。这种巧立名目收税而中饱私囊的制度成为常例，滋生贪官污吏，纤毫必取，穷竭民力。火耗蕴含的丰厚利益使禁止的命令难以实施，解决的办法是以征粟米取代银两，官员不方便侵吞卷走，百姓也不用苦恼于银子的换取而贱卖粮食，火耗之害得以遏制。

藏富于民，减税蠲赋是一种方法，但不可能无限度地减免，因为国家发展和政府运转需要财政支撑。国家需要收税，但是应该取收百姓有的东西，否则只会进一步拉大贫富差距。明末张居正的“一条鞭法”在全国推广实施后，有利有弊。顾炎武基于较为全面的分析，认为“一条鞭法”的实行当因地制宜。对于商业发达的浙、闽地区，银子的储备流通较为充足，适用“一条鞭法”；而对于商业不发达甚至没有商品经济的地区，这种制度便极不合理，强行征银只会破坏当地粮价，造成丰收之年却卖妻卖子的怪象。银作为贵金属与粮食不同，粮食在气候正常的情况下每年都可以有新的产出，但银子的数量是有限的，随着矿业开采的停止，海外贸易的限制，民间的银子只能日益消耗，而无增多，长期来看，必然会有穷尽之时。民间之财壅积于上对国家是十分危险的。只收取银子为税款还带来了一个问题，即钱币堆积于下，顾炎武言“莫不善于明之行钱”（《钱法论》），就是指此。货币不仅仅是方便交换的一般等价物，也是国家调控经济的一种手段。钱之道在上下流通，钱币壅积于下，则钱币的公信力渐渐丧失，伪造盗铸的行为常有发生，其公信力进一步下滑，致使通货膨胀，物贵而钱轻。对于这个问题的解决之法，同样是因地制宜。经济发达之地可以用银钱作为税款，而“州县之不通商者，令尽纳本色，不得已其什之三征钱”（《钱粮论》）。

三、“富民”的当代启示：“岂必自损以益人”

梁启超称顾炎武“标‘实用主义’以为鹄，务使学问与社会之关系增加密度，此实对于晚明之帖括派、清谈派施一大针砭”。实用主义贯彻顾炎武思想之始终，其“富民”不是一个纯粹抽象的概念，而是依托现实问题进行分析并能作用于具体百姓的观念和方法，具有充分的现实性和可行性。正如潘耒在《日知录》序言中所述，先生“立言不为一时”，其中有许多地方至今仍值得借鉴。

第一，“岂必自损以益人”的互惠共赢思想。统治者“有天下而欲厚民之生，正民之德，岂必自损以益人哉”（《日知录·上九弗损益之》）。顾炎武使百姓富裕的各种方法与其说是让统治者舍己为人，不如说是一种利益调节下的互惠互利。君主与百姓之间的利益关系，并非完全是此消彼长的二元对立。君民鱼水，百姓需要君主把控国家，协调秩序，维持相对和平稳定的生活环境，而君主能否稳居其位，就看百姓的认可度。获得百姓的推崇无非使百姓受益，民富即国家富，国富对本国所有人都有益。这不要求君主或者官员作出牺牲，付出属于自己利益，不侵占百姓农业生产的时间，不损害自然界休养生息的时间，总而言之，“弗损”即“益之”。顾炎武之所以强调人主与人臣应当廉俭，原因之一是君主和官员有好物之心，即会不满足于应该得到的部分，侵害百姓的行为发生，互利的局面就会被打破。其后若无改变，国本动摇，既得利益者掠夺而来的利益迟早也会失去。顾炎武所想实现的是财富总量的增加，而不是简单地以国家财政救济百姓。

第二，“必有生财之方而后赋税可得而收也”的可持续发展观。税收是国家财政的主要来源，政府的维持，公共设施的建设，国家的发展都要依靠稳定的税收供给。税收取之于民，民有长期稳定的收入来源才能一直缴税，生财在收税之前。顾炎武将经济发展的重心置于地区发展，收缩中央权力或者说君权对于经济的干涉。由于他将官员利益绑定于管辖之地，因此一般而言，官员也不会行竭泽而渔之事。他主张政府应当因地制宜，积极开发当地资源，政府财用主要由政府自身负责，而不是依靠百姓供给。政府在开发当地经济资源的过程中，为百姓提供工作机会、技能与财富，不利用超经济手段控制、剥削百姓。在保有百姓生产活力的同时，也注意对自然界生机的保护。古代农业时期，地方资源主要是农业、畜牧业、矿业等自然资源，尤其是矿产资源属于不可再生资源，农业、畜牧业所依赖的土壤、牧草也有恢复周期，故而顾炎武提出资源的可持续开发，“无欲速，无见小利”（《日知录·水利》）。政府在发展经济时要具备长远的眼光、考虑多方面的因素。经济发展固然是第一要务，但一味追求经济，丝毫不顾虑自然规律，不对错误的开发行为进行制止或引导，可能会导致严重后果。顾炎武在论及河渠治理时，指出河政治理不好的原因在于百姓贪图洪水退去后的土地之利，占湖为耕，致使原本容纳水流之处被挤压殆尽，暴发横决是必然的，“非河犯人，人自犯之”（《日知录·河渠》）。地方政府在发展时，不加以考虑潜在危害性，只以短期政绩为目标，借此为升官发财之跳板，这正是顾炎武提出世袭官制意图避免的情况。

第三，“财足而化行”的道德基础论。顾炎武所谓对欲望的节制，非为中世纪基督教主张的禁欲，而是将欲望控制在合理范围内。他承认人人都有私心，认为这种合理的对于私有财产的欲望是经济发展的动力，并不以道德性否定人的私欲，这符合当时商品经济发展的需要。对统治者来说，使其管辖的地方纳入其“私”的领域，可以促使其尽心竭力推动当地发展；对普通百姓来说，使其小家富足、生活安乐的欲望得到满足，能够激发其生产热情，乐于从事当前劳动。如此，在整体上是有利于社会稳定与国家经济发展的，达成了增进公共利益的目的。与公私关系统一的是义利关系，义利关系实际上即是道德与利益的关系。空谈道德而无道德，顾炎武视百姓拥有富足的物质为社会道德的基础。民之所以会生出各种投机取巧的坏心思，在于统治者和官吏取之尽锱铢，在于百姓寻常日用之不足。在生存压力的驱使下，欲仅以教化移人心、易风俗是不可能的。经济基础决定上层建筑，道德属于上层建筑的范畴，受某一时期的经济状况决定。顾炎武虽未能有阶级道德的认知，但也提出了改善社会风气，提高道德水平必须有一定的经济支撑作为前提条件。

治道之术：顾炎武富民观研析

西南政法大学政治与公共管理学院 2021 级硕士研究生　**龚怿琦**

“务质之今日所可行，而不为泥古之空言”，在道学家空谈心性道德而不务经世之术，学子多为声利所迷，将经典视为晋升之器的时代背景下，顾炎武身体力行地实践着他的实学主张。所谓实学，是同当时的“清谈”相对应的，顾炎武指出：“昔之清谈老、庄，今之清谈孔、孟。未得其精而已遗其粗，未究其本而先辞其末。”顾炎武认为这些清谈既不追溯古代圣王治理天下的方法，又不关注如何解决当下问题的手段，不得孔孟儒学之精粹。与之相反，顾炎武所倡导的实学一方面归纳总结古代圣王治世理事的精辟手段与其中蕴含的精微道理；另一方面利用自身所学的有用之学进行治道之事，前者可谓明道，后者可谓淑世，实学的关注重点在于淑世，实学关注经术的目的也在于将其应用到社会实践中。

顾炎武在撰写《日知录》时，将它划分为三大部分，“上篇经术，中篇治道，下篇博闻”，并认为这三部分中以治道为中心，治道的一大核心便是经济之法。对于经济之法，顾炎武基于他的实学思想，提出了不同于过往的“藏富于民”思想，顾氏的“藏富于民”思想并非简单地抑制兼并，加强民生，而是探讨了国家与民众在经济发展中的功能与地位，并就如何“藏富于民”，如何通过“藏富于民”使国家富强给出了具体的建议。顾炎武就“藏富于民”问题所提出的建议，有许多是同当时理学思想的主张相冲突的，因此，顾炎武在提出系列的治道主张之前，首先通过对于经义的新阐释，为他的治道主张提供了学理支持。可以说，顾炎武的富民思想背后隐藏的是他关于公私、义利、经权关系的思考，“藏富于民”的治道之法也是在顾炎武实学的“经术”理念指导下形成的。

一、功利之风：顾炎武富民观的（思想）背景

所谓“藏富于民”的富民思想，在中国渊源极早，譬如“仓廪实而知礼节，衣食足而知荣辱”“庶之，富之，教之”，这些思想皆将物质的丰足视为进行道德教化的前提，在强调道德教化的重要性下指出了百姓物质丰足的重要性。但随着程朱理学被官方定为正统思想，在影响力上逐渐胜过荆公新学、永嘉事功之学，理学思想逐渐成为儒学主流，新学与事功学派所主张的言利、事功学说也逐渐不为世人重视，甚至随着理学所倡导的“存天理，灭人欲”思想的盛行，使得称利、称功的言论被视为荒谬之言，不被儒家学子认可。藏富于民的思想也在这种风气下被简单地理解为君王不可与民争利，不可横征暴敛，国家对促进百姓生产财富的引导作用长期被忽视，百姓通过自身努力取得财富、创造财富的行为也被视为追逐利益，不合经义的利己行为。

明朝之时，一味追求革去人欲的道学家行为已经受到或多或少的抵触，一些思想较为开明的学者试图弥合物质利益与道德追求的关系。袁黄在《了凡四训·立命篇》中阐述了一种“为升迁而积累功德”的折中方式，他在《立命篇》中称他信奉一套功德积累体系，他通过记录“功过格”的方式进行着功德累积，这些积累的功德使他自身获得升迁，获得了实际的物质利益。不同于永嘉之学以事功之法求德，强调个人对国家贡献的主张，袁黄的“功德累积理论”实际上带有一些宗教神秘色彩，他所追求的并非通过贡献而满足自身道德需求，而是强调个人可以通过善行取得实质的利益。事实上，袁黄每日记录功过格并自我反省的行为与儒家所倡导的内省行为十分相似，二者的区别只在于前者以对物质利益的收获为追求，后者以提高自身的道德修养为目的。由于这种特点，袁黄所倡导的这种功德积累方式既为许多平民所认可和使用，又被许多理学大儒警惕，刘宗周在《人谱·自序》中言：“老氏以虚言道，佛氏以无言道……了凡学儒者也，而笃信因果。”将袁黄的观点归为释老之说，并以自身的理解重申程朱之真意，倡导言过不言功的远利之法。刘宗周的观点自然更合程朱理学的理念，却并没有调和有明以降人民对于维系道德与追求利益的矛盾，因此刘宗周虽然在学理上将袁黄的理论进行了批驳，却难以阻止袁黄功过格在民间的风靡。

在当时，除了袁黄这种试图以一种折中的方式调和道德追求与物质利益诉求的功德积累之说，还有李贽这种以更为极端的方式抨击儒家正统思想的观点。他认为“夫私者人之心也，人必有私而后其心乃见，如无私则无心也”，强调个人物质私欲的必要性。在肯定私欲正当性的前提下，李贽直接批驳了理学家君子必不谋利的说法，强调了功利对于正义的重要作用，“若不谋利，不正可矣”。在这种思想的指导下，李贽激赞历史上的富强之臣，而鄙夷当时只会空谈的道学家，称他们只是为了博取富贵而宣传道德之道，“彼讲周、程、朱、张者皆口谈道德而心存高官，志在巨富尔。既已得高官巨富矣，仍讲道德说仁义自若也。又从哓哓然语人曰，我欲厉俗而风世”。李贽将物质私欲放置在了道德天理之上，强调了人们求私的正当性，认为谈论道德仁义的人都是虚伪求利的，道德仁义并未能够实际影响到个体，否定了个人正心诚意的效果。因此，李贽被儒学视为异端，他的思想也被当时许多人抵制。

袁黄、李贽的思想，在当时虽然可以称为小众、异类，但实际上已经造成了一定程度的影响。反过来说，他们的思想其实更多是提炼自业已在民间萌生的个人追求物质利益的观念。从袁黄、李贽思想的流行与被接受程度来看，当时的人们，虽然有着对于物质私欲的追求，但也并未否认自身道德修养的重要性。人们所需要的，并不是极端地强调私欲正当性，否定道德功效的“焚书之学”，而是能够整合道德追求与物质私欲的折中理论。宋明理学一定程度上抛弃了早期儒学经世致用的传统，关注“性与天道”的问题，所关注的学问同社会实践脱节严重，因此，理学强调以道德理想的追求来抑制内心对于物质利益追求的方式已然行不通了，传统儒家想破除袁黄、李贽等异端思想，唯一的方式便是扶正祛邪，寻求一种以儒家正统理论将道德追求与物质利益统一起来的新理论。并且在明亡之际，民族矛盾尖锐，这种“天崩地裂”给了知识分子极大的心理打击，给予了当时的思想界猛烈冲击，有识之士在反思明亡教训之时，认识到了空谈误国的问题。因此，儒者尝试用一套新的理论来回应异端对于理学的质疑，同时做到这套理论能真正有益于社稷，这套理论便是实学。实学是明代思潮自然发展变化的结果，也是在国破家亡剧烈刺激下的应激产物，因此，在实学思潮中，各家观点不尽相同，有的信奉理学，有的信奉心学，有的调和理学与心学，有的则对心学与理学全持批判态度，呈现出了一种错综复杂的状况。

顾炎武所倡导的实学，属于调和保守一派，顾炎武试图通过经世致用的儒学传统来调和道德与物利的关系。在这种理论下，儒家所倡导的道德，是需要遵循的至理，但人有私欲也是固有的常情，人们追求私欲的行为，被通过是否违背道德划分为“利己”与“徇私”。利己行为被视为符合儒家理念的行为，贪取过甚，损害他人的行为则被视为徇私而斥之，这在一定程度上承认了人们追求物质利益的合理性。经世致用的理论，又通过经权的讨论，将过往被理学视为不当的言利、称功行为视为权衡变通下必须实行的富国富民之法，但又不同于永嘉的事功之学，明末清初的经世致用理论更多强调如何具体实践的治道之术，而不是一味空谈富国强兵的重要性。

藏富于民的理论，是顾炎武在这套理论的指导下面向实际的应用手段，顾炎武的实学明显存在着调和的特点，过往儒家所言的道理被顾炎武视为常经加以保留，而当时人们对物质利益的诉求又被顾炎武通过权变来论证其合理性。因此，顾炎武的富民理论有着重视商业、强调国家放权、鼓励个体自我驱动等与传统观念不符的内容。顾炎武通过对公私、经权的讨论，将富民理论囊括到其所认为的儒家思想之中，为其提供了学理支持。

二、修己治人：顾炎武富民观的理论基础

顾炎武在《日知录》中曾痛批道学家“以明心见性之空言，代修己治人之实学”，而所谓实学的核心内容，则为修己治人。顾炎武认为，要实现治道的目的，儒家学子有两条道路可供选择：一是亲自去做事取得实效与成绩；二是通过学习写作留下可以用于指导实践的文字。顾炎武撰写《日知录》，正是试图通过记录文字的方式指导后人进行实践，贯彻自身经世致用的理念。

顾炎武所倡导的“藏富于民”，并不是简单的不与民争利。在顾炎武的富民观中，许多过往的言利之臣的手段和方式是值得借鉴的，而平民自身努力追求物质财富的行为也是需要肯定的，这类观点如若不能通过儒家的经典理论加以解释，给予其理论支持，就容易被儒者视为申韩之术。相应地，顾炎武的富民观也并不把富民当作最后的任务，他继承了孔子富之教之的理念，认为平民良好的物质财富基础有利于教化工作的开展，也有利于良好社会风气的构建。在顾炎武眼中，富民只是

教民的必要手段，富民的目的并不完全是使民富裕，更重要的是使民知礼节，懂道德。因此，顾炎武的富民观可以看作他对于当时人们追求物质利益与追求道德情操的一种调和方式，这种方式的逻辑源头便存在于顾炎武的实学哲学思想之中。

关注道德性命之学，是程朱理学的一个特征，理学家大多赞同孟子性善论的观点，用性善论的理论来论证与人天性相符合的仁义之理的重要性，他们从性善论出发，认为人在天性善良的情况下，可以通过学习理来实现修齐治平之道。因此，朝政也应当以道德教化为主，辅助人实现修齐治平之道，理学家们在此基础上提出了人需拔去私欲的观点，如“革尽人欲”“克的自己无私可克”等，但这些观点是理学家教导他人如何更好地追求道德的方式，而非硬性要求。但在道学家的宣传和倡导下，这种革去私欲的行为便变成了人人都必须一以贯之的准则，物质私欲也被视为不可追求的洪水猛兽。正如程颐所言：“义与利只是个公与私也。才出义，便以利言也。”理学家将义利之别等同于公私之别，并通过孔子“君子喻于义，小人喻于利”之语将对待义利的态度视为划分君子小人的价值尺度，进而主张存公革私，将个体的私欲视为影响个体培育道德的严重阻碍。这种存公革私的主张在明朝受到明显的冲击，明代思想家就私欲的正当性，与是否要先公后私展开了许多讨论。

顾炎武并不否认先公后私的重要性，他认为：“苟非返普天率土之人心，使之先义而后利，终不可以致太平。”但对于顾炎武而言，这种对于自身道德素养的极致追求并不是人人都要追求的，而是信奉儒家人道的儒家学子需要践行的，普通的平民百姓存在私是正常的，人们追求私利存在一定合理性。同时，即便是儒者，适当地追求私利也是正常的，因为追求私利与践行道义并不冲突。在《日知录·言私其豵》中，顾炎武指出：“‘雨我公田，遂及我私’，先公而后私也。‘言私其豵，献豜于公’，先私而后公也。”他认为如何处理公私的关系，是上古圣王也面临的问题，“自天下为家，各亲其亲，各子其子，而人之有私，固情之所不能免矣。故先王弗为之禁”，私欲是固有之情，是不可消灭的，因此，上古圣王也并未禁人的私欲。相反，上古圣王顺应了人有私欲这一现实状况，通过分润于百姓的方式合天下之私为天下之公，“非惟弗禁，且从而恤之。建国亲侯，胙土命氏，画井分田，合天下之私以成天下之公，此所以为王政也”，这种方法使得个人为私利努力的方向与为天下利益奋斗的方向相一致，进而实现了合私为公的目的。

随后，顾炎武又指出当今官吏所主张的“以公灭私”不符合上古王政本意，

“至于当官之训，则曰‘以公灭私’，然而禄足以代其耕，田足以供其祭，使之无将母之嗟，室人之谪，又所以恤其私也。此义不明久矣。世之君子必曰‘有公而无私’，此后代之美言，非先王之至训也。”通过先王之王政与后代之陋政的对比，顾炎武自然得出了他对于公私关系的看法：私是人固有之情，不可抹去，公私之间的关系只能是先后而不能是存灭的关系。在这个前提下，顾炎武认为，普通个体追求私利是合理的，但需要有度量，不可一味追求物质私利。对于君王而言，顾炎武指出，君王需要利用个体追求私欲的固有之情，通过保护百姓实现自身私欲的方式合天下之私而成天下之公，即君王不可以以寻求私欲为理由对百姓进行剥削掠夺，而应该鼓励他们发展生产。

在提出自身的公私观后，顾炎武直接抨击当时的道学家将所追求的正心诚意之法视为释家的明心见性之法的做法，将他们视为释教一类，并指出，儒学的实质应当是修己治人的实学之法。顾炎武的观点表明了他所认为的修己不是道学家所谓的存公废私，革灭人欲，而是既坚守仍能适用于世的儒家之经，又采取权变的手段应对现实的需要；治人也不是简单地通过自身对他人的教化或者潜移默化地影响使人去利向义，而是通过顺应时势的方法有的放矢，使得人们接受儒家经义。

可以看出，顾炎武的理论对于普通百姓与儒者的要求是不一致的。对于普通百姓而言，顾炎武认为他们存在私利是正常的，并鼓励他们追求自身私利；而对于儒者而言，顾炎武则主张要先义后利，行己有耻，做到坚守道义，不能盲目追求私利，更不能以追求自身私利为目的剥削他人。同时，顾炎武也指出，利己和益人并不冲突，“有天下而欲厚民之生，正民之德，岂必自损以益人哉”，在不伤害他人利益的前提下，适当寻求利己是正常的。在此基础上，顾炎武进一步提出了以名为利的折中之法，他认为，普通人很难做到醇儒的以义为利，但国家可以通过政策的引导使普通人以名为利，“名者，国家之所以报忠臣义士也……以为后之忠臣义士者劝”，顾炎武认为，在“君臣上下怀利以相接，遂成风流，不可复制”的社会背景下，不如“以名为利，虽非纯王之风，亦可以救积世之俗矣”。由此可见，顾炎武的实学思想，虽然借鉴了永嘉、永康学派的功利事功之说，但相较永嘉、永康学派空谈经世，未能实事的事功之学，顾炎武的实学更加关注事功实践的可行性与可靠性，更加接近经世之学的精粹。

审时度势，讲求权变，追求务实之策，不言虚无之论，是顾炎武实学思想的重要特征。在顾炎武理想的大同世界里，人们应当以义为利，先公而后私，但在当时的实际状况下，社会逐利风气已经形成，此时一味强调先公后私，以义为利，已经不具有实践价值。因此，顾炎武号召儒者需要顺应“势”的发展，掌握权变的方式。在顾炎武看来，以名为利的非纯王之政也是极其有利于当时形势的良政。在这种理解下，顾炎武提出了他给后世圣王的富民之法，这种富民之法源自先贤的藏富于民之法，又有着顾炎武在当时的社会环境下的具体考量。

三、富之教之：顾炎武富民观的方法与目的

“古人制币，以权百货之轻重。钱者，币之一也。将导利而布之上下，非以为人主之私藏也。”顾炎武认为，钱是君王用以导利的工具，而非君王的私藏。在此前提下，君王不可以爱钱敛财，却可以言利，但过往的言利之人，都以充实内帑别藏为最终目的。在这种前提下，即使有所谓“能臣”在充实内帑的前提下保证“天下经费自如”，背后也是对民生的巨大损害。因此，为了厘清言财之本为何，顾炎武首先指出了天下财用的实质，不同于许多儒家学者一遇财利之言便以申韩之术视之，认为“古之人君未尝讳言财也，所恶于兴利者，为其必至于害民也”，将言财与害民区分开来，并认为兴利之法之所以害民，是因为主张兴利之人不知本末。他又通过对于钱的定义，从根本上否决了过往言利之臣唯内帑别藏是依的主张，进而将言财同改善天下民生、促进民富国富联系在了一起。

顾炎武认为“（世人）不知钱币之本为上下通共之财，而以为一家之物也”，是既往言财之术建树有歉，有害民生的重要原因。他援引经典，认为正如“四海困穷，天禄永终”“不吊昊天，不宜空我师”之言，统治者应当将自身定位为导利之人，而不能将天下之财当成自身一家之物。只有统治者认识到天下一家皆为君土，中外之财皆君府库的真意，认识到不与民争利的道理，在言财之中追求藏富于民，才能真正使得言财之法有所建树。

在理论上将天子之财定义为中外之财而非内帑之财，为藏富于民思想提供理据的前提下，顾炎武指出了钱财流通对于国家经济的重要性。他以齐武帝与唐宪宗时期处理钱财的政策为例，指出了流通对于生财的重要性：齐武帝在粮布价贱、百姓多艰的情况下让政府出钱，购买米谷丝绵，以期粮布价格回升，从而实现安民的目

的；而唐宪宗时的钱财，往往囤积于内府私家之中，而不能流通，这就容易在月月征收的影响下使得粮帛之价转贱，致使农桑之业受损，百姓生活质量下降，有赖宪宗在元和八年（813）利用内库之钱加以调控，才使得物价稳定，百姓安居乐业。

相比过去朝代积极引导钱财流动，调配物价，明朝则明显犯了不知流通之术的错误，顾炎武指出："乃岁岁征数百万贮之京库，而不知所以流通之术，于是银之在下者至于竭涸，而无以继上之求，然后民穷而盗起矣。单穆以有言，绝民用以实王府，犹塞川原而有潢汙也。"将钱财贮至京库，而不能藏富于民，使得财富加以流通，这是明朝民穷盗起的重要原因，而过往的兴利之政皆将重点放在内库的征收储备之上，征财于民，集财于上，极容易使得经济流通停滞，这也是过往兴利之政往往同害民相联系的重要原因。

对于这一问题，顾炎武援引李世民之言"且利不在官则在民，民得其利则财源通，而有益于官，官专其利则利源塞，而必损于民"，作出了进一步的分析，认为财富在民间能推进财源流通，进而扩大社会财富，此即为生财之法。相反，过往的求利生财之法核心皆在于如何征财，无论其构思多么巧妙，最后都会陷入增添民赋的旋涡之中，因而顾炎武指出"立限征粮，则天下之财日窘一日"，但如若不征收赋税又想富国，是荒谬之想，唯有寻求生财之法，继而使得赋税可收，才能使得国富。换言之，必先使民富而后方能使国富。

对于如何使得民富的问题，顾炎武首先指出了民众自我驱动，自我实现富裕对民富的重要性，他认为"为天子为百姓之心，必不如其自为""民享其利，将自为之，而不烦程督"，民众可以凭借自身对于私利的追求进行自我驱动从而致富，而不需要官吏的程督。顾炎武的这一观点源于他对当时时势的理解，他认为当时的贪腐之风胶固于人心，"今之牧守，其能不徇于私而计民之便者，吾未见其人矣"。正是因为"计民之便者"太过于稀少，为了防止官员以程督之名对民众加以剥削，顾炎武提出了使民自为的主张，认为"天下之人各私其心，各怀其家，此常情也"。顾炎武的主张还涉及如何促使县令等官员自觉辅佐百姓自富，他认为，不通过责命而通过利导的形式，使得县令不得不为其私而专注其本职工作，对于县令等官员来说，"非为天子也，为其私也"；而对于天子来说，"为其私，所以为天子也"。通过这样的方式，虽然官员并未革去内心的贪取之欲，但也会由于自身私利的驱动而作出计民之便的实事，这种策略是顾炎武把握时势所提供的建议，正是他贯彻经世致用理念的产物，顾炎武自信地认为："后之君苟欲厚民生，强国势，则必用吾言矣"。

在主张使民自为的基础上，顾炎武进一步肯定"富民阶层"在推进经济发展中的重要作用。以顾炎武对土地流通的观点为例，顾炎武反对明代的官田制度，认为官田限制了土地的自由流动，"（土地）一入官田而遂如山河之界不可动也"。顾炎武希望通过推进土地的自由买卖使得土地集中到富室手中，他认为"盖贫民种田。牛力粪草不时，有塘池不能浚而深，堤坝不能筑而固，一遇水旱则付之天而已"。贫民没有足够多的工具和财力进行良好的土地耕作。相反，"今富室于此等则力能豫为，故非大水旱未有不收成者。况富室不能自种，必业与贫民，贫民虽弃产，而实与富室共其利"。顾炎武认为土地集中到富室的手中，实际上是使得贫民与富民成为一个结合体，使得贫民与富民的利益一致化，贫民可以享用富民的工具用以更好的农作，从而使得自身实现生活水平的提升。

但在顾炎武的眼中，这种关于民富、强调经济的手段只是顺应时势的"权益变通之法"，他认为，良好的经济基础，是推行风俗教化的重要前提，"今将静百姓之心而改其行，必在制民之产，使之甘其食，美其服，而后教化可行，风俗可善乎。""故欲使民兴孝兴弟，莫急于生财。以好仁之君，用不聚敛之臣，则财足而化行。人人亲其亲，长其长，而天下平矣。"他借苏轼之言称："国家之所以存亡者，在道德之深浅，不在乎强与弱；历数之所以短长者，在风俗之厚薄，不在乎富与贫，臣愿陛下务崇道德而厚风俗，不愿陛下急于有功而贪富强。"认为这是根本之言。顾炎武的态度实际说明他认为对于国家而言，最为重要的是形成良好的、有利于道德教化的社会风气，经济之法只不过是推进这种社会风气形成的辅助措施。

同时，为了防止在"藏富于民"思想指导下，个体一味地追求生财之道使得人们越过"利己"的界限而走向"徇私"，违背儒家的道德理念，顾炎武在探讨了利己与徇私的界限为何的基础上还提出了符合当时社会现实的过渡措施：以名为教。以名为教是相对以往的以利为教而言的，顾炎武认为，当时的社会状况很难推广以义为教的理念，社会需要在经济有着长足发展的前提下才能逐步接受这种以义为教的理念。在藏富于民思想的指导下，社会经济会得到发展，但社会"以利为教"的风气影响会较以前更盛，因此，顾炎武主张采用因势利导的办法，将人的私欲追求的对象从利益变为名声。顾炎武认为，相较于过于追求物质利益会使得人人被私欲裹挟进而走向“徇私”，过度地追求名声实际上对社会并无危害。因此，以名为教的政策虽然并非古代圣王的纯王政，但依然有利于当世，也有利于个体在追逐利益时把握尺度，更好地推动藏富于民思想的落实。

四、总结

顾炎武的实学思想实际是顺应时代需求的调和之法，亦是扎根实际的务实之法，经世致用的理念使得顾炎武将对道德的追求融入了做实事之中。这种理念的指导使得顾炎武的思想更为包容和兼收并蓄，更加关注在现实条件下，如何灵活地使用儒家经典理论来指导民众生活，促进国家富强。不同于新学与永嘉之学一味畅谈利的重要性，顾炎武指出，私欲是人固有之本情，是难以革除的，因而人们求利之心只可抑制，不可消除。基于这个前提，顾炎武并不赞同理学所主张的号召人们革去私欲，通过修身正心来使得自身不再追求物质私欲，进而潜移默化地影响他人，最终使得国家自然而然地实现富强的方法。他认为，应该正视人有私欲这个现实，君王应当效仿王政，将人们的私欲利用起来，通过引导的方式，使得人们为私欲而奋斗的方向符合儒家的经义理念，进而实现国家富强。

具体到富民问题上，顾炎武重视富民的原因在于他认为富民是教民的重要基础，只有实现了富民的前提才能有效开展教化，实现教民的根本目的。因此，与过往的功利主义儒家不同，他不关注象征着国家财富的府库钱银数量，而关注个体百姓的生活水平与经济水平。他指出，只有财富在百姓手中，钱财才能流动起来，国家的整体实力才会更加强大，同时道德教化的工作也会更好开展。相反，倘若钱财被禁锢于君王权宦手中，则钱财流动通道闭塞，这就会造成害民的后果，不仅不利于道德教化的开展，甚至还会诱发民变。

因此，顾炎武批驳了过往理学将言利之臣视为洪水猛兽的看法，认为言利本身是必需的，而言利之臣通过害民的手段来充实内帑，才是他们违背儒家道义的所在。顾炎武认为言利之臣必须更为关注开源节流之法，所谓“民不家富而国用饶”的理财之法的实质必然是剥削百姓。在“藏富于民”思想上，顾炎武指出，私欲是人天生就携带的，人们在追求私欲的过程中必然会自发地创生各种增加自身财富的方法，这些方法有部分可能是通过剥削他人来取得财富，但更多的会是创造财富的方法。因此，国家只需要充当打击剥削他人的保护者，给予个体自我激励，自我创造财富的外部环境，鼓励商品流通，个体自然而然会创造出新的财富，从而实现国家实力的增强。

均策之道
——试论顾炎武多策结合的富民探索

江南大学人文学院2022级本科生　**蒋名耀**

一、顾炎武富民观总论

明朝晚期是一个光怪陆离的时代，在开明自由之风气与纷扰嘈杂之现象的共同助力催化之下，几乎每一个领域都涌现过大家、杰出人物或者至少名噪一时的社会焦点。在儒家正统观念来看，这样的社会反而是病态的衰世：乱而不治，久则必亡。所以当明朝真正走向覆亡之时，入清的思想家们就不得不面临着双重的问题：一则剖析前朝政治得失，这是历代王朝思想家们惯常进行的工作；二则思考晚明社会动乱、怪象纷呈的问题，希望能重构社会秩序。

大多数明末清初的思想家，包括顾炎武，都依然在儒家内圣外王的思想领域内回答上述两个问题，那么他们的经济思想从今天的视野下回望难道就没有什么价值了吗？恰恰相反，政策有符不符合实际情况之分，是时常变化的，但其中体现的精神却具有一定程度上的稳定性。

顾氏的经济思想，以儒家传统的富国思想为核心，以民本思想为其学术基础，同时糅合了资本主义萌芽发展时期的时代特质，使得他能大胆地提出“富民即富国”这一主张。民本思想本身在中国是“陈旧”的，梁启超曾于《先秦政治思想史》中落笔：“民本思想为吾国政治哲学之一大特色。”《尚书》作为中国最古老的皇室文集，就已经通过“怀保小民，惠鲜鳏寡”“民为邦本，本固邦宁”等传达朴素的民本思想。秦汉时期亦有司马迁主张通过工商业的合理发展来达到“上则富国，下则富民”的目的。明朝中期，丘浚在《大学衍义补》中亦提出了“君富必民富”的观点。此时的富民思想已经渐成体系且给出了较为明晰的操作思路，但归根结底依然是“旧的”，因为这一整套中国历史上的富民思想总是在对“富民”这一行为观念的背后本质与原因遮遮掩掩、讳莫如深：在一个以小农经济为支柱。以农业发展状况为其命脉的封建社会，“富民”本身从来就不是目的，而只是一种维护统治的手段。历代统治者与思想家们并非都是从人性的需求和百姓的实际需求去看待“富民”，这样的“富”，往往“富”得不够纯粹，毕竟施政的重心更在意的是“民富”之后所带来的维护统治的实际结果，施政的过程就会难免有迁就敷衍之嫌。

但顾炎武的富民观，或者说以黄、顾、王为代表的明末思想家们的富民观，建立在他们对人的私心本身合理性的认同之上，是符合商品经济大发展背景下的资本主义色彩的判断标准的。他认为富裕是民众的本能追求，是合理的私心的体现，而不仅仅是充当国家稳定繁荣的政治工具。同时代的黄梨洲在其著作《明夷待访录》中指出“有生之初，人各自私也”，虽然又紧接着提出“不以一己之利为利，而使天下受其利；不以一己之害为害，而使天下释其害”的为公主张，但至少他在事实层面承认了人的私心。而顾炎武则更进一步，提出“合私成公”的观点抨击“以公灭私”的道学主张，他们的声音，在明末清初的历史事件里，是振聋发聩的。

在我看来，无论是《日知录》《天下郡国利病书》还是《肇域志》等顾炎武的著作中提到的以“富民”为中心的思想，看起来繁杂多样，有涉及均田的，有涉及马政的，有涉及河渠水利的，似乎凡所应有，无所不有，但以当代经济视角去审视顾炎武实现富民目标的具体思路，无外乎三条路径：在一个“能强势”的政府的政策指引下，建立起统一的经济大环境，充分发挥地方经济的活力、保障人民群众的自由，同时以顺畅的货币流通作为纽带。顾炎武的经济思想则可以认为是“宏观统一、微观自由”。

接下来，我将分为三部分分别论述顾炎武对“富民”道路的探索，以及对当今民生经济发展的意义。

二、追求“能强势的政府”

顾炎武富民思想的第一构想要求就是足够强大的中央制定相对统一的经济标准，形成相对稳定的经济大环境。不少人对于顾炎武经济与政治思想的解读往往呈现出“从一个极端走向另一个极端”的趋势，将顾炎武所要求的政治、经济分权比重扩大化，其实不然，顾炎武非常希望有一个相对强势的中央政府能够对全国的财政问题有一个总体把握，在《日知录》中的一个具体表现就是要求统一度量衡。在《日知录》中，顾氏对“斗斛丈尺”因为“乡异而邑不同”使得商品经济混乱，最后波及粮税问题导致民众生活困苦的现象痛心疾首，并隐约表达出了他对统一的经济大环境的迫切希望。

中央对国家财政经济的把控，早见于西汉桓宽撰述的《盐铁论》，其中桑弘羊等人从专营专卖、平准均输等方面强调国家对经济财政的有力掌控。到了王安石变法时期，更有青苗、市易等新法的实施颁布。但古代中国的经济改革，常常呈现出“若不过之则不及”的倾向，强大的干预力量往往会抑制国家经济发展的活力，近年来考古出土的西汉武帝时期的铁制农具，在与其他时期铁制农具的对比中往往呈现质量偏低的特点，而王安石的一系列改革措施亦因为不符合时代要求而最终被废除。

但是顾氏所谓之强势，与其说是“要强势”，不如说是“能强势”，他所希望的政府不是大手一挥，与民争利，将经济利益牢牢地攫取在自己的手中，“以行弱民之道”，也并不是认为政府应该充当调控经济的负责人。相反，他对于政府一定程度上经纪集权的看法，其实恰恰建立在地方分权的基础之上，这一点在后续关于“释放地方经济活力”的论述中将进行较详细的论述。依然是在“斗斛丈尺”一节中，顾炎武如此追忆：“有王者起，同权量而正经界，其先务也。”后又感叹：“‘……上闻，令颁之天下以为常法’，倘亦可行于今日者乎？”这充分表达了顾炎武对于社会经济因缺乏统一尺度而导致紊乱的担忧。当然，明末清初以黄、顾、王为代表的思想家们，或多或少地带有一种“是古非今”“颂古谴今”的情绪。但这些情绪的抒发，归根结底仍然是他们对于自己所构想的理想社会的一种反映，体现在顾炎武身上，就是他对于“能强势”政府的期盼，他希望推行统一的经济制度。只有大环境稳定了，生活在各个具体而微小的环境中的平民百姓才能更好地自由发展，地方的经济活力才能得以释放，才能真正实现通过“富民”而“富国”的愿望。

在“治地”一节中，顾炎武提出了“年计不足而世计有余”的主张，该观点最早出现于《庄子》，与孟子提出的“斧斤以时入山林”主张一脉相传。

但是顾炎武所承认的人性中本来就存在的自私，使得顾全“年计”而以大局为重地牺牲“世计”的抉择仅仅靠个人的自觉是几乎无法实现的。此时就需要一个“能强势”的政府出面，制定一系列的相关政策。竭泽而渔永远是经济发展的大忌，是不可触碰的红线。一个国家想要真正地实现“富民”的美好愿望，不仅要有全国统一的经济标准，更要有长远发展的战略眼光。这对于当今世界上的每个执国柄，都是“不可不察”的经济真理。

三、地方自由发展与百姓自由发展

顾炎武的思想对明末清初社会冲击最大的莫过于他一直坚持的分权思想，体现在经济民生领域就是希望给予地方足够的发展空间因地制宜地求富、给予民众足够的自由“任其自为”。传统的中国经济运行结构，是由中央政府统一提出发展政策，并由六部执行，下达地方，再由地方知府下达知县，由知县进行“化民”，让百姓施行。顾炎武并非第一个看到这种经济运行结构弊端的人，柳宗元就曾经在《种树郭橐驼传》中讽刺了地方官繁政扰民的现象。但是像顾炎武这样将百姓的经济自由与地方的经济权力扩大浑融结合在一起的却比较少有。在顾炎武的设想之中，地方分为具有经济特产的地方和一般的普遍地方，针对这两者，他在以扩大经济权力为统一要求的基础之上，对前者的经济活力做出了更进一步的规划与设想，在后文将进一步论述。

值得注意的是，地方经济权力的扩大一定是建立在政治权力的扩大基础之上的。在《日知录·乡亭之职》一节中，他追溯了秦、汉时期的“令”“长”“丞”“尉”“三老”“啬夫”等职位，并且表示从“三代明王”开始，就已经有基层的设置。从现代的眼光来看，顾炎武已经隐约触及了农村公社职员向中央集权国家基层的“吏胥”转化的情况了，借此，顾炎武更进一步得出了“小官多者其世盛，大官多者其世衰”的历史概括，并将经济自主发展的思想隐含在其中。他的全部分权观，即由此展开。当然，客观地评价，这种来源于顾炎武“是古非今”思想内核的概括是浅显而不够准确的，但是他扩大地方经济权力的主张，不仅对于当时面临危机风雨飘摇的高度集权的封建制度是有益的，而对于当代社会的经济发展也很具有警示作用。而对于少数民族、边域地区或者有地方性经济特征的地区，顾炎武在扩大经济权力的统一要求的基础之上，还认为必须针对地方特色进行独特的开发。他在

《日知录》的《苏松二府田赋之重》《马政》《纺织之利》等多节中重点论述了这个问题。在《纺织之利》一节中，顾炎武发现，“今边郡之民，既不知耕，又不知织”，又引用华阴王弘的观点，认为“延安一府，布帛之价贵于西安数倍……今当每州县发纺织之具一副，令有司依式造成，散给里下”。他紧接着又批判《盐铁论》中桑弘羊等人的观点，再次重申了地方分权与特殊地区发展特色经济相结合的重要性。而在《马政》一节中，顾氏又对边民以马致富同时助力国防的道路进行了思考，充分体现了他因地制宜的经济思想主张，这些主张正需要在地方拥有足够经济权力的基础上才能够得以施行。

顾炎武的第二设想就是“百姓自为”的经济伦理思想。说到底，所谓“富民”，民众就是富裕所指的目标与方向。想要真正实现这一目标，不能仅仅依靠外力的支持援助，更需要民众自发地“求富”。而民众想要“求富”，政府便不可以妨害。所谓的妨害，大致分为以下两类：妨害民众的选择和与民争利。

由于封建制度的经济基础在中国稳定地存在了相当长的一段时间，从中派生出的“士农工商”的阶层划分也就稳定地存在了相当长的一段时间。商人被视为投机取巧的刁民，一直被套在各种枷锁之中，在历史的进程里偶尔被放松一下。顾氏在《天下郡国利病书》中有言：“两淮岁课百余万，安所取之？取之商也……若束缚之，急使之，一无乎所顾，今天下安得岁增民间百万余粟，输九边以为民兵食乎？”而国之岁用，又岂止两淮盐税这么简单，商人群体向来承受了国家很大一部分发展建设所需要的费用，起着重要作用却一直得不到承认。同时，农民身份具有相当的稳定性和传承性，农民的孩子除了科举做官之外基本上还是农民，政府的不重视甚至是残酷的剥削无形中堵死了民众对商人身份选择的道路，这就妨害了民众的自由选择，所以顾炎武疾呼“工商皆本”，从客观上宣扬了民众对于自身谋求财富与经济发展道路的选择。只有在一个“百姓自为”的社会中，经济社会的健康发展才有可能。明清两代正值社会转型的关键期，正是因为统治者牢牢地将经济话语权握在自己的手中，没有给民众自由选择的空间，资本主义的萌芽一直都只是在摧折状态下的萌芽，最终一步步落后于世界。

顾炎武“工商皆本”尤其是对商人重视的思想，又很大程度上来源于对社会财富流动的重视。商行天下，能有力地促进国家经济血管畅通流动，这一部分将在下面作进一步论述。

此外，“与民争利”也是顾炎武非常关心的问题。百姓不仅需要有自由发展的选择权，更需要有供给他们自由发展的空间，而这种空间不应该被各级官吏侵占。在顾炎武的视角当中，类似的侵占行为就叫作与民众争利。官田制度在中国由来已久，明朝初年，朱元璋曾经支持过张士诚主持的田税改革，即所谓官田，实际上就是一种高税田。据弘治十五年（1502）统计，全国田亩中官田占比达到了14.1%，这个比例相较于明朝初年已经大大降低，却确确实实地对百姓的生产生活造成了不小的压力。所以，顾炎武在其相关著作中多次提出了恢复井田制的愿望，并希望能够将官田改换为民田。他的这一看法，基本上是按照其恢复三代政治的愿望和“是古非今”的思想提出的，并不符合历史发展的潮流。但其背后为民谋利的精神却是值得我们认真学习的。

总的来说，在顾氏所有经世济民的治国方略之中，地方分权的施行是一条不变的宗旨。明清两代，中央集权日趋严重，地方权力被不断压榨，经济活力日渐萎靡，封建制度逐渐走向末路，尽管以黄、顾、王为代表的思想家的本意大多是“是古非今”，是以三代政治为他们的主要施政目的，但客观地评价，这些思想都有一定的超前性。相较于西方崇尚自由开放的政治体制本身所带来的较大的地方权力，我国更应该发展完善民主集中制，真正做到在激发地方经济发展积极性的基础上再进行中央集中，以行“富民”之道。

四、畅通的社会经济流动

无论是“能强势”的中央政府，还是充满活力的地方经济，都需要一根可以把它们紧紧联系在一起的纽带。在顾炎武眼中，这就是社会经济的流通，也就是社会资本在全社会范围内的正常流动。在中国的历史上，不少思想家、政治家都曾经对金钱流通问题提出过自己的见解，而顾炎武则形容得更好，他认为“以银而富国，是恃酒充饥也”——货币必须与财富相区分。一百多年后的英国，亚当·斯密曾经在《国富论》当中郑重地提出“财富就是货币或金银”“就是一项绝顶的错误”。可以说，顾炎武类似思想的提出，虽然并不是代资本主义发声，但客观地讲却具有一定的先见意识。

针对货币财富流通的看法，顾炎武在《日知录》中的《黄金》《银》《以钱为赋》《铜》等节中都有相关的论述。他注意到了自秦汉以来金银货币囤积导致盛极一时的王朝在经济上出现颓势的现象，于是认为货币本身并不等于财富，只有流动的货币才有创造价值的可能。在顾炎武的经济思想体系中，中央政府负责统一的经济政策，稳定经济大环境，地方负责因地制宜、充满活力地发展，而各民众则是在各地方“百姓自为”，这样上下各司其职，就能形成健康的经济生态。同时，任何一方又都不是封闭的，都需要和彼此之间相互联系，这样，畅通的经济流动也就有了独特的价值。而商人向来走遍天下，对于经济流动有着非同一般的贡献，“工商皆本”观点的提出，也就自然有了一定的合理性。

而关于如何切实地加强社会经济流动的问题，则需要和第三部分的论述结合起来看。在《日知录·马政》中，顾炎武通过对《元史》中“敢匿、与互市者，罪之”导致“民间马价腾贵，盖禁民不得私畜故也”的现象加以批判，隐约提出了他关于政府应该让利于民的主张。顾氏还在税收等多方面提出政府让利的要求，认为政府一旦与民争利，就会削减民众“消费”的意愿，使得他们“但求保暖而已”。依此来看，政府的所作所为不仅可以给予民众自由发展的空间，而且可以给予社会经济自由流动的空间，反过来还能证明有一个“能强势”的政府的重要性。

中国有一句古话，叫作“钱不是省出来的”，从其背后的经济学原理来看，这句话隐约表达了社会经济流动的重要性：囤积而不使用的钱财不过是一堆纸和金属罢了，货币的价值本身就是通过流通赋予的。对于个人“求富”而言是如此，而对于国家“求富”而言更是如此；对于古代是如此，对于当今则更是如此。

五、总结

总的来说，顾炎武的“富民”思想以恢复三代政治为目标，以封建时代的明君善策为来源，透露出了可贵的近代思想光辉，或多或少地影响着现代经济社会生活。在他的思想体系当中，以“富民”而“富国”之道，以“能强势”的中央政府和灵活的地方、自由发展的群众为基本盘，再以社会经济的畅通流动相联系，如此形成的一套经济发展结构，超越了封建时代生产力所能承受的范围，故而在明清两代几乎没有彻底贯彻的可能。但是，他为群众谋利的初心、他“工商皆本”的平等观，他对民生与群众权利的重视以及所有这些所构成的可贵的富民观和操作思想，这些隐藏在他思想背后的精神特质，却是值得我们常常反思的。“富民”非小事，满足人民群众的美好生活需求更要求我们广泛地汲取往圣先贤的智慧，在这一方面，顾氏的思想具有独特的价值。

顾炎武经济思想探微

——以《日知录》为中心

苏州大学社会学院历史学系2019级本科生　翟文青

顾炎武（1613—1682），字宁人，明南直隶苏州府昆山县（今江苏昆山）人，学者称亭林先生。清军南下后，他奋勇参加了江南人民的民族保卫战争。因敬仰南宋著名民族英雄文天祥的门生王炎午，改名为顾炎武。顾炎武是江东望族顾氏之后，顾氏一族世代为儒，藏书颇丰，具有良好的家学传统，为亭林先生读书、抄书之良习的形成奠定了坚实的基础。亭林先生早年曾积极参加反清斗争，屡遭败北，后主要侧重于学术研究，晚年侧重于经学考证，在学术研究上有卓越的成就，其经世思想尤为后人所重视。

他曾以一马二骡载书自随，遍游华北各地，一方面寻访或结交天下贤豪长者，另一方面考察天下郡国利病的真实情况，山川险要，以为复国的准备。他也参加生产经营活动，于山东、塞北从事垦田开荒"累致千金"，并积极把江南的农田水利技术介绍到北方。其主要著作有《日知录》《音学五书》《亭林文集》《亭林诗集》等，学术成果颇丰，常有后人称之为"通儒"，其与黄宗羲、王夫之齐名，被称为"清初三先生"。本文将以亭林先生的《日知录》为中心，探究其中所蕴含的经济思想。

一、《日知录》成书背景与内容简介

《日知录》是亭林先生得意之作，他曾说"平生之志与业，皆在其中"，足见对此书倾注心血之巨。又说"有王者起，将以见诸行事，以跻斯世于治古之隆，而未敢为今人道也"，并指明写作本书的目的是"拨乱涤污，法古用夏，启多闻于

来学，待一治于后王”。《日知录》的体例属于读书札记的范畴，梁启超先生将其与《黄氏日抄》《困学纪闻》等相同类型的史著相较，得出结论此前他人的著作“性质属于原料或粗制品，最多可以比棉纱或纺线”，而顾炎武精心编撰的《日知录》，“确是一种精制品，是篝灯底下纤纤女手亲织出来的布”，盛赞顾氏作品之价值。

任何杰出的思想理论成果均离不开特定的时代背景，亭林先生的《日知录》也不例外。顾炎武生活在明清鼎革之际，随着朱明王朝的统治日益腐朽，社会矛盾异常激化，严重的天灾再加上地方官府的横征暴敛，激起更大规模的农民起义。明王朝屡次派兵镇压，却始终无法消灭此起彼伏的农民起义，反而加剧了其在政治上的混乱与军事上的损耗，进而来为东北少数民族女真的崛起带来了条件，最终在内部农民起义与外部环境的恶化，导致自身走向灭亡。明亡之后，作为明朝遗民的士大夫阶层受到极大震动，纷纷推究明亡清替的祸首，最终归罪于明朝王学末流的空疏与狂妄。正是在这样的背景下，顾炎武开始了《日知录》的写作，他在此书中曾写道：“昔之清谈谈老庄，今之清谈谈孔孟。未得其精而已遗其粗，未究其本而先辞其末。不习六艺之文，不考百王之典，不综当代之务。”高呼“自丧之恶小，迷众之罪大”，因此应当“舍经学无理学”，强调六经都是历史，倡导读经治史以实现引古筹今、经世致用的目的。在顾氏的经世致用思想中，与实务最密切相关的当数其在游历实践过程中形成的经济思想。这一思想的形成与明清之际商品经济的发展不无关系。在明末清初之时，江南地区经济发达出现了资本主义萌芽，商品经济也随着商业贸易与对外贸易的发展而活跃起来，这一经济的变化带动了社会阶级的流动，出现了“市民运动”，为顾氏的经济思想提供了一定的思想沃土。同时期中国传统的专制制度更加集权，与商品经济的发展产生某些矛盾也为其经济思想的形成带来了一定的素材。

在编写《日知录》的过程中，顾炎武遵循“有所得辄记之。其有不合，时复改定，或古人先我而有者，则遂削之。积三十余年，乃成一编”，体现了其对史料搜集和批判的重视。据顾炎武自述，《日知录》“上篇经术，中篇治道，下篇博闻”，揭示了此书的内容结构均与经世致用的思想密不可分。顾炎武去世后，他的门人潘耒对该书进行校勘整理，即今本三十二卷。潘耒将其归为八类，分别是经义、史学、官方、吏治、财赋、典礼、舆地、艺文。而《四库全书总目提要》作者在叙述该书内容时将其分为十五类："前七卷皆论经义，八卷至十二卷皆论政事，十三卷论世风，十四、十五卷论礼制，十六、十七卷论科举，十八至二十一卷论艺文，二十二至二十四卷论名义，二十五卷论古事真妄，二十六卷论史法，二十七卷论注书，二十八卷论杂事，二十九卷论兵及外国事，三十卷论天象术数，三十一卷论地理，三十二卷杂考证。"梁启超先生认为，亭林先生所有的学问心得，都可在此书中见得梗概，每一类目所涉及的观点，都为后人提供了分科研究的途径。

二、顾炎武经济思想在《日知录》中的体现

顾炎武对经济生产的重视集中反映在《日知录》《天下郡国利病书》《肇域志》等著作中，其中尤以《日知录》所反映的经济思想最为系统全面。《日知录集释》的编者、清道光年间学者黄汝成曾评价道："其书于经术文史、渊微治忽，以及兵刑、赋税、田亩、职官、选举、钱币、盐铁、权量、河渠、漕运，与他事物繁赜者，皆具体要。"由此可见该书所涉及经济思想之丰富。这里笔者将从顾炎武的公私观、自由经济思想和"藏富于民"思想三个角度入手，具体探究顾氏经济思想的内涵。

（一）立论前提：顾氏对"公""私"之辨的新思考

自秦帝国建立以来，"公"与"私"一直是封建社会客观存在于"国"与"民"之间的一对矛盾。"公"与国家机关相联结，从某种程度上是君主、官府的代名词。与之相对应，"私"的含义分为两种：一类为伦理层面的偏私、奸邪，另一类则表达与公共性相对的个别性和差异性之意。长期作为国家正统的儒家学派将公私关系的论述作为儒家思想领域的重要话题。经过长期发展，"尚公不尚私"的思想得到强化，"崇公灭私"的观念随后也出现于中国传统社会之中，并且长期占据主流地位。这种对"公"的肯定，相应地就要强调私的负面性，"公"与"私"被置于完全对立的状态。这种对立状态在宋明理学的加持下发展到了顶峰，程颐曾云："义利云者，公与私之异也"，将"义"与"公"、"利"与"私"联系在一起，从道德层面对"公"和"私"进行了价值评判，更有甚者认为公私之辨与善恶相关，要做到扬善去恶就必须崇公灭私。

这一情况到了明末有所改善，顾炎武等学者不仅为"私"正名，而且就如何

处理“公”与“私”的关系提出了自己的思考。宋明理学对公私的关注点主要是主体的利欲行为及心理活动是否符合义理的原则与规范，主要是围绕道德主体展开的。顾炎武虽推崇程朱，反对纵欲以及私欲的过分膨胀。但却对“私欲”持肯定态度，肯定“私欲”存在的合理性。他曾说：“夫人生一世，所怀者六亲也，所爱者身也，所恋者田宅货财也，所与居者姻旧乡曲也。”在顾炎武看来，“爱身”“恋财”不过是天经地义的人之常情，追求私利的人欲是不能被否定的：“有公而无私，此后代之美言，非先王之至训。”除了肯定追求私利之外，他还对“公”与“私”之间的辩证关系提出了新的看法：“天下之人，各怀其家，各私其子，是常情也。为天子，为百姓之心必不如其自为！此在三代以上已然矣。圣人者因而用之，用天下之私以成一人之公，而天下治。”顾炎武并不认为鼓励人们追求私利会使天下人心“限于物欲之蔽，大者以小，通者以塞，人各有心，至有视父子兄弟如仇雠者。”相反，他指出，如果人人都能做到自私自为，那么天下就能达到“治”的理想状态了。

正是基于这样的公私观，顾炎武提出应该尊重人的本性来管理国家，并提出了一些具有时代前瞻性的自由经济思想。在他的诸多论著中，都曾提到让百姓自己管理，在地方推行郡县制，强调发展私营经济。顾炎武对公私之辨的理解与传统儒家正统的观念大相径庭，一方面体现了他对于理学的反叛精神，另一方面也为其经济思想的形成奠定了基础。

（二）耕牧为要：顾氏的自由经济主张

在认识到“私利”以及“自由”重要性的前提下，顾炎武提出了一系列反映其自由经济思想的经济主张，涉及农业、畜牧业、纺织业、盐业、矿业以及金融等诸多方面。从总体看，顾炎武的经济思想仍没有脱离农本思想的范畴，他认为“天下之大富有二：上曰耕，次曰牧”“而卒可以并天下之国，臣天下之人莫若耕”，可见顾氏对于农业发展问题的关切。他认为土地资源的合理利用非常重要，在扩展耕地时，如果只贪图一时小利，无视整体安危和长远利益，将会造成严重恶果。同时，他也主张开垦荒地，发展生产，为此政府应当采取减免租税的政策“诏有能开垦者，即为己业，永不起科”，以此来号召更多的人积极主动去开垦荒地。顾炎武对于发展农业的另一重要设想是改官田为民田。“明土田之制，凡二等，曰官田，曰民田”。这主要是因为明代部分官田的赋税远远高于民田，尤其表现在苏、松二府。顾氏在《日知录·苏松二府田赋之重》一文中曾记载："夫民田仅以五升起科，而官田之一石者，奉诏减其什之三，而犹为七斗。是则民间之田一入于官，而一亩之粮化而为十四亩矣。"在这样的重负之下，"苏、松二府之民则因赋重而流移失所者多矣"。针对这种情况，顾炎武提出了"改官为民"的设想。通过这种方式，一方面能够在一定程度上缓解人民沉重的赋税负担；另一方面也能减少百姓弃地逃亡的现象，避免土地无人耕种以致"田地荒芜，钱粮年年拖欠，徒有重税之名，殊无征税之实"的情况，保障国家的财税收入。

除了重视农业财富的积累，顾炎武也提倡发展工矿产业，并大力提倡纺织工业。他在《日知录》中特别列出纺织之利。以延安府为例，顾氏指出如果当地聘请善于纺织的人做老师，人人学习纺织，那么不过一二年间，就将获得巨大的财富，"民享利，将自为之而不烦程督矣"。在工矿业生产上，他强调使用雇佣劳动力，并主张释放人奴。这反映了顾炎武尊重工商业者新的历史要求，为市民阶级争取劳动力的自由取给的来源，为广泛推行雇佣劳动制而辩护，这同时也反映了资本主义萌芽的时代命题。在商业贸易方面，顾炎武反对盐铁和茶叶专卖，主张由人民自由贩卖，他高度认同李雯所谓："盐之产于场，犹五谷之生于地，宜就场定额，一税之后，不问其所之，则国与民两利。"食盐与五谷一样，都是自然的馈赠，成本低但可获取巨额利润，顾炎武提出，与其让国家垄断这一行业，不如与民分利以达到双赢的效果。这一主张直接提出了市民社会对贸易与租税的要求，具有鲜明的近代化色彩。

（三）藏富于民：国富与民富的关系

在前文论及顾氏的公私观和自由经济思想时，曾多次提及了国与民的关系，总体来看，顾氏认为国与民之间并非完全分割对立的，而是有着密切联系的矛盾统一体，具体表现在他的"藏富于民"思想之中。

中国历史上历代王朝都将财权收归国有，随着这种中央集权统治的加强，政府施加于百姓身上的赋税负担也愈益加重。顾炎武指出："唐自两税法后，天下百姓输赋于州府，一曰上供，二曰送使，三曰留州，及宋太祖乾德三年（965）诏诸州支度经费外，凡金帛悉送阙下，无得占留。自此一钱以上皆归之朝廷。而薄领仟悉特甚于唐时矣，然宋之所以愈弱而不可振者实在此。"顾炎武将宋朝的积贫积弱部分归结于高度集中的财权，在他的分析框架中，财富的总量是有限的，官府搜刮去的财富越多，百姓所剩下的积蓄就越少，会变得越发贫困，以致盗贼四起，社会不免滑向贫弱的深渊。由此顾炎武提出了另一种分析模式，即家富就是国富，也就是“藏富于民”的思想。他认为统治者不应将民之财富视作与国家争利的存在，因而大肆搜刮，而应该将民之财富视作国之财富的一部分。在这一点上他高度赞同唐太宗的观点：“朕闻治世天下无遗贤，不闻天下无遗利，且利不在官，则在民，民得其利，则财源通而有益于官，官专其利则利源塞而必损于民。”

三、顾炎武经济思想的历史价值与现实意义

尽管顾炎武的诸多经济主张没有得到实践，但其中所反映的部分观念在一定程度上已经超脱了时代和阶级的局限，具有鲜明的近代化色彩。顾炎武着重研究中国市场行为的总体发展演进规律，他一直认为通过发展农业经济生产改变社会现状导致的贫穷落后乃是当今中国整个社会中的最大忧患，一切重要社会问题矛盾的有效解决，最终都应该去寻求通过科学发展工农业生产经济来实现经济发展。顾炎武通过对前人的商品经济总体发展演变情况所进行的真实调查，阐述了“民享其利，将自为之”的客观经济规律，更具体地证明了有关“为天子为百姓之心，必不如其自为”等中国近代传统经济学主张，具有非常鲜明的近代性因素。除此之外，顾炎武也探讨了在商品经济条件下国家对于经济发展所应发挥的作用，主张国家实行统一而稳定的货币政策，赋税政策既要有利于促进商品经济的发展，又要考虑到东西部经济发展不平衡的状况，因时因地制宜。对于不合时宜的生产关系，国家应当及时调整，为商品经济的发展和生产力的进步创造条件。

除此之外，顾炎武的经济思想也对清代学术和晚清改革运动产生了深刻的影响。清代官员王鸣盛与乾嘉学派代表人物钱大昕等人，对顾炎武“引古筹今，亦吾儒经世之用”的历史思考进行了传承和发扬。王鸣盛摒弃了传统儒学只讲义理、考证和辞章的规范，增设“中国经济之学”，即研究经邦济世之道的文化学科，提出史学家应专注于“经济”域的历史学术观点。被梁启超称为“近代输入欧化之第一人”的严复，对于顾炎武的思想也有相当深的研究，他重视顾炎武提出的“合天下之私以成天下之公”的思想，认为这一公私观与西欧近代民主政治理念相通，指出国家利益实际上是每一个公民的私人利益的体现，二者相互关联，密不可分。有

鉴于此，他主张以顾炎武“合天下之私以为公”的观点来改革国家政治制度。谭嗣同、梁启超等许多学者后来在公开阐明其自身主张的经济改革时，也时常引证顾炎武的观点。足见顾氏思想影响之深远。

及至当代，顾炎武的思想仍然在国家治理方面发挥着重要的现实意义。顾炎武在史学研究的过程中深切体会到在国家发展中真正起着决定性作用的并非空虚的道义说理，而是真实的社会政治、经济社会、军队能力之间的比较。中华民族如果想要长久立于不败之地，就不能不以民族复兴为基点，实现强国、富民、强军的目标。在这三者之间，国强民富又为军强奠定了坚实的物质基础和安全保障，因此如何实现国强民富就成了亟待解决的关键性问题。在顾炎武看来，民富即是国富，只有让利于百姓，才能创造更多的社会财富，实现国家富强，这就要求统治者应当保持“眼光向下”，关注贫困百姓的生活，解决他们的生计与就业难题，实现更广泛的“富民”。他在《日知录》中写道：“今天下之患，莫大乎贫，用吾之说，则五年而小康，三年而大富”，展现了对贫困问题的高度关注，将贫困视为“天下之大患”，他的经济主张也多围绕解决贫困问题而展开。顾炎武在《日知录》中所提出的“空谈误国，实干兴邦”的主张，也多次被习近平总书记引用，鼓舞了一代又一代劳动者、干部群体、青年学生积极进取，为社会主义现代化事业贡献自己的一份力量。

顾炎武的经济思想是丰富多彩而又实用的，与经世致用的思想密不可分，既具有尖锐的批判性又有鲜明的建设性，为当代国家治理提供了扎根于历史的珍贵思想宝库，应当引起后人更多的关注和思考。

对顾炎武“富民观”的当代阐述

广东省东莞市战国策国际战略研究院院长　陈永佳

一、不忌讳言利方能得善治

（一）从“重义轻利”到“义利并重”的过渡

早在春秋战国时代，“言利讲义”就曾成为诸子百家中争辩的中心议题。明确提出“贵义”主张的有墨家与儒家。尤其是墨家的创始人墨子，用整篇的《贵义》来阐述“贵义之道”，并开宗明义地说：“万事莫贵于义。”而儒家也是尊崇“义”的一派，其创始人“孔圣人”主张“君子喻于义，小人喻于利”（春秋·孔丘《论语·里仁》）；被尊为“亚圣”的孟子则认为，“王何必曰利？亦有仁义而已矣”（战国·孟轲《孟子·梁惠王章句上》），甚至把“义”置于人的生命之上，“生，亦我所欲也，义，亦我所欲也。二者不可得兼，舍生而取义者也”（战国·孟轲《孟子·告子上》）。

但是，“言利”则在封建社会很长时间都被边缘化，在汉代仅仅只有西汉著名史学家、文学家司马迁《史记·货殖列传》中“天下熙熙，皆为利来；天下攘攘，皆为利往”的只言片语。直到宋明之际，随着商品经济的发展，重利思想日益冲击着传统的重义思想，从而导致了“重利”渐渐成为一种新的社会价值取向。北宋时期哲学家李觏认为“治国之实，必本于财用”（北宋·李觏《富国策·第一》），并提出“人非利不生”的观点，认为“礼”，应该包括衣、食、位等内容，开启“功利学派”之先河。南宋时期则以薛季宣、叶适等为代表的“永嘉学派”和以陈亮为首的“永康学派”均倡言此学，并集功利思想之大成。甚至当时的陈亮与朱熹曾经经历了为期三年的“义利之辩”。

而明末清初思想家王夫之提出了综合传统道义论和功利论的“贵义重利”“义

利统一”的道德价值观；而顾炎武则更是不忌讳人们谈论“财”与“利”，曾说：“古之人君，未尝讳言财也。”另外，他还指责那些否定个人必要利益的空洞的道德说教，指出“所恶于兴利者。为其必至于害民也”。也就是说，那些厌烦于言利的人，他们的这种做法是一种害民的行为。

（二）关于“义与利”的现代阐述

关于“义与利”之间的关系我认同这样的看法。“利为生之基，义为人之本。有利，方显义之贵；有义，方才有长利。故讲利言义，以中为上也。重义轻利为君子，见利忘义是小人。利，因欲而生，则以法正之；义，因情而生，则以德育之。故言利不为过，贵义当为先。”尤其是最后一句“言利不为过，贵义当为先”，这句话中包含有两层意思。第一层意思就是我们在讲“利”时不必避讳，更不必逃避这种现实需求，否则就是一种虚伪的表现。也就是说“讲利”是没有过错的。第二层意思就是“讲利”不能太过分，要做到恰到好处，要懂得道家“知止不殆”的道理，还要清楚儒家“中庸之道”的精髓。如果“言利”太过，就会让人朝着“欲望”的方向发展，从而导致自身的自私自利，见利忘义，甚至是利欲熏心。

另外，“讲利言义”必须以“义”为先。其中的“义”，也有两层意思。第一层意思就是必须先把“讲义”作为道德标准来规范“言利”的这种行为。在古汉语中对于“义”的解释就是“事之宜也”，我们平时说的“行为守则”，指的就是这里的“义”。也就是说我们在“讲利”的同时，必须尊重社会公共道德底线，要遵守契约精神，要维护法律法规的威严。第二层意思就是“言利”前必须先“贵义”。也即言利是以“贵义”为前提的。

二、解决民众的贫困问题是国家治理的第一要务

顾炎武生活在贪污腐败横行、各地农民起义此起彼伏的明末时期，为了解决明末政府的窘境以及调解官民之间的矛盾，及时提出“明道救世”这一经世思想，并提倡“利民富民”，他认为“今天下之大患，莫大乎贫”（明·顾炎武《顾亭林诗文集·卷一》），从而希望能逐步改变百姓穷困的境遇，也就是“用吾之说，则五年而小康，十年而大富”（明·顾炎武《日知录·卷二》）。这或许就是古代百姓的致富五年规划，这是具有社会进步意义并充满自信的政策建议。而“今天

下之大患，莫大乎贫”这种思想是继承了春秋时期齐国相国管仲所倡导的“仓廪实则知礼节，衣食足则知荣辱”（春秋·管仲《管子·牧民》）。以及战国时期大儒荀子所主张的“人生而有欲，欲而不得，则不能无求。求而无度量分界，则不能不争；争则乱，乱则穷。先王恶其乱也，故制礼义以分之，以养人之欲，给人之求”（战国荀况《荀子·礼论》）。他们都认为只有改变民众贫困的生活状况，才有道德可言，为此，他还提出“欲使民兴孝兴悌，莫急于生财”（明·顾炎武《日知录》）。

这种观念的积极意义在于敦促朝廷必须以民生为重，拓宽老百姓的求财之道，让他们能够安居乐业，欣欣向荣。不过，如果说只有等到大家都有了一定的财富积累，才会让人拥有“仁义道德”，那么笔者保留这种看法。因为社会上的财富与资源都是有限的，而人的欲望却是无限的，以人的无限欲望去追求有限的资源，那么必然会引发争斗，最终的结果就是“争则乱，乱则穷”。而且儒家孔子早就有言曰：“不患寡而患不均，不患贫而患不安。”也就是说，不怕社会上的资源有限，也不怕大家都还贫穷，就怕资源分配不均，造成贫富差距拉大，从而导致盲目攀比之歪风邪气蔓延，争斗自然出现。

三、“权与利”的协调意味着官与民的关系是否和谐

（一）“官民协调”发展才能保持社会稳定

顾炎武强调：“民得其利，则财源通而有益于官；官专其利，则财源塞而必损于民。”（《日知录·卷十二》）他认为自明朝万历中期以来，正是由于“为人上者”只争“民利”，以致造成“民生愈贫，国计亦愈窘”的局面。由此，他主张实行“藏富于民”的政策，认为“善为国者，藏之于民”。

其实，社会资源本身就只能分为“权、利、名、色”四大样，这也是普通人一生所梦寐以求的事物。其中，“色”是附属于其他三样的，而“名”则多属于有才华之人。真正的社会资源也就是“权与利”。而“权”又属于为官者的专利，那么作为普通的老百姓，唯一能够得到的社会资源就仅仅只剩下“利”这一项而已。如果为官者还要滥用手中的“权”去夺民之“利”，那么官民之间的矛盾就会产生，冲突也就不可避免。为此，笔者认为：“民不争官之权，官不夺民之利。”因为在

一个和谐社会中，官与民之间是相辅相成的关系，正如“水可以载舟，亦可以覆舟”一样，人民不与官者争权，那么官者也要做到不夺民之利。这才能真正能够做到为官一任，必须以人民利益为重，切忌以权谋私，做出损公利己的事情。只有这样，才能成为群众喜欢的清官。另外，为官者还要尽量做到“利为民所谋”。其中的关键就是要树立正确的利益观，还必须时刻把群众利益放在首位，坚持人民的利益高于一切。

（二）如何调节这种关系值得借鉴

为了调和官与民之间对于“权与利”易发生的矛盾关系。顾炎武特别提出了“以名为利”的调节方案。也就是针对长期以来由于统治者“以利为教”所造成的物欲横流、唯利是图的不良民风和官风，顾炎武认为“后之为治者宜何术之操？曰：唯名可以胜之”（《日知录·卷十三》）。他主张用“以名为教”来代替“以利为教”，并认为实施社会治理要以利奖名，造成一个“以名为利”的良好风化局面，发展人们的精神建设。具体做法就是利用奖励的办法，对名节突出的个人或给予物质奖励，或赐以官爵，以此淳化风俗，使社会上人人向善。另外，顾炎武所倡导的“名”是指“忠信廉洁”之类的道德名声，主张国家教化应以立德、立功、立言的“三不朽”来教化世人，重建道德人心秩序。但是，这种“以名为利”必须是名副其实的，如果出现弄虚作假或是暗箱操作的丑陋现象，那么不但会对政府的公信力造成损害，而且还会引来老百姓对于这种“虚名假利”的操作而感到厌恶。另外，顾炎武认为，民富与国强始终是一个不可分割的关系体，“以名为利”教化世人的道德路径，体现了顾炎武的“利民”“富民”之理念。而这种理念即使已经有几百年的历史，其价值却依旧散发着熠熠光辉，值得如今社会的参考与借鉴。

四、“取利留余”方能福泽后世

（一）顾炎武的留余发展观在当下依旧拥有强大生命力

顾炎武认为，国家的财富取之于民还必须用之于民。同时，他主张高度重视“取民有制”的问题。为此，他告诫后世统治者：“无耻无底线于人心，是历代王朝灭亡之根源”（《日知录·卷十二》）。他还特别强调要“利尽山泽而不取诸民”（《郡县论》），在发展经济的同时还要保护自然生态环境，不要盲目做一些“杀鸡取卵”“竭泽而渔”之类的不利于可持续发展的妄为之事，要适当“留有余地”，给子孙后代留出发展空间。其实，顾炎武“利尽山泽而不取诸民”的发展观在当今也是被认同与落实的一种价值理念。

（二）留余发展观传承了王伯大的“四留铭”

顾炎武“利尽山泽而不取诸民”的留余发展观，是传承了南宋清官王伯大为后世所留的“四留铭”，在我国的家规家训中拥有重要的警示作用。其中的首句是“留有余，不尽之巧以还造化”，意思是要留有余地，不要把造物主赐予的巧妙使尽，要懂得还给自然界。第二句“留有余，不尽之禄以还朝廷”，也就是说要留有余地，不要把所得的俸禄花尽，要懂得还给朝廷。第三句“留有余，不尽之财以还百姓”，意思是说留有余地，不要把社会财物占尽，要懂得还给老百姓。我们如今所说的“取之于民，用之于民”，其实也是这个道理。最后一句“留有余，不尽之福以还子孙”，意思是说要留有余地，不要把祖上积淀的福分享尽，要懂得留给子孙后代。

众所周知，世间万物是一个循环变化的系统，千百年来都周而复始。例如，日月星辰的自然运转、“春耕夏耘，秋收冬藏”的农耕规律等。而我们人类，为了自身的欲望得到满足，就很可能对这些既定的规律进行所谓的改变，导致了天地之间不能处于一个“平衡”的状态，也就是“天地人合一”的系统遭到破坏，自然就会遭到大自然的反噬。因此，“留有余，不尽之巧以还造化”，是要告诫那些对自然规律盲目进行破坏、限制的人，将来会遭到大自然的惩罚。另外，也是告诫人们，不能对大自然无限地索取，而是要懂得感恩自然所赐予的一切。

五、藏富于民是善为国者的基本治国方针

众所周知，有识之士能够提出一种新思想、新观念、新政策，肯定与当时的时代背景和社会变革有着很大关系。而顾炎武当时所处的时代，正是明朝万历中期以来，由于“为人上者”只图“求利”，以致造成“民生愈贫，国计亦愈窘”的局面。由此，他主张实行“藏富于民”的政策，认为“善为国者，藏之于民”。并且指出，只有这样，才是真知其“本末”的做法（《日知录·卷十二》）。也就

是说，当时他所处的时代，由于贪腐严重而导致官府夺民之利，从而造成了“国富民穷”的破败局面，这种倚仗自身权力而剥削人民的掠夺方式，完全是一种本末倒置的做法。为此，顾炎武认为“有道之世”，“必以厚生为本”（《日知录·卷二》）。

并且顾炎武还提出了一套旨在使“土地辟、田野治”“贫者渐富，而富者亦不至于贫”的方案。他并非“纸上谈兵”，而是在章丘这个地方置地后，仅仅用了四年时间，就将贫瘠的土地改造成了良田，这就是成功的范例。这种“亲民怀柔”的政策主张，说明顾炎武的“民本观”是从老百姓的利益出发的，其实也就是早期的“富民观”。而这种富民观也是传承了孟子的“民贵君轻”“爱人者，人恒爱之；敬人者，人恒敬之”的民本思想。另外，顾炎武认为民生问题与国家命运紧密相连，为经世济民之要务。为此，他还引用《诗经·大雅》六个比喻，以阐发爱护百姓、体恤民情的重要性：“天之牖民，如埙如篪，如璋如圭，如取如携。”

另外，顾炎武“藏富于民”的观点赞同了古代先贤们的“富民观”。因为民富才能国强，春秋时期齐国国相管仲有言曰：“民足于产，则国家丰矣。”（春秋·管仲《管子·君臣》）先秦诸子虽然在政治见解上有所分歧，但在“民富”这一点上却很一致，如孔子云：“政之急者，莫大乎使民富且寿也。”（春秋·孔子《孔子家语·贤君》）另外，与儒家学说较为对立的墨家在这一问题上，也同样强调“民富国治”（战国·墨翟《墨子·辞过》）；同时，更是发展了荀子关于“富民政策”的方法。大儒荀子强调：“足国之道，节用裕民，而善臧其余。”（战国·荀况《荀子·富国》）也就是说，使国家富足的办法途径是，节约用度，使百姓富裕，并且善于储备那些节余留下的东西。

六、贫富差距是导致民众不安的根源

（一）“贫富差距”现象自古有之

顾炎武在《天下郡国利弊书》一文中广泛披露了当时人们所受的深重压迫，并发出了“民之所以不安，以其有贫有富” 的呐喊。其实，早在春秋时代的大变革中，老子就看透了世道中的“贫富差距”是导致朝代更迭的重要原因。一方面，老子认为这种巨大的贫富差距，就来源于统治者的贪欲。是他们对财富的那种无止境追求，造成了对民众无休止的盘剥。“朝甚除，田甚芜，仓甚虚；服文彩，带利剑，厌饮食，财货有馀；是为盗夸，非道也哉!”（春秋·老子《道德经·第五十三章》）另一方面，老子认为正是由于人之道违背了天之道，才造成贫富差距越来越大。“天之道，损有余而补不足。人之道，则不然，损不足以奉有余。孰能有余以奉天下，唯有道者”（春秋·老子《道德经·第七十七章》）。

另外，老子、顾炎武只是对贫富差距做出了说明和批判，并未提出解决方法。为此，笔者认为，如果一个国家要想做到缩小社会上的贫富差距，那么就必须做到：“以权谋私，贫富越大；还权于民，贫富越小。”也就是必须做到“还权于民”，让人民有权利监督官府的做法、有权利参政议政，有权利弹劾乱作为、肆意妄为的政客，这样才能真正做到缩小社会各阶层的贫富差距。

（二）贫富差距导致了民众的不安

社会上的贫富差距根源主要是“权力过于集中”所造成的。而这种集权化导致了民众心中普遍不安。早在春秋时代的孔子就有言：“不患寡而患不均，不患贫而患不安。”（春秋·孔子《论语·季氏篇·季氏将伐颛臾》）也就是说，民众不担心分的少，而是担心分配的不公平公正；不担心人民生活贫穷，而担心生活不安定。那么要如何才能让民众安居乐业，国泰民安？东汉史学家赵晔有言：“民富国强，众安道泰。”（东汉·赵晔《吴越春秋》）也就是说，只有真正做到“民富”才能逐渐缩小社会上各阶层的贫富差距，这与顾炎武倡导的“藏富于民”有着异曲同工之妙。然而，要如何让民众能够内心安宁？为此，笔者认为：“崇富崇权贫之源，贵德尚贤天下安。”也就是说，在一个“崇富崇权”的社会上，这是导致大家最终都贫困的根源之一。因为社会上的“权力”与“财富”是有限的，而人们的欲望是无限的，以无限的欲望去追求有限的资源，那必将导致“争抢”的开始。大儒荀子论述：“人生而有欲；欲而不得，则不能无求；求而无度量分界，则不能不争；争则乱，乱则穷。”（战国·荀况《荀子·礼论》）所以，一个社会一定不能过度“崇富崇权”，否则，大家都只能贫穷。

为此，笔者所提出的解决方案就是“贵德尚贤天下安”。因为一个人的品德修为是无限的，只有做到至善至德才能做到老子所说的“死而不亡者寿”（春秋·老子《道德经·第三十三章》）。古代那些圣贤，老子、庄子、孔子、孟子、荀子、墨子、韩非子、鬼谷子等，各个都是德高望重、至善至德的先贤，而他们的智慧更是无穷无尽的。另外，即使是从政的为官者，也是被后世推崇的官场楷模。例如，唐宋八大家，韩愈、柳宗元、王安石、欧阳修、苏轼、苏洵、苏辙等。正因为北宋时期的“仁宗一朝”有一大群清官廉吏的出现，才会出现“仁宗盛治”的国泰民安太平盛世。为此，笔者所倡导的“崇富崇权贫之源，贵德尚贤天下安”，可以基本解决社会上贫富差距所导致的民众普遍不安的问题。

七、对“私”的肯定是“权利”意识的提升

（一）从“先公后私”到顾炎武对“私”的肯定

从战国时期吕不韦等人所编撰的《吕氏春秋·去私篇》中所阐述的尧舜禅让以达到“至公去私”的境界，祁奚荐贤则达到“大公无私”；而《诗经·大田》言“雨我公田，遂及我私”以及孟子言“公事毕，然后敢治私事”（《孟子·滕文公上》，皆是阐述“先公后私”之意。可见在明代以前正统思想的主流一直是以“至公去私”“大公无私”“先公后私”作为朝廷统治民众的道德标准。而这种标准也延续到了明朝的顾炎武时期。因为他开创了对“私”作出肯定的先河，并对公与私的关系作了辩证的论述。他说：“自天下为家，各亲其亲，各子其子，而人之有私，固情之所以不能免矣。……合天下之私以成天下之公，此所以为王政也。”（《日知录·卷四》）顾炎武认为人人都有私心，“固情之所不能免”，这就把人之有私看作完全合乎情理的现象，并且认为“用天下之私，以成一人之公而天下治”（《顾亭林诗文集·卷一》）。为此，他提出“合天下之私，以成天下之公”的公私关系的论断，并对公私关系给出了辩证论述，也即是天下之“公”是天下人“私”的综合表现，没有天下之私，就不可能有天下之公了。

（二）对“私权”的肯定符合时代发展潮流

对“私”的肯定，都反映了当时资本主义生产关系萌芽状态下新兴市民阶层的思想意识。虽然顾氏所谓的“私”，主要是指一家之私，而非一己之私，但就公私之别、家国关系上，对儒家尤其是宋明理学来说还是革命性的，堪称首开17世纪我国对“私权”肯定的先河。而这种对私权意识的提升，就算是到了当今社会，依然有借鉴意义。

顾炎武民本思想与其当代价值

江苏省委党校昆山分校教研部副主任　**杨　峰**

顾炎武是我国历史上最伟大的启蒙思想家之一，也是中华优秀传统文化的卓越代表。他以“经世致用”为学术宗旨，兼以朴实归纳的考据方法和脚踏实地的探索精神，建构了庞大而缜密的思想体系，而民本思想在其整个思想宝库中占有极其重要的地位。

一、顾炎武民本思想的产生

在山河破碎、民生凋敝的时代冲击下，顾炎武不断反思明末腐朽政治体系的弊病。他继承了历代学者讲民本、求民权、重民生的部分思想精华，并更进一步地进行理论创新。在此基础上，顾炎武的民本思想已基本达到了在传统儒家思想起决定性作用影响下，我国封建社会民本思想所能达到的极限。

（一）政治环境的内忧外患

明晚期的政治环境极其恶劣，而吏治腐败使社会风气急转直下，直接激化了大量的社会矛盾。一方面，中央高度集权下的士大夫结党营私，互相攻讦，而地方上的事务尽皆把持于乡绅之手，以致政令囿于府庭，并不能上下通达；另一方面，李自成、张献忠等农民势力的崛起，以及关外满清军事入侵加速，种种因素内外交困。其中，内部的政治腐败才是主要原因，而军事上的败退不过是加剧了这一巨轮沉没的速度而已。顾炎武的民本思想最初即产生于明末土地兼并严重、贫富极度分化等积弊丛生的乱世情景。万历四十一年（1613）出生的顾炎武真切感受到了明王朝的盛极而衰，万历中兴之后，皇帝荒于政务，之后的两任皇帝亦无所建树，到了崇祯为帝之时，已不可能挽大厦于将倾。明亡后顾炎武曾被举荐于弘光、隆武等相继出现的南明政权，并以倾注大量心血的《军制论》《形势论》《田功论》《钱法论》

等建言献策，却未获重视，而这两任南明政权亦未长久。政治军事上的内忧外患、民生经济上的由盛转衰反映于当时的社会现实，成为顾炎武民本思想的时代根源。

明晚期的政治腐败逐渐加剧，以宦官集团与文官集团的对立和东林党人与其他地方士人代表的党争为最。1604年，顾宪成等成立东林书院，以在野身份高谈阔论，六年后，时任内阁首辅叶向高开始广为吸纳东林党人正式入朝，至此东林党便开始与当时的齐、楚、浙等诸党进行无休无止的内阁之争，这种争斗早已无关民生疾苦，而只为求权。庙堂之上朋党林立又极大削弱了整个文官集团，使宦官集团（时称阉党）能够利用其互相倾轧抱团取暖参与朝政，最终导致朝局动荡、政令不畅、民生荒废，为明朝的覆灭埋下了祸根。内阁权力的鼎盛、士大夫的党争、宦官势力的抬头，使皇帝采取纵容争斗的权衡之术。在此情况下，以顾炎武为代表的士人开始反思当下的政治制度、权力分配等，促成了对君臣权力和国家治乱的反思，完成了朴素民主意识的进一步觉醒。晚明的民本思想已隐隐具备现代民主精神的轮廓，最为典型的便是顾炎武“以天下之权寄天下之人”的主张。

（二）民生经济的日渐衰颓

自明中期开始，以江浙地区为代表的传统农业社会开始逐渐向手工业和商业发展倾斜，构建了近代工商业社会结构的雏形。人口日益增长，使江浙地区的大量传统农民转向手工业和商业，衍生出因大量人口聚合而形成的初具规模的市镇，出现了非农阶层，在江南的一些手工业部门产生了雇佣关系，雇佣与被雇佣之间形成单纯的商品货币关系。至万历年间，苏杭手工业者日增，或为商品生产，或为官府定产，都是脱离了生产资料、出卖劳动力的劳动者。工商从业者得到了一定范围的政治认同，士农工商作为职业选择开始解决职业正当性的问题。此外，明中期隆武、万历年间的经济改革也提供了商业发展的可能。“一条鞭法”以货币赋税代替实物赋税和徭役，促使商品经济有效消解农业生产关系之中的传统矛盾，推动商品经济的萌芽开始显现，这是完全不同以往的新的经济格局。

而到了明晚期，从社会经济结构上来说，又出现了重大转变。如前所述的内忧外患下，本已萌芽的商品经济失去了上升时机和发展空间。上层统治者和地方豪绅为谋取私利而无限压榨底层从业人员的生存空间。实行“编审行役制”，即将工商从业者强制登录在籍，更利于政府准确控制其商品、货物、财富，并强征服役，完成了对工商从业者赤裸裸的掠夺。之后的战乱使得人口锐减、农业衰败，以致新生的工商业阶层与当时的专制制度之间矛盾升级。在此前提下，新生阶层为维护自身利益而开始意识觉醒，顾炎武等人也都参加过维护市民权益的组织活动。顾炎武作为"士人"的一分子，向来不鄙薄商人，甚至还有一定的重商意识。他在"乙酉四论"之《田功论》中就提出了"必疾耕，必通商"的主张，反映了其农商并重的经济观。他这一主张充分体现了其民本思想已经跨越阶层，在一定程度上打破了封建专制制度对于社会管理与发展的固化思维，对当时社会的发展和传统儒家思想的进化具有一定的推动作用。

（三）自身经历与思想变迁

顾炎武生于江东望族，身存乱世，其嗣母王氏和嗣祖顾绍芾对其价值体系的形成和人格塑造影响巨大。顾炎武14岁取得诸生资格，17岁时与同窗归庄共入复社（明末江南士人为核心的以宗经复古、切实尚用为号召的政治、文学团体）。晚明朝政腐败，社会矛盾激烈，顾炎武怀着饱满的政治热情，砥砺品行，反对空谈，密切关注社会民生，并实际参加政治斗争。顾炎武继承了晚明学术界对宋明理学特别是对阳明心学的批判，他提出："君子为学，以明道也，以救世也。徒以诗文而已，所谓雕虫篆刻，亦何益哉？"他认为明朝的覆亡乃是王学空谈误国的结果，"以明心见性之空言，代修己治人之实学，股肱惰而万事荒，爪牙亡而四国乱，神州荡覆，宗社丘墟"。自27岁起，顾炎武断然弃绝科举帖括之学，遍览历代史乘、郡县志书，以及文集、章奏之类，辑录其中有关农田、水利、矿产、交通等记载，兼以地理沿革的材料，开始撰述《天下郡国利病书》和《肇域志》。从思想上来讲，他提倡经世致用，反对空谈。顾炎武青少年时期开始的这两本著作，集中反映他的民本基础上的政治哲学思想，可以说是其民本思想的萌芽。

顾炎武民本思想发展于明末清初的抗清斗争过程中。明亡后，顾炎武家道中落，于清军南下时先后在苏州、昆山参与抗清战争，事败后又辗转太湖一带广结抗清志士，坚持抗争。在此期间，他经历了农民起义，感受了民众力量，民本思想得到进一步发展。45岁时顾炎武避祸离家，开启了其长达25年的北方游历，其间始终以明道救世为己任，密切关注现实民生，而他的民本思想，也最终完成于他的北方游历过程。其民本思想的创新点和集大成者，集中反映在他耗尽一生的心血之作《日知录》中。在"明道救世"这一经世思想的指导下，他提倡"利民富民"，认为"今天下之大患，莫大乎贫"，因而"有道之世，必以厚生为本"。他希望能逐步改变百姓穷困的境遇，认为问题不在于是否言财言利，而在于利民还是损民，在于“民得其利”还是“官专其利”。他认为自万历中期以来，“民生愈贫，国计亦愈窘”，主张实行“藏富于民”的政策，只有这样，才是真知其“本末”的做法。顾炎武还从“明道救世”的经世思想出发，萌发了对君权的大胆怀疑。虽然还未直接否定君权，但这种怀疑君权、提倡“众治”的主张，却具有早期民主启蒙思想的色彩。

二、顾炎武民本思想的主要内容

明亡之时，顾炎武一方面主动投身于抗清活动，另一方面也在不断思考明亡的深层次原因。他想要从中寻取和探索更加契合的政治思想与执政措施，引导国家走向安定有序的局面。进而提出了立君为民、民为邦本的积极思想。

（一）肯定民之作用，这是顾炎武民本思想的理论基石

顾炎武民本思想，一方面继承和发展了历代先贤的民本思想；另一方面也得益于儒家传统民主思想影响，以来自基层、脚踏实地的创新精神，进一步丰富了民本思想的内涵。顾炎武民本思想已经可以看到现代民主思想的影子，他提出“保国者，其君其臣肉食者谋之；保天下者，匹夫之贱与有责焉耳矣”。意为保护一个国家政权不被替代，是皇帝和大臣们的职责，而天下苍生的兴亡，则关系到所有人的利益，因此，每一个老百姓都有义不容辞的责任。顾炎武通过准确分辨国与天下的不同，进一步阐明了“保天下”的重要性，从而使民的政治作用凸显出来。他提出民“有责”论，其最主要的前提就是认为民是有这样的能力和作用的。“保国”这件事只是“肉食者谋之”，而“保天下”则是“匹夫有责”，清晰地反映了他在天下与国之辨中的观点。“是故知保天下，然后知保其国”，在二者中，天下才是根本，那么相对应的，在这二者的维系力量中，“匹夫”才是比“肉食者”更为重要的存在。

历代统治者都喜欢用鱼和水的关系，来表达民与国家的相互依存。认为民心之重，重若九鼎，是其维护统治的重要支柱。顾炎武引用《周易》中提到的“无鱼之凶，远民也”，阐明了脱离民的基础必然会导致国家陷入危厄。他认为民与国家同心同向，这才是国家健康发展的标准。民虽不能直接改变国家的走势，但背离民心

必然招致国家的动荡，这客观反映了民对国家的巨大影响，充分体现了国赖于民的政治观点。所以他谈到“匹夫之心，天下人之心也”，意思就是说，民既是国家政权存在的基础，更是维系天下的伟大力量。民心在他看来对国家的存亡有着巨大作用或反作用。顾炎武说“至崇祯之时，人心已去”，充分展现了明末时期的人心向背，失去了民心，明亡也即势成必然。

（二）建立君民规范，这是顾炎武民本思想的制度架构

历代王朝的更迭特别是明朝的覆灭，让顾炎武意识到如今无限扩大缺少制约的君主专制必将导致政治体系的崩塌和社会秩序的混乱。顾炎武说“人主之所患，莫大乎‘唯言而莫予违’”，意思是君主的最大问题就在于他的权力毫无约束。皇帝一人专断终将导致整个封建官场“人人而疑之，事事而制之”，而地方官员无法放开手脚，权限的缺失致使其责任的缺失，而除此政弊一定要从制度层面去解决。他提出“以天下之权，寄之天下之人”，把民之利益与国之利益相统一，把官员利益与地方利益相统合，使官员能够在中央集权下对各自地方区域负起相应的责任，以制度规范约束来代替皇帝独裁，来实现权力间的制衡。顾炎武认为众治比独裁更能释放各阶层的主动性，同时，有效消解皇帝与官员、官员与百姓之间的对立和对抗，使国家上下具有充分的政治活力。

顾炎武心中理想的制度规范，主要从几个方面来展开。一是“分权于野”，即给予地方官员一定的自主权力。顾炎武总结了历代以来分封制（封建制）或郡县制中存在的弊病，认为二者均未达成中央与地方的权力和谐。他认为“封建之失，其专在下；郡县之失，其专在上”。必须从国家全局出发重新建构合理的制度规范。他提出“寓封建之意于郡县之中”，即在加强地方权力的同时，又改变对地方官员的委任模式，“自公卿大夫，至于百里之宰，一命之官，莫不分天子之权，以各治其事，而天子之权乃益尊”。从而达到“合天下之私以成天下之公”。二是“驳正违失”，即赋予臣子以制约君主的权力。封驳是指臣子可以封还驳正君主不合适的诏令。自唐宋以来，这一点都在相应时期发挥了积极作用，利于消解君臣对立，缓和社会矛盾。顾炎武在总结过往的基础上，提出把封驳制度化，给予专门权责。他大赞“唐制，凡诏敕皆经门下省，事有不便，得以封还。而给事中有驳正违失之掌著于六典”，还说“人臣执法之正，人主听言之明，可以并见”。在制度保障下，臣子可以不必担心自身安全，有根据有条件地制约君主的专断独裁，形成政治上的良性互动，使君臣关系趋于平衡。三是“应言纳谏”，即充分发挥民间议政与舆论监督的制衡作用。顾炎武认为皇帝与官员、中央与地方之间可以通过制度规范达到内在相对平衡，但仍须具有外部监督。“政教风俗，苟非尽善，即许庶人之议矣。”他认识到，皇帝的专权和官员的擅权都有很大危害，必须存在外部的权力制衡，改善普通百姓的被动地位。因此，顾炎武主张“进乡评以扶国是”“至于清议亡，而干戈至矣”，把百姓的意见作为评议地方官员的重要依据和国家权力的制约力量，体现了“民权”的萌芽状态。

（三）追求民之平等，这是顾炎武民本思想的核心愿景

这里所讲的“民”和平等，与今天的意义不尽相同。在顾炎武看来，“民”这个概念是有特指含义的，是在社会生活中不具备官方身份的各行各业的从业人员，“士、农、工、商，谓之‘四民’”，各司其职，各守其则，概为平等。而顾炎武的理解，是一种政治上的制衡与本分，顾炎武提出“君、卿、大夫、士与庶人在官者一也”，也充分说明了他所追求的是一种君、臣、民的政治平等，有利于在理论上批判君主专制制度的存在基础，为之前提到的“以天下之权，寄天下之人”提供了政治上的理论依据。顾炎武对君、臣、民等分别进行了详细考证。顾炎武指出，三者在先秦经典中只是一个普通的称谓，并非高下立判的概念，没有明显的等级特征。君主与臣民是领导与被领导的关系，但“臣”和“民”在政治结构中具有与君主对等的位置。三者在政治人格上并无贵贱之分，为民利民才是君主的职责所在。“用天下之私，以成一人之公而天下治”，就失去了圣贤所谓的以公心待天下人的德行。在顾炎武看来，“为民而立君”，才能获取广大民众的政治认同。

政治认同代表着“臣”和“民”对“君”的认可，而这种认可要求三者都要在政治平等基础上规范自身的政治行为。顾炎武认为“君”的统治要符合民意，使为民、为公的民本思想成为“君”巩固统治的内在逻辑。三者间的政治平等，要求各自做好自身。具体来说，一是为君之道。“人主之德，莫大乎下人”，顾炎武认为民本立场下的为君之道应当秉持“下人”的理念，即谦以待人，宽厚仁德，最终实现以己及人、教化万民的王道。二是为臣之道。最重要的就是要做到“行己有耻”，“士大夫之无耻，是谓国耻”，“臣”作为连接君民之间的枢纽，是影响整个封建社会上下阶层的重要组成部分，为臣之道应当以“行己有耻”为准则，才能从最低的道德标尺上追求更高的道德境界，以致上下通达、君民相谐。三是治民之道。顾炎武主张建立以孝悌为本的道德世界，从操作层面上讲，其核心是宗法伦理，“是故有人伦，然后有风俗；有风俗，然后有政事；有政事，然后有国家”。治理国家需要从伦理关系入手，对作为伦理主体的“民”进行教化，改善唯利是图、物欲横流的习气，建立孝悌为本的宗法社会。“有天下而欲厚民之生，正民之德”，正德、厚生即生民之道，是“君”和“臣”执政治民的重要手段。

三、顾炎武民本思想的当代价值

囿于理论承继和所处时代的原因，顾炎武的民本思想不能等同于我们今天所讲的“以民为本”或民主精神。为与封建君主专制制度相匹配，在忠君思想的政治前提下，其所谈民本带有一定的“绅本”色彩。但顾炎武基于对明末清初社会现实的体察，站在民本立场上讨论政治制度的设计，并勾画了理想中的美好政治愿景。顾炎武通过启蒙个体意识，促进了思想解放和个性独立，并召使民众聚生出“天下兴亡，匹夫有责”为核心的爱国主义精神，推动了民本思想的发展，至今仍具有重要的理论意义和现实价值。

（一）民意为重的政治价值

顾炎武民本思想包含了诸多与当今类似的民主性因素，这对当代我国的民主政治建设具有重要的启示作用。他关注“民”的个性权利和集体权益，主张执政治民的“君”和“臣”应当顺乎民意，并大力倡导言论自由。

顾炎武认为，民心所向对于国家兴亡具有决定性作用，治民之首要应当是遵循民意。他从人的角度、分工的角度，来讨论平等是国家和社会稳定的秩序基础，这对当代公民的公平公正意识和正确价值观的培养具有重要的借鉴价值。此外，顾炎武提出要充分保障和发挥基层、民间的参政议政与舆论监督的作用。他通过讨论孔子所讲的“天下有道，则庶人不议”这一观点，主张统治者可以根据“民”的反馈对执政措施及时调整，让“民”间接参与国家治理，并在吸言纳谏、选拔人才等方面提出了许多可操作性建议。

（二）行己有耻的伦理价值

这是顾炎武民本思想中为“臣”规范的底线思维。“行己有耻”具有广泛的伦理规范意义，而伦理是顾炎武“人伦—风俗—政事—国家”政治哲学中逻辑脉络的起点。“耻为尤要”“士大夫之无耻，是谓国耻”，他对为“臣”规范的理解，与今天我们所讲的“执政为民”契合度非常高。

顾炎武高度重视涵养为官之人的清廉之风和道德观念，并提出了为官者“行己有耻”一系列的具体要求。他认为，为官之人应该做到廉洁奉公、崇尚节俭，要以为官者的洁身自律来引领社会风尚。从制度制约层面，他提出要把公示官员财产作为强制标准，对贪污腐败等官场现象予以严厉惩处。“行己有耻”的底线思维，对当今的为官从政之人，仍有较强的教育意义和警示作用。

（三）利国富民的实践价值

虽身处封建君主制社会，可顾炎武却在一定程度上超脱了时代的局限，他期待普通的“民”也能获得更多的参与感和获得感。顾炎武曾在《日知录》中谈到“五年而小康，十年而豪富”，鲜明表达了爱民富民从而繁荣国家的利益认同。

顾炎武重视民本，重视实学，引用并强调“善为国者，藏之于民”（《三国志·魏志·赵俨传》），将利国与为民统一起来。他提出“厚生为本”，切实关注百姓日常生活中的民风民俗、人才选用、赋税田亩、水利漕运等民生问题。“感四国之多虞，耻经生之寡术”，倡导赋税改革和土地商品化，通过土地集中和劳动力解放来推动商品经济发展；又谈到“盐吏多则州县扰”，认为应该规范市场秩序，使行政权力远离商品经济。这是市场自发调节与国家宏观调控之间合理优化的理论探索。

新时代传承中华优秀传统文化，在顾炎武民本思想中掇菁撷华，就是要坚持以人民为中心，不断实现人民对美好生活的向往。

富民、富天下、永续发展

——论顾炎武“富民”思想在新时代的应用价值

富士康科技集团知识产权部经理　**姚锦程**

昆山先贤顾炎武是明末清初杰出的经学家和史学家，学识广博，涉猎广泛，一生勤于著书，著作涉猎经学、史学、方志地理、音韵文字以及金石考古等广泛的学术领域。顾炎武身处的明末清初，社会动荡、天灾不断，他倾其一生去思考如何富民强国。顾炎武的“富民”思想突破了历史的局限，可以给人以超越时空的深刻启迪，在四百多年后的今天，我们仍可以从中寻找新时代的应用价值。

一、富民、富天下、永续发展是联合国永续发展目标和企业社会责任的核心指标

近二十年来，企业社会责任的议题在国际上得到越来越广泛的关注。现代化的企业经营在追求持续成长、获利的同时，需要在利润及社会利益间取得平衡，承担相应的社会责任。

关于企业社会责任，最为人广泛所知的是ESG，这是Environment（环境）、Social（社会）和Governance（公司治理）的缩写。这个概念最早在2004年联合国发布的《Who cares wins》报告中首次提到，这份报告强调：基于经营者或投资者的社会责任与企业风险管理，企业应重视环境、社会和治理（ESG）对其长期财务表现的影响。

过去，投资人及银行机构在判断一家企业是否值得投资时，大多只看财务报表，以营收、获利等指标来衡量投资价值。在ESG的概念被提出后，投资人开始重视各类影响公司未来发展的“非财务因子”，如企业的温室气体排放、能源使用效

率、排放物管理、水资源管理、公平就业、劳工权益等，使ESG成为投资人评估企业永续经营及风险因应能力的重要指标。

近年来，另一个比ESG更深远的概念SDGs逐渐深入人心，SDGs是Sustainable Development Goals（永续发展目标）的缩写，是联合国针对全人类共同面临的挑战在2015年提出的，作为2030 年全球推动永续发展的17项指导方针，内容包含：（1）终结贫穷；（2）消除饥饿；（3）健康与福祉；（4）优质教育；（5）性别平等；（6）净水及卫生；（7）可负担的洁净能源；（8）合适的工作及经济成长；（9）工业化、创新及基础建设；（10）减少不平等；（11）永续城乡；（12）责任消费及生产；（13）气候行动；（14）保育水下生态；（15）保育陆地生态；（16）和平、正义及健全制度；（17）多元伙伴关系。

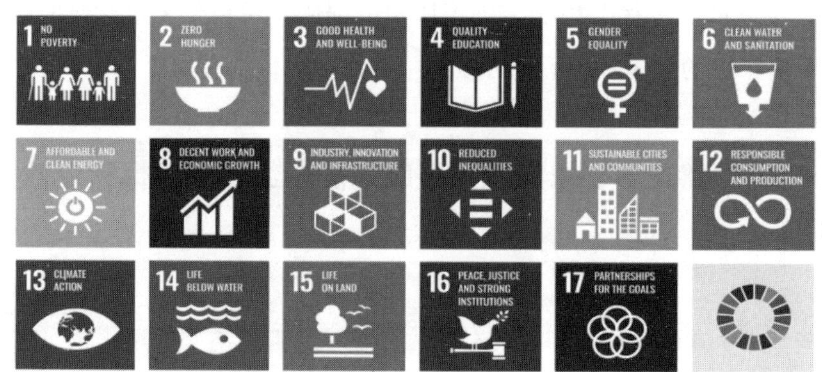

图 1　联合国提出的17条永续发展目标（SDGs）

来源：联合国网站（www.un.org）

企业社会责任的英文是Corporate Social Responsibility，缩写为CSR。如今的CSR又涵盖了新的意思：企业永续报告（Corporate Sustainability Report）。越来越多的知名企业在ESG基础上引入了SDGs（永续发展目标）方向，以披露企业永续报告来阐述承担企业社会责任的情况。

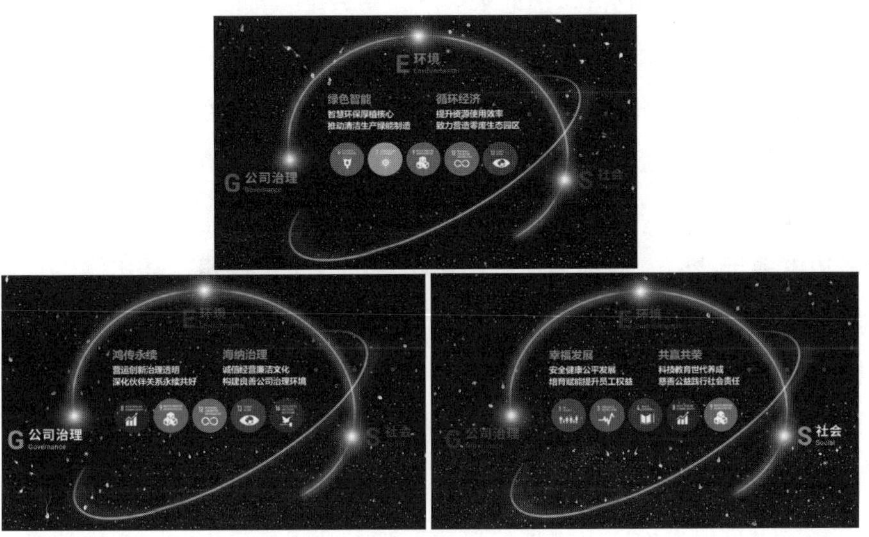

图2　结合SDGs的公司ESG策略

来源：富士康科技集团网站（www.foxconn.com）

ESG（环境、社会和公司治理）和SDGs（永续发展目标）这些国际通用的用来评价企业社会责任的指标，其核心也是聚焦“富民”“富天下”“永续发展”这三个关键词。例如，消除饥饿、健康与福祉、优质教育、性别平等是“富民”涵盖的范围，终结贫穷、合适的工作及经济成长、减少不平等、责任消费及生产是“富天下”涵盖的范围，可负担的洁净能源、永续城乡、气候行动、保育水下生态、保育陆地生态则是“永续发展”涵盖的范围。

由此可见，富民、富天下、永续发展，也是联合国永续发展目标和企业社会责任的核心指标。

二、顾炎武著作中的“富民”思想

研读顾炎武的《日知录》《亭林文集》《天下郡国利病书》，可以发现顾炎武对于如何“富民”的研究极其深刻，涵盖了农业多产、预防饥荒、健康福祉、优质教育、性别平等、消除贫困、基础建设、特色经济、减少不平等、反对浪费、水域保护、土地保护、司法平等诸多方面。

（一）农业生产因地制宜，田地求多产、重分配，预防饥荒，则人民粮食富足

顾炎武一生游历，对于大江南北的农业生产颇为熟悉。他主张南方水土肥美故宜耕种（亭林文集《田功论》），北方水土不若南方，则亦畜牧而不宜耕（亭林文集《与潘次耕》）。顾炎武充分考虑了农业生产的地域性特点，提出了农业生产需因地制宜的观念。

古之边屯多于沙碛，今则大河以南厥土涂泥。水田扬州，陆田颍寿，修羊杜之遗迹，复上元之旧屯。（《亭林文集·卷六·田功论》）

大抵北方开山之利，过于垦荒，畜牧之获，饶于耕耨，使我有泽中千牛羊，则江南不足怀也。（《亭林文集·卷六·与潘次耕》）

对于耕种，顾炎武认为后魏的垦田和均田制度，后世可以效仿（日知录《后魏田制》）。垦田意在求多产，田地产量高，则百姓粮食富足。均田则在重分配，田地分配均，则百姓无贫困户。顾炎武倡导垦田和均田的耕种制度，认为可以促进人民富足。

后魏虽起朔漠，据有中原，然其垦田、均田之制有足为后世法者。……今遣使者循行州郡，与牧守均给天下之田，劝课农桑，兴富民之本。（《日知录·卷十·后魏田制》）

顾炎武还主张，对旱灾造成的饥荒，预防更胜于赈灾。（亭林文集《与公肃甥书》）

此中自京兆抵二峤皆得雨，陇西、上郡、平凉皆旱荒，恐为大同之续。与其赈恤于已伤，孰若蠲除于未病?（《亭林文集·卷三·与公肃甥书（其二）》）

（二）确保及促进各年龄层、弱势群体的健康与福祉

顾炎武提到“乡三物”（出自《周礼》）中的“六行”（孝、友、睦、姻、任、恤）时，认为当人民富足后，邻里会更和睦，官员会更体恤百姓，鳏夫、寡妇、孤儿、独老、残疾都能得到供养。（日知录《庶民安故财用足》）这说明顾炎武对富民的认知，已经深入关注各年龄层、各类型弱势群体的健康生活与福祉。

而乡三物之所兴者。六行之条，曰睦曰恤。不待王政之施而矜寡孤独废疾者皆有所养矣。（《日知录·卷六·庶民安故财用足》）

（三）重视教育和优质的培训，提倡终身学习

顾炎武重视教育，他按亲眼所见的世道变化，认为治理社会混乱的关键在于

民众心意和社会风俗；而要改变人心、矫正风俗，教育感化和法治约束是不可缺少的。（亭林文集《与人书九》）

目击世趋，方知治乱之关必在人心风俗。而所以转移人心，整齐风俗，则教化纲纪为不可阙也。（《亭林文集·卷四·与人书九》）

顾炎武还提到，移风易俗的措施有“劝学”（教育以勉励学习）和“奖廉”（奖励清官以引导清廉）两种方式。在“劝学”观点中对“笃信好学，至老不倦”的推崇（《日知录·卷十三·名教》），凸显顾炎武对终身学习的倡导。

今日所以变化人心，荡涤污俗者，莫急于劝学、奖廉二事。天下之士，有能笃信好学，至老不倦，卓然可当方正有道之举者，官之以翰林、国子之秩，而听其出处，则人皆知向学，而不竞于科目矣。（《日知录·卷十三·名教》）

顾炎武批评北边民众懒惰，既不种地又不织布，赞赏崔寔（东汉政论家、农学家）到任五原太守后，把引导人民从事纺织业当作首要任务，从纺织技术先进的地区请来老师，引进先进的生产工具和技术，使内地先进的生产技术在五原地区人民中得到了广泛传播。（《日知录·卷十·纺织之利》）

顾炎武对崔寔的赞赏可以看出他对优质的职业培训的推崇，能帮助人民学习到先进技术，进而提升生产力。

今边郡之民，既不知耕，又不知织，虽有材力，而安于游惰。……崔寔政论曰，仆前为五原太守，……诣雁门广武，迎织师，使巧手作机，乃纺以教民织。（《日知录·卷十·纺织之利》）

（四）性别平等，肯定女性在生产中的贡献

顾炎武所在的明末清初，工业简单，仍处手工业和家庭工业时代。他在论述延安府发展纺织业的可能性时指出，45000多户家庭，每户3名以上的女性，就已经有13万多人，如果从事纺织业，可以带来巨大的利益。他还引用《汉书》，到了冬天农闲时，老百姓都待在家中，妇女们聚集在一起，晚上纺麻织布，这样一个月可做45天的活。（《日知录·卷十·纺织之利》）

男耕女织是小农经济的代名词，但封建社会男尊女卑的观念中往往认为“男耕”比“女织”更重要。顾炎武对女性织布效益和效率的概括和凸显，充分肯定了女性在生产中的贡献，也反映出他尊重妇女、提倡性别平等的观念。

计延安一府，四万五千余户，户不下三女子，固已十三万余人，其为利益，岂

不甚多？……汉志有云：冬民既入，妇人同巷相从，夜绩女工，一月得四十五日。（《日知录·卷十·纺织之利》）

（五）消除贫困，缩小贫富差距，实现共同富裕

顾炎武认为，贫穷已经成为如今社会之大患（《亭林文集·卷一·郡县论六》），消除贫困已成为社会稳定的当务之急。

今天下之患，莫大乎贫。（《亭林文集·卷一·郡县论六》）

“均富”是传统儒家的基本理念，其典型表述就是孔子所说的“不患贫而患不均”，孔子的观点是社会的和谐与稳定，归根结底在于社会财富的平均分配。

“均富”理念也为顾炎武所重视，在其著作中多有论述。顾炎武的“均富”论述比孔子观点更深入，包含两层意思：一是天子与百姓均富，二是百姓彼此均富。

顾炎武认为，财富需要流通，如果聚集在天子，人民穷困而盗贼四起（《日知录·卷十二·财用》）；百姓之间如贫富差距大，富人会担心别人有求于他而多吝啬，不利于社会和谐（《日知录·卷六·庶民安故财用足》）。缩小贫富差距，更有助于实现共同富裕。

今日之银犹夫前代之钱也。乃岁岁征数百万贮之京库，而不知所以流通之术，于是银之在下者至于竭涸，而无以继上之求，然后民穷而盗起矣。……自古以来，有民穷财尽，而人主独拥多藏于上者乎？此无他，不知钱币之本为上下通共之财，而以为一家之物也。……财聚于上，是谓国之不祥。（《日知录·卷十二·财用》）

民之所以不安，以其有贫有富。贫者至于不能自存，而富者常恐人之有求而多为吝啬之计。于是乎有争心矣。夫子有言，不患贫而患不均。（《日知录·卷六·庶民安故财用足》）

（六）加强基础设施建设，利用地方资源和特色，推动经济增长，人民就能有适合的工作并乐于工作

顾炎武在评论执政者如何才算称职时提到，要治地、治田、植树、修沟渠、固城墙、建学校等，加强基础设施建设，推动地方经济增长，人民就能有适合的工作并乐于工作。（《亭林文集·卷一·郡县论三》）

何谓称职？曰：土地辟，田野治，树木蕃，沟洫修，城郭固，仓廪实，学校兴，盗贼屏，戎器完，而其大者则人民乐业而已。（《亭林文集·卷一·郡县论三》）

顾炎武还说，要让地方官员关注粮食耕种和收获情况，鼓励和教育人民种树、畜牧，五年之内经济必然翻倍增长；采矿权要下放到地方，各地充分利用山川、湖泽等地理优势，发展特色产业，而不是从民众身上索取，自然能做到“五年而小康，十年而大富”，这才是富国之策。（《亭林文集·卷一·郡县论六》）

用吾之说，则五年而小康，十年而大富。……且使为令者得以省耕敛，教树畜，而田功之获，果蓏之收，六畜之孳，材木之茂，五年之中必当倍益；从是而山泽之利亦可开也。……今有矿焉，天子开之，是发金于五达之衢也；县令开之，是发金于堂室之内也。利尽山泽而不取诸民，故曰此富国之策也。（《亭林文集·卷一·郡县论六》）

（七）君爵官民仅分工不同而无贵贱之分，减少不平等，更有利于社会财富的积累

顾炎武认为，君是为民的需要而设立的，天子与民众虽有等级差别却无贵贱之分。天子和有爵位者并不是天生的尊贵，他们管理国家，与百姓一样，都是靠劳动而得。俸禄是他们为老百姓工作而取之于百姓的报酬。所以，君主“不敢肆于民上以自尊”，各级官吏“不敢厚取于民以自奉”（《日知录·卷十七·周室班爵禄》）。这些观点充分体现了顾炎武的君民贵贱平等、官耕分工不同的民主进步思想。

为民而立之君，故班爵之意，天子与公、侯、伯、子、男一也，而非绝世之贵。代耕而赋之禄，故班禄之意，君、卿、大夫、士与庶人在官一也，而非无事之食。是故知天子一位之义，则不敢肆于民上以自尊。知禄以代耕之义，则不敢厚取于民以自奉。（《日知录·卷十七·周室班爵禄》）

顾炎武进一步认为，百姓得到利益，财物来源就会通畅，对官也有好处；官独占利益，财利的来源就会阻塞，对百姓一定有损害。（《日知录·卷十二·言利之臣》）减少官员独占的这种不平等，才能获得更大的利益，积累更多的社会财富。

民得其利则财源通，而有益于官；官专其利则利源塞，而必损于民。（《日知录·卷十二·言利之臣》）

（八）反对浪费和奢侈，主张节约和淳朴消费

顾炎武对奢侈之风提出了批评，主张节约和淳朴消费（《日知录·卷十·纺织之利》）。

恣民五色，惟所服用，但禁绮绣无益之饰。……有之无益，废之无损，何爱而不暂禁，以充府藏之急乎！此救乏之上务，富国之本业。……方今纂组日新，侈薄

弥甚，斫雕为朴，意亦可行之会乎！（《日知录·卷十·纺织之利》）

顾炎武认为，应该把资源运用到有益国家的地方，不要在无谓的东西上浪费资源。他举例，驿站用马减少六七成，西北的马用来打胜仗都用不完；报告、拜贺等用纸减少七八成，东南的竹子用来做箭都用不完。（《亭林文集·卷一·郡县论六》）

且以马言之：天下驿递往来，以及州县上计京师，白事司府，迎候上官，递送文书，及庶人在官所用之马，一岁无虑百万匹，其行无虑万万里。今则十减六七，而西北之马赢不可胜用矣。以文册言之：一事必报数衙门，往复驳勘必数次，以及迎候、生辰、拜贺之用，其纸料之费率诸民者，岁不下巨万。今则十减七八，而东南之竹箭不可胜用矣。（《亭林文集·卷一·郡县论六》）

顾炎武还认为，提倡节约可以转移不良风气。他提到，魏国大臣毛玠生活清廉，虽是宠臣，但以俭朴为人表率，于是天下有才能的人也都以廉洁自励。（《日知录·卷十三·俭约》）

魏武帝时，毛玠为东曹掾，典选举，以俭率人。天下之士莫不以廉节自励，虽贵宠之臣，舆服不敢过度。（《日知录·卷十三·俭约》）

顾炎武的消费观以戒奢侈、还淳朴为主，消费少，生产多，则国富；朴素消费，则民德日进。

（九）关注生态环境，推崇兴修水利，注重水域保护

明清是历史上有名的“小冰河”时期，特别是顾炎武所在的明末清初，更是整个明清小冰河期间最寒冷的时期，寒灾、旱灾、水灾等自然灾害连年发生。

身处灾害频发时期的顾炎武非常关注生态环境的变化。他观察到黄河泛滥成灾的情况，也认识到这跟人为的因素有关，河道遭到破坏，起始于河流附近的百姓贪图一时退水的小利，而去占领河旁的沼泽之地，而有些官员竟然把这作为政绩，懒于河道管理，导致“水无所容，而横决为害”。（《日知录·卷十二·河渠》）

非河犯人，人自犯之。……河政之坏也，起于并水之民贪水退之利，而占佃河旁汙泽之地，不才之吏因而籍之于官，然后水无所容，而横决为害。（《日知录·卷十二·河渠》）

水利工程对改善气候有着明显的调节作用。顾炎武推崇兴修水利，认为“河湖沟涧”是天设的水利，“池塘堰坝”则是人造的水利。如能疏通河道、兴建沟渠，

会带来莫大的利益。（《天下郡国利病书·凤宁徽》）

河湖沟涧，天设之水利也；池塘堰坝，人为之水利也。有能兴举而疏浚之，其为田功，利孰大焉。（《天下郡国利病书·凤宁徽》）

“非河犯人，人自犯之”，顾炎武的这一精辟论述深刻说明了保护水域和避免破坏生态环境对于人类生存和发展的重要意义。顾炎武走南闯北、实地考察的治学之道，更成就了他对于水利工程的远见卓识。

（十）土地保护要有长远的眼光，不可因一时之小利而忘万年之大计

顾炎武重视土地保护，对治地有着独到见解。他认为古代政府的“无弃地，而亦不尽地”和“遗山泽之分，秋水多得有所休息”的治地政策重视水路池泽的保留，重视水陆之间长远关系的处理，从一年来看可能水量不足，但从长期来看是足够的。但是宋代以后的一些治地政策远不如古代，只知道可以把湖泊变成良田，却不知道湖外的良田却因此而变成湖泊了，水土失衡造成水旱灾害（《日知录·卷十·治地》）。

顾炎武指出，土地生态环境的破坏就是人们贪图小利的愚蠢行为所导致，他引述孔子的“无欲速，无见小利”（不能想要快，不能贪图眼前的小利益）的教诲，告诫人们治地要有长远的眼光，不可因一时之小利而忘万年之大计。顾炎武的这些观点，对于中国式现代化“促进人与自然和谐共生”的本质要求，也具有重要的现实意义。

古先王之治地也，无弃地，而亦不尽地。田间之涂九轨，有余道矣。遗山泽之分，秋水多得有所休息，有余水矣。是以功易立而难坏，年计不足而世计有余。……徒知湖中之水可涸以垦田，而不知湖外之田将胥而为水也。……子曰，无欲速，无见小利。（《日知录·卷十·治地》）

（十一）不徇私，不赎罪，确保司法平等

顾炎武坚持司法平等，从他主张不徇私和不赎罪的两个观点可以看出。

一是不徇私。顾炎武引用《北梦琐言》中的典故，认为法律面前人人平等，即便亲戚子侄犯法，也要和他人一样的治罪，不能有所偏袒（《日知录·卷十三·除贪》）。

《北梦琐言》：……汴州仓吏犯赃，内有史彦珣旧将之子，又是附马石敬塘亲戚。王廷立奏之，希免死。上曰：“王法无私，岂可徇亲！”供奉官丁廷徽，巧事权贵，监仓犯赃，侍卫使张从宾方便救之。上曰："食我厚禄，盗我仓储，苏秦复生，说我不得。"并戮之。（《日知录·卷十三·除贪》）

二是不赎罪。犯罪的应处刑，定刑即不能赎罪。若罪都能赎，奸人就更不以犯罪为意了。只要有钱，什么坏事不能做？允许赎罪这种方法是惩恶还是劝恶？所以，顾炎武极端反对赎罪。他引用汉代贡禹的话，指出赎罪不仅劝恶，还会败俗，要想建立法治的太平盛世，需要废除赎罪的制度。（《日知录·卷十三·贵廉》）

故黥劓而髡钳者，犹复攘臂为政于世。行虽犬彘，家富势足，目指气使，是为贤耳。故谓居官而置富者为雄杰，处奸而得利者为壮士。兄劝其弟，父勉其子，俗之败坏，乃至于是。察其所以然者，皆以犯法得赎罪，求士不得真贤；相守崇财利，诛不行之所致也。今欲兴至治，致太平，宜除赎罪之法。（《日知录·卷十三·贵廉》）

顾炎武的司法平等主张，对于建立公平、正义、具有公信力的法治体系尤为重要，正是新时代新征程的"坚持全面依法治国，推进法治中国"所需要的法治精神。

通过研读顾炎武著作可以发现，顾炎武的"富民"思想见解独到、涵盖面广，与富民、富天下、永续发展紧紧相扣，与联合国提出的17条永续发展目标（SDGs）遥相呼应，绝对算得上中国传统文化中"富民"思想之集大成者，更跨越时空对当代也有着极高的指导意义。

表1　顾炎武思想中的"富民观"理念、主张、出处汇总（结合联合国永续发展目标）

顾炎武思想中的"富民观"			联合国提出的永续发展目标（SDGs）
理念	主张	出处	
富民	1.农业生产因地制宜，国地求多产、重分配，预防饥荒，则人民粮食富足	《亭林文集》卷六：田功论、与潘次耕，卷三：与公肃甥书（其二）；《日知录》卷十：后魏	SDG2：消除饥饿
	2.确保及促进各年龄层、弱势群体的健康与福祉	《日知录》卷六：庶民安故财用足	SDG3：健康与福祉
	3.重视教育和优质的培训，提倡终身学习	《亭林文集》卷四：与人书九；《日知录》卷十三：名教，卷十：纺织之利	SDG4：优质教育
	4.性别平等，肯定女性在生产中的贡献	《日知录》卷十：纺织之利	SDG5：性别平等

续表

富天下	5.消除贫困，缩小贫富差距，实现共同富裕	《亭林文集》卷一：郡县论六；《日知录》卷十二：财用，卷六：庶民安故财用足	SDG1：终结贫穷
	6.加强基础设施建设，利用地方资源和特色，推动经济成长，人民就能有适合的工作并乐于工作	《亭林文集》卷一：郡县论三、郡县论六	SDG8：合适的工作及经济成长
	7.君爵官民仅分工不同而无贵贱之分，减少不平等，更有利于社会财富的积累	《日知录》卷十七：周室班爵禄，卷十二：言利之臣	SDG10：减少不平等
	8.反对浪费和奢侈，主张节约和淳朴消费	《日知录》卷十：纺织之利，卷十三：俭约；《亭林文集》卷一：郡县论六	SDG12：责任消费及生产
永续发展	9.关注生态环境，推崇兴修水利，注重水域保护	《日知录》卷十二：河渠；《天下郡国利病书》：凤宁徽	SDG13：气候行动 SDG14：保育水下生态
	10.土地保护要有长远的眼光，不可因一时之小利而忘年之大计	《日知录》卷十：治地	SDG15：保育陆地生态
	11.不徇私，不赎罪，确保司法平等	《日知录》卷十三：除贪、贵廉	SDG16：和平、正义及健全制度

三、顾炎武“富民”思想在企业社会责任中的应用价值

企业社会责任是指企业除了追求股东的最大利益外，还必须同时兼顾其他利益关系人的权益，包括员工、消费者、供货商、环境、社区等。例如，重视人权、改善员工的工作环境与福利、重视产品与服务、保护消费者权益、参与社区公益活动、避免及改善环境污染等。很多企业在公司网站上披露其企业社会责任报告书，各国的证券交易所更是鼓励和指引上市公司在披露年度报告的同时自愿披露公司的年度社会责任报告。

在联合国2015年提出17条永续发展目标（SDGs）后，很多知名企业将其年度社会责任报告的内容在原有ESG（环境、社会与公司治理）基础上加入了对应SDGs的落实情况，以年度永续报告书的形式来披露其在承担企业社会责任方面的特色做法。

以富士康科技集团（2022年世界500强排名第20位）为例，其年度永续报告书的前言部分就清楚揭露了富士康的永续经营六大策略“绿色智能、循环经济、幸福发

展、共赢共荣、鸿传永续、海纳治理”与ESG和SDGs的对应关系。

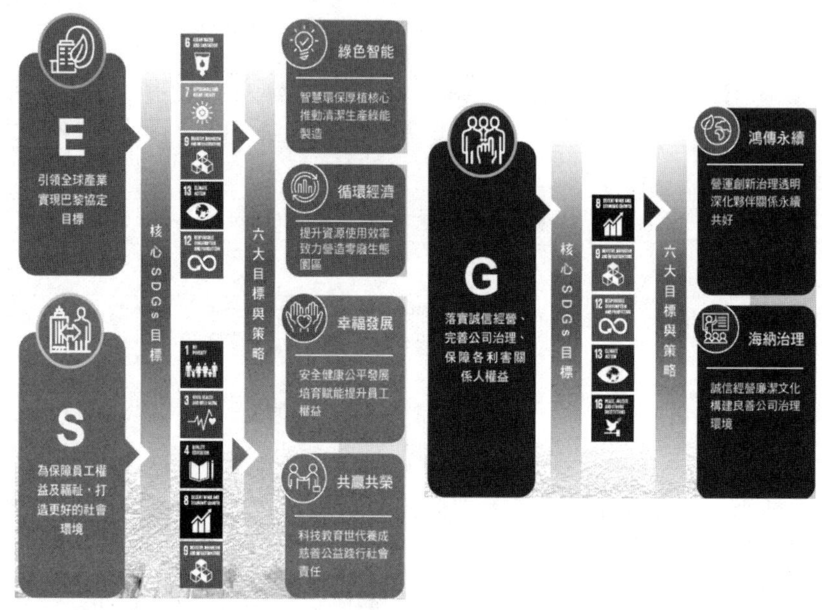

图 3　鸿海/富士康科技集团的永续经营目标与愿景

来源：鸿海/富士康科技集团2021永续报告书

事实上，在企业的永续报告书中，顾炎武的“富民”思想也有着很好的映射。

企业说，员工是集团最重要的财富，为员工提供具有竞争力的整体薪酬，以激励员工士气，提升公司营运绩效。顾炎武说：“民得其利则财源通，而有益于官。”（《日知录·卷十二·言利之臣》）

企业说，支持乡村振兴战略，在各地与该乡村村长联系和调查该村里的实际需求，展开助老、助学、助弱的爱心计划，如进行村民生活用水与村委办公环境改善、周围100亩山地开垦、土地平整以及灌溉设施修建等基础设施建设。顾炎武说：“土地辟，田野治，树木蕃，沟洫修，城郭固，仓廪实，学校兴，盗贼屏，戎器完，而其大者则人民乐业而已。”（《亭林文集·卷一·郡县论三》）

企业说，每年持续支持弱势、社会福利。顾炎武说：“不待王政之施而矜寡孤独废疾者皆有所养矣。”（《日知录·卷六·庶民安故财用足》）

企业说，拓展多元学习资源与渠道，支持永续成长并满足员工终身学习需求。

顾炎武说："笃信好学，至老不倦。"（《日知录·卷十三·名教》）

企业说，各厂区主要供水来源为市政用水，对周边水域未造成影响。从源头着手，优化生产制程，减少水资源的使用，同时积极推行污水回收工程，将处理后的生活污水再利用于生产制程与环境绿化，大幅减少对外部环境的冲击。顾炎武说："非河犯人，人自犯之。"（《日知录·卷十二·河渠》）

由此可见，顾炎武的"富民"思想对现代企业承担社会责任也有着很好的指导意义和应用价值。

四、结语

通过研读顾炎武的《日知录》《亭林文集》等代表作，可以发现顾炎武的"富民"思想并不是单纯地指向人民的生活富裕，而有着极其丰富的内涵，从富民到富天下，最终实现永续发展，对企业承担社会责任有着很好的指导。

顾炎武思想是优秀传统文化的代表，是昆山的精神瑰宝，我们要从顾炎武思想中寻找新时代的应用价值，转化为企业经营和承担社会责任的文化推动力，进而成为助力企业高质量发展的新引擎。

“为天子为百姓之心，必不如其自为”

——浅谈顾炎武的自由经济思想

昆山市第一中学历史教师　**崔佳璟**

明清易代，一方面，专制主义不断强化，抑商政策未变；另一方面，商品经济日益繁荣，取得长足发展，甚至在东南沿海经济发达地区出现一些学者所谓的资本主义萌芽。在传统体制与现实经济的碰撞下，如何使商品贸易走上健康发展轨道，成为明清商品经济发展的首要课题。对此，顾炎武总结了经验教训，鼓励商业发展，主张社会经济生活尽可能摆脱专制主义干预，维护人民的“私利”与“自由”，认为只有让人民“自为”，才能“藏富于民”，即“为天子为百姓之心，必不如其自为”的自由经济思想。

一、“宁为商贾，不可求仕”

明清之际，一般士大夫，特别是那些标榜“正其谊而不谋其利”的所谓正统儒者，对于商人是从来都持极端鄙视之态度的。但顾炎武对此不以为然，在接连经历科考失利、家族风波后，他毅然选择了从事商业。顺治八年（1651），是顾炎武“改容作商贾”的第二年，途遇好友万寿祺，其曰：“今子操奇赢于市中，宰天下之平于此，始基之乎，抑将终身焉，与监门屠狗者为伍耶？”在万先生心目中，商人是“与监门屠狗者为伍”，但顾炎武却并未因此放弃经商，是日也，顾子欣然鼓枻渡江而去，此后数年继续从事商业活动。由此便可看出，顾炎武并没有受环境影响而鄙视商人，相反，他对于商人是很看重的。

据顾炎武自述，其顺治初年避乱居常熟时的一位邻居陈梅曾对他说过这样一番话：“士不幸而际此，当长为农夫以没世。一经之外，或习医卜，慎无仕宦。”对此，顾炎武深感赞同："嗟呼，可谓贤矣！"并谓："余出游四方，……宁为商贾百工技艺食力之流，而不可求仕。"虽然带有消极抗清的意味，但也不难看出他对于商人地位的肯定。另外，顾炎武也曾在文章中大赞王氏盐商，道："君虽业盐，而孝友，急公好施，有远见，能自树，乃过于世之君子。"除了贬低那些自命不凡却实际上既无识见又无涵养的俗儒，更重要的方面则是在于褒扬商人，以求改变世俗对于商人的传统偏见，提高商人在社会上的声誉。

二、"善于国者，藏之于民"

顾炎武认为"今天下之大患，莫大乎贫"，富国裕民才是国家长治久安的重要保障。"富国"先要"富民"，其重要途径就是要满足人的私欲。顾炎武相信自私自利是人之常情，并清醒地认识到"人之有私，固情之所不能免"。因此，他劝告当时以及后来的统治者，对于人的自私之情，不可一味地禁止，最好是"且从而恤之"。

而从满足个人私欲的角度出发，富民的最优途径就是推动私有化，发展私营经济。以农业为例，顾炎武北游期间也曾购置多处田庄，并与傅山等人在雁门关之北垦，这些行为均为他带来了不少收益。所以从其亲身经历出发，顾炎武极力主张农业私营化，以土地私有制为基础，实现土地商品化。顾炎武认为随着私田数量的增加、土地的自由买卖，土地会逐渐集中于富室，而这客观上是有利于当时资本主义因素的成长的。因为富室大量买田而导致土地集中，必然造成"贫民"阶层的分流——其中一部分可能成为受雇于富室的农业雇佣劳动者，另一部分可能作为"自由人"流向城市，从而为城市资本主义的发展提供必需的劳动力资源。再者，贫民也缺乏对于天灾人祸的抵抗能力，与其自营倒不如为富室耕作，衣食足矣。如此看来，富室兼并贫民的土地进而将其土地"业于贫民"是双方"共其利"的好事。

另外，顾炎武也主张盐业矿业等经济事业也实现私营化。以盐业为例，顾炎武对当时依旧还在实行的盐业国家垄断政策提出了批评。他指出"其小小兴贩，虽太平之世未尝绝也"，由于运输不便、质量参差等原因，此种私下交易屡禁不绝。故解禁私盐，势在必行，顾炎武认为："盐之产于场，犹五谷之生于地，宜就场定额。一税之后，不问其所之，则国与民两利。"他坚决反对国家实行食盐专卖政策，主张盐业完全由私人经营，任其自由买卖，政府不加行政干预。铁矿业亦是如此，只有做到"合天下之私，以成天下之公”，才能最大程度地激发人们生产生活的积极性。

三、减少干预，“听民自利”

明清之际，传统体制的僵化，政府对商人的控制和打压，也是限制商品经济发展的主要因素。顾炎武曾在《天下郡国利病书》中有言：“两淮岁课百余万，安所取之？取之商也。……若束缚之，急使之，一无所顾，今天下安得岁增民间百余万粟，输九边以为兵食者乎？”由此看出顾炎武对苛重的、摧残民间工商业的税收政策强烈不满。对此，他提出要取消一切对工商业者实行横征暴敛的税收政策。

此外，明清之际，由于行政权力对于市场的过度干涉，导致商品交易受限、秩序紊乱、官商勾结等问题屡现不止。对此，顾炎武支持汉元帝时贡禹的建议：“近臣自诸曹侍中以上，家亡得私贩卖，与民争利，犯者辄免官削爵，不得仕宦。”主张以法令的形式迫使行政权力退出市场，以整顿商品经济秩序。并且主张无地域限制的自由贸易，包括开放海禁，允许民间商人出海开展对外贸易活动等。顾炎武认为，只有在宽松的政策环境下，才能最大程度地激发出市场的活力。“民享其利，将自为之”，这样自由的贸易环境才能为人们的生产生活增加动力。

总之，明清商品经济的发展，既带来了经济的繁荣，也刺激了统治者的贪欲。对此，顾炎武主张使社会经济生活最大限度地摆脱专制国家的超经济强势式掠夺，“为天子为百姓之心，必不如其自为”，只有充分发挥人们的主观能动性，才能达到“合天下之私，以成天下之公”的目的。顾炎武的经济改革富有强烈的时代气息，在不触动封建国有制的前提下对传统中央集权经济体制所提出的一种改革设想，是颇具胆识和经济启蒙意义的一个创见。其中萌发的近代经济理论，也为后来中国社会的近代转型作出了重要的理论贡献。

顾炎武的民本思想

昆山市委党校讲师　**杨丽君**

一、顾炎武民本思想形成的时代背景和理论渊源

陈祖武说道："顾炎武生活的时代，是一个需要大儒的时代，也是一个孕育大儒的时代。"因此，顾炎武民本思想的形成是政治、经济、文化发展的必然产物。

（一）顾炎武民本思想形成的时代背景

1. 政治上：主客观原因相互交织交融

（1）主观原因：统治阶层日益腐败

政治军事上，"求官逢硕鼠，驭将失饥鹰"，继而出现"细柳年年急，萑苻岁岁增"的凄惨景象。面对外敌入侵，"盗寇"蜂起，统治集团却只知结党营私、搜刮民财。以统治阶层从上到下三个典型事件为例。上层万历皇帝爱钱成癖，经营着个人小金库；中层山海关总兵吴三桂"冲冠一怒为红颜"引清军入关；下层陕西驿卒李自成因驿丞的桃色事件败露而被迁怒下岗发动农民起义。这些都表明统治阶层出现"无官不盗窃，无守不赂遗"的严重制度性腐败，整个社会到了不可救药的地步，国家处于内外交困之中。最终导致社会危机全面爆发，造成明朝灭亡及先进的汉民族被游牧民族征服的历史悲剧。

（2）客观原因：社会动荡、税赋繁多、旱灾频发

顾炎武生于1613年，距明朝灭亡仅剩31年，处于明朝统治后期。

社会动荡。天启年间，明朝的专制政治黑暗到了极点，魏忠贤和客氏掌握朝政，对东林党人进行血腥镇压，激起民众的愤怒反抗。

税赋繁多。田赋、地租、三饷、杂项等日益繁重。明神宗派太监充当矿盐税使，矿盐税使们实行横征暴敛的税收政策，使广大民众生活在水深火热之中。

旱灾频发。万历期间大旱灾与鼠疫重叠发生，据统计，“万历八年，大同瘟疫大作，十室九病，传染接踵而亡，数口之家，一染此疫，阖门不起”。崇祯十四年（1641）历时四年之久的大旱引发鼠疫，“病者吐血如西瓜水立死”。旱灾赶上“小冰河期”，大旱大寒，造成粮食绝产。面对天灾，朝廷没有能力赈灾，反而增加赋税，人民生活无以为继，爆发农民起义。

2. 经济上：出现以资本主义萌芽为主要特征的商品经济

明朝江南地区商品经济繁荣，工商业发达，资本主义生产关系萌芽显现。以苏州为例，苏州成为国内商业、金融业和产品加工业特别是纺织、染色业的中心，呈现“苏州一带今去农而改业工商者，三倍于前矣，男妇老幼共相操作，或篝灯纺织，旦夕不休，或机声轧轧，比屋相闻”的盛况。相较于自给自足、封建保守的自然经济，以资本主义萌芽为主要特征的商品经济，使人口、耕地面积、外贸总量、工业手工业的生产水平乃至纸币的使用等都获得了长足的发展，且催生人们追求自由、平等、法治的社会秩序及新思想的产生。

3. 文化上：西学东渐，经世实学盛行

顾炎武生活的晚明，随着商品经济的发展、对外贸易的扩大，社会风气发生了变化。一方面，一些先进文人反对王阳明门派弟子整天空谈阔论，生活奢靡堕落，提出“明经以为世用”的主张，要求士大夫睁眼关注社会现实和民生事业；另一方面，以程朱理学为标准的科举考试使思想界呈现因循守旧的习气，加之西学东渐，西方学术思想的传入，开阔了人们的眼界，促使先进的思想家寻找救国救民的道路，实学思潮应运而生。

总之，顾炎武生活的时代处于新旧思想激烈交锋的社会转型期，社会主要矛盾是广大士民百姓追求自由、平等、富裕的美好生活与封建帝王官僚极力维护专制统治，残酷剥削人民之间的阶级矛盾，明亡后又增加了汉民族奋力保卫先进的民族文化习俗与清朝统治者残酷屠杀人民大肆破坏文化之间的民族矛盾。这段历史正如刘斯奋在《白门柳》跋中所描述的那样：“就十七世纪中叶那一场使中国社会付出了惨重代价的巨变而论，如果说也曾产生过某种质的意义上的历史进步的话，那么恐怕既不是爱新觉罗氏的入住中国，也不是功败垂成的农民起义，而是在‘士’的这一阶层中，催生出了以黄宗羲、顾炎武、王夫之为代表的我国早期的民主思想。这种思想不仅在当时是一种划时代的飞跃，而且它对封建制度的无情的系统的批判，在被清朝统治者摧残的禁锢了二百多年之后，仍旧以鸦片战争为契机，最终破关而出，而为康有为、梁启超的变法，乃至孙中山、章太炎等人的革命提供了宝贵的精神支援。”

（二）顾炎武民本思想形成的理论渊源

1. 吸收明末清初之前民本思想精华

民本思想是中国人数千年治国的古训，它把人民作为国家的根本，把民生问题解决得好不好作为关系国家命运的大事、看作决定民心向背的关键。随着时代的发展，关于民本思想的理论探讨也在不断的发展变化。

两千多年前，孔子的弟子樊迟问孔子：“什么是仁？”孔子答道：“爱人。”即《论语》里的“仁者爱人”，“仁者爱人”是中国传统文化中核心的、普遍尊崇的价值标准。顾炎武把士大夫的廉耻观，与是否爱护百姓、是否对百姓有恩惠连在一起，把廉耻引向“仁”。因此，廉耻与仁爱相通。

从《尚书·夏书·五子之歌》中的“民为邦本，本固邦宁”到孟子的“民贵君轻”；从朱熹的“新民”思想、王阳明的“亲民”思想到顾炎武的“厚民生，强国势”。顾炎武吸收明末清初之前民本思想的精华，经过创造性转化与创新性发展，顾炎武民本思想成为中华优秀传统文化民本思想的集大成者。

2. 汲取同时代学者民本思想精华

顾炎武生活的苏州地区是适宜新思想生长的沃土。经济上这里是晚明商业、金融业、手工业的中心，工商地主反对“重农抑商”的政策，提出“工商皆本”的经济思想。政治上这里是知识分子党社运动的中心，读书人抨击黑暗专制政治，反抗宦官残暴镇压，提出“以众论定国是”的政治思想。

（1）“工商皆本”的经济思潮

16世纪初，“工商皆本”的经济思潮在中国已经酝酿。王阳明倡导“四民平等”说。张居正实行“厚农而资商”“厚商而资农”的经济政策。朱国桢提出：“农商为国根本，民之命脉也。”宋应星敏锐地看到了专制制度与经济发展的矛盾，提出发展生产、广开财源、改革税制和繁荣商业的主张。他说：“今天下何尝少白金哉！所少者，田之五谷，山林之木，墙下之桑，洿池之鱼耳。有饶数物者于此……来贸易者必相踵也。”他揭露明王朝对工商业者横征暴敛乃至在有些地方达到了“搜无可搜，刮无可刮”的地步，因此他要求统一全国税收制度，取消在各地设置的关卡，以便“通商惠民”。对顾炎武民本思想有比较直接影响的是李雯，在其《蓼斋集》卷四十五《盐策》篇中李雯对如何开放盐禁、实行食盐的自由贸易问题作了详细的讨论，这一自由经济思想对顾炎武产生很大影响，顾炎武在《日知录》中就引证了李雯《盐策》篇的论述。

（2）“以众论定国是”的政治改革思潮

明万历年间，以东林党人为代表的反内阁派与内阁派进行激烈的争斗，斗争的中心是国是由什么来决定。缪昌期认为皇帝官员都不能剥夺老百姓的言论自由，他指出：“天子不能夺之公卿大夫，公卿大夫不能夺愚夫愚妇者。”李三才提出人民是皇帝的主人，当皇帝违背人民的愿望、侵害人民的利益的时候，人民有权反抗。他认为“人民之离叛”是决定国家命运的根本力量，而人民的反抗斗争正是“百姓不肯朝廷主”。他进一步指出“民又君之主”，“百姓亦长为人主之主”。吕坤认为统治者对人民采取高压政策是治理不好国家的：“民情甚不可郁也。郁以防水，一决则漂屋推山；炮以郁火，一发则碎石破木。”人民受压迫久了，其反抗的力量就会势不可当。因此，治天下者应顺从民意，“以天下人行天下事”；“推自然之心，置同然之腹，不恃其顺我者之迹，而欲得其我怨我者之心”。吕坤对明王朝的经济和政治危机有深刻的认识，基于当时“农怒于野，商叹于途”的情形，他指出明朝的统治到了“国势如溃瓜，手一触而流液遍地；民心如实炮，捻一燃而烈焰震天”的地步，在这种情况下，如果再不肯主动地实行政治改革，那就只能自取灭亡。这些都为顾炎武民本思想的形成提供了坚实的政治基础。

3. 根植于顾炎武本人的人生经历

（1）家庭教育打牢思想根基

家庭教育为顾炎武民本思想的形成打下了坚实的基础。嗣祖父顾绍芾的学问、视野、格局，对顾炎武影响巨大。顾炎武10岁时，后金军队攻陷广宁，贵州土司安邦彦、山东白莲教首领徐鸿儒相继举事。听此消息，顾绍芾指庭院中枯黄的草根对顾炎武说：“尔他日得食此，幸矣！”于是当即决定教顾炎武读孙子、吴子等兵书，《左传》《国语》《史记》等史册，以备将来之用。顾炎武23岁时，为应付科举考试，“独好五经及宋人性理书”，祖父教导他：“士当求实学，凡天文、地理、兵农、水土，及一代典章之故不可不熟究。”这是顾炎武民本思想的萌芽期。

（2）弃科举转经世致用实学

1639年，27岁的顾炎武参加科举考试再次落榜，断然弃绝科举帖括之学，转而关注“经国济民”的学问，从史册和文献中去寻求酿成国贫民弱危局的根源，正式开始从事经世致用的学术研究和著书立说的工作，辑录有关农田、水利、矿产、交通等材料，着手编撰《肇域志》和《天下郡国利病书》，这是两部救天下救国家救民于水火的著作。前者涉及建置、沿革、山川、名胜、水利、贡赋等，后者侧重各地兵防、赋役、屯垦等，二者都集中体现了顾炎武“经世致用”的学术思想。他在《〈天下郡国利病书〉序》中写道：“崇祯己卯，秋闱被摈，退而读书。感四国之虞，耻经生之寡术。于是历览二十一史以及天下郡县志书，一代名公文集及章奏、文册之类，有得即录，共四十馀帙，一为舆地之记，一为利病之书。”明确指出作学问的真正目的是：“欲明学术、正人心、拨乱世以兴太平之事。”进而大声疾呼：“今日者拯斯人于涂炭，为万世开太平，此吾辈之任也！”其代表作《日知录》上篇经术，中篇治道，下篇博闻，共三十余卷。涉及经义、史学、官方、吏治、财赋、典礼、舆地、艺文，内容宏富，贯通古今。这是顾炎武民本思想的形成期。

（3）探国家治乱之源筑牢思想实践之基

以清代明，商品经济在战火中遭到严重摧残，顾炎武曾目睹“汾州米价每石二两八钱，大同至五两外，人多相食”“凤翔之民举债于权要，每银一两，偿米四石”，又耳闻“东土饥荒，颇传行旅，江南水旱，亦察舆谣”，深感民众生活于水深火热之中，试图去寻求救国救民的途径。1644年顾炎武在赴南都就职前写下了《军制论》《形势论》《田功论》《钱法论》等四篇文章，其中《田功论》和《钱法论》论农业和财政问题，是顾炎武经世实学思想的初步呈现。

辛弃疾有诗云：“不得山东，则河北不可取；不得河北，则中原不可复。”因此山东、河北一带的地理形势及经济、政治、民情风俗等各方面的情况成为顾炎武北上考察的对象，旨在探讨“国家治乱之源，生民根本之计”。如1665年，顾炎武置田地十顷于大桑家庄。1666年，顾炎武与傅山等二十余人集资垦荒于雁门关之北，并亲为筹划经营。这是顾炎武民本思想的成长期。

（4）关注民生疾苦以救民于水火为己任

顾炎武晚年病魔缠身，却依然关注民生疾苦，以救民于水火为己任，出于“拯斯人于涂炭，为万世开太平”的责任感，作《病起与蓟门当事书》就一方民生疾苦致书京中大吏，提出“活千百万人之命”的建议，强调进行赋税制度改革的必要和改进方式，恳请执政者救民于水火。有云：“天生豪杰，必有所任，如人主于其臣，授之官而与以职。今日者拯斯人于涂炭，为万世开太平，此吾辈之任也。仁以为己任，死而后已。”充分体现了顾炎武救天下的担当精神，是顾炎武民本思想的成熟期。

二、顾炎武民本思想的主要内容

（一）政治上：于民平等，亲民爱民，取信于民，为民谋利

1. 统治者要于民平等

首先，其代表作《日知录》继承和发展了中国古代源远流长的民本理念，关注百姓生活中的民风礼俗、赋税田亩、职官选举、水利河渠、漕运盐铁、人才军旅等民生问题。在于民平等上，君为民所立原则贯穿了《日知录》政论思想的始终，顾炎武在《日知录》中举了上古帝王敬民、爱民的具体事例，如《尚书》中的《武成》《召诰》等篇记载，周王出征、祭祀都是步行前往，“不敢乘车而步出国门，敬之至也”。为了亲身感受民生疾苦，深入民情，上古帝王与百姓共同参加生产劳动，“舜之圣也，而饭糗茹草；禹之圣也，而手足胼胝，面目黧黑，此其所以道济天下”。其次，一方面，顾炎武在“君、臣、民”平等学说的论述上带有现代学说的色彩，他认为班爵是为百姓设立的，没有高低贵贱之分。所以即使是天子也要为民谋事，“不敢厚取于民以自奉”“不敢肆于民上以自尊”。另一方面，在生员论上，顾炎武认为“国家之所以设生员者何哉？盖以收天下之才俊子弟，养之于庠序之中，使之成德达材，明先王之道，通当世之务，出为公卿大夫，与天子分猷共治者也”。但相反生员没有成为国家的有用之才，而且还给社会造成巨大危害。因此，在顾炎武看来，生员与乡宦、吏胥一样，在享有免赋免役特权的基础上将所有的赋役负担转移到百姓身上，而且生员的科举考试费用由民众负担，导致百姓苦不堪言。为此，基于民生考虑，顾炎武强调“废天下之生员而百姓之困苏”。

2. 统治者要亲民爱民

一方面，顾炎武引用《诗经·大雅》，连用六个比喻，阐发统治者爱护百姓、

体恤民情的重要性："天之牖民，如埙如篪，如璋如圭，如取如携"，即天对万民诱导教化，像吹埙篪那样和洽。又如璋圭相配相称，时时携取把它佩挂，并提出了"厚生为本"民本思想，"然则祈天永命之实，必在于观民"，聆听百姓的心声，满足百姓的诉求，"敬天勤民""与民同患"。他指出："灭秦者秦，非六国；诛莽者莽，非汉兵；是以推戴系乎民心。"另一方面，顾炎武在相当大的程度上肯定了人民推翻专制暴政的合理性，他认为历代专制王朝之所以为人所推翻，根本原因就在于人民不堪忍受统治者的横征暴敛。他在《日知录·包无鱼》中指出："国犹水也，民犹鱼也。幽王之诗曰：'鱼在于沼，亦匪克乐。潜虽伏矣，亦孔之昭。忧心惨惨，念国之为虐。'……自人君有求，多于物之心，于是鱼乱于下，鸟乱于上，而人情之所向必有起而收之者矣！"

3. 统治者要取信于民

在亲民爱民的基础上，顾炎武强调统治者要对人民讲诚信。他认为足食、足兵固然都很重要，但最重要的是统治者要对老百姓讲诚信，取信于民。这是顾炎武对孔子"信义重于兵食"思想的创造性发挥，要使"民无贰志"，就要以"诚"来对待百姓，用"信"来凝聚人心，如果统治者能做到这一点，那么在遭遇外敌入侵的时候，即使粮草不足、兵器不足，人民也会誓死保卫自己的国家，否则，就会众叛亲离。

4. 统治者要为民谋利

顾炎武在《与友人论学书》中写道："耻之于人大矣！不耻恶衣恶食，而耻匹夫匹妇之不被其泽。"其最具代表性的政论《郡县论》的核心是讨论地方政府的职责权能，以及如何提高地方行政管理的效率。他认为地方政府的职能必须为民谋利，他在《郡县论》中写道："何谓称职？曰：土地辟，树木蕃，沟洫修，城郭固，仓廪实，学校兴，盗贼屏，戎器完，而其大者则人民乐业而已。"即地方政府要为民谋利，必须开辟土地，修建沟渠，筑牢城池，新建学校，打击盗窃，使人民安居乐业，这是考核地方官员的重要指标。

（二）经济上：藏富于民

1. 民享其利，将自为之，而不烦程督

基于对商品经济发展状况的考察，顾炎武探讨了商品经济的发展规律，提出了一系列适合商品经济发展规律的新见解。他认识到"民享其利，将自为之，而不烦程督”的经济规律，主张保护私有财产、无地域限制的自由贸易、力主行政权力退出市场竞争，他在《郡县论五》中说：“天下之人各怀其家，各私其子，其常情也。为天子为百姓之心，必不如其自为，此在三代以上已然矣。圣人因而用之，用天下之私，以成一人之公而天下治。……故天下之私，天子之公也。”即只有让人民“自为”，不是让“为天子为百姓”的官员们来“程督”百姓们如何作为，才能最大限度地激发人民勤劳致富的积极性，促进经济的繁荣发展。

2. 百姓不足，君孰与足，以民为本

顾炎武探讨了商品经济条件下国家在经济发展中应发挥的作用，提出国家实施的货币赋税政策要兼顾商品经济发展与东西部经济发展不平衡的情况。他心系民生疾苦，对贫苦农民食不果腹、衣不遮体的生活状况，满怀同情爱民之心，寻访民间疾苦并为此而大声疾呼，抨击赋税重而不均，提出清丈耕地、厘定税额、改去银而用谷物赋税等为民之策，他在《肇域志·松江府》中谈道，“江南农家最勤，‘然有终岁之劳，无一朝之余’。吴中百货所聚，市面繁荣，但粮役之累，‘富室或至破家’。”痛陈老百姓不胜正税、杂税、增耗、加派等繁重负担之苦。更有甚者，山东等地的农民“岁甚多，谷甚多，而民且相率其妻子……或逃亡或自尽者，又不知凡几多”。考核古今财政，先生在《日知录·财用》中正色而论：“古者藏富于民。自汉以后，财不在民，而犹在郡国，不至尽辇京师。”晚明以来，尽反常态，刮郡国之财于皇帝内帑，而户部外库却因国家开支浩大，屡告匮乏，“自此搜刮不已，至于加派；加派不已，至于捐助，以迄于亡”。这些都表明了顾炎武反对厚敛重赋，主张“百姓不足，君孰与足，以民为本”的理念，爱民为民的赤子之心赫然在胸。

（三）文化上：文须有益于天下

顾炎武怀着“经世济民”的民本情怀，发出了“文须有益于天下”的创作主张。他说：“文之不可绝于天地间者，曰明道也，纪政事也，察民隐也，乐道人之善也。若此者，有益于天下，有益于将来，多一篇，多一篇之益矣。若夫怪力乱神之事，无稽之言，剿袭之说，谀佞之文，若此者，有损于己，无益于人，多一篇，多一篇之损矣！”即文学存在的价值在于明道、纪政事、察民隐、乐道人之善，同时反对怪力乱神的“无稽之谈”，盲从迷信的“剿袭之说”及为统治者歌颂升平、粉饰黑暗的“谀佞之文”。因此，顾炎武的治学方针，一方面具有鲜明的为现实服务的导向，提倡做学问要有“救民于水火之心”，秉持“明道”“救世”的基本理念，做学问拒绝空谈，要与活泼的生活实际联系起来，通过理论联系实际解决时代提出的问题，他说：“君子为学，以明道也，以救世也。徒以诗文而已，所谓雕虫篆刻，亦何益哉。”即做学问如果脱离现实、脱离生活、脱离民众，空虚之风日盛，务实之学日疏，会导致“股肱惰而万事荒，爪牙亡而四国乱，神州荡覆，宗社丘墟”的惨状发生。他在《日知录》卷十九《巧言》条中，把曲学阿世的无耻文人给国家和民族所造成的严重危害揭露得淋漓尽致。他说明朝天启年间，魏忠贤和皇帝奶妈之所以能够专权，是因为有一帮无耻文人帮他们出谋划策、起草文书。从某种程度上来说，明朝之所以灭亡，汉族人民之所以成为亡国奴，就是败在这些无耻文人手里。他在《与友人论学书》中说：“士而不先言耻，则为无本之人。”为人“务本”就是“耻匹夫匹妇之不被其泽”，因此，顾炎武认为为人“务本”的意义在于：学者应当为拯救苍生，造福百姓做学问。

另一方面，顾炎武主张“明体适用”“博学于文”、变通创新的学术研究方法和路径，提出“必古人之所未及就，后世之所不可无，而后为之”的学术创新观点，将学问与实际联系起来，提炼出匡时济世、服务民生、救国救民的治学方略。他进一步认为富于社会批判精神的作品，才是真正有益于社会的作品，他引证葛洪在《抱朴子》的话：“古诗刺过失，故有益而贵；今诗纯虚誉，故有损而贱。”

顾炎武的富民观与时代意义

昆山市千灯镇亭林文化研究会会长　**计苏敏**

顾炎武高尚的人格品德，最集中的表现是在爱国理念的倡导与践行，因此后人都称他为爱国学者。他40岁以后生活在明亡清兴的更迭年代，抗清斗争失败后去北方游学，在民间调查研究、著书立说。他呼唤民众要清议，一则抨击朝廷弊政，二则为百姓诉求苦难。他把后半生的心血都花在了“探究国家治乱之源，民生根本之计”上。当时，他只是一个普通的贫困文化人，一个漂泊异乡的明代遗民，会有如此坚贞不屈的爱国表现与自觉行为，是十分可贵的。尤其是他在著作中阐述许多涉农观点、富民理论，更让人敬畏。笔者生于农村、才疏学浅，与农耕生活伴随了四十载。阅读了顾炎武“济世安民之学识”，心中冥思，300多年前亭林先生的农本主张——富民观，竟然如此精准到位、体贴入微，与当今的乡村振兴、惠农政策似乎异曲同工，让人感慨系之。在此，笔者谈四点浅见。

一、顾炎武的“天下观”，就是要让人民参与治理国家

顾炎武年代的中国是封建社会，皇帝代表着一个国家的符号，要改朝换代不需老百姓参与，“匹夫”用不着去负责。顾炎武所以要在《日知录·正始》篇中说：亡国与亡天下奚辨——“保国者，其君其臣，肉食者谋之。”他表明，皇帝的事由那些朝廷大臣去商量。接着他又讲“仁义充塞，而至率兽食人，人将相食，谓之亡天下”。他将“天下”的含义广阔化为整个社会、大世道；用现在的话讲就是民族精神、社会正义，需要每个老百姓参与支持，即“匹夫有责”也。因此，他对民生十分看重，知疾苦、有爱心。他在《郡县论》中提出：“圣人者因而用之，用天下之私，以成一人之公而天下治。”其观点，如果县令能够为民众的利益着想，把有利于民生的各项事业做好，民众也把县令视为本地方“公心化”的代表，必然会全

力支持县令开展工作，这样县令职务就坐稳了。顾炎武在《日知录》《天下郡国利病书》中，这方面的学术观点是很多的。因此，在学者们眼中，顾炎武是个大学问家，但他不自傲、虚心好学，善于取人之长补己之短，故深得学术界的尊重。

二、顾炎武的“民本观”，就是要让人民生活有保障

顾炎武出身官宦之家，江南望族门户，曾祖做过明代的兵部右侍郎，祖父也是朝廷大官。明亡清兴后，虽然顾氏因国朝更迭而家道中落，但至少能过着衣食无忧的日子。然而，他怀有重民之德、怜民之心。在康熙年代，当官员们都在高呼“皇恩浩荡”一片盛世之际，而他在论文《郡县论》中却痛心地指出：“今天下之患，莫大乎贫。”一针见血地指出社会大问题——民众的生活有苦衷。他引用孔子“百姓不足，君孰不足”之言，主张“以民为本”“藏富于民”。他痛恨晚明皇朝刮民众之财，在《日知录·财用》一文中抨击：“自此搜刮不已，至于加派；加派不已，至于捐助，以迄于亡。”他在行走南北之际，经常到民间调查，了解社会动态，从中能考察朝廷的弊政与民众的疾苦。他在江南生活40多年，这里是素称“江南熟、天下足”的富饶之地，但由于赋税不公、田赋过重，老百姓过着水深火热的生活。他在一篇调查文章中说：“农夫蚕妇，冻而织，馁而耕。供税不足，则卖儿鬻女。又不足，然后不得已而逃，以至田地荒芜，钱粮年年拖欠。”“但人竭岁之力，粪壅工作，一亩之费可一缗，而收成之日，所得不过数斗，至有今日完租而明日乞贷者。”“追租如追魂……年年旧租结新债……呜呼！有犊可卖君莫愁，东邻卖犊兼卖儿。”这些记载，真实地反映出苏淞两府税负之重，民众苦难。

三、顾炎武的“富民观”，就是要呼吁执政者关心人民疾苦

江南人民如此贫困，北方民众的疾苦比之更苦。顾炎武在山东登州、莱芜一带，看到官逼民反。他在《钱粮论》中写道：“岁甚登，谷甚多，而民且相率卖其妻子……其逃亡或自尽者，又不知凡几也。”康熙十九年（1680），他给外甥徐元文写信，把在关中所见人民的疾苦历诉于笔。他在信中说：“关辅荒凉，非复十年以前风景，而鸡肋蚕丛，尚烦戎略，飞刍挽粟，岂顾民生。至有六旬老妇，七岁孤

儿，挚米八升，赴营千里。于是强者鹿铤，弱者雉经，阖门而聚哭投河，并村而张旗抗令。”他又指出：“此一方之隐忧，而庙堂之上或未之深虑也。”这段话的大意是：关中已今非昔比，战争灾难，民不聊生，军粮急运，哪顾民生；而升斗小民得粮何其艰难，为了生计，只得铤而走险，去参加暴动；而那些老弱病残，有的上吊，有的则阖家投河自寻。这一方的人祸灾难，朝廷里怎能知道！顾炎武以忧国忧民之心，向在朝中做大官的外甥提议，希望他们在朝廷里能看到民生疾苦，为老百姓所想、办一些实事。徐元文身为清廷高官，因亭林思想影响，清正廉洁，受百姓爱戴。

四、顾炎武的“厚民生”主张，就是要走“强国势”之路

从顾炎武多次给外甥徐元文的信中，可以充分看出他那种以民生疾苦为念的阔大胸襟和高尚的民族大义之品质。他还总结历史经验，通过阐发“重商富民”“厚生利众”等民本理念，强调“财足而化成”“仓廪实而知礼节，衣食足而知荣辱”“有恒产者有恒心”等一系列富民主张。

顾炎武晚年客居陕西关中，对那里的地方商贸尤加考量。他认为西北经济贫困，只有依靠发展生产才能缓解。他在《日知录·纺织之利》举例延安府说：“布帛之价贵于西安数倍，既不获纺织之利，而又岁有卖布之费，生计日蹙，国税日逋。”他建议，由地方政府派发机具、资助基金，外聘纺织技师，扶持纺织业发展。“其为利益，岂不甚多。”他经过实地观察发现，关中西部四季自然环境、气候变化很大，每年春荒时节，总会出现囤积居奇的无良商人高价售粮的情况，闹得人心惶惶，以致出现民穷财尽、饿殍遍地，甚至是出卖妻子儿女的惨景。当时他已经在山西曲安度余生、患有疾病，当他想到此事，就立刻写信给被称为“天下第一廉吏”的直隶巡抚于成龙，提出一条“可以活千百万人之命”的建议，请将“秦民之夏麦秋米及豆草一切征其本色，贮之官仓，至来年青黄不接之时而卖之，则司农之金固在也，而民间省倍蓰之出。且一岁计之不足，十岁计之有余，始行之于秦中，继可推之天下”。彼时，官府对顾炎武的提议也颇有思量。

五、结语

当年，顾炎武的主张与观点虽然不一定能真正得到官府的采纳与实施，因为他只是一个学者、一个贫民，而这正是他所经历的朝代更迭的历史变动所决定的。我们也不可能用现代的眼光，去期望亭林先生能为国民生活及国家政策的改变提供实施方案，但其理论价值要胜过当时的实际意义。

时过境迁，星移斗转。当今世间人文荟萃，学者们见多识广，也有真知灼见，但不能唯上献媚、空论虚理，更不能身居要职、冷落乡村，把百姓痛痒置之脑后。先贤顾炎武所思所论，以天下苍生为念，其富民兴邦学识给后人以亲密无间的感觉。我作为生长在千灯的一个文化人，不能不肃然起敬。

顾炎武商品经济思想初探

苏州大学社会学院历史学系 2023 级硕士研究生　**覃子茵**

顾炎武是明清之际与王夫之、黄宗羲齐名的思想家，他在经学、史学等领域都有很深的造诣，做出了举世瞩目的成就。此外，顾炎武也心系国家，心系百姓，从他的著作《日知录》和《顾亭林文集》中均可以看出他为国家发展、百姓乐业提出了许多建设性的意见，尤其在经济领域，更是提出了藏富于民，即国家不应该与百姓争利的思想主张，这体现了他的私营经济思想。

明代中叶以后，社会生产力和商品经济的发展，江南一些手工业部门开始出现了资本主义性质的生产关系即雇佣劳动，也称为资本主义萌芽。其中首先需要面对的课题是，如何使社会经济生活最大限度地摆脱中央权力的控制，百姓私产得以受到保障，能够自由地进行贸易和生产。在此，顾炎武深刻阐述了自己的自由经济思想，即“人之有私，固情之所不能免矣。故先王弗为之禁。非惟弗禁，且从而恤之”“为天子、为百姓之心，比不如其自为”。得此结论还是源于他对晚明中国社会商品经济发展的观察。顾炎武在《天下郡国利病书》中对各地商品经济发展的状况作出了详细的阐述，记载了晚明苏州手工业和商业发展的情形：“居民大半工技，金阊一带，比户贸易，负郭则牙侩辏集，……滨湖近山小民最力穑，耕渔之外，男妇并工捆屦、擗麻、织布、织席、采石、造器营生。”“吴民不置田亩，而居货招商，阊寰之间，望如锦绣。”“东洞庭……编民亦苦田少，不得耕耨而食。并商游江南北，以通齐、楚、燕、豫，随处设肆，博锱铢于四方，以供吴之赋税，兼办徭役，好义急公，兹山有焉。”同样，在记载杭州情形时，写道：“城中米珠取于湖，薪桂取于严，本地止以商贾为业，人无担石之储。”顾炎武通过对晚明社会经济生活的观察，提出了自己的主张，即根据人的自私自利的本性特点来治理天下，他的“非惟弗禁，且从而恤之”思想，在涉及经济改革主张中有着明显的体现。

一、商品经济的思想

晚明时期，我国的社会经济出现了一种深刻而重大的变化，即封建制度下的资本主义萌芽。在商品经济日渐发展的条件下，土地沦为商品，在官僚贵族和豪民地主之间盛行着地权的争夺和转移。时人称之为“有钱则买，无钱则卖，不五六年间，田宅皆已易主”。在土地兼并的浪潮中，由于封建贵族阶层维护自己的权益，新生的资本主义萌芽力量受到遏制，陈旧的封建生产关系得以加强，大量自耕农破产成为佃农甚至沦为农奴。顾炎武指出：“吴中之民有田者什一，为人佃作者什九，人奴之多，吴中为甚。”这种情况加剧并全面激化社会矛盾，而且压制着资本主义经济因素的增长。当时政府实行的经济政策，多以抑商、官办和垄断的形式体现，严重阻碍了资本主义萌芽的发展。顾炎武正是看到封建经济的强制剥削给人们带来的痛苦，所以他一直主张自由经济的思想，在农业、金融业、牧业、矿业等方面都有相关的阐述。

（一）农业的商品经济思想

总体而言，身处晚明时期的封建社会，顾炎武的思想仍然属于农本思想，他认为，“天下之大富有二：上曰耕，次曰牧”“而卒可以并天下之国，臣天下之人者莫若耕”，故而，他本人是很重视农业生产的发展。他在农业方面提出的思想主张有因地制宜发展农业、改官田为民田和土地商品化等。

1. 因地制宜发展农业

顾炎武主张根据各个地区不同的自然条件，因地制宜地发展农业生产，并且根据自己的实践经验，提出“古先王之治地也，无弃地而亦不尽地，田间之涂，九轨有余道矣，遗山泽之分秋水多得有所休息有余水矣”的主张。如不遵循因地制宜这一原则，则会造成严重后果，如“宋政和以后，围湖占江，而东南之水利亦塞，于是十年之中荒耕六七，而较其所得反不及前人”。同时，他在农田水利建设方面，强调唐人姜师度的经验，即“无欲速，无建小利，二言为建功立事之本”，水利之兴废与整个气候自然生态都有密切关系。而且顾炎武十分重视土地资源的合理利用，既要充分利用土地来发展农业生产，又不能占尽一切土地都作为耕地来使用，而应该留有余地。

2. 改官田为民田

鉴于苏松等地官田多、田赋过重的情况，顾炎武又提出改官田为民田的设想。顾炎武提出："赋税出天下而江南居十九，已金观之，浙东西又居江南十九，苏松常嘉湖五府又居两浙十九。""于是天下之民咸得其所独苏松二府之民则因赋重而流移失所者多矣。"他在对官田的批判中也提到，明代的重赋特别是江南重赋之害与官田之弊密切相关，不仅表现为苏松有重赋之害，而且还是唐宋以后皆有的弊端。他在《日知录》中提到："唐朝凡京官上司职田，又须百姓变米雇车搬送，比量正税近于四倍；其公廨田、官田、驿田等所税轻重，约与职田相似。是则官田之苦，自唐已然，不始于宋元也。"故而，他提出以下四点设想。

第一，改官田为民田，可以"去累代之横征，而立万年之水利"，亦可以解决人民田赋负担过重的问题。第二，由于官田赋税太重，"以农夫蚕妇冻而织，而耕，供税不足，则卖儿鬻女；又不足，然而不得已而逃，以至田地荒芜，钱粮年年拖欠"，导致"徒有重税之名，殊无征税之实"的情况，因此废官田改民田，赋税减轻，百姓安居乐业。第三，有不少所谓的官田，其实是"佃非昔日之佃，而主亦非昔日之主，则夫官田者亦将册籍而俱销，其车牛而皆尽，犹执官租之说以求之，固已不可行矣"。第四，"自三代以下田得买卖，而所谓业主者即连阡陌不过本其铢之直，而直之高下则又以时为之，地力之盈虚，人事之赢绌，率数十年而一变，奈之河一入官而遂如山河界域之不可动也"。民田可以买卖，官田不可以交易，土地成为官田之后，就不再能自由交易。因此，将官田改为民田之后，才可以加快土地的自由流通。

3. 土地商品化

顺应历史发展之必然的正确做法是允许和鼓励土地自由买卖，并消除一切不利于土地流通的障碍，以加速土地商品化的进程，顾炎武对此是十分赞同的。顾炎武明确主张土地商品化，目的是想通过土地自由买卖，使土地集中于富室。在他看来，土地兼并不仅不应该受到限制，反而应该提倡和鼓励，但反对以强取豪夺的方式实现土地兼并。他主张乡间富户尽可能多多置田，城中富室买田，且要求政府采取让利于农的政策，使普通百姓知晓种田的益处，城中的富户始终肯买田。顾炎武提出的这一土地商品化是有历史进步意义的。一方面，富户大量买田导致土地集中，进而导致大量小农沦为无产者，其中一部分成为雇佣劳动者，另一部分作为自由人流向城市，为城市资本主义的发展提供了所必需的劳动力资源。另一方面，顾炎武坚称，富户兼并贫民的土地是对双方都有利的事情，在共其利的原则下，富户和贫民之间的关系变成了带有一定资本主义性质的，半新的剥削者和雇佣劳动者。而这，也具有一定意义的自由与平等的性质。

（二）财政上的商品经济思想

在顾炎武的商品经济思想中，货币理论所占的分量最重，尤其体现在货币政策上。此外，在税收政策和生产关系的调整方面也有独特的见解和论述。

1. 货币政策

顾炎武认识到货币是商品交换发展到一定阶段，适应商品流通的需要而产生的，即意味着他已经认识到货币充当流通手段的作用。他还提出“古人制币，以权百货之轻重”，说明也认识到了货币作为商品价值尺度的作用。他在《钱粮论》中谈到贵金属作为通货的弊端，即以银作货币必然助长官场的腐败，因为银币比铜钱更利于贪官污吏转运藏匿。所以，顾炎武一直主张铜币应该广泛流通，金和银则应该禁止流通。

在货币制度上，顾炎武主张货币既要稳定又要统一，反对地方保护主义的货币政策。即理想的货币制度为，在全国范围内能用同一种制钱，并且这种制钱一旦确定，就保持长期稳定不易变更。有明以来，三百年来钱法稳定，市价有恒，钱文不乱，百姓便利。但即便如此，晚明还是出现了物价飞涨、假钱繁多的情况。顾炎武认为，问题就出现在货币流通上。他认为货币的运动规律是在于“钱自上下，自下上，流而不穷”，但“今之钱则下而不上”违背了货币运动规律。国家只收银而不钱上，钱流通于下而不流通于上，实际上就是国家放弃了对货币的管制，这才导致了盗铸云起，钱不值钱的状况发生。所以，顾炎武主张实行稳定统一的货币流通体系，认为国家的货币政策的制定应该遵循“钱者，历代通行之货，虽易姓改命，而不得变古”的原则，反对以帝王的年号铸之钱文。

2. 赋税政策

顾炎武主张赋税政策既要利于商品经济的发展，又要考虑到东西部经济发展不平衡的状况，因时因地制宜。唐代杨炎两税法改革以来，明朝实行“一条鞭法”，顾炎武对此持肯定态度。他在《天下郡国利病书》中的《查一条鞭之故》提到，“一条鞭法，最称简便直截”。但当时顾炎武看到中国东西部的经济发展有差距，各地由于地理位置、先天条件不同，提出“一条鞭法”的实行应该因地制宜，根据各地经济发展的实际情况来决定是否实行此种税法。他在《钱粮论》中说：“今若于通都大邑行商，麇集之地，虽尽征之以银，而民不告病。”在商品经济发达的地方，征银既有利于贸易的交易，也不会加重百姓的负担。但在经济落后的地区，“舟车不至之处，即已什之三征之犹不可得”。因此，无论是实行货币赋税，还是实行实物赋税，都应该根据当时当地的实际情况进行。

在税制上，顾炎武强调了三点：一是立法一而不繁。二是轻税额讲实效，主张“稽古税法，斟酌取舍以宜于今者，轻其重额，使民如期输纳。此则国家有轻税之名，又有征税之实”。在制定税收方面，则应该注意到效益均衡合理分摊。三是，顾炎武从藏富于民的基点出发，对于国家财政，他主张中央、地方合理分配，给地方适当的财政自主权，反对中央财权的过度集中，这样有利于发挥中央和地方的积极性。

3. 生产关系的调整

顾炎武在调整晚明时期不合时宜的生产关系时，针对官田问题、生员问题、私租问题、奴婢问题，废除官本位特权以减轻农民负担，限制地主对农民的剥削，主张以雇佣劳动制度取代传统的土地制度。（1）在官田问题的解决上，顾炎武主张土地私有制。明后期实行的承认民间对抛荒官田的实际占有，对此持肯定态度。只有改革官田重赋的弊政，百姓获得真正的土地所有权，才能真正促进经济的发展。（2）禁止私租是顾炎武为了解决当时社会严重贫富不均的问题，他提到“国家既减粮额，即当禁限私租，上田不得过八斗，如此则贫者渐富，而富者亦不至于贫”。这一主张意味着他明确提出了要限制地主对农民的剥削。（3）论废除官本位特权以减轻农民负担。顾炎武清晰地认识到，由乡宦、生员、胥吏组成的特权阶层占有大部分的土地，但却享受着免役或免赋的经济特权，大部分的徭役负担转移到了广大无地、少地以及无任何官本位背景的民众身上，这对普通百姓的危害最大。只有废除生员制度，取消其经济特权，才能使无官位背景的普通百姓得以缓解所遇的困境。（4）以雇佣劳动制度取代蓄奴制度。顾炎武坚决主张废除奴婢制度，以雇佣劳动制度取代延续了三千年的蓄奴制度。他阐述为“士大夫之家所用仆役，并令出赀雇募，如江北之例。则豪横一清，而四乡之民得以安枕”，这一主张实际上代表了社会发展的趋势。

（三）畜牧业、盐业和矿业等商品经济思想

顾炎武针对畜牧业、盐业和矿业等方面提出的措施都带有私营性质，目的是使国家强盛，百姓安居乐业。

1. 畜牧业

顾炎武针对有明以来对于元朝时所实行的严禁汉民私蓄马匹而“敢匿与互市者罪之”的带有种族歧视的马政做出一些调整，在政策上有所宽松，使民间“得以余力养私马”，但变革力度不够，所以主张彻底恢复汉、唐之马政，不要禁止军民养马。此外，当时的情况是，主人不信任养马的人，要另差人监视，甚至连监视的人也不信任，就导致主人的耳目众多，互不信任。所以，他认为“马以一圉人而肥”，要做到责任落实到个人；而且，要允许私人养马，既有利于民间善于骑射的人增多，也可以改变民间马价过贵的情况。

2. 盐业

汉以前盐铁业主要是由私人经营的，官府有时也经营但不是垄断阶级。汉武帝时期开始推行盐铁业国家垄断政策，严禁任何人私自从事盐铁的冶炼和交易，并至数年后桑弘羊接管其事而取得明显成效。顾炎武对此提出了批评，他指出，食盐的私下交易由来已久。一是盐地分远近，远于官而近于私，百姓不得不买私盐；二是私盐质量不一定比官盐差，甚至比官盐好。所以，要禁绝私盐绝不是一件容易的事情。如果私盐禁不住的话一方面会导致越来越多的人贩卖食盐；而贩盐的人越多，入狱的人也越多，也不利于国家安定，解禁私盐反而是有利于国家安全的明智之举。为此，顾炎武坚决主张盐业私营，反对国家实行食盐专卖政策，任由私人自由买卖，政府不加行政干预，只能用税法加以调节和控制。

3. 矿业

对于矿业，顾炎武明确指出应该交由县令私人经营。他指出，“今有矿焉，天子开之，是发金于五达之衢也；县令开之，是发金于堂室之内也。利尽山泽而不取诸民，故曰：此富国之策也”。所以，顾炎武主张的矿业由县令私营，也包括着铁等金属矿业。此外，依据顾炎武的商品经济思想，不单是矿业由县令私营，甚至一县的经济事业，都经由县令全权私营，上级不应该干预。

二、重商态度及经商实践

顾炎武的重商态度和经商实践，是其商品经济思想赖以产生的重要现实依据之一。在考察顾炎武的商品经济思想时，也要对其进行的商业活动加以考察。

顾炎武对于商人是非常看重的，在其《亭林文集》中作了一篇墓志铭以歌颂一位普通商人的文章，名为《歙王君墓志铭》。他在文章中称赞墓主人道："君虽业盐，而孝友，急公好施，有远见，能自树，乃过于世之君子。"他将一位贩盐的商人抬举到高于世之君子的地位。上文在阐述顾炎武的商品经济思想时也提到了支持盐业私营，可见其对商人的看重。此外，顾炎武还非常喜欢和商人结交。如在《亭林诗集》中有一首诗，诗中所写的友人就是商人，曾在扬州卖药，诗名为《赠邬处士继思》。

顾炎武不仅与商人有密切交往，而且还曾经亲自从事过农业垦殖和商业活动，这在一定程度上保障了其衣食所需，而且为开展学术活动和遗民活动的开展提供了有力的经济支撑。顾炎武在北游之前有过经商实践，且在北游期间曾经进行过农业垦殖，先是经营章丘，再是垦荒雁北，最后是置产华下。

（一）经商实践

北游之前，顾炎武被仇家追杀，流传之时有过经商之举。他自己在《亭林诗集》中记载："稍稍去鬓毛，改容作商贾。"在其经商过程中，顾炎武也曾贩卖过布匹，其友有诗记载："辛卯春始遇顾子于旧都……是年秋，顾子抱布为商贾。"从另一方面看，顾炎武为数不多的经商实践也为其商品经济思想提供更加切实有效的实践基础。

（二）经营章丘

顾炎武在北游期间，广泛开展学术交流的同时，把变卖资产的一部分作为资本进行商品经济经营。在山东章丘，顾炎武与田产主谢长吉发生借贷关系之后获得了十顷良田，进而进行了第一次垦殖基地。他经营章丘对顾炎武的意义十分重大：一来这是顾炎武进行学术交流、遗民活动的一个落脚点；二来山东章丘这一处田产为他带来了一笔稳定且不菲的收入，此处产业每年有一百六十两的租银收益。

（三）垦荒雁北

顾炎武不断拓展自己北游的脚步，不断扩大学术活动和遗民活动的范围，故而他也进一步进行垦殖活动。随着北游的推进，顾炎武在雁门关之北进行第二次垦荒，且亲自策划经营。他在《亭林文集》中记载："于雁门之北，五台之东，应募垦荒……大抵北方开山之利，过于垦荒，畜牧之获，饶于耕耨，使我泽中有千牛羊，则江南不足怀也。"可见其垦荒收获之多。雁门垦荒之举是顾炎武北游期间的重要经济活动。

（四）置产华下

顾炎武还在陕西华阴购置田产，他在《亭林文集》中记载："新正已移至华下。祠堂、书院之事虽皆为秦人所为，然吾亦须自买堡中书室一所，水田四五十亩，为饔飧之计。"此外，全祖望也在《顾炎武先生神道表》中对此有相关的阐述，即"先生置五十亩于华下供晨夕，而东西开垦所入，别贮之以备有事"。"东"是指章丘之田产，"西"是指雁北垦田。不过陕西华阴的置产实际上比经营章丘、垦荒雁门规模小得多。但无论规模大小，章丘、雁门关和华阴的田产收入都用于顾炎武的学术活动和遗民活动。

三、简要评价

顾炎武的商品经济思想是非常丰富且深刻的，是以自由经济与私有财产为前提的，当然也与他经世致用的宗旨分不开。他对封建经济的批判，从土地所有制，改官田为民田到商品化流通，从因地制宜发展农业、制定赋税政策到中央的财政和货币政策，集中为一点就是，中央不能与百姓争夺利益，不能违背客观经济规律，要始终遵循"藏富于民"的原则。而且，在发展经济的问题上，顾炎武一直主张将权力下放给县令，让县令自为，同时在发展农业和畜牧业的时候，也发展采矿业，其中都要注意往私营经济的发展。

顾炎武博学的儒学知识以及经商、农业垦殖实践，使得他可以冷静分析当下晚明的国情，正视商品经济的发展及其所带来的社会矛盾，针对不同领域提出了一系列促进商品经济发展的经济主张，具有重大的历史进步意义，同时也反映了中国社会开始向其近代化转型的发展趋势。

从顾炎武《日知录》探析其富民追求与廉正品格的当代价值

华中师范大学教育学院2023级博士　**程涵悦**

顾炎武作为明末清初极具影响力思想家，不但具有博古通今的学识能力与赤忱的家国担当，而且展现出优秀传统文化谱系中极为重要的富民追求与廉正品格。顾炎武在修身、待人、处世等方面的修为对于当代国人精神世界的建构极具价值，当代人可以用顾炎武精神来重新审视富民追求与廉正品格，由此确证其中的必然性。在众多顾炎武著作中，顾炎武的《日知录》无疑具有不可取代的价值，其中对于顾炎武廉政品格的挖掘也更为透彻。

本文通过对于顾炎武《日知录》的精读，提炼其中对于富民追求与廉正品格本质的阐释，拟从"'富民追求与廉正品格'是为政的追求""为政追求'富民'才能拨开名利遮蔽、把握生命本质""'富民追求与廉正品格'是为政者回归自然大道的选择"三个角度进行分析。

一、"富民追求与廉正品格"是为政的追求

《日知录》中，顾炎武提到"后魏田制：后魏虽起朔漠，据有中原，然其垦田、均田之制有足为后世法者。景穆太子监国，令曰：'《周书》言：任农以耕事，贡九谷；任圃以树事，贡草木；任工以余材，贡器物；任商以市事，贡货贿；任以畜事，贡鸟兽；任嫔以女事，贡布帛；任衡以山事，贡其材；任虞以泽事，贡其物。乃令有司课畿内之民，使无牛者借人牛以耕种，而为之芸田偿之。凡耕种二十二亩，而芸七亩，大略以是为率。使民各标姓名于田首，以知其勤惰。禁饮酒游戏者。'于是垦田大增。高祖太和九年十月丁未，诏曰：朕承乾在位十有五年，

每览先王之典，经纶百氏，储蓄既积，黎元永安。爰暨季叶，斯道陵替。富强者并兼山泽，贫弱者望绝一廛，致令地有遗利，民无余财。或争亩畔以亡躯，或因饥馑以弃业。而欲天下太平，百姓丰足，安可得哉！今遣使者循行州郡，与牧守均给天下之田，劝课农桑，兴富民之本。其制：男夫十五以上，受露田四十亩，妇人二十亩。民年及课则受田，老免，及身没则还田。诸桑田不在还受之限。男夫人给田二十亩，课莳余种桑五十树，枣五株，榆三根。非桑之土，夫给一亩。依法课莳榆枣，限三年种毕，不毕夺其不毕之地。于是有口分、世业之制，唐时犹沿之。嗟乎，人君欲留心民事，而创百世之规，其亦运之掌上也已。宋林勋作《本政》之书，而陈同父以为必有英雄特起之君，用于一变之后，岂非知言之士哉”。

顾炎武并未将农业视作国家敛财的手段，而是作为百姓富裕的路径。更难得的是，他清醒地意识到自己以及所有为政者要摒弃对名利的贪恋，为政者一旦沉迷于外物，就会寻找不到从政真正的意义。而支撑顾炎武的精神源泉则是其内在超越个人财富上的得失、决意寻找机会推动国家发展的追求。

顾炎武对于理想政治状态充满向往，他内心中满怀着对于家国得治的想象，这是他自己从政后实践的标准与目标。由此可见他内心对恪守道德标准、有所作为的知识分子的敬畏、对于成为名垂青史的栋梁的隐隐渴慕。

对于为政者而言，要对建设理想社会有坚定的追求，如此格局与视野至关重要，与此同时，为政者要对于自身的道德与责任有明确的追求。如此自然有了自我约束的廉洁意识与自我成就的勤政之心，而富民追求与廉正品格精神也就具有了思想的土壤与现实的依托。

《日知录》中，顾炎武认为：“人主之道，在乎不利群臣百姓之有。夫能不利群臣百姓之有，然后群臣百姓亦不利君之有，而府库之财可长保矣。《旧唐书·柳浑传》：‘浑为宰相，奏故尚书左丞田季羔公忠正直，先朝名臣，其祖父皆以孝行旌表门闾，京城隋朝旧第，季羔一家而已。今被堂侄伯强进状，请货宅，召市人马，以讨吐蕃。一开此门，恐滋不逞。讨贼自有国计，岂资侥幸之徒，且毁弃义门，亏损风教。望少责罚，亦可惩劝。上可其奏。’夫以德宗好货之主，而犹能听宰相之方，不受伯强之献，后之人群可以思矣。王明清记高宗建炎二年，有湖州民王永从献钱五十万缗，上以国用稍集，却之，仍诏：‘今后富民不许陈献。’嗟夫，此宋之所以复存于南渡也与？”

顾炎武坚守上位者不占有下位者的财富，背后是对于百姓的尊重与爱护，也是对于名利的淡然乃至拒斥。更重要的是，他是从国家整体的安定着眼的。

对于为政者而言，达到这样的和谐境界，既能够感受百姓的幸福自在，又能够彰显为政的修为。而富民追求与廉正品格的作为同样也是通过自我对于社会的贡献来确证自己的价值，同时不被外物外力束缚。不为名利所累方能进入自由境地，同时也要保持思想世界的开放性，如此才是理想的。而富民追求与廉正品格恰是为政者在隔绝名利干扰后，洞察世相，进而为自己的人生择取方向的态度。

二、为政追求“富民”才能拨开名利遮蔽、把握生命本质

《日知录》中，顾炎武提到：“《记》曰：‘大臣法，小臣廉，官职相序，君臣相正，国之肥也。’故欲正君而序百官，必自大臣始。然而王阳黄金之论，时人既怪其奢；公孙布被之名，直士复讥其诈。则所以考其生平而定其实行者，惟观之于终，斯得之矣。季文子卒，大夫人敛，公在位。宰庀家器为葬备，无衣帛之妾，无食粟之马，无藏金玉，无重器备，君子是以知季文子之忠于公室也。相三君矣，而无私积，可不谓忠乎？诸葛亮自表后主曰：‘成都有桑八百株，薄田十五顷，子孙衣食悉仰于家，自有余饶。至于臣在外任，无别调度，随身衣食悉仰于官，不别治生以长尺寸。若臣死之日，不使内有馀帛，外有赢财，以负陛下。’及卒，如其所言。夫廉不过人臣之一节，而左氏称之为忠，孔明以为无负者，诚以人臣之欺君误国，必自其贪于货赂也。夫居尊席腴，润屋华身，亦人之常分尔，岂知高后降之弗祥，民人生其怨诅，其究也乃与国而同败邪？诚知夫大臣家事之丰约，关于政化之隆污，则可以审择相之方，而亦得富民之道矣。”

顾炎武认为，为政要不为名利所累，却有富民的智慧与良善，甚而彻底抛却自己的利益。此中展现出其超然的名利观，更重要的是将个人融入集体的发展的格局，以及以个体力量推动集体发展以证明自我价值的追求。

顾炎武既然洞察了困于名利就会遭受束缚，他以扶助百姓、振兴家国为己任，而未有对于自我得失的计算，他将他人以及家国的发展视作自己人生价值感的来源。

优厚的物质与安逸的生活是对人精神与身体的腐蚀。身体的怠惰与放纵会违逆本性、伤害健康，但更重要的是，人在这一过程中，被动地享受天下最好的物质、

丧失了人生的方向，精神陷入了萎靡。身体与精神的双重困顿导致人尤其是为政者陷入“病”态，并且没有自己调节、治愈的方法。为政者拥有权力，若滥用权力，具有享受优厚的物质与安逸的生活的便利，但是，由此必然导致其耽误乃至亵渎为政职责，进而对于自身“为政者”身份产生迷惘与忽视，这也势必影响社会管理与百姓的福祉。顾炎武引导当代人重新发现自身生命意义，使人重新感受人生、思考人生，找到摆脱“久耽安乐”的人生困顿状态的路径，能够让人们发现并审视生命意义的是那些能够创造对于社会的价值，唤醒人自身的道德感与使命感，与志同道合者共同追求政治的理想境界的经历。

而最为根本的是，具有富民追求与廉正品格的为政者内心去除了遮蔽，以良善与智慧贯彻自己的精神，就能享受到身心的真正愉悦，并以这样的领悟参与对于社会的观察并且推动其发展。如此，富民追求与廉正品格的为政者才能感受到精神的高尚与充实以及自我对于社会的价值，而被自己不断推动的外物乃至社会的发展将源源不断地激发人的探索欲、创造欲。对于富民追求与廉正品格的为政者而言，生命的意义并不在于被动的享受，而在于通过自我的思考与创造推动社会的发展，在这一过程中，为政者秉承着富民追求与廉正品格、实干的品质与奉献的精神，在社会的发展中收获成就感，在勤廉的队伍中找到归属感。如此，为政者视野中的世界不是单一、乏味的，而是充满挑战，更充满了推动社会发展从而彰显自我价值的机遇的。

这对于当代富民追求与廉正品格文化的建设无疑具有巨大的启发意义与应用价值，首先是在钱财乃至所有影响为政声名的事务上，要有外在约束与内在修养的结合。其次是为政者要将自己的合法收入视为民众对自己工作与贡献的回报，从而更加确立尽心尽力服务民众的意识。最后是明确自己从事的自我期许，即无论何种境遇始终将民生置于考虑问题的首要位置，自然也就能够抵御钱财诱惑，甚而达到无私境界。总之，为政者在对待自己的收入方面，要有明确的界限意识，更要有回报意识，明确自身的职责所在。富民追求与廉正品格的立足点在于“廉”，这是规范，也是自我修养，但是要点却是“政”，即在“廉”的前提之下摆正态度，服务民众、回馈民众、提升民生才是根本。

三、“富民追求与廉正品格”是为政者回归自然大道的选择

《日知录》中如此记录：“《元史》：‘京师恃东南运粮，竭民力以航不测。泰定中，虞集建言：京东数千里，北极辽海，南滨青、齐，萑苇之场，海潮日至，淤为沃壤，用浙人之法，筑堤捍水为田。听富民欲得官者，合其众而授以地：能以万夫耕者，授以万夫之田，为万夫长；千夫、百夫亦如之。三年视其成，以地之高下定为征额；五年有积蓄，命以官，就所储给以禄；十年佩之符印，得以传子孙，如军官之法。如此，可以宽东南之运，以纾民力，而游手之徒皆有所归，事不果行。’及顺帝至正中，海运不至，从丞相脱脱言，乃立分司，农司于江南，招募能种水田及修筑围堰之人各一千名为农师，岁乃大稔，至今水田遗利犹有存者，而戚将军继光复修之蓟镇，是皆立议之人所不及见。而穷则变，变则通，通则久，天下之理固不出乎此也。孔子言行夏之时，固不以望之鲁之定、哀，周之景、敬也，而独以告颜渊。及汉武帝太初之元，几三百年矣，而遂行之。孔子之告颜渊，告汉武也。孟子之欲用齐也，曰：‘以齐王犹反手也，若滕则不可用也’，而告文公之言亦未尝贬于齐，梁，曰：‘有王者起，必来取法。’是为王者师也。呜呼，天下之事，有其识者，不必遭其时；而当其时者，或无其识，然则开物之功，立言之用，其可少哉。”

顾炎武认识到国家振兴的关键是有效的治理，通过政绩激励与人才选拔真正起到帮扶各类事业的效果，如此才能以富民之举推动家国当下与未来的发展，便不遗余力，抛却对于个人名利得失的考量尽力而为，彰显出时代浪潮中的栋梁担当。

顾炎武热心民生大事，但是他没有选择无止境而又无效的自我牺牲，而是为其建立长效的保障机制，以将这一富民事业真正融入社会发展的浪潮，展现出其眼光与责任。他始终回归普通百姓的视角，用底层的视角发现社会需要改良之处，并且为之不遗余力地努力。他已经彻底摆脱了名利的束缚，将自我个体与南通当地的发展相融合。对于百姓的悲悯情怀与对于国家的责任心使得他彻底超越了个人私欲。

为政不应为功利，如此则心神清明，精神澄净，不仅是对生命的保护，更是赋予自己人生真正意义以体现对自我人生的尊重。为政者要明确自己天赋的使命，更要将完成这些使命作为自己人生的意义，如此方能顺应社会、顺应规律，获得无穷

的力量，而富民追求与廉正品格即摒除外界的纷扰尤其是私欲，这是必然的要求。只有不为名利、没有纷争之心方能修养真正的道德、生发真正的智慧。为政者在不断修养自我精神世界的过程中，要看清人生与事物的本相，抵挡乃至超越利益的诱惑，富民追求与廉正品格行事，才能直抵自我人生价值的核心。内心保持平静与开放，以美好的德行重塑身心，这是生命的最好状态，而富民追求与廉正品格的为政者在不断修为的过程中方能体悟此中真意。顺其自然的管理方式是为政者认知提升后的必然选择，但也是为政者不将自己的私欲加诸管理才有的理想状态，可见富民追求与廉正品格对于为政者选择管理方式的决定性影响。

这对于当代富民追求与廉正品格的为政者而言极具启示意义，既肯定了合乎天道的家国事业对每个个体的意义，也呼吁每个个体超越小我的顾虑与羁绊而在实现大道中获得内心的安然与生命的价值。

经济史视域下的顾炎武“利国富民”思想及启发性探究

——以“民本观”与“生态观”为中心的考察

南京师范大学泰州学院人文传媒学院 2020 级本科生　**马 瑞　董建维**

明中叶以来，中国封建经济高度发展的同时，带来的问题也日益显露，商品经济的发展带来了新的社会矛盾。同时，明清易代，封建中晚期的社会发生了诸多变数，百姓生活的贫苦不堪，流离失所，社会现实给予了以顾炎武为代表的知识分子的深刻关注与历史思考，亦可称为一种“自觉”意识。本文将在经济史视域下着重以顾炎武“富民”思想的背景，其“民本观”“生态观”以及当代社会启示为布局，开展探析与启发性研究。

一、顾炎武经济思想起源及社会经济生活的认识

顾炎武生长于明朝直隶苏州府昆山县，出身于江东豪门望族，在明朝覆灭特殊的历史时空之下，将他的愤慨与悲痛，对明王朝灭亡的思考等，贯彻于“反清”的斗争过程中。在这一过程中，他带着发掘社会弊病的眼光，对民间生活与社会现状有了更进一步的认识与思考。在长期的山川奔走经历中，顾炎武对社会经济与人与自然有了深度的思考和考察结果，其代表作《日知录》《天下郡国利病书》等，均表露其对社会矛盾根源的认识以及封建制度弊端的早期理解。因而可以说，在这样的时代环境与个人生长环境的交融下，顾炎武一系列富有反思性与建设性思想得以呈现。

顾炎武被称为“中国17世纪早期启蒙思想家”，其思想的启蒙作用便是立足于对封建社会固有弊端的早期思考，包括了传统“重农抑商”观念、“超经济强制”

等。这一时期中国社会商品经济的发展，既带来了经济的繁荣，也刺激了专制统治者的无穷贪欲。传统的“抑商”是一项制度，更是一种深入骨髓的思想观念，在这一时期，顾炎武准确地把握了社会现实残破的根本原因，即“今天下之大患，莫大乎贫”。而针对此问题，其便是洞察了“抑商”措施在这一时期的消极作用，封建专制阶层对于贸易的过度限制与资源垄断，是造成了社会生产力的低下与积极性的挫伤，因而指出了只有通过发展生产才是解决一切社会问题之根本，回归民本，使“民享其利，将子为之，而不烦程督”，也激发了奋斗与实干精神的巨大推动作用。另外，顾炎武作为一名深富历史哲学观的思想家，同时他有着饱览山川湖海的见识和体察民情之体会，以上种种都使他清晰地认识到，地理与生态，对于经济发展具鲜明的二重性，生态环境制约了经济的地方发展内容，但更重要是成为地方经济增长的依赖和条件。如何利用和保护现有资源，克服制约作用而带动经济的增长，亦是那个特殊时期的时代课题，顾炎武在总结深刻历史经验教训的基础上，看到经济发展必须以尊重自然规律，追求人与自然的和谐互动为前提条件，而在这种互动之间，如何探索一条“可持续”的道路，放在今天仍具有重要意义。

二、顾炎武“民本观”——“富国利民”思想体系的“出发点”与“落脚点”

顾炎武的“民本观”是其“富国利民”思想体系的基石，其所在的历史时空与生长环境，引导和启发他开始思考社会弊病，更多地关注和体察民情，认为百姓的生活是社会发展样态的缩影。顾炎武的“民本观”充分把握了“治国之道，富民为始”的民本精神。研究顾炎武的“富民”精神，当首先探究其“民本”的精神，脱离“民本”谈“发展”则丧失了顾炎武思想的精髓之所在，其“民本观”可谓其“富民”思想体系的内涵与基础，更是“出发点”和“落脚点”。

（一）“洞悉历史规律”——顾炎武“民本观”的进步性

顾炎武作为明末清初之际思想家的典型人物，顾炎武倡导“经世致用”，认为知识分子的研究应当作用于现实，服务于社会，同时明确了认识的目的在于指导社会实践，于传统知识分子而言，其突破意义和进步性不言而喻。正因如此，其准确把握了社会弊的主要矛盾，“今天下之大患，莫大乎贫”亦是充分立足于社会现实与群众本位的考量。另外，顾炎武从明朝覆灭中参悟了“变”的哲学，以辩证法的眼光观察社会历史，物质世界是客观的。他反对宋朝以来的“理学”主张，对认为“理”制约人事发展的教条观点提出批评，空谈“心性”，抛弃现实，实为自误，并表明了自己的鲜明态度，重视实践的意义，强调决定人事发展的关键在于“人”的本身，由此上升至社会层面，则是“民心”之所向，王朝之更迭，历史之兴衰，莫不藏于此中。这是明王朝覆灭给予他的深刻反思，亦是对于社会规律的深刻认识，因而想要探究“富国”之道，首先便要从“民”中寻找答案。

顾炎武所生活的时代，身负“亡国之恨”，却也恰恰启发于此，他没有对社会现实持盲目悲观和消极难耐的态度，始终对于社会的复兴充满了希望。他洞察社会变迁的规律，清醒地意识到王朝的更迭和盛衰起伏是历史规律和运动的结果。清朝的统治也莫过于此，因而他对于未来社会有着无限期许。更重要的是，他对于扎根于本民族的优秀品质和文化传统有着高度自信。他认为中华民族有着淳朴善良的劳动精神和自力更生的实践精神，在社会现实面前，有着鲜明的责任意识，入世观念，以及“舍生取义”的大无畏精神。在文化层面，自古便有“修身，齐家，治国，平天下”奋斗意识和勇于挑战陈规。顾炎武认为北宋以来的“道德保守主义”思潮中，酝酿着倡导奋发和振作的积极因素，他在批判“理学”空谈“心性”的同时，也看到了文化基因中蕴含着民族觉醒的意识，民族崛起的希望和社会思想嬗变的转折。

（二）“徽商精神”——顾炎武“民本观”的精神建设性

顾炎武所处的历史时空和社会环境，在以清代明、汉民族被游牧民族征服的历史条件下。顾炎武倡导回归中华民族的优良传统之精神。顾炎武通过对社会经济生活和百姓生活画卷的深刻体察，挖掘了“勤劳致富”当中蕴含着“勤俭”“实干”“责任意识”等时代价值。明清之际社会商品经济的发达，以徽商最为典型，顾炎武通过徽商致富的现实问题引发了一系列思考，并给予了高度的赞同。

顾炎武认为徽商所具有的精神和品格，亦是本民族的传统文化的体现，徽州的商人们之所以能够致富，其首要便是“勤俭而实干”，其著作中曾言“新都勤俭甲天下，故富亦天下”，徽州的商人们具有家庭和自身职业的双重责任，在外出过程中心怀小家富足的愿望和使命，不得收益则羞于面见亲人，同时他们小本起家，生活节俭，不同于富商大贾铺张奢侈而散尽家财，也不同于市井小贩眼着小利，锱铢克扣，懒作而怠工。同时徽商善于逐利的同时，其根本在于对市场规律的深刻洞悉，经营项目具有灵活性，经营策略具有变通性，同时因地制宜，方能善于获利。徽州的商人们，具有典型的“艰苦奋斗”的“实干”精神，闯荡四海，开拓未来，力图打破地域的限制和眼见，这种创业精神是极为可贵的。“徽之俗，一贾不利再贾，再贾不利三贾，三贾不利犹未厌焉”，徽州的商人们百折不挠、顽强奋斗的精神，足以得见。徽商由于受到儒家的影响，以“义”当先，在徽州的商业团体内部，不约而同形成的行业契约，倡导良性竞争，互相帮扶，建立行会，凸显了“协作互利，众志成城”的精神价值，也在很大程度上加强了“徽州商人”这种地域性群体的出现和典型，凭借其凝聚力和向心力，开创了商业史上的奇迹。“家国”之间具有同一性，亦是本民族优秀文化的一大典型，人们懂得“舍小家而就大家”，对于徽州的商人们也充分体现了这一点。明朝长期面临着边境游牧民族的侵扰，诸多徽商响应了政府的号召，弃商从戎，将小我利益及个人价值同家国命运深刻结合，明朝中叶以降，随着“勘合贸易”的弊端显露以及海上“倭寇”对明朝海域海防以及贸易的非法干涉，徽州的商人们挺身而出，主动请缨参与抗争或集资以助御侮等。徽州商人们的爱国主义精神对后世亦产生了重要影响，不仅是对于商人的职业道德，更有百姓对保家卫国的高度责任意识。

（三）“历久弥新，亘古不变”——顾炎武“民本观”启发性

顾炎武对于历史规律的深刻把握，对于“徽商精神”的高度赞扬，其中的实质便是扎根于本民族“历久弥新，亘古不变”的优秀传统文化。在明朝覆灭、清朝代之的历史时空下，顾炎武认为“天下兴亡，匹夫有责”，以“徽商精神”为典型，号召每一位普通民众都应当具有社会责任意识，明王朝虽然灭亡，但爱国之心和民族气节犹在，发扬“理论联系实际”“坚持以人为本”“艰苦奋斗”“勤劳实干”“合作互利”的优良作风，便对未来有着无限期许，对民族之复兴亦是必然。而古人的智慧和精神，对于我们当今社会的每一位公民在为社会主义事业担当大任，为实现共产主义理想的奋斗之路上，都具有极高的启发意义。

三、顾炎武的“生态观”——既“利尽山泽”又不“涸泽而渔”

顾炎武的“生态观”是其“利国富民”“以民为本”发展社会经济最根本的大前提。

晚明时期，中国社会商品经济的发展尚且处于资本原始积累时期，给社会带来活力的同时也伴随着与生俱来的“原罪”。对于如何解决经济发展与自然生态之间的矛盾，顾炎武结合了战国时期庄子“天人合一”的生态观做出了许多富有价值的探索。他认为依托当地自然条件发展经济与自然生态保护是可以相互调和的，不存在“取一舍一”的问题，而在经济发展的过程中，应该做到既“利尽山泽”又不“涸泽而渔”，使得“利国富民”能够得到可持续发展。

（一）“因地制宜”——顾炎武“生态观”的经济借鉴

顾炎武清楚地认识到中国社会忧患产生的根本原因不是苦于经济的发展，而是苦于经济的不发展，即“今天下之患，莫大乎贫”，因而他把发展经济看作解决一切社会问题的根本途径。顾炎武主张要发展经济，就要把权力下放县令，依托当地自然条件促进经济发展，做到“因地制宜”，只有地方和民众富起来了，国家才会富起来。例如，杭州素以旅游业发达著称，市民们多赖此为生，但官府却以“整顿风俗”为名予以取缔。对此顾炎武指出“游观虽非朴俗，然西湖业已为游地，则细民所藉为利”。

在顾炎武看来，杭州旅游业这一当地优势条件对于经济的发展和市民生计问题的解决具有重要作用。对于杭州市民来说，这便是他们的“本业”，可官府却以“整顿风俗”为名使其丧失“本业”，这是不利于商品经济发展的。再者，顾炎武说：“元以前官府皆允许地方开采矿产，元朝统治者惶恐地方民众借采矿聚众暴乱，因此严禁地方采矿”，顾炎武认为这也是压抑生态经济的表现之一，拥有矿产的地方原可以借助生态优势借此发展经济，却被官府以莫须有的名头严令禁止，于是他们的“本业”便也被取缔了。这就导致国富民穷的扭曲社会现状，因而元王朝的统治就如同昙花一现，在各种社会矛盾的尖锐打击下很快就支离破碎以致王朝最终被颠覆。除此之外，顾炎武还指出发展经济就要充分发挥官员的能动性，从“实用”思想的角度出发，他不相信官员们“为天子为百姓”的高谈阔论，认为只有让官吏和老百姓一样有利可图，让县令“自为”，他们才会实心实意地致力于发展地方经济，进而推动国家整体经济的发展，这才能呈现地方经济与国家经济共同繁荣的和谐社会局面。

（二）“无欲速，无见小利”——顾炎武“生态观”的可持续性借鉴

顾炎武作为一名具有远大目光的学者和思想家，自然也会在发展地方经济的同时避免“涸泽而渔”的发展陷阱。顾炎武自崇祯十二年（1639）后对史籍所载的

山川要塞作实地考察，以正得失，在总结历史经验教训的基础上，他得出了经济发展必须以尊重自然规律、维护自然生态平衡为前提的科学结论。《日知录·治地》载“古先王之治地也，无弃也，而亦不尽地。田间之涂九轨，有余道矣。遗山泽之分，秋水多得有所休息，有作法水矣”，说明在先秦时期的人们就已经初步具备了“常因自然而不益生”的自然生态意识，在利用自然条件发展社会的同时也能做到与自然和谐互动，使得生态与地理因素在社会经济发展过程中的两重性得到较好的发挥。但是从商鞅决裂阡陌开始，而“中原之疆理荡然。宋政和以后，围湖占江，而东南之水利亦塞”，顾炎武认为围湖占江造田的做法之所以愚蠢，就在于“徙知湖中之水可涸以垦田，而不知湖外之田将胥而为水也”。顾炎武还观察到，作为中华民族“母亲河”的黄河早就变成“横绝危害”的河流，他认为这一切都是由于人为原因导致的。他在《日知录》里说“河政之坏也，起于并水之民贪水退之利，而占佃河旁汙泽之地，不才之吏因而籍之于官，然后水无所容，而横决为害”。顾炎武认为无论是商鞅开阡陌，还是围湖占江，抑或是民众贪水退之利，这都是犯了“无欲速，无见小利”的原则性错误。围湖占江、民占佃河旁汙泽之地，这都会导致“水无所容”，而后只能“横决为害”，抑或是如山东梁山水泊一般，从方圆百里缩小至十里之水，丧失了原本的自然生态条件，致使“江湖堵塞”“水运弊端丛生”。顾炎武十分重视“江湖通达”对于经济发展的重要意义，指出：“江湖通达，然后田野丰登……然后教化可行……尚何灾患之足忧哉？”在这里，“江湖通达”作为一种生态平衡被看成了人类社会健康发展的根本前提，顾炎武的这一观点对于当今可持续发展与生态文明建设仍具有重要的借鉴意义。

四、结语

明中叶以后，伴随着商品经济的发展和资本主义主义萌芽的诞生，一系列的社会矛盾在这封建社会晚期逐步暴露出来并尖锐化。此时的顾炎武在发展经济的大前提下，着重提出“利国富民”“人与自然共生”的民本观与生态观的思想主张，是对其所处时代针砭时弊的进步设想，其中蕴含的“可持续发展”内涵对当今中国特色社会主义经济建设也具有十分重要的借鉴价值。

历史视野下的顾炎武“富民观”及理论价值

广州市天河区城市管理和综合执法局一级行政执法员　宁　泊

明末清初的著名思想家顾炎武，针对明朝灭亡的沉痛历史教训，“读万卷书，行万里路”，不仅阅读了各地方郡县志书以及章奏文册资料，还离开家乡北游，往来鲁、燕、晋、陕、豫等省，实地考察，研究疆域、地理沿革、山川形势、水利交通、农田兵防、矿产赋税等社会实际问题，撰述《天下郡国利病书》和《肇域志》。他的“行己有耻”“博学于文”的学问宗旨，也深为后人借鉴仿效。

在当今时代，习近平总书记提出了“治国之道，富民为始”“消除贫困、改善民生、实现共同富裕”的“富民观”。在实现中华民族伟大复兴的“中国梦”的社会实践中，从圣贤顾炎武的“富民观”中汲取宝贵经验和非凡智慧，古为今用，为现代经济社会发展提供理论思想和智力支撑，具有非常重要的意义。

圣贤顾炎武的“富民观”，深深植根于丰厚的中国传统经济理论，站立在儒家“民本”立场上，以“今天下之大患，莫大乎贫”的宏观层面去看待“富民”的重要性，指出了“必以厚生为本”、“富国”与“利民”相一致的和谐“富民观”，并且为“富民”大计提出了“五年而小康，十年而大富”的具体实践途径，真正做到了弃绝“科举帖括之学”，而谋求“经世致用”之学的人生目标。顾炎武的“富民观”，是中国传统经济学“富民观”的集大成者，同时也代表了传统经济学的“最高成就”，对于现代经济社会发展依旧有着很好的理论价值和很强的现实意义。

一、顾炎武“富民观”，以中国传统“儒家”经济学理论为基本立场

通过对顾炎武思想的综合了解，我们会发现：顾炎武的各种思想，包含他的文

化思想、政治理念等，基本来源于他对中国传统文化的深度耕耘。顾炎武的思想，深深烙上了儒家文化的印记，带有鲜明的儒家文化的思想立场。他的“富民观”和其他经济类观点，同样也都反映出这样的特征。

中国传统经济理论，有两种基本对立的思想学派。一种是儒家学派，根源于《尚书》《诗经》《管子》以来的“民本”思想传统；另一种是法家学派，以荣夷公、商鞅、桑弘羊、王安石等为代表。两种思想都主张通过经济改革来实现“富国强兵”的目标，但在具体措施上，有明显区别。对于法家学派的做法，儒家文人多有批评。

比如汉代著名的《盐铁论》，代表儒家的“文学派”评价商鞅等法家学派的经济学，说：“商鞅以权数危秦国，蒙恬以得千里亡秦社稷：此二子者，知利而不知害，知进而不知退，故果身死而众败。此所谓恋朐之智，而愚人之计也，夫何大道之有？”“文学派”所说的“大道”，就是儒家坚守的“民本”的“圣王之道”。

司马光反对王安石的变法，也是基于儒家理念而对法家措施提出的批评。他在回答宋神宗“要不要变法”问题时，提出鲜明的主张：“使三代之君常守禹汤文武之法，虽至今存可也，汉武取高帝约束纷更，盗贼半天下。元帝改孝宣之政，汉业遂衰。由此言之，祖宗之法不可变也。”可知司马光奉行的，就是“禹汤文武之法”，具有鲜明的儒家立场。而他反对王安石新法，也是因为他认为王安石新法是“困民之法”，它以“聚敛相尚”“其害乃甚于加赋”。他批评王安石新法是“轻改旧章”“尽变旧法”，这旧章旧法，正是儒家“便民”之法。所以司马光说：“择新法之便民益国者存之，病民伤国者悉去之。”

儒家强调“仁政爱民”，儒家的“富民观”，渊源很早。《诗经》就有“百室盈止，妇子宁止”的话，意思类似管仲所说“仓廪实而知礼节，衣食足则知荣辱”的观念。在《管子·治国》中说：“足民有产，则国家丰矣。凡治国之道，必然富民。民富，则易治也；民贫，则难治也。故治国常富而乱国常贫，是以善为治国者必先富民，然后治之。”

管子的“治国论”，具有浓郁的“民本”色彩，他已经明确提出“治国先要富民”的思想。在《立政篇》中说：“民不怀其产，国之危也。”这样的思想，很明显和《论语·颜渊篇》所讲“百姓足，君孰与不足？百姓不足，君孰与足”是一致的，也就是孟子所说的“有恒产者有恒心”，儒家的“富民观”，都是以“民本”

思想为基础的。

顾炎武的"富民观"，带有鲜明的传统"儒家"立场。在《日知录》中，顾炎武提出："庶民安故财用足。民之所以不安，以其有贫有富。贫者至于不能自存，而富者常恐人之有求，而多为吝啬之计，于是乎有争心矣。"这种观念很显然来自孔子。孔子在《论语·季民》第十六中指出："闻有国有家者，不患寡而患不均，不患贫而患不安。盖均无贫，和无寡，安无倾。"

顾炎武在《郡县论》所讲："今天下之大患，莫大乎贫"，和管仲"民贫，则难治也。故治国常富而乱国常贫"的观点，也有继承关系。在《日知录》中，顾炎武还写道："至于《葛藟》之刺兴，《角弓》之赋作，九族乃离，一方相怨……然后知先王宗法之立，其所以养人之欲，而给人之求，为周且豫矣。"这里"养人之欲，给人之求"，指的就是国家对于百姓的利益安排。这样的思想，也来自上古以来源远流长的传统经济观念。比如，姜太公的《六韬·文师》："天下非一人之天下，乃天下之天下也。同天下之利者，则得天下；擅天下之利者，则失天下。"这里的"同天下之利者"，就是把天下的利益分给百姓。又如，管仲的《管子·乘马》："圣人之所以为圣人者，善分民也。圣人不能分民，则犹百姓也。于己不足，安得名圣？"这里的"分民"，就是国家把利益分配给民众。

顾炎武在《郡县论》中提出"利尽山泽而不取诸民，故曰此富国之策也"，明确提出"不取诸民"，正和司马光"便民益国者存之，病民伤国者悉去之"的观念一脉相承。他在《日知录》里也批评了熙宁之政，说："自熙宁以来，言利之臣不知本末，欲求富国……无益于算也。"顾炎武反对"财聚于上"，而主张"藏富于民"，这种观念也是对古代一直延续的儒家思想的继承。如宋代苏辙就说过"善为国者，藏之于民"这样的话。

在顾炎武的著作中，经常引用来自传统儒家典籍中的箴言名句。管仲的话，孔子的话，都被他广泛引用。他还引用了《尚书》中记载尧禅让帝位给舜的话，尧帝对舜帝说："四海困穷，天禄永终。"意思是如果帝王治理天下，而让天下百姓处于困穷当中，就是违背了圣王理想的。

这样的例子很多，说明顾炎武的经济观，受到传统儒家思想的深深浸染，他的"富民观"其实是以儒家关注民生，以民为本的思想作为出发点的。他的经济学思想，发源于此，也深入于此。所以，顾炎武的"富民观"，坚定站立在儒家"民本”思想的立场上，具有鲜明的儒家色彩。

二、顾炎武“富民观”，指向了“富国”与“利民”的“和谐”目标

顾炎武是一位具有进步思想的启蒙思想家。顾炎武的“富民观”，是坚定站立在“民本”立场上的儒家经济观念，他非常强调“富国”与“利民”的“和谐”一致，并且做了大量的阐述。

顾炎武把“富国”和“利民”当成“富民观”的“一体”，而以“利民”为前提基础。顾炎武敏锐地指出：保障民众富足就是保障君主富足。民富，就是国富的前提和重要基础。顾炎武一再引用孔子的话：“百姓不足，君孰与足？”指出君主的富足，建立在百姓富足的基础上。顾炎武十分强调“民穷而盗起”“自古以来，有民穷财尽，而人主独拥多藏于上者乎？”这种观念，非常类似马克思主义“经济基础决定上层建筑”的思想哲学。

为了详细说明这一点，顾炎武曾经举了一个例子。《南唐书》记载：李后主时代，财富过度集中在朝廷手里，货币却一再贬值。最初“以铁钱六权铜钱四，而行至其末年，铜钱一直铁钱十”。而南唐灭亡的时候，“诸郡所积铜钱六十七万缗。”顾炎武感叹说：“此所谓府库财非其财者矣。”国库财货再多，也不能构成国家之基，民富和国富，才能构成国家的力量。

正是基于这样的思想出发点，顾炎武儒家“富民观”的一大观点，就是反对“财聚于上”。

顾炎武认为：“财聚于上，是谓国之不祥。不幸而有此，与其聚于人主，毋宁聚于大臣。”他反对将国家的财富，集中在朝廷的国库当中，认为这是一种带有“隐患”的做法。顾炎武以历史上殷商王朝举例说：“昔殷之中年，有乱政同位，具乃贝玉，总于货宝，贪浊之风亦已甚矣。有一盘庚出焉，遂变而成中兴之治。及纣之身，用义雠敛，鹿台之钱、钜桥之粟聚于人主，而前徒倒戈，自燔之祸至矣。”殷商王朝的历史教训可以看到：财货集中在朝廷，就有“贪浊之风”，最终也导致商纣王时代的灭亡。而盘庚中兴，提倡节俭，改良风气，却能在乱政中得到“中兴”。

顾炎武还以唐宋时期的经济政策为例，反对财富聚敛于朝廷之上。宋代身为户

部侍郎的苏辙曾说：“善为国者，藏之于民；其次藏之州郡；州郡有余，则转运司常足；转运司既足，则户部不困。”

在《日知录·言利之臣》中，顾炎武把明太祖朱元璋和万历皇帝以后的朝廷对“财聚于上”的观念态度，做了一下对比，鲜明表达出对“财聚于上”的反对。在这篇文章里，顾炎武引用了明太祖朱元璋的故事。当时有位大臣——广平府吏王允道进言说：“磁州临水镇产铁，请置炉冶。”王允道的意思，是让朝廷开发冶铁技术，获得财政收入。

朱元璋说：“朕闻治世，天下无遗贤，不闻天下无遗利。且利不在官则在民，民得其利则财源通，而有益于官，官专其利则利源塞，而必损于民。今各冶数多，军需不乏，而民生业已定，若复设此，必重扰之矣。”

朱元璋的意思，国家任用贤能之士，只恨不能用尽，而使贤士遗留民间无用。从来没有一个国家，会把利益尽收囊中。天下的利益不在官府就在民间，百姓得到利益就会让财源流通，这对朝廷是有利的。官府垄断利益就会使财源堵塞，一定会给民众带来损害。垄断冶铁，“无益于国，且重扰民”。

所以，对于这位建议收拢民间利益的大臣，朱元璋将他“杖之，流岭南”，流放到远远的天涯海角去了。

不能不说，朱元璋是开明的。他不垄断利益而使国家的财源堵塞，并且驱逐了追逐利益的大臣。对此，顾炎武给予了很大的肯定说：“圣祖不肩好货之意，可谓至深切矣。”顾炎武认识到，这是意义非常深远的事件，对于国家经济有很大的帮助。

但是到了万历年间，情况就不同了。“自万历中矿税以来，求利之方纷纷，且数十年，而民生愈贫，国计亦愈窘。”万历年间朝廷开始垄断开矿，与民争利，最终的结果是民生贫困，国家经济也困窘。面对这种情况，顾炎武提出了他的警诫：“为人上者，可徒求利而不以斯民为意与？”

既然“财聚于上，是谓国之不祥”，那么顾炎武的主张，就是“藏富于民”。在《日知录》卷十二的《财用》部分，顾炎武说：“古之人君，未尝讳言财也。……民得其利，则财源通而有益于官；官专其利，则财源塞而必损于民。”在《财用》里，顾炎武“议古论今”，以历史的兴衰作为经验，进一步阐述了他“富国利民”的思想观念。

顾炎武认为："币"从产生的时候，就是一种"权百货之轻重"的"平准"性质的权衡之物，利用"币"来"导利而布之上下，非以为人主之私藏也"。《食货志》言："民有余则轻之，故人君敛之以轻；民不足则重之，故人君散之以重。凡轻重敛散之以时，则准平。"也就是说，钱币从诞生的功能来看，就不是让君主来私藏的，而是用来"平准"的。这就从经济学的专业角度出发，论述了"财货"从产生开始的职能，就是用来"权衡"的，不是用来"私藏"的。

看得出来，顾炎武"藏富于民"的经济观，是建立在他对中国古代经济发展的深入研究上的。他列举了很多历史上唐宋两朝的经济状况，并开展有关论述。唐代的"两税法"，宋代的财税制度，他都进行了深入的探讨。在分析宋代经济社会状况时说："宋太祖乾德三年（965），诏诸州支度经费外，凡金帛悉送阙下，无得占留。"顾炎武认为：宋代实行的财税制度，就是过度把财货集中在朝廷，然后需要的时候再从朝廷那里领取。这样做的弊端很大，顾炎武指出："宋之所以愈弱而不可振者，实在此。"顾炎武认为：宋代国家富有而国力孱弱，根本原因就在于"财聚于上"，这种弊端宋代人并没有发现。

顾炎武赞同古代经济学家提出的"藏富于民"的举措，并且认为这是很重要的制度。"是亦汉人之良法也"，然而这一点却常常被君主和政治家忽视，认识不到"藏富于民"的重要性，不能够明白这里面的深奥用意，"后之人君知此意者鲜矣"。顾炎武能够站在历史宏观的角度，提出这样的经济观，真可谓"远见卓识"。

三、顾炎武的"富民观"，提出了"富国利民"的途径和方法

作为一个主张"经世致用"的思想家，顾炎武并不满足于仅仅提出一个"富民观"的经济观点，而是深入探讨社会经济的内在规律，从而提出一些能够具有实践意义的"致用"之方，来作为"富国利民"的可行性途径。

顾炎武提出"富民观"的第一个途径，就是官吏要守法廉政。他认为官吏的守法廉政，才是富民之道的保证。

顾炎武是明末清初人，他以大明为故国，入清不仕，对于亡国的大明，表达出深深的感情和沉痛的惋惜，所以他走遍天下，勘测地理，想要找出明代灭亡在

政治、经济、军事、文化各方面的原因。他目睹崇祯末年官吏腐朽贪婪的现状，在书中一再引用《管子》的话说："与天下同利者，天下持之；擅天下之利者，天下谋之。""呜呼！崇祯末年之事，可为永鉴也。已后之有天下者，其念之哉！"

顾炎武提出的"廉洁，富民之道"观念，正是在这样的情况下提出的。1644年，李自成围困北京时，明朝政府无粮无饷，难以调兵。崇祯皇帝号召在京官员及富户，国家有难，捐助钱财。当时明朝的官员贪婪好财，哭穷逃避，不愿捐助。他老岳父周奎更是戏精，哭诉自己家贫，只肯捐出一万两。崇祯皇帝最后只募集了20万两。到了李自成进京，棍杖狂飞，单周奎一家就搜出现银53万两，珍宝无数。

官员贪婪如此，国家焉能不灭亡？顾炎武对这种现象深为痛恨。他引用《礼记·礼运》里的话："大臣法，小臣廉，官职相序，君臣相正，国之肥也。故欲正君而序百官，必自大臣始。"顾炎武很赞赏诸葛亮的做法。诸葛亮上表后主，说自己"有桑八百株，薄田十五顷"就足够了，即使死后也不使自己多有财帛之物以辜负国家。这种"俭以养德"的品质，是顾炎武十分敬慕的。他认为官吏豪奢，"民人生其怨诅"，是败坏国家的行径。"夫廉不过人臣之一节，而左氏称之为忠，孔明以为无负者，诚以人臣之欺君误国，必自其贪于货赂也……诚知夫大臣家事之丰约，关于政化之隆污，则可以审择相之方，而亦得富民之道矣。"

顾炎武提出"富民观"的另一个途径，就是政府对经济进行合理的调控，即善用"平准法"。

在《日知录》中，顾炎武总结了古代政府使用"平准法"的案例。南朝齐武帝永明年间，"粟帛轻贱，工商失业"，采取的措施就是："令京师及四方出钱亿万，籴米谷、丝绵之属，其和价以优黔首。"让朝廷及四方官府出钱亿万来购买这些太过轻贱的物品，以提升物价，保护民众。

唐宪宗时期，也遇到类似的问题。财富过多集中在朝廷国库之内、权贵富户之家，市场上流通的钱币太少，导致"谷帛之价转贱，农桑之业益伤"，朝廷多次"出内库钱五十万贯，令两市收买布帛"，以保护市场。

主张政府对经济进行调控的思想，在中国也来源甚早。春秋时代的管仲，就提出了以政府为主导的"介入式"管理。主张政府通过垄断货币铸造与发行、对市场物价进行人为干预、垄断食盐与铁器的生产与销售、成立面向大众生产生活的借贷机构等措施，来实现国家财政充裕的富国之道。《盐铁论》说：“故善为国者，天下之下我高，天下之轻我重。”意思就是善于治理国家的人，应该是天下的东西太廉价的时候，就使它价格高；天下物品被忽略的时候，就足够重视。

顾炎武认为这是宝贵的经济经验。通过这样的“宏观”国家调控，来保护工商业者，实现“利民”之道。

顾炎武提出“富民观”的第三个途径，是保护富户私产。儒家自古就重视保护私产，孟子说：“有恒产者有恒心”，认为这是稳定社会的重要因素。作为明末清初的启蒙思想家，顾炎武也深深认识到这一点。他举了正反两个例子。南宋“高宗建炎二年（1128），有湖州民王永从献钱五十万缗，上以国用稍集，却之，仍诏：‘今后富民不许陈献。’”

顾炎武很赞成宋高宗的做法，称赞说：“嗟夫，此宋之所以复存于南渡也与？”他认为富户通过自己的努力获得财富，属于“恒产”，保护恒产使得“民富”是值得肯定的。但是对于另外一些朝代提倡富户捐献财产的做法，顾炎武却表示反对。因为这让“戚畹之家常惴惴不自保”，都城之中十家富户有五家在卖房子“其不祥孰甚焉”。顾炎武认为：让富户捐献财产，会造成社会的不安状况，不利于长治久安。这种对富户私产进行保护的思想，也是顾炎武“利民”思想的表现。

顾炎武提出“富民观”的第四个途径，就是合理利用天下资源，降低行政运行成本，减少冗赘的浪费。在《郡县论》里，他指出了明朝因为政务多冗赘，行政运行成本过高，而导致资源极大的浪费。“且以马言之：天下驿递往来，以及州县上计京师，白事司府，迎候上官，递送文书，及庶人在官所用之马，一岁无虑百万匹，其行无虑万万里。今则十减六七，而西北之马羸不可胜用矣。”驿马每年要使用如此之多，其他的资源也是如此。比如，“文册”之类，“一事必报数衙门，往复驳勘必数次，以及迎候、生辰、拜贺之用，其纸料之费率诸民者，岁不下巨万。今则十减七八，而东南之竹箭不可胜用矣”。

顾炎武所谈到的行政成本浪费，类似一种“统筹方法”运用，用更高效的行政方法，更有统筹的合理安排，能够减少极大的行政浪费，从而省下众多的资源财物。这是一种“节流”的办法。

除了“节流”，顾炎武也提到了“开源”之术。顾炎武认为：“开科取士，则天下之人日愚一日，立限征粮，则天下之财日窘一日。吾未见无人与财而能国者也。”他认为：人民和财物，是“富国利民”的基础。没有这两个基础，国家是无法兴盛的。解决这个难题，就是“开源”，即“必有生财之方而后赋税可得而收也”。

针对“开源”的问题，顾炎武提出的解决方案是：“且使为令者得以省耕敛，教树畜，而田功之获，果蓏之收，六畜之孳，材木之茂，五年之中必当倍益。从是而山泽之利亦可开也。”由官府带领民众，多从事种树、畜牧业，得到的瓜果谷物、牲畜的繁衍，经济林木，在五年之中能够加倍收益。这就是顾炎武所说的“山泽之利”。此外，“采矿之役”等，也可以为政府带来收益。通过这些“开源”之术，“利尽山泽而不取诸民，故曰此富国之策也”。

这些“富国利民”的方法途径，是顾炎武深入研究社会经济的结果，具有创新意义和“经世致用”职能，反映了一代大儒关注民生、拯济国家的“济世”情怀。

四、顾炎武的“富民观”，对于现代社会经济构建依旧具有理论价值

顾炎武的“富民观”，既是对中国历史上经济思想的继承，又结合他“行走万里路”的社会实践，和对明代政治财赋、土地矿产等典章制度的深入调查研究，提出的建设性的“富民”建议。顾炎武称得上古代“经济学”研究方面的“集大成者”，他的很多经济思想，对于现代社会经济构建，依旧具有理论价值和借鉴意义。

比如，顾炎武以“民本”为基础的儒家“富民观”，坚持“必以厚生为本”，主张“国富”和“民富”是统一的价值理念。他主张政府采用“平准法”，对宏观经济进行调控的思想，在今天的经济生活中依旧使用。

顾炎武反对“财聚于上”，认为财货过度集中在朝廷，就有“贪浊之风”的看法，认为政府垄断利益就会使财源堵塞，会给民众带来损害等思想，在今天也有深刻的警诫意义。他所谈到的用更高效的行政方法，更有统筹的合理安排，减少极大的行政浪费的“节流”观点，同样是今天的经济生活要高度重视的问题。顾炎武主张“廉洁，富民之道”的思想，对于今天的廉政建设也是金科玉律。

顾炎武的“富民观”，闪烁着一位伟大先贤思想家的智慧光辉。他的“富民观”蕴含的深刻的思想价值，在当今的社会主义现代化建设中仍不减其理论价值与

应用价值。

顾炎武是苏州昆山千灯人。几百年后的顾炎武故乡昆山，已经发展成为一个非常发达的现代化工商业大城市。据统计数据，2022年，昆山地区生产总值突破5000亿元，连续18年位居全国百强县首位，跻身全国105座大城市行列。这样惊人的发展奇迹，在整个中国都非常罕见。从中我们可以看到：顾炎武故乡的昆山人，是怎么继承了先贤精神，以理性和开拓精神，创新发展，把自己的故乡建设成这样一个富裕发达的大城市的。先贤精神代代相传，可能就是这个城市永世不竭的发展动力。昆山城市率先实现了“小康”，也实现了“大富”。从这个意义上来看顾炎武提出的“五年而小康，十年而大富”的美好理想，是多么令人激动。我们可以骄傲地说，今天，一代圣贤顾炎武的“富民观”的伟大理想，终于在他的故乡昆山得到实现。

顾炎武“行己有耻”思想探析

苏州大学哲学系中国哲学 2022 级硕士研究生　**赵爱卿**

顾炎武生活在明末清初，明清朝代更迭，清朝入主中原，一些饱读诗书、精通儒学、满腔抱负的儒门子弟陷入两难之境，他们既想施展抱负，又因耳濡目染的儒门气节使他们形成不仕异族的家国情怀，为此，许多文人隐世遁匿，自甘堕落，既无法改变现状，又不愿与世合流，因此出现“士大夫儒而归禅者十常四五”的现状。尽管如此，值此明朝倾颓覆灭、清朝立足未稳之际，出现一大批爱国的仁人志士，他们为民请命、为世治心，反思明亡的原因，总结历史教训，寻求济世良方，作为明朝遗老的顾炎武，便是中坚力量。在面对异族入侵导致社会动荡、王学空疏造成世风流弊、士人弃节产生道德危机的社会病症时，顾炎武将其内在根源归结于“无耻”，并开出“行己有耻”的济世良方。

一、亡国之根源：无耻

明朝倾颓衰败，清朝入主中原造成了社会的极度动荡，清兵对江南地区的暴力征服，致使江南等地的黎民百姓陷入水深火热之中，顾炎武对深受其害的父老百姓深感同情，也对清兵的残暴行径深恶痛绝。且在阳明后学之空疏流弊的影响下，士人道德败坏之寡廉鲜耻，贪腐靡靡之风充斥朝野，社会风气之世风日下成为当时一大问题。对亲历国破家亡、异族入侵、生灵涂炭、民不聊生之社会动荡的顾炎武而言，他作为明朝遗老，明朝覆灭的原因与教训是不得不进行反思和总结的，他最终得出“有人伦，然后有风俗；有风俗，然后有政事；有政事，然后有国家”的论断，究其根源，皆可归于“耻”之有无，故他悲叹“士大夫之无耻，是谓国耻”。

（一）王学流弊之耻

明中后期王学大兴其道，“聚宾客门人之学者数十百人……而一皆与之言心言性，舍多学而识，以求一贯之方，置四海之困穷不言，而终日讲危微精一之说”。顾炎武点出明末士人为学之空疏流弊的现状。宋儒通过三百余年的努力，终于将儒家道统与先秦孔孟儒学得以接续，牟宗三先生在《心体与性体》一书中，将宋明六百年之思想成果划为三个理论体系：一是周敦颐、张载、程颢、胡宏、刘宗周，此一系以《中庸》《易传》为内核，回扣《论语》《孟子》，涵摄《大学》；二是陆九渊、王阳明，此一系直接接续《孟子》《论语》，并涵摄《中庸》《易传》《大学》；三是程颐、朱熹，此一系以《大学》为思想入路，并由《大学》涵摄《论语》《孟子》《中庸》《易传》，并认为此三系中，前两系为先秦儒之正宗，程朱一系则是“别子为宗”。因程朱理学之官方地位的确立，其原有的义理随之僵化，明中后期陆王心学影响日盛，但由于王阳明之“四无”“四有”的顿、渐教法并存，导致王学后来分化为主张“虚无”和“实有”两大派别，即以王畿为代表的主张虚无、注重彻悟本体的禅学派和钱德洪为代表的主张实有、注重为善去恶的格物功夫的实学派。到了明末，阳明后学或因不解阳明深意，或因资质稍浅，却又不屑实修体证、不务实学、空谈心性，故多陷于空疏流弊之中。对此，顾炎武批判地指出“生于草野之中，当礼坏乐崩之后，于古人之遗文一切不为之讨究，而曰：‘礼吾知其敬而已，丧吾知其哀而已。’以空学而议朝章，以清谈而干王政，是尚不足以窥汉儒之里，而何以升孔子之堂哉！”

（二）异族入侵之耻

顾炎武生活在明清易代之际，明朝被清朝取代，随之而来的社会问题，就是要接受异族的统治。在“亡国”与“亡天下”的时代背景下，顾炎武目睹清兵入侵江南时滥杀无辜、无恶不作，扬州十日以及江阴、昆山等地的屠城，致使数百万生灵尽膏草野，这些发生在其周遭的人间惨剧，尤其是其本生母何氏之伤而折右臂、同怀弟缵、绳及挚友吴其沆之罹难，更使他没齿难忘。他愤然用“十年天地干戈老，四海苍生痛苦深”来谴责清兵的残暴，并对江南父老的遭遇深切同情。顾炎武深恶清兵残暴的武力征服，知道“得民心者得天下”之道理，他劝诫后世之王“取天下者无灭国之义也！”“不动其行一不义、杀一不辜而得天下有不为也之心”。还通过对于正义战争的解读，深刻地反衬出对清兵入侵的深恶痛绝，并进行悲愤地控诉，“古圣王之征诛也，取天下而不取其国，诛其君、吊其民而存其先世之宗祀焉斯已矣”。告诫后王正义的战争是取天下，是以“吊民伐罪”为目的，而与之相反的侵略，则是“一战取人之国，而毁其宗庙，迁其重器”。

（三）士人弃节之耻

顾炎武在《日知录》中点出明后期万历朝的士大夫之表状“万历以后，士大夫交际多用白金，乃犹封诸书册之间，进自阍人之手。今则亲呈坐上，径出怀中，交收不假他人，茶话无非此物。衣冠而为囊橐之寄，朝列而有市井之容”。将万历一朝的士大夫之寡廉鲜耻、趋炎附势、中饱私囊、假公济私之丑态尽显于字里行间。当清朝入主中原，明朝覆灭之际，多有屈节弃志、入朝为官之辈，“此说一行，则国无守臣，人无植节，反颜事仇，行若狗彘，而不之愧也”。对“反颜事仇”之徒，顾炎武认为他们如同狗一样，奴颜婢膝、摇尾乞怜，只认取利益，毫无廉耻可言，不配以人相待。

顾炎武还针对南北士人之现状，也有深切感怀“‘饱食终日，无所用心’，难矣哉！今日北方之学者是也。‘群居终日，言不及义，好行小慧’，难矣哉！今日南方之学者是也”。对当时现状的无可奈何深感悲切，同时也对南北学者好利求荣、寡廉鲜耻、忘却国仇家恨深表痛心。此外，他还对当时士大夫阶层中所代表的负面国民性之“夸毗”之性、贪婪之性、势利之性、虚伪之性、游惰之性等寡廉鲜耻的行为进行了深刻地批判。由此可知，顾炎武在明清易代的反思中，认为“耻”占据主要的地位，甚至把明亡的内在根源归结到了“无耻”上，认为军队因无耻而克扣军饷、中饱私囊，导致边防军队屡屡哗变；官员因无耻而安逸享乐、腐败敛财；商贩因无耻而奸诈骗取，扰乱社会秩序；市井因无耻而甘堕落、嗜赌博、竞奢淫、佞仙佛，败坏社会风气，对此，顾炎武愤然悲叹“士大夫之无耻，是谓国耻”。

顾炎武将明亡之原因归结于“士大夫之无耻”，或许过于一偏之见，但将明清易代之内在根源归结于“无耻”，是没有问题的，因为社会动荡、世风日下、道德败坏之总根源，皆可归于“耻”之有无上。顾炎武记载宋代学者罗从彦之语：“教化者，朝廷之先务；廉耻者，士人之美节；风俗者，天下之大事。朝廷有教化，则士人有廉耻；士人有廉耻，则天下有风俗。”可见士大夫的廉耻能够影响社会风气的发展与转向。

二、济世之良方：行己有耻

顾炎武清醒地意识到，明朝的灭亡不仅是中国传统社会经济、政治危机的总爆发，而且也是道德危机的总爆发。他深知“耻”的重要性，故针砭时弊地提出“行己有耻”，并将“博学于文”与之有机地联系起来。在顾炎武看来，“愚所谓圣人之道者如之何？曰：‘博学于文’，曰：‘行己有耻’。”故而圣人之道不过是“博学于文”和“行己有耻”的有机结合。对于顾炎武之“圣人”观念背景下的“行己有耻”与“博学于文”之解读，正如周可真教授所概括的那样“从伦理学角度看，‘博学于文’对于人的意义就在于使他成为‘礼义’的立法者；‘行己有耻’的意义则在于他作为‘礼义’的立法者而服从‘礼义’，从而使他成为一个真正具有人的尊严的伟大的人——‘圣人’。毫无疑问，在顾炎武的伦理思想中，‘耻’是道德的最高原则”。

（一）耻尤为要的廉耻观

顾炎武对《管子》中的“礼义廉耻，国之四维；四维不张，国乃灭亡”有着深刻的认同，故他指出：“《五代史·冯道传论》曰：‘礼义廉耻，国之四维；四维不张，国乃灭亡。’善乎管生之能言也。礼义，治人之大法；廉耻，立人之大节。盖不廉则无所不取，不耻则无所不为。……然而四者之中，耻尤为要。故夫子之论士曰：‘行己有耻。’……故士大夫之无耻，是谓国耻。”顾炎武认为士大夫中的官员是治国理政的实际执行者而代表国家，所以士大夫之耻就相当于国之耻。在《廉耻》中，顾炎武还分析了“辽东战事”失败的原因，“知耻”的大小程度直接影响军队的战斗力，总结出了“古人治军之道，未有不本于廉耻者”的道理。由此推理，如果士大夫践行“行己有耻”的原则，明王朝就不至于灭亡。

顾炎武认为明朝的覆灭与士大夫之耻脱不了干系，作为明朝体制系统中的士大夫，其言行举止和举手投足尽显明朝之社会风气，以士大夫团体为代表的政府官员之处事行为决定着明朝的未来走向，其行为的外显便是“廉政”，内化便是“耻德”。顾炎武对“耻”的重视，不仅是因异族入侵之夷夏之辨，更是对明朝覆灭的反思和历史教训的总结，故才说“耻尤为要”。对于“耻德”，顾炎武认为有二，一是耻为成人之标的：“廉耻，立人之大节”“士而不先言耻，则为无本之人；非好古而多闻，则为空虚之学。以无本之人而讲空虚之学，吾见其日从事于圣人而去之弥远也。”如果一个人无耻，且不屑于言耻，在顾炎武看来便是无本之人，即使博古闻今、学富五车、游方讲学，也不过是空虚流弊之学，尚不能称其为人，何况是成己成物之圣人。二是耻为患民之泽薄：“不耻恶衣恶食，而耻匹夫匹妇之不被其泽。”天下百姓皆有恩泽所被，便是“耻德”之外显而为“廉政”之体现，故“行己有耻”之内外两面便是耻和廉，即以耻为体，以廉为用，故“耻尤为要”。

明末之社会动荡、朝野腐败、世风不古、道德败坏之浮夸流弊的内在根源或可归于“耻”之有无，对此，在顾炎武看来，无论是明末之社会流弊，还是战事之失利，其主因在朝野上下、庙堂江湖皆无廉耻上。因此，顾炎武对当时世俗流弊之无耻行为深恶痛绝，在给他外甥的书信中写道：“诚欲正国君以正百官，当以激浊扬清为第一要义，而其本在于养廉。”意在教导其要廉洁奉公，不可随世染污，要时刻以“养廉”为要，践行“贵廉洁，贱贪污”之警句。

（二）忠以孝先的忠孝观

顾炎武在传统之忠君爱国的意义上，对“忠”做了新的诠释。他认为，“忠”不再是单纯地忠于君，更多的是要由“忠君”转向“忠民”，其转向的根源在于顾炎武作为明朝遗老，又目睹清兵对江南父老之残暴行径，生母断臂之辱，江南父老家破人亡，使顾炎武对清朝无有好感，又受嗣母绝食明志，并劝其不事二主，故其对“忠”很是重视。

对明朝遗老的顾炎武而言，“忠”到底是什么？顾炎武认为：“子之必孝，臣之必忠，次不必待卜而可知也。其所当为，虽凶而不可避也。……子孝臣忠，义也；违害就利，志也。”“子孝臣忠”就是定然之理，即“忠臣不事二主”正好契合其嗣母之告诫。既是忠臣，则定忠君。何为忠臣、忠君？“所谓大臣者，以道事君，不可则止。”在孔子看来，并非凡事皆忠于君才是“忠臣”，而是“君明臣忠”，若是以道事君，而君不行君道，则臣就可弃仕辞官。顾炎武继承孔子君臣之道的基础上提出：“子之孝，臣之忠，夫之贞，妇之信，此天之所命，而人受之为性者也，故曰：‘天命谓之性’。”在顾炎武看来，忠与孝是人而为人的大本，作为明朝遗老，面对清朝入主中原，正是在亡国羞耻之心的驱动下，他投身南明，加入复社，一直坚守对明朝之“君臣礼节”，恪守其嗣母之“不事二主”的告诫。他曾六次从家步行至南京明孝陵哭吊开国皇帝朱元璋，又在漂泊各地途中，两次至京城长陵哭吊明成祖朱棣，六次到明思陵哭吊明代末帝朱由检。

随着明朝彻底覆灭、清朝地位巩固，虽然他仍坚守不事二主的原则，拒绝修订《明史》的征召，但也渐渐接受了清朝的统治，如“稍稍去鬓毛”，与清朝的官员“交往过密”，与《明史》馆修有联系并愿意提建议等。这说明顾炎武已经基本认可了清朝的统治，其视清朝为“死敌”的思想已经弱化了。顾炎武对“忠”有新的诠释，明朝之君不在了，但明朝之民仍在，故由“忠君”转向了“忠民”，认为“子孙不忘其祖父，孝也；后人不忘其先民，忠也；忠且孝，所以善俗而率民也。”他在《拟唐人五言八韵》中表彰了历史上的一些先民大德，歌颂他们的丰功伟绩，用以表衬其“忠臣不事二主”之心志。

自古忠孝难两全，顾炎武认为当以“孝”为先，“孝”是“忠”的前提，当两者发生矛盾时，他选择尽“孝”，先尽“孝”再尽“忠”。在顾炎武看来，“学者宜如之何？必先之以孝弟，以消其悖逆陵暴之心，继之以忠信，以去其便辟侧媚之习，使一言一动皆出于其本心，而不使不仁者加乎其身，夫然后可以修身而治国矣”。作为士大夫为学之道与道德修养而言，“耻”作为内在根源，具体之外显于个体生命则为孝悌忠信，其内化即是仁，通体流遍即是礼之规范。具体而言，孝悌当先于忠信，通过孝悌祛暴戾、除悖逆、弃谄媚，行止坐卧、举手投足间皆发自纯然本心，便可达至“仁”的境地，便能修身以致平天下了。

（三）先义后利的义利观

“义利之辨”自古是儒家之重点，甚至宋儒朱熹有“义利之说，乃儒者第一义”之言论。《论语》曰“子适卫，冉有仆。子曰：‘庶矣哉！’冉有曰：‘既庶矣，又何加焉？’曰：‘富之。’曰：‘既富矣，又何加焉？’曰：‘教之。’”在孔子看来，当百姓贫穷时，先使之富有，然后行仁义之教，正如“仓廪实而知礼节，衣食足而知荣辱”。在“民以食为天”的时代背景下，衣食无忧是最重要的，仁义教化次之。先秦儒家在处理义利关系上，承认物质利益和精神追求的合理性，义利为人之两有，但他们也清醒地意识到，人类处于物质利益与精神追求、个人利益与公共利益的持续冲突之中，他们主张通过礼义的方式去解决和调解公私、群己、人我的利益冲突。

顾炎武在继承先秦儒家对待义利的态度上，进一步提出“以私为公”“先义后利”的义利观，他认为“私利”是人之常情，也是“义”的一部分。“自天下为家，各亲其亲，各子其子，而人之有私，固情之所不能免矣，故先王弗为之禁。”可见顾炎武的“各亲其亲，各子其子”之私利为义是在“天下为家”的前提下才成立的，若无此前提，则在“天下为公”的背景下仍须以“亲亲”“子子”，此范畴则属于“仁”之意蕴。既然是在“天下为家”的时代背景下，是在“既庶矣，又何加焉”之大环境下，则需要以“各亲其亲，各子其子”来使庶民变得富有，这是人之常情，是需要认可的，但这个前提是不能不择手段地谋求财富，是要在“义”之“行己有耻”的前提下谋求利益。士大夫若是以“行己有耻”来约束自己之行为，在谋求财富时以“义”作为坚守之道德底线，以先义后利、见利思义之念头内化于心便是“耻”，外显之行为便是合乎中节的“廉”。对于士大夫之寡廉鲜耻之现状，顾炎武提出“先义后利”之观念：“读孔孟之书，而进管商之术，此四十年前士大夫所不肯为，而今则滔滔皆是也。有一人焉，可以言而不言，则群推之以为有耻之士矣。上行则下效之，于是钱谷之任，榷课之司，昔人所避而不居，今权且攘臂而争之。礼义沦亡，盗窃竞作，苟为后义而先利，不夺不餍。后之与王，所宜重为惩创，以变天下之贪邪者，莫先乎此。”他认为士大夫之言行举止对社会风气有深刻的影响，对劳苦大众起着上行下效的引领作用，对于当时士大夫之争相抢夺有利可图之职位的现状，一针见血地指出此种状况是由士大夫之道德败坏、见利忘义之无耻而造成的。对此他强调：“苟非返普天率土之人心，使之先义而后利，终不可以致太平。故愚以为今日之务，正人心急于抑洪水也。”并指出正人心乃为当务之急。

对于此种社会现状，顾炎武主张严惩贪官污吏，严打贪污腐败之现状。在社会动荡、世风日下、思想流弊的时代背景下，礼法之约束力衰弱，非礼、非法并非为耻，道德约束之苍白无力，国之四维之“礼义廉耻”对于世俗败坏、道德沉沦、朝野腐败毫无制约力，因此历朝历代都以“法”作为治理手段，用严刑峻法来威慑贪官污吏。顾炎武所处的时代，正是道德苍白无力的时代，因此在“严厉惩戒”的“法”之辅助下，他发出“正人心急于抑洪水”之以“耻”为要的“道之以德，齐之以礼”之道德之声，使得世人由“耻”而自发地遵守社会规范，此是治标治本之济世良方。

三、有耻之浅探：廉耻一如

“耻”字的正写为“恥”，左边是“耳”，右边是“心”。《说文》释耻字:“恥，辱也。从心，耳声。”《王力古汉语字典》释曰:“羞愧之心。”并引《尚书·说命下》:“其心愧耻，若挞于市。”耻感是一个人的从心理到生理的一种感觉反应现象。耻是人而为人之大本，成己成人之要务。顾炎武针对世俗流弊、道德败坏之社会现状开出“行己有耻”的济世良方，此方对于社会之寡廉鲜耻、道德败坏、人心堕落、奢风靡靡的冰冷现状有着祛疾排毒之功效。

作为内化之体的“耻”和外显之用的“廉”，其关系不是内外对立的，而是体用一如、即体即用的，廉耻本无二，耻之显于外便是廉，廉之收于内便是耻，究其根源处，廉耻本就是一，彻上彻下，一体如如。如何保证廉耻一如、即耻即廉呢？顾炎武认为“仁”与“礼”是即耻即廉之关键。“‘君子以仁存心，以礼存心’是所存者非空虚之心也。夫仁与礼，未有不学问而能明者也。”顾炎武用“仁”和“礼”作为“博学于文”与“行己有耻”有机结合的关键点，此关键点之要在“正心”上，也即孟子的“求放心”上。

“求放心”出自孟子“学问之道无他，求其放心而已矣”，此“心”便是人之本心，孟子将此本心概括为：“恻隐之心，人皆有之；羞恶之心，人皆有之；恭敬之心，人皆有之；是非之心，人皆有之。恻隐之心，仁也；羞恶之心，义也；恭敬之心，礼也；是非之心，智也。仁义礼智，非由外铄我也，我固有之也，弗思耳矣。”在孟子看来，人之本心具足仁义礼智，且此仁义礼智是本心具有，并非外铄，要“求”其本心，便是将本具的四端之心扩而充之，通体流遍。当仁义礼智四心得以扩充之时，便为君子仁人，由《中庸》“喜怒哀乐之未发谓之中，发而皆中节谓之和。中也者，天下之大本也；和也者，天下之达道也。致中和，天地位焉，万物育焉”可知，一念发动之喜怒哀乐莫不中节，举手投足、行止坐卧、起心动念皆是中道，正如孔子之“从心所欲不逾矩”之境界。而孔子所谓之君子，便是成己成人之标的，即“大人者”：“夫大人者，与天地合其德，与日月合其明，与四时合其序，与鬼神合其吉凶，先天而天弗违，后天而奉天时。”成为君子，便须修己，君子是“以仁存心，以礼存心”，须借助内化之仁与外显之礼来实现君子之务。

要修身，就须正人心，故而“知耻”尤为重要，《中庸》引孔子话“好学近乎知，力行近乎仁，知耻近乎勇”。并说:“知斯三者，则知所以修身。知所以修身，则知所以治人；知所以治人，则知所以治天下国家矣。”修身是成为君子的必要途径，同时也是通向治人之成人的起点，《大学》之“八条目”，即格物、致知、诚意、正心、修身、齐家、治国、平天下。修身为枢纽，也是作为由成己向成人的转折，故而“自天子以至于庶人，壹是皆以修身为本”。君子之要在修身，修身之要在智仁勇，智仁勇之要在仁，要想堂堂正正做个人，则须是先修身，究其内在根源不外乎一“耻”字，有耻才有仁。智仁勇三达德，仁是根本。如果没有仁，勇又何为？没有仁，智就会变成私智小巧。所以孔子说:“仁者必有勇，勇者不必有仁。”对于“仁”的解读，《说文》中“仁，亲也”。《中庸》“仁者，人也，亲亲为大”。《论语》中樊迟问仁，孔子答“爱人”。孟子也说“仁者爱人”“爱人者，人恒爱之。”仁是对普罗大众生命情感之共鸣，但儒家之爱人是由孝悌为起点，有子说“孝弟也者，其为仁之本与”。爱人不爱亲，则不算儒家之仁者，故孟子说“未有仁而遗其亲者也”。仁者之爱，是由近及远、由亲及疏的，爱有等差，但也不限于亲亲之爱，《论语》中“弟子入则孝，出则悌，谨而信，泛爱众，而亲仁”。“泛爱众”即博施济众之大爱，由亲及疏之普爱，在爱有等差之前提下，涵摄普罗大众，故孟子说“亲亲而仁民，仁民而爱物”。

仁义礼智四心之通体流遍便是君子仁人，“以仁存心”是内化于心之体，“以礼存心”是外显于形之用，作为智仁勇兼备之君子，内在之“仁”与外显之“礼”缺一不可。仁之彰显须合乎中节，方可为仁，此中节之所在，须待礼之框定。顾炎武认为“礼者，本于人心之节文，以为自治治人之具”，礼是自治治人之具，是人之为人之合乎规范的标的，孔子也认为“礼之所兴，众之所治也。礼之所废，众之所乱也”。礼在顾炎武看来是非常重要的，因此他曾说：“三代之礼，其存于后世而无疵者，独有《仪礼》一经。”可见顾炎武对于礼的重视。礼与仁是何关系？颜渊问仁，孔子说“克己复礼为仁。一日克己复礼，天下归仁焉。为仁由己，而由人乎哉”。从“克己复礼为仁”可知，使自己之言行举止合乎规范，举手投足莫不中节，便是仁，也即仁之通体流遍处莫不合乎礼。而仁又是只须自我之修身为要，便可求仁得仁，修身又以“耻”为要，故求仁之根源须是诉诸“耻”之有无，而仁之外显便是礼之内化。

修身以成君子，便须具备智仁勇三达德，在顾炎武看来，“博学于文”便是智；“行己有耻”便是仁和勇。对于“知耻近乎勇”之解读，郑玄疏为“知耻近乎勇者，覆前文困而知之，及勉强而行之，以其知自羞耻，勤行善事，不避危难，故近乎勇也”。只有“知耻”，才能近于勇，是否为勇之关键便在耻之有无上。孔子有“见义不为，无勇也”之语，《中庸》“义者，宜也”，孔颖达疏“宜谓遇事得宜”，即看到合乎规范适宜之事便付诸行动，就是勇之表现。子路问“君子尚勇乎？”孔子答：“义之为上。君子好勇而无义则乱，小人好勇而无义则盗。”孔子看来，勇须合宜，即行为合乎规范，处事莫不中节，此便是勇，即勇之发显于外必合乎礼，故而可谓勇是仁之扩充至通体流遍而做出之合乎事宜的表现，此表现莫不中节于礼之规范，故仁与勇便是一体呈现，当下即是。而礼作为仁之外显时是否合于标的之规范，仁与礼并非内外之对立，也是当下一如的，此一如须待以耻为要之修身达至圆融完满时，仁之外显才是礼，礼之内化才是仁，仁礼一如，即仁即礼，即孔子“从心所欲不逾矩”之境界。

修身达至君子之境时，即孔子所谓“知者不惑，仁者不忧，勇者不惧”，须兼具智仁勇三达德，在以“知耻”为要的前提下，仁之外显与礼之内化便是一体如如，当下即是，即仁即礼。但这并非说修身达至四心通体流遍之时，仁与礼合二为一，存仁弃礼或尊礼失仁，而是说仁与礼本就是一，是一体呈现，即仁即礼，即使修身至起心动念、行止坐卧、举手投足、视听言动莫不合宜，但也仍需此“合宜”之礼的存在，正如“从心所欲不逾矩”之“从心所欲”之境，仍须“不逾矩”之规范的存在，只是此时之“矩”与“欲”是一体，即欲即矩。

“以仁存心，以礼存心”之仁礼所存之心便是本心，即“廉耻”之心。“耻心若失，则心非真心，心一不真，则人为假人，学为假学，道德经济不本于心，一假自无所不假，犹水无源、木无根。”故“仁”之内核所在便是“耻”，“耻”外显于通体流遍便是“廉”，“廉”之待人接物莫不中节便是“礼”，即修身达至君子，合乎真正之士人规范时，廉耻本就是一，即廉即耻，当下即是，一体如如。若真能做到廉耻一如，则历代之社会病症皆可迎刃而解，“有人伦，然后有风俗；有风俗，然后有政事；有政事，然后有国家”，其一切社会病症之根源皆在于世人之“无耻”，若人人皆有羞耻之心，则变以私害公为以私助公、变贪污腐败为勤政廉民、变道德败坏为道德昌明、变求利灭义为义中求利……诚如是，则何愁百代无善道、何患千载无德业、何虑四海之内不咸平、何忧九州不顺治、何惧天下不大同！

顾炎武针对明清易代所造成的社会病症开出“行己有耻”的良方，此良方对于历代社会之病症或可有效，此良方必先修己，方能治世，从修身入手，然欲修身，正人心则是当务之急，所正之心便是本心，即“耻心”。故而顾炎武说“士大夫之无耻，是谓国耻”“今日之务正人心甚于抑洪水也”，即使过去近四百年的时间，此两语仍是至理之警句，警世之名言。

四、结语

在“耻尤为要”的时代背景下，在“士大夫之无耻，是谓国耻”的历史教训下，在“正人心甚于抑洪水”的社会现状下，我们不能不对“耻”和“廉”做出深刻的反思，对于寡廉鲜耻、贪腐成风、世风奢靡的时代病症，个人的修身成为关键，如果真能做到“以耻为要”之修己安人、“行己有耻”之立人之本，真能做到“仁”与“礼”当下即是，一体如如，便是堂堂正正之人而为人之大人者，立于天地之间，俯仰无愧天地，问心无愧人我，那么人人便可入于庙堂则心系黎明百姓，退居江湖则可教化世风，上可以安百姓、勤廉政，下可以善民风、助教化。对于黎明百姓，这便是“一日克己复礼，天下归仁焉”，“仁”之外显便是“礼”，“礼”之内化便是“仁”。对于当权者，则为“仁”之外显便是勤政廉民，勤政廉民之内化便是“有耻”之心，方可称其为泽被一乡之里长、造福一方之命官也。故当今之世，倘若人人皆能“行己有耻”，皆可修身至兼备智仁勇三达德之君子，皆能做到廉耻之一体如如，当下即是，即廉即耻，实乃“不世之功业，千秋之炳端也”。

文学地理学视野下
顾炎武行旅诗对大运河的书写

江阴市刘半农研究会《刘半农研究》责任编辑 **翟 丹**

朱寿桐指出，中国传统文学表现中，以江南地区最具代表性的艺术成果，不仅体现了传统、历史和经典性思维，而且还展现出塞上和中原地区的独特风貌。在中国古典诗歌创作中，塞上、中原和江南由北到南完整地构成了三个标志性地理空间。这三个地理空间与凝聚中华民族历史和文化心理的地表景观长城、黄河和长江血浓于水，是古典诗歌里许多经典空间意象背后的“源头”。塞上与中原构成游牧文明与农耕文明的对立共生，塞上、中原又和江南构成南北文学差异的鲜明对照。而京杭大运河是中国古代沟通黄河与长江两大水系的南北交通大动脉，其终点北京市还是中国唯一一座长城与大运河产生交集的城市。

故而大运河由北到南不仅串联了塞上、中原和江南这三个中国古典诗歌创作的标志性地理空间，还连接了塞上文化、中原文化和江南文化这三个华夏文明的核心地域文化，这是一条华夏文明里人工开凿的地域文学之河和地域文化之河。

邹建军指出，“地理空间”的诗歌研究不仅是一部编年史，还是一部融合了时空的文学历史叙述，它深刻地揭示了《大运河》的历史意义。诗歌的创作离不开空间、场所、地理位置和区域等因素。

与黄宗羲、王夫之并称“明末清初三大思想家”的顾炎武，是清代一位往返游历京杭大运河全程的诗人。探究其行旅诗对大运河的书写，应将时间和空间两个维度进行结合，关注地理空间，在文学地理学视野下看待他心中的那个“大运河”空间。

一、文学地理学及地理空间概述

曾大兴指出，文学地理学的目的是探索不同的自然环境和人文环境如何影响一个人的气质、心态、知识、背景、价值取向、审美偏好、艺术感知以及选择；探讨这些因素如何影响一个人的作品、传统、主题、题材、人物、原型和意象，以及这些因素如何影响当地的人文环境。因此，文学地理学的目的是探索人类的思维方式、社会结构和政治制度如何影响一个人的行动和思想。

《文学地理学概论》一书对“地理空间”作出明确定义，作者曾大兴指出，“文学作品的地理空间，是存在于作品中的由情感、思想、景观（或称地景）、实物、人物、事件等诸多要素构成的具体可感的审美空间”。

可见，文学地理学中的“地理空间”有两个重要特点：其一是地理空间只存在于文学作品之中，其二是文学地理学中的地理空间是一种审美空间。《文学地理学的研究方法》一文进一步对“地理空间”作出阐释，作者曾大兴认为：“文学作品的地理空间是指存在于文本中的以地理物象、地理意象、地理景观（地景）为基础的空间形态，如山地空间、平原空间、海洋空间、草原空间、乡村空间、都市空间等，这种空间从本质上讲乃是一种艺术空间，是作家创造的产物，但也不是凭空虚构，而是与客观存在的自然或人文地理空间有重要的关系。”

二、顾炎武的京杭运河之旅与诗歌创作

顾炎武，原本叫绛，明朝灭亡之际，便更名炎武，被尊称为“亭林”。顾炎武生于昆山，昆山位于京杭大运河的附近。顾炎武曾经把文化知识和自我责任作为自身的追求，然而由于“感四国之多虞，耻经生之寡术”的《八股之害》，使得他的努力未能获得成功。27岁那年，他放下了传统的科举考试，投身于古籍、乡土志、文献、奏折等，搜罗了大量的古籍，内容包括农业、水利、矿业、交通、地质、政治、经济、军事、宗教、社会、民俗、风俗习惯，最终完成了《天下郡国利病书》与《肇域志》的编纂。顾炎武曾经在王永祚领导的义军中遭遇失利，但他并没有放弃。他继续努力与其他人保持联系，以便在复国道路中取得成功。然而，在南明政

府垮台的时候，他的复国道路也遭到了严重的挫折，因此他决定离开家乡，开始向北方旅行。

隋炀帝时期，大运河从余杭（杭州）一直延伸到涿郡（北京），将海河、黄河、淮河、长江流域、钱塘江五条河流联系在一起，为中国的南方与北方的经贸往来、文化交流以及城乡的发展提供了重要的支撑，其影响力无法估量。在明清两代，运河既承载着运输货物的重要职责，又成为许多游客前往各地的必经之地。顾炎武就是这样的典型代表，他穿越苏州，经常州、丹阳、京口、江都、扬州、淮阴、东昌府、德州、天津，直至抵达京城，在这段旅程中，他深入研究山海关、居庸关、昌平、古北口等地，甚至在昌平的十三陵碑前流泪。

他在大运河上来回奔波，游览风景，招募志同道合的朋友，并且发起抗击清朝的运动。为此，他创作出多首和运河相关的诗作，其中包含《杭州》《禹陵》《京口二首》《真州》《赠万举人寿祺》《清江浦》《王家营》《淮上别王生略》《淮北大雨》《秋雨》《寄张文学弨，时淮上有筑堤之役》《与江南诸子别》《松江别张处士悫王处士炜暨诸友人》《德州过程工部》《过苏禄王妃墓（有序）》《天京》《京师作》等。蒋寅指出，顾炎武的大文学观以文化救亡的理念作为内核，体现了当时社会的价值取向和治学思路，他的真诗思想反映了清初时期的主流思想，他的治学方法开创了清朝一代的实证学风，这一点极大地影响了清朝的文学发展。

从文学和地理学的角度来看，这些诗歌对于研究顾炎武先生与运河之间的人与地理关系具有重要意义，尤其是在地理空间方面。

三、“天下”空间：顾炎武以“天下”观照大运河的意识

（一）承继杜甫传统“中国”思想的审美空间

从徐霞客到顾炎武，伟大的人物必有一场伟大的旅行。顾炎武取道运河北上，并非只是选择一种出行方式，并非把自己当成一个运河上的匆匆过客，并非只是沿途感慨喟叹而创作，顾诗是被誉为“风骚诗史之遗”的。顾炎武的诗作深受杜甫的影响，其中蕴含的思想和艺术风格更加接近，徐嘉更是赞叹道：“先生身负沉痛，深情地抒发了他对家国的热爱，他的诗作不仅仅是一部诗史，更是一部对少陵的赞美之作。”

杜甫的“天下观”深刻反映了《诗经·小雅·北山》中的理念。也就是说，中原王朝的权力和其他各个政权的权力没有任何差别，每一位普通民众都应当受到尊敬和保障。“北极朝廷终不改，西山寇盗莫相侵”中的《登楼》一句暗示了尽管吐蕃入主京城，但中国的政权仍然稳定，就像北极一般，没有受到任何外来的影响，所以吐蕃人永远都无法入侵中国。这是传统“中国”思想的体现，其文明，国家、民族、边界意识还很薄弱。

顾炎武以“天下”观照大运河的意识也是建立在继承杜甫“中国”思想的基础上的，正如学者李晖认为：“过于关注顾炎武‘天下兴亡，匹夫与有责焉耳矣’这一‘特殊的、显性的’天下内涵，产生了对其‘天下’含义的争论，进而忽略了对他‘天下’概念的整体考察。实际上，顾炎武的天下概念更多是沿袭了历史文化和语言传统的意义。这种根植于‘文化前识’中不言而喻的内涵，成为他提出‘亡国/亡天下’之辨的文化基础。因此，考察顾炎武的‘天下观’，应将其‘天下’和‘国’的概念置于概念变化的‘历史性’和概念使用的‘整体性’的双重维度中加以审视。若缺乏这样的审视，则间接地剥离了顾炎武‘天下观’的历史文化基础和思想基础。”例如亭林诗《京口二首》（其一）：

异时京口国东门，地接留都左辅尊。囊括苏松储陆海，襟提闽浙壮屏藩。
漕穿水道秦隋迹，垒压江干晋宋屯。一上金山览形胜，南方亦是小中原。

1.“国”与“留都”的时空异构

“京口”的历史源远流长，它位于镇江市的“瓜洲古渡”，京杭运河的分流口，也正是“京口瓜洲一水间，钟山只隔数重山”。王安石曾写过“京口瓜洲一水间，钟山只隔数重山”，钟山便是现在的紫金山，而“数重山”则是瓜洲，这也说明了“数重山”与“京口”的相邻。

亭林认为，京口是从前“国”的东大门，“国”乃“邦之所居”，后指天子所在的国都，与杜甫诗“国破山河在”的“国”（长安，现陕西西安）是同一性质。“异时”的意思是曾经、从前，这里指明初朱元璋建都应天府（南京），至永乐时期迁都顺天府（北京）。“东门”是一个通俗平常的喻体，常见于地理方位的描述上，看似平实的用语却道出了明初驱除鞑虏的强势和恢复中华、稳坐天下的泰然，此京口乃区区东方一门户耳。“异时京口国东门”是诗人对往昔的回忆，但如今，“地接留都左辅尊”和“国东门”已经不复存在，“地接留都”则是现代京口的写照。古代帝王迁都之后，在原地设立官员留守，负责管理当地的政务，因此被称为“留都”。明永乐后，这个留都是没有天子存在的，甚至沦为官员养老之地，大多为清贵闲散。

“左辅”，“左辅”中的《亭林》，作为汉三辅之一的《左冯翊》，以其位于京兆尹（东）而闻名于世。后世亦称京东之地为“左辅”。如果说诗人用“东门”构建了一个一般地理空间，那么用“左辅”就构建了一个文化空间。“左辅”比“东门”不仅更添历史色彩，而且有“华夷之辩”思想的表达：这是胡汉有别，华夏正统。而在当时历史背景下，他要在反清复明的斗争中有所作为。虽因留都之故视京口为“左辅”，看似矛盾却自然而然为“尊”。

南京在诗人笔下不同时空的称呼，即“国”与“留都”；京口在其笔下不同性质和地位的描述，即“东门”与“左辅”。在传统“天下”意识的观照下，异构了同一地理空间，体现了其沿袭了华夏历史文化和语言传统。

2. 江南与中原的现实与虚拟空间构建

“苏松”即明代南直隶苏州府和松江府，从明代中叶开始苏州就是全国最大的交易市场和京杭大运河南北商品集散地，而松江府是传统稻米高产区和棉纺织手工业基地，两地有“苏松财赋半天下”的美誉。“囊括”有全部包罗在内、无所遗漏的意思，而“储陆海”之“储”字有蓄物以为备的意思。“囊括苏松储陆海”一句用“囊括”点明了京口作为江南运河的北出口的重要性，更以“储陆海”三字勾勒了江南地区的富庶，虽有夸大之意但是现实存在的平原空间和城市空间的盛况。

“闽浙”即现浙江省和福建省一带，明代东南沿海的“倭寇之乱”多发生在此地区，历来为海防重地。“襟”字有屏障于前的意思，如《滕王阁序》里有“襟三江而带五湖”的描述。“襟提闽浙壮屏藩”一句描绘了京口一地守江河要冲并关联海防的兵家必争之地的形象，也暗含了江南作为军事空间的现实意义。

“漕穿水道秦隋迹”一句既有大运河穿行其间的现实空间描述，呼应“囊括苏松储陆海”的繁华现状，又有穿越时空追溯“秦隋”的问迹。“垒压江干晋宋屯”描绘了诗人在自然环境中的感受，他看到了军队驻扎的重要地点，并联想到了宋武帝刘裕在京口发动叛乱、篡夺政权的历史事件。

诗人以“京口”为楔子，把现实中江南的要素通过艺术还原构建了一个现实空间。而他踏上金山，远眺江南地区，满怀激情，不禁想知道：这里又何尝不是“中国”中的古老中原呢？这便把自己传统的天下意识通过想象艺术虚构了一个“中原”空间，自古“中国”思想里就有“逐鹿中原，问鼎天下”一说。“中原”被视为一种空间认知的象征，僧海霞指出：当中原王朝拥有较强的控制力时，界标与其象征意义会相互融合；反之，界标与其象征意义会相互背离。这将江南虚拟“中原”的空间构建源于现实又高于现实，既突出了京口乃至江南地区对于反清复明大业的重要性，更表达了作者强烈的家国抱负。

3. 塞上意象的生成与审美空间

顾炎武一路北行，最后在他50岁生日时到达故国首都北京，写下《五十初度，时在昌平》：

居然濩落念无成，隙驷流萍度此生。远路不须愁日暮，老年终自望河清。
常随黄鹄翔山影，惯听青骢别塞声。举目陵京犹旧国，可能钟鼎一扬名？

塞上意象生成的胚胎自然是一个“塞”字。《说文解字》释“塞”为“塞，隔也”。《说文》将“隔”的意思解释为“塞”，强调它的实际作用，《礼记》中记载“完要塞”，郑玄注释“要塞，边城要害处也”，都是从“体”的角度来解释“塞”的。

由此可见，“塞”作为名词使用时，其含义就是于险要地理位置所修建的承担军事防御功能的建筑。对稳定与平安的追求决定了自我防御成为华夏农耕族群对于游牧族群的军事文化心态。要塞就是要利用地利拱卫疆界并与政权的兴衰存亡相联系。

北京自古为幽州所属且为州治所在，从五代后晋石敬塘割“幽云十六州”与辽国起，农耕王朝便失去了北方长城内外抵御游牧族群最重要的屏障，直到明初徐达北伐收复故土才结束了这样的困境。明成祖将首都迁至北京，从而开启“天子守国门”的历史，这也成为一个具有深远影响力的历史空间。

北京对顾炎武有双重意义，一是故国首都，二是成为重要的生命情境。“远路不须愁日暮，老年终自望河清”里那遥远的路途和对天下太平的希冀形成了生命悲怀的空间背景。“常随黄鹄翔山影，惯听青骢别塞声”一句里，那视觉印象里的黄鹄“翔山影”和听觉记忆里的骏马青骢“别塞声”，这两者生成了典型的塞上意象，并把荒凉、浩大的空间和孤独、渺小的旅人间形成鲜明的艺术张力。“举目陵京犹旧国，可能钟鼎一扬名”是诗人举目四顾山环水绕的北京，这里依旧是故国的首都，想到自己一生的复国梦想，不知道能不能实现，而后是否能扬名千古，这一切都让诗人愁苦不堪。

“笺曰：起联看似萧飒，其实自责：结联凭空发问，其实自许。咏怀述志，具见中腹二联，所谓烈士暮年壮心不已者也。”“烈士暮年壮心不已”是顾炎武对生存和生活空间的超越：作为千百年来中国传统志士当实现以强调个体价值与社会价值统一为准，也是这一群体生命激情和生命活力释放的表现。

（二）“亡国”与“亡天下”背景下的叙事空间

1.“亡国”与反清复明斗争

常晓敏认为：“顾炎武亲历明朝灭亡，嗣母、胞弟和众多亲友在此浩劫中丧生，尤其是嗣母王氏对顾炎武一生坚定遗民斗志更是影响巨大。国仇家恨的交集使得顾炎武在游历北方期间始终怀抱着潜谋恢复的心志。”扬州是京杭大运河沿线的重要城镇，扬州与镇江隔江而望，是长江与大运河的交汇所在，也是抗清义军与清朝斗争的最前线，顾炎武通过《真州》这首诗，在运河沿线所记录了反清复明战争中真实存在的一幕。

击楫来江外，扬帆上旧京。鼓声殷地起，猎火照山明。
楚尹频奔命，宛渠尚守城。真州非赤壁，风便一临兵。

真州即江苏仪征，明朝废真州为仪真县，清朝才改名为仪征。本诗写张名振率水师战船千艘上镇江，焚毁小闸后行至仪征，向当地盐商索要银钱粮饷，遭到拒绝后，一把火烧毁了仪征当地盐商的六百多艘船后扬长而去。张名振是明末抗清名将，先后在浙闽沿海抗战十余年，是曾与郑成功并肩作战的一员勇将。“旧京”即明朝前首都南京，前两句记叙了张名振从海外扬帆逆江而上兵临南京城下的场面：南京四周战鼓雷动，风起云涌一副大战将至的模样，冲天的火光把江边的山林照得通明，声势颇为壮观。“楚尹频奔命，宛渠尚守城。”借楚巫臣和汉代张骞的两则典故褒扬张名振频频进入长江沿线作战，使清督奔走，应接不暇，清军南京地区将帅只能困守城池而不敢出击。但全诗最末一句写到真州不是赤壁，在真州的这次行动，没有像赤壁之战那样用火攻的形式以少胜多、以弱胜强，张名振这次不过借风乘便，顺风纵火，却没有真正向南京城中的清军发起进攻。诗人意在言外，对张名振行动的颇为失落，这次军事行动没有如顾炎武所愿能痛击清军收复失地。

淮阴是京杭大运河的南北枢纽所在，明清时漕运总督府就设置在淮阴，这里掌控着国家粮食安全的生命线。亭林未到淮安时，在江南就曾写诗赠与好友万寿祺，题《赠万举人寿祺》：

白龙化为鱼，一入豫且网。愕眙不敢杀，纵之遂长往。
万子当代才，深情特高爽。时危见絷维，忠义性无枉。
翻然一辞去，割发变容像。卜筑清江西，赋诗有遐想。
楚州南北中，日夜驰轮鞅。何人诇北方，处士才无两。
回首见彭城，古是霸王壤。更有云气无？山川但块莽。
一来登金陵，九州大如掌。还车息淮东，浩歌闭书幌。
尚念吴市卒，空中吊魍魉。南方不可托，吾亦久飘荡。
崎岖千里间，旷然得心赏。会待淮水平，清秋发吴榜。

万寿祺和顾炎武都曾经参加江南起义，“卜筑清江西”说的就是起义失败之后万寿祺全家北隐淮阴。万寿祺是一位重要的反清义士，他的家乡淮阴，成为反清人士的联络站。他住在繁华热闹的淮阴县，过着读书赋诗、放歌的生活，表面上看起来很放浪，但实际上他时刻不忘吴市起义的士卒亡魂，筹划着推翻清朝的统治。顾炎武在“南方不可托，吾亦久飘荡”一句，暗示自己即将离开南方故土，准备远游北国，即使一路上崎岖千里，“我”也会旷达地去欣赏它们。顾炎武在诗尾说道，等到淮水平即九月开闸时，再从江南沿运河来拜访他。

2.“亡天下”：对“人性善”信仰的践踏

中国文化中的天，更强调“天下”。对自然的天的肯定，就是对现世的肯定，对人的感性的肯定，也就是人文关怀。在政治上，中国文化致力于人世大群的修齐治平。在道德上，中国文化诉诸于人类的自然情感。钱穆认为：“仁则代表此大群生命之感性……亦即人类对其大群无限生命之一种敏感与灵感。”他强调：“‘人性善’，此乃中国传统文化人文精神中，惟一至要之信仰……中国人所讲人与人相处之道，其惟一基础，即建筑在‘人性善’之信仰上。”浅白言之，就是人们常说的软心肠。因为感性，所以有温度，不冷硬。“道德建基在人心，人与人对面相杀，终非人心之所安。”如诗人向北远游，在河北境内的运河沿线城市沧州，题《旧沧州》一首：

落日空城内，停骖问路岐。
曾经看百战，唯有一狻猊。

顾炎武傍晚路过沧州城，停下马车问路，看到的是在清军的扫荡下，夕阳下的孤城空空荡荡。其后两句颇有深意，狻猊，指的是沧州开元寺里面的一只铁狮子，相传为周世宗时所铸，自周世宗之后，沧州一直都是宋辽、金蒙、明清战争的兵家必争之地。这里作者让狻猊作为历史的见证者，狻猊默默地看着眼前大大小小几百场战争。威武的狻猊作为安静吉祥的灵物，几百年来却面对着战争的残忍杀戮和人民的流离失所，给人一种强烈的对比感和无助悲凉的感叹。

李晖先生指出，顾炎武不仅不仕清朝，而且还以一介“匹夫”的身份四处奔波，考察民情，尽职尽责地维护“保天下”。他的思想其实是古代中国传统“天下观”和“文化国家观”的结合，但他超出了通常含义上的传统文化“国家观”，而且站在“天下”这种更大更广的维度上，与以民族国家为根本的国家利益至上构成鲜明对比，是传统“天下观”的延续，也是一种新的思想形式，以更加全面、客观的视角来看待问题，以更好地保护国家利益，实现“保天下”的目标。因此，我们将其命名为“天下观”。

四、“富民”空间：顾炎武以“利国富民”观照大运河的构想

顾炎武生活的时代比较特殊，一方面，少数民族入主中原，以清代明，朝代更迭致使社会动荡不安；另一方面，商品经济日益繁荣，取得了长足发展，甚至在东南沿海经济发达的地区出现了资本主义萌芽。在当今复杂多变的历史环境中，顾炎武对“富民”的重视程度可见一斑，他深知“今天下之大患，莫大乎贫”的重要

性，并将“必以厚生为本”作为建设社会的基础，努力实现“利国富民”的目标。他在《清江浦》一诗中这样写道：

此地接邳徐，平江故迹余。开天成祖代，转漕北京初。
闸下三春尽，湖存数尺潴。舳舻通国命，仓廪峙军储。
陵谷天行变，山川物态疏。黄流侵内地，清口失新渠。
米麦江淮贵，金钱帑藏虚。苍生稀土著，赤地少耰锄。
庙食思封券，河防重玺书。路旁看父老，指点问舟车。

《天下郡国利病书》提到，清江浦位于治西西三十里处，原本北南商货都要从城西仁、礼等五坝车盘过河，但是随着故沙河上游的打通，所有货船都必须从清江浦过河，里面的水渠和外面的黄淮河汇集了数万户居民，形成水陆运输的主要通道。在明清时代，由于淮安府城西故沙河的打通，清江浦发展变成京杭大运河上的一座主要交通枢纽，里水渠和黄淮河在此汇合，形成北部水陆运输的主要交通枢纽，人口众多，经济社会发展，形成当时主要的经济重心。“平江”描述了陈瑄治河三十余年的故事，他的治河精神仍然存留，“闸下”描述了他看到的景象：淮阴地区与徐州、邳州相连，交通便利，“平江”中的陈瑄被封为平江伯，他治河的精神仍然存留，“闸下”中的一句描述了他看到的景象：南船北马穿梭河流，因为季节的变化，河流的深度和流量会有差异，他们需要通过插闸的方法，以避免河流的洪水淹没，这也变成了他们穿越河流的一种重要途径。当年，淮阴清江浦等众多古老的城市，以及其周边的许多军事基地，均建立了庞大的粮食储存库。

随着时间的推移，陵谷的形态发生巨大的改变，山川的景色也发生了巨大的改变。黄流则暗喻着江淮一带的江河泛滥，把原本的河谷和湖泊全部冲毁，使当地的居民陷入绝望的境地，他们只能远走他乡。在这片荒芜的大陆上，他们只能忍饥挨饿，只能看着这片饱经沧桑的江淮大陆。在宫殿里，皇帝们都会认真思考如何保护河流，因为“庙食思封券，河防重玺书”中的“玺书”记载了皇帝的命令，要求政府采取行动来管控河流，以避免洪灾。“路旁看父老，指点问舟车”一句，体现了作者不仅关注天文地理学，还关注水利学。当作者来到黄淮流域的重要节点“清口”时，他以其独特的视角，深刻地反映出当地居民的痛苦，并且展示出作者的民本主义观念以及对政府管控河流的渴望。

又如《寄张文学弨，时淮上有筑堤之役》：

冬来寒更剧，淮堰比何如？遥忆张平子，孤灯正勘书。
江山双鬓老，文字六朝余。愁绝无同调，蓬飘久索居。

淮堰指的是梁天监十三年（514）十月大批征调淮扬徐的百姓作浮山堰以遏淮水，次年四月修成又很快崩溃，人民流离失所死伤惨重。亭林以此事相比“今年”冬天修筑堤堰而冻饿死百姓，借问今年冬天将会如何。淮阴当地筑堰的传统古已有之，顾炎武在其《肇域志》中记载此地“冲烦，民疲，粮欠，多水患”，当地人民饱受水患之苦，长久以来统治者征调百姓修堰。据史料记载，北神堰位于楚州城北五里处，吴夫差在此建造了这座堰坝。由于淮水底部较低，沟水底部较高，担心水会泄漏，所以用舟渡过堰坝。可见筑堰不仅可以保一地平安，还能作为水上交通枢纽，是利国利民的好事。

五、结语

目前，顾炎武的研究已经超越了他的个人经历、哲学观点及文学作品，俞建良的《顾炎武书法》、陈芳的《汉语古音学比较研究——顾炎武与高本汉的模式演进》、孙庆的《明代遗民：顾炎武、王夫之、黄宗羲》都为我们提供了深入的见解。但是国内在其文学领域的研究尚无文学地理学视野，即便涉及地理空间的意向也是定义在“行为轨迹”上。严迪昌在《清诗史》里提出：“顾炎武诗歌是其理想和实践的行迹载录，他由南入北的行为轨迹构成了清初遗民诗史以至整个古代诗歌史上罕见的南北诗群的融通，他成为‘遗民诗界南北网络的沟通人’。”

“行迹载录”和“行为轨迹”的提法强调地点的变换，偏重于时间变化而不是立足于地理空间。文学批评也是有空间概念的，即便是纯粹的史学研究也必须立足于“时空观”上。而“遗民诗界南北网络的沟通人”的“南北网络”则偏重于历史地理学的思维，而不是文学地理学的思维。因为“南北”概述空间不是中国独有，“南北”之说对于中国文学地域的概括笼统而模糊，塞上、中原和江南这三个标志性地理空间才是中国特色的文学地域。而大运河由北到南不仅串联了这三个标志性地理空间，还连接了塞上文化、中原文化和江南文化这三个华夏文明的核心地域文化，文学的发生离不开地域和其承载的文化，更离不开文化背后的思想因素。

顾炎武作为现实主义诗人，更是一位秉承“经世致用”理念的思想家，其“天下观”与“利国富民”思想在这条华夏文明里人工开凿的经济之何、文学之河和文化之河里留下了令人瞩目的华彩。简言之，他是第一位将运河纪行诗审美上升至“心系天下”的高度，对后世的“运河大保护”工程有着积极的人文意义：“天下”观河成就思想之河。

略论明清两朝“保漕运”视角下的“郡县之失”

常州良久机械公司　**姚伟宸**

知封建之所以变而为郡县，则知郡县之弊而将复变。然则将复变而为封建乎？曰，不能。有圣人起，寓封建之意于郡县之中，而天下治矣。

盖自汉以下之人，莫不谓秦以孤立而亡，不知秦之亡，不封建亡，封建亦亡。而封建之废，固自周衰之日而不自于秦也。封建之废，非一日之故也，虽圣人起，亦将变而为郡县。方今郡县之弊已极，而无圣人出焉，尚一一仍其故事，此民生之所以日贫，中国之所以日弱而益趋于乱也。何则？封建之失，其专在下，郡县之失，其专在上。古之圣人，以公心待天下之人，胙之土而封之国。今之君人者，尽四海之内为我郡县犹不足也，人人而疑之，事事而制之，科条文簿日多于一日，而又设之监司，设之督抚，以为如此，守令不得以残害其民矣。不知有司之官，凛凛焉救过之不给，以得代为幸，而无肯为其民兴一日之利者，民乌得而不穷，国乌得而不弱？率此不变，虽千百年，而吾知其与乱同事，日甚一日者矣。

然则尊令长之秩，而予之以生财治人之权，罢监司之任，设世官之奖，行辟属之法，所谓寓封建之意于郡县之中，而两千年以来之弊可以复振。后之君苟欲厚民生，强国势，则必用吾言矣。

顾炎武试图在大一统的框架下，以“寓封建于郡县”的制度与理论创新走出一条新的道路，顾炎武的想法是超前的。但世界终究是物质的世界。以马克思主义的理论而言，生产力要与生产关系相匹配。那么生产力几何？又由谁来主导生产关系变得尤为重要。《郡县论》所谈是生产关系的问题。《郡县论》中有关“封建之失”与“郡县之失”的论述都建立在一个大前提下，即政策本身是有调整空间的，通过生产关系的调配，是可以解放生产力的。但明清两朝在漕运的问题上尤其能体现出“郡县之失”的症状，以及漕运问题与顾炎武《郡县论》中提出的制度创新，不可调和的矛盾。

一

实行“郡县制”的最大特征在于一种向上负责的机制。地方官员的任免权力，来自上级机构。权力来自上级机构，那么官员出于制度的安排，其施政的方向也必然是，上有所好，下必趋之。势必在某些方向上，造成本地居民的诉求与上级机构的诉求相偏离。在明清两朝的水利与漕运问题和地方百姓的生计上，两者的对立尤为明显。

万历六年（1578）潘季驯的大工中，其常60余里（10878丈），底宽8～15丈、顶宽2～6丈、高一丈二三尺的高家堰更是备受泗州人的诟病。潘季驯大修高家堰，“使淮无所处，黄无所入，全淮毕趋清口，会大河入海。然，淮水虽出清口，亦西淫凤、泗”。万历八年（1580），雨涝，淮水围困泗州城，并危及祖陵。万历十九年（1591）九月，淮水溢泗州，高于城壕，泗州塞水关以防淮水内灌，积水难泄。“州治淹三尺，居民沉溺十九，浸及祖陵。”朝廷官员多要求拆掉高家堰。据《明史・张贞观传》载，张本为沛人“泗州淮水大溢，几啮祖陵。贞观往视，定分黄道淮之策”。明臣议事时，防治洪水所应考虑各事项次序为“陵寝、国计、民生”。工部在一份奏疏里特别强调：“祖陵水患为第一义，次之运道，又次之民生。”万历二十五年（1597）五月，陈邦科在《酌议治河疏》中，以人体做形象的说明：“惟黄河犹人身之肠胃，祖陵其腹心，运道其咽喉，而生灵赤子皆肌肤也。”

万历二十一年（1593），洪泽湖大堤决口20余处，次年洪泽湖水位急升，淹没了泗州的明祖陵。据左给事中张企程与工部尚书杨一魁亲临祖陵勘察：“果见长淮激湍，洪波汩流，陵寝沉沦，松楸渰枯。而下马桥以东、东闸以南，一望汪洋万顷。……回视泗州，若水上浮盂。而盂内之水又满，室庐漂荡，民人筏居。旧时桑田化作萑蒲，气象之惨淡，景物之萧条，而使戾夫视之，当必流涕。”张企程等认为，“今日之役，以开周家桥，武家墩为急救祖陵第一义。其或有梗运道，随为区画；有伤民财，随议蠲赈；有损盐灶，随议减额”。

在治水和漕运之前，有一派生问题，也可说是凌驾于治水和漕运的天地第一号问题。祖陵第一，漕运第二，民生第三。祖陵被淹，事关明王朝龙兴之地，是宗室风水所在。如果说漕运是对现实起作用，祖陵就是明王朝的精神图腾所在，即使不谈迷信等一干问题，祖陵本身也意味着祖宗之法。它超越了现实利益，又深刻地影响着现实利益。在祖陵面前，生民之苦无足轻重，甚至盐税也不重要。只有封建皇权，是最为重要的。

二

祖陵对于明王朝的意义，是宪法，也是“神主牌”，以一种类宗教的方式，干涉着现实政治。而漕运本身就意味着现实，它对地方上的政治生态有着直接的干涉作用。

唐以前的王朝所定都的黄河南部地区，大多数时间为国家最重要的产粮地。与这些王朝不同，明成祖以后，明朝所定都的北京附近地区，并不是国家当时重要的产粮地，所以根本不敷所需。明臣指出：“国家奠鼎幽燕，京都百亿万口抱空腹以待饱于江淮之粟。一日不得则饥，三日不得则不知其所为命。是东南者天下之廒仓。而东南之灌溉，西北所寄命焉者。主人拥堂奥而居，而仓囷乃越江逾湖，以希口食间关千里外，而国家之紧关命脉，全在转运。”

对此黄仁宇在《明代的漕运》一书中亦有相关论述。然需知，运河是一条人工开凿的河流，并不按照水往低处流的常理运行。运河需要在多个屋脊形的地势上通过。

运河所经过的苏北黄泛区冲击平原，南起淮安，向西北经桃源（泗阳）、宿迁、徐州，达沛县、丰县。淮安附近地面高程仅有10米左右，到宿迁、泗阳升高为25米，徐州附近达30~34米，丰、沛地区则为35~42米。运河在鲁南地区，“自南旺分水北至临清三百里，地降九十尺，为闸二十有一；南至镇口三百九十里，地降百十有六尺，为闸二十有七。其外有积水、进水、平水之闸五十有四。又为坝二十有一，所以防运河之泄，佐闸以为用者也”。运河河底在鲁南段高出苏北段达四五十米，使得向运河河道供水极其艰难。是以直观地说：“严格意义上的运河，也就是‘闸河’，……它的海拔很高，几乎是将河水垂直灌入‘闸河’中。”

在淮北段，运河河床高于东部地面，一旦决堤，往往以高屋建瓴之水给运河旁的乡村镇市造成灭顶之灾。正如第二任香港总督在淮安所观察：“大城市淮安府位于黄河边，它宽约3英里，地面海拔比运河低很多。我们的轮船在运河上漂流时，向下看，可以看到破败不堪的城墙。一个令人不寒而栗的想法是，运河河岸发生了任何变故，都一定会对这座城市造成毁灭性影响。”

明代陈瑄筑在宝应汜光湖东筑堤，蓄为水道。“上有所受，下无所宜，遂决为八，汇为六潭，兴（化）、盐（城）诸场皆没。”而淮水又从周家桥漫入，溺人民，害漕运。

宣德年间（1426—1435），“运道始坏”。景泰三年（1452）五月，运河堤工完成不到一个月，“北马头复决，犁漕流以东”。景泰四年（1453）四月，刚完成运河决口堵塞工程，“而减水坝及南分水墩先败，已复尽冲墩岸桥梁，决北马头，掣漕水入盐河，运舟悉阻。……是岁，漕舟不前者，命漕运总兵官徐恭姑输东昌、济宁仓。及明年，运河胶浅如故”。弘治二年（1489），黄河在张秋段，冲塌会通河。四年后，黄河再决数道侵入运河，毁坏张秋东堤，夺汶水入海，漕流断绝。工部侍郎陈政总理河道，集夫15万，“治未效而卒”。

顺治四年（1647）夏，运河在江都决堤。六年（1649）夏，高邮运堤决数百丈。七年（1650），运堤溃决，挟汶水由盐河入海。十五年（1658），董口淤。康熙四年（1665）秋，运堤溃决，高邮大水。五年（1666），运河自仪征至淮安段淤浅。六年（1667），运河决江都露筋庙。十年（1671），决高邮清水潭。次年再决，十三年（1674）始堵塞。十四年（1675），决江都邵伯镇。十五年（1676）夏，运堤崩溃，高邮清水潭、陆漫沟，江都大潭湾，共决数百丈。十七年（1678），筑江都运堤，塞清水潭决口。“清水潭逼近高邮湖，频年溃决，随筑随圮，决口宽至三百余丈，大为漕艘患。”十八年（1679），决山阳戚家桥。十九年（1680），决兴化运堤，洪水冲入高邮县城。二十年（1681）七月，黄水大涨，皂河淤淀，不能通舟。二十七年（1688），中运河决堤，淹清河民田数千顷。六十年（1721），据济宁道台称，“彭口一带有昭阳、微山、西湖，喷沙积于三洞桥内，屡开屡塞，阻滞粮艘”。雍正二年（1724），齐苏勒于骆马湖湖东陆塘河通宁桥西高地筑拦河滚坝，再筑拦水堤600丈，口门宽30丈，以便宣泄。又帮筑运河西岸地润口理房510丈，高邮、宝、江东西泽琪15024丈，室应西是七里闸迤南至柳园头埽工570丈。四年（1726），齐苏期技种家渡南的旧彭口于十字河，而彭口沙壅积如故。朝廷遭何国案等物模运道。五年（1727），山东巡抚柳长日益浅特开两条引河。九年（1731），兼任总河田文镜称:“自何国宗于三坝内增建石坝，涓滴不通，既无尾间泄水，又无罅隙通淤，致汶挟沙入运、淤积日高。”乾隆二年（1737），御史马起元言:“直、东运河、近多淤塞。”是岁，大挑淮、扬运河，自运口至瓜洲300余里。乾隆二十七年（1762），以鱼台辛庄桥北旧有2个泄水口，口门刷深，难以节制，张师载等进行改建。嘉庆元年（1796），河决丰汛，刷开南运河佘家庄堤，由丰县、沛县北注金乡、鱼台、蒙入微山、昭阳各湖，穿入运河，漫溢两岸。是冬，漫口被堵塞，因凌汛又倒坍。次年，东西两坝并坍。自丰工决后，曹工、睢工、衡工，每年都要决堤。九年（1804），因山东运河浅塞，大加濬治；又预蓄微山诸湖水以济运。然而自此以后，黄河水高于洪泽湖清水，漕船只能靠黄河水浮送，淤沙日积日厚。嘉庆十四年（1809），淮、扬运河300余里浅阻。道光十一年（1831）、高邮湖水淹没马棚湾及十四堡，高邮湖与运河漫为一体。咸丰元年（1851），甘泉闸河撑堤溃塌30余丈，黄河丰县段决堤，山东被淹，运河漫水，漕船改由湖陂行。十年（1860），运河决淮扬马棚湾段。同治五年（1866），运河决清水潭。八年（1869），黄河兰阳段决堤，漫水下注，运河堤堰残缺更甚。自张秋以北，别无水源，历年只能借黄济运。十年（1871），运河侯家林段决堤，直注南阳、昭阳等湖，郓城几为泽国。光绪十六年（1890），用两江总督曾国荃言，修扬属南运河堤闸涵洞，及附城附镇砖工。又用漕督松椿言，濬邳、宿运河。光绪二十七年（1901），河运废弃，运河水利由各省分筹。

如果说，明朝尚有一祖陵问题，似乎可以凌驾于漕运之上，那么清代便不存在这个问题了。为了保住南北钱粮之道，不惜使运河成为地上悬河。由此造成的决堤、溃坝、民众流离失所，可谓史不绝书，这里仅从《明史》《清史稿》中选取极小部分的事件，足以说明。漕运作为一项国策，本身是毫无制度设计上的冗余度的，即使付出巨大的代价，也不足以改变这一项政策，直到从物理层面上，漕运的潜力被挖掘殆尽，才罢休。

三

河务官吏从不怕黄河、淮河等溃溢决塞，最怕的反而是这些灾河不为害，一旦水不为害，停拨治水资金，官吏们也就失去了生财的机会。周天爵《答汤海秋书》云:“弟在淮北日久，情形较熟。窃见民生利病，关乎国家大计，无过乎淮水无去路，而河臣反利此而务蓄之，以与黄河敌。此与扬汤止沸，又何异哉。”周提出：“黄水北徙一堤之地，而北堤为其南障，北之老堤作为北岸，一转移间，而河有就下之势，何则河身淤高，移之平地，而反就下也。然浚淮之下流，莫若就南通州一路，直达于海，则下流维扬，上流凤颍治之，皆可措手。”具有极大讽刺意味的是，当有人把这一建议反映给河官时，这位河官竟然说：“如公言，则我辈举饿死矣。”魏源也指出：“仰食河工之人，惧河北徙，由地中行，则南河东河数十百万冗员，数百万冗费，数百年巢窟，一朝扫荡，故簧鼓箕张，恐喝挟制，使人口而不敢议。”

道光帝对河员们的贪污腐败行为也略知一二，他说：“向来河工和除，万员，总利于办工，即如黄河坐湾迎潮之处，时面擦赤端段，不得不然之势。然其间有不应镶而妄施工段者。尚不如其凡几，总不过开销钱粮地步。甚至溜随埽斜，对岸生险，险生商工费茫无已时。迨至失事，则又指为无工处所，冀图影射规鞋。预有应行研修工段，亦止先以帑项兴办，赔项终无缴期。”

道光皇帝的训责，总算揭示了河务腐败冰山的一角。在河务中，欺上瞒下，贪赃枉法之事，俯拾即是。

由贪官所引发的洪水，其恶果只能由普通百姓来承受，权势较大的官员们早就为自己准备好了退路。1841年，河南巡抚牛鉴奏称，河南省城被水围困，情形万分危急。“所雇船只，一经运往省城，即被地方各员扣留，屡催不返。查系各员移往眷口，停泊城隅，又不载送上堤，俾资轮转。现在黄河以内，实已无船可觅。”

官员腐败，催生机构膨胀。而这种政治生态一旦形成，则尾大不掉。假使统治者有心进行一场从上到下的反腐，也变得不太现实。伤筋动骨之后，又由谁来运行漕运这项基本国策呢？

显而易见，运河沦为贪腐官员的温床，他们靠水吃水，即便是皇帝，也对主管河道的官员，无可奈何。这种症结，依然是无解的。对封建君主的忠诚，显然比不上眼前的利益来得更为重要。更为致命的是，官员的贪腐，形成了巨大而绵密的关系网，使得明面上，似乎至高无上的皇权，受到一种反向的制约，反而在实质上，抬高了社会运行的成本，变相从负面的方向制约了皇权的效力。贪腐的问题，虽非漕运这一个系统所独有，但同样因为漕运本身的特殊性，要保证京畿要地粮食安全，乃至整个北方的粮食安全。漕运不可动摇，同时贪腐也不可能根治。相比其他领域的贪腐，漕运领域，更像是与漕运相生相伴的产物。皇权从主观上，想要解决漕运领域的贪腐问题，而实际上，贪腐的“因”也是皇权“种”下的。管理制度上的落后，以及不顾自然环境承载能力的漕运，是典型的生产力不能匹配生产关系而酿出的恶果。

四

值得一提的是，顾炎武本人并非没有意识到漕运的弊病。“凡南京供应、江西、川、广、云等货及并海诸番贡献，悉从江车坝入淮，以达京师。其各船至坝，经旬需次，起若凌空，投若入井，财废船坏，可算。”

“船昔至坝，难遇水平，其粮货亦雇挑堆囤，则复挑，其费不一。”

“船过必损，须办灰麻备舱。”或遇“决岸倒坝，修费椿草，动辄千万”。

“方春粮运上京，闭闸过坝，则利归塌房，穷军受疲。冬粮船回还过坝，船多损折。况水涸冰冻浅阻，河道经月不得尽绝。是闸便于夏秋，不便于春冬。”

顾炎武观察到了运河的弊病，然而坦白地说，漕运的问题并不是一个，在明清鼎革之际的士大夫所能够解决的，如上文所述，即使明朝早期，或是终清朝一朝，都是无力解决漕运的问题。因为漕运始终不单纯是管理的问题，还是政治问题。但客观事物的存在，并不以人力为转移。作为漕运的牺牲品，淮北地区成了“受害者”，然而这是无解的。原因还是上文所提到的，漕运本身的制度设计，是没有冗余度的。漕运这项政策，没有冗余度，那么依附漕运所产生的问题，也就没有了冗余度。顾炎武提出的“寓封建于郡县”的制度设计，在他所处的时代，尤其是因为地理因素的限制，而不得不为漕运牺牲的淮北地区，运河屡屡决口，生民受难。人祸导致凋敝，当地民众，连生存都是奢望，制度上的创新是没有实施的可能性的。尤其是漕运这样需要跨区域协作的工程，更是给顾炎武的构想添加了实施层面的难度。这是制度性的剥削。顾炎武在制度上的设计太过超前，他无疑是伟大的，但从现实层面来说，很可惜，他的制度设计，没有实施的可能性。

纪念顾炎武诞辰 410 周年活动暨“爱国情强国志报国行·报国寺论坛”

2023 年是顾炎武诞辰 410 周年，为缅怀这位旷世大儒，传承亭林精神，弘扬家国情怀，中国商报社特举办纪念顾炎武诞辰 410 周年活动暨“爱国情强国志报国行·报国寺论坛”，将爱国情、强国志、报国行融入实现中华民族伟大复兴的中国梦的奋斗之中。

一、活动时间

2023 年 7 月 18 日（星期二）

二、活动地点

北京市西城区报国寺顾亭林祠

三、指导单位

中国商业联合会

四、支持单位

中共北京市西城区委宣传部、中共北京市西城区委广安门内街道工委、北京市西城区人民政府广安门内街道办事处、中共昆山市委、昆山市人民政府、中共曲沃县委、曲沃县人民政府、（北京）报国寺顾亭林祠管理委员会、中国流通行业管理与思想政治工作研究会、中国商业股份制企业经济联合会、北京市文物古建工程公司

五、主办单位

中国商报社，中国商业出版社，中国财富传媒集团，全国商报联合会

六、协办单位

苏州大学顾炎武研究中心、北京师范大学乡土中国研究中心、昆山市顾炎武研

究会、曲沃县顾炎武研究会

七、执行单位

中国商报研究院、《中国经贸》编辑部、北京东方文华传播有限公司、（北京）报国寺文化园

八、媒体支持

《人民日报》、新华社、中央广播电视总台、《光明日报》、《经济日报》、《人民政协报》、中国新闻社、中国财富网、《中国商报》、《中国文化报》、《中国文物报》、北京市媒体（报纸、电视台、新媒体）、江苏省及昆山市媒体（报纸、电视台、新媒体）等

九、活动议程

1. 纪念顾炎武诞辰 410 周年活动暨“爱国情强国志报国行·报国寺论坛”开坛仪式

2. 顾炎武铜像揭幕暨亭林书堂开馆仪式

3. 顾炎武名言警句书法展及笔会活动

4. 首届报国寺论坛·2023 中国（北京）顾炎武思想学术研讨会暨第二届日知青年论坛

编后记

《赓续亭林文脉 厚植报国情怀——纪念顾炎武诞辰410周年活动暨报国寺论坛集萃》一书终于出版，甚慰。

去年活动当天，就有出版这本书的设想。因为特殊的原因，耽搁了一段时间。而正式确定编辑出版，也就在最近的时间。于是，北京与昆山双向联动，热线联系，紧锣密鼓行动起来。从收集文稿、修改整理、版面编辑……大到主题思想的把握、整体框架的设定，小到文章先后的排列、作者的介绍等，事无巨细，分工落实。为了顾炎武思想的弘扬，大家忙得有方向，干得有力量。这本书，凝聚了全国各地同仁的辛勤付出。当我们双手捧起这本书，闻着书香，想着当日活动的隆重，心里还是很踏实的。

中国近代思想家、政治家和教育家梁启超在《中国近三百年学术史》中写道："我生平最敬慕亭林先生为人，想用一篇短传传写他的面影，自愧才力薄弱，写不出来。但我深信他不但是经师，而是人师。"顾炎武的爱国情操、独立不苟的人格风范，至今仍是推进中华民族伟大复兴的精神力量。主题永久，文脉永恒，需要我们一代代赓续，不断地传承。

面对当今世界之变乱交织，百年变局正加速演进。需要我们保持战略定力、坚定做好自己的事，就能够化险为夷、化危为机。知行合一、笃行不怠，真抓实干、埋头苦干，才能把宏伟目标变成美好现实。因此，今天的我们更需要顾炎武"天下兴亡，匹夫有责"的高度社会责任意识和担当精神。

坚守赓续中华优秀文化的根和魂，还有许多事情要做，我们期待着。

本书编委会

2024年5月